Praktikum des Zivilprozeßrechtes

Von

Wilhelm Kisch
Professor in Straßburg i. E.

Leipzig
G. J. Göschen'sche Verlagshandlung
1909

Druck von Oscar Brandstetter in Leipzig.

Vorwort.

Wer zu den schon vorhandenen trefflichen Übungsbüchern über Zivilprozeßrecht ein neues Werk ähnlicher Art hinzufügt, das seine Brauchbarkeit erst noch erweisen soll, der wird es nicht ohne ein Wort der Rechtfertigung hinausgehen lassen. Wie die Erfahrung lehrt, bietet das Verständnis dieser Materie dem Anfänger, welchem die praktische Anschauung des Verfahrens fehlt, ganz besondere Schwierigkeiten. Darum ist einerseits gerade hier die Erläuterung der vorgetragenen Lehrsätze durch eine reiche Fülle von Beispielen unumgänglich; gibt es ja doch nicht wenige Prozeßgebilde, die in ihrer Bedeutung überhaupt erst durch die Kasuistik zu begreifen sind: Die Zuständigkeit, die Arten der Klage, die Änderung derselben, die Beweislast, die Rechtskraft, die Rechtsmittel, die Zwangsvollstreckung ... wo soll ich aufhören? Und andererseits ist aus dem angegebenen Grunde auf die Anschaulichkeit und Vielseitigkeit der praktischen Übungen ganz besonderes Gewicht zu legen, — weshalb es mir übrigens immer unzweckmäßig erschienen ist, daß in unserem Lehrplan nicht auch für den Zivilprozeß neben dem sog. großen Praktikum leichtere Anfängerübungen vorgesehen sind.

Diese beiden Gesichtspunkte waren maßgebend für die Abfassung und für die Anlage dieser Sammlung. Dieselbe will sich daher nicht beschränken auf verhältnismäßig wenige größere, zur schriftlichen Erledigung bestimmte Fälle, welche in Bearbeitung und Besprechung längere Zeit erfordern, hierbei natürlich ein intensiveres Eindringen in die schwierigeren Fragen der Prozeßtheorie ermöglichen, dafür aber eine etwas einseitige Bevorzugung gewisser Fragen nach sich ziehen. Vielmehr legt sie das Hauptgewicht auf kleinere Fälle, deren einfacher und rasch zu erfassender Tatbestand mündliche Beantwortung erleichtert und deren erhebliche — über das übliche Maß jedenfalls hinausgehende — Anzahl eine gleichmäßigere Berücksichtigung aller Teile des Prozeßgebietes ermöglicht. Zur Erleichterung der Übersicht sind die Fragen in eine systematische Ordnung gebracht, die so ziemlich das ganze Gebiet umfaßt; nur für das Kostenwesen und das amtsgerichtliche Verfahren erübrigte sich eine besondere Abteilung, da die einschlagenden Fragen sich natürlicher an andere Fälle des verschiedensten Zusammenhangs anknüpfen ließen. Vermöge dieser Anlage wird die Sammlung, so hoffe ich, einmal als Zusammenstellung von Beispielen dienen können, auf welche in der Vorlesung bei Behandlung der einzelnen Institute ohne Zeitaufwand verwiesen werden kann. Namentlich wird durch Benützung kleinerer Fälle, wie ich in mehrjähriger Übung erprobt zu haben glaube, eine anregendere und dabei allseitigere Repetition des Lehrstoffs ermöglicht, zugleich aber auch dem Rechtsbeflissenen ein Bild von dem unendlichen Reichtum möglicher Prozeßgestaltungen geboten und sein Interesse für die — sehr zu Unrecht — als spröde und trocken verschrieene Materie geweckt. Daneben eignet sich übrigens ein nicht unbeträchtlicher Teil der Fälle (sicherlich weit mehr als ein Drittel) auch zur schriftlichen Bearbeitung, wie ich überhaupt die Benutzer des Büchleins darauf hinweisen darf, daß recht viele Fälle erheblich größere Schwierigkeiten bieten, als ihr harmloses Äußere verrät.

Zum Schlusse bedarf es kaum der Versicherung, daß ich jeden Hinweis auf Mängel und wünschenswerte Verbesserungen des Werkes mit Dank begrüßen werde.

Straßburg, im März 1909.

Kisch.

Inhaltsübersicht.

Erstes Kapitel.

Zweck und Grenzen der Zivilgerichtsbarkeit.

I. Aufgaben des Prozesses. Selbsthilfe 1
II. Zivilprozeß und freiwillige Gerichtsbarkeit 4
III. Zivilprozeß und Strafprozeß 5
IV. Zivilprozeß und Verwaltungsrechtspflege 6
V. Befreiungen von der Gerichtsbarkeit 10

Zweites Kapitel.

Das Gericht.

I. Zuständigkeit im allgemeinen 12
II. Sachliche Zuständigkeit 14
III. Örtliche Zuständigkeit 19
IV. Vereinbarte und gerichtlich bestimmte Zuständigkeit . . 30
V. Ausschluß und Ablehnung des Richters 33

Drittes Kapitel.

Die Parteien.

I. Parteibegriff und Parteifähigkeit 35
II. Parteivertretung 43

Viertes Kapitel.

Das Verfahren.

I. Allgemeine Grundsätze 47
II. Prozeßleitung 50
III. Termine und Fristen 52
IV. Unterbrechung und Aussetzung 56
V. Mängel im Verfahren 59
VI. Prozeßhindernde Einreden 62

Fünftes Kapitel.
Die Klage.

I. Die Erhebung der Klage 70
II. Die Arten der Klage 80
III. Die Änderung der Klage 98
IV. Die Zurücknahme der Klage 109

Sechstes Kapitel.
Die Einlassung auf die Klage 111

Siebentes Kapitel.
Der Beweis.

I. Allgemeines. Die Beweislast 120
II. Beweisverfahren im allgemeinen 131
III. Der Beweis durch Augenschein 134
IV. Der Beweis durch Zeugen 136
V. Der Beweis durch Sachverständige 143
VI. Der Beweis durch Urkunden 147
VII. Der Parteieid 154

Achtes Kapitel.
Die richterlichen Entscheidungen.

I. Die Arten der Entscheidungen 159
II. Die Rechtskraft des Urteils 168
III. Die Änderung, Ergänzung, Berichtigung des Urteils . . 179

Neuntes Kapitel.
Die Anfechtung der Entscheidungen.

I. Die Rechtsmittel im allgemeinen 182
II. Die Berufung 186
III. Die Revision 197
IV. Die Beschwerde 205
V. Die Wiederaufnahme des Verfahrens 208

Zehntes Kapitel.
Prozeßverbindungen und Prozeßbeteiligungen.

I. Streitgenossenschaft und Hauptintervention 212
II. Widerklage und Inzidentklage 217
III. Nebenintervention und Streitverkündung 223
IV. Streitveräußerung und Prozeßnachfolge 228

Elftes Kapitel.

Besondere Verfahrensarten.

I. Das Versäumnisverfahren 231
II. Der Eheprozeß 240
III. Der Urkundenprozeß 244
IV. Das Mahnverfahren 248
V. Der Arrest und die einstweilige Verfügung 250
VI. Das Schiedsverfahren 258

Zwölftes Kapitel.

Die Zwangsvollstreckung.

I. Vollstreckungstitel und Vollstreckungsmasse 265
II. Vollstreckungsverfahren im allgemeinen 276
III. Einwendungen in der Zwangsvollstreckung 279
IV. Zwangsvollstreckung von Geldforderungen in bewegliche Sachen 287
V. Zwangsvollstreckung von Geldforderungen in Rechte . . 290
VI. Zwangsvollstreckung von Geldforderungen in Grundstücke 301
VII. Zwangsvollstreckung von Individualansprüchen 303
VIII. Zwangsvollstreckung von Ansprüchen auf Handlung, Duldung oder Unterlassung 306
IX. Zwangsvollstreckung von Ansprüchen auf eine Willenserklärung 314

Erstes Kapitel.

Aufgaben und Abgrenzung des Zivilprozesses.

I. Allgemeines. Prozeß und Selbsthilfe.

1. Ein Bauer, dem der Nachbar unbefugterweise über den Hof fährt, befragt verschiedene Rechtsanwälte. Ein ganz junger rät ihm, Klage auf Feststellung zu erheben, daß der Nachbar nicht berechtigt sei, über den Hof zu fahren. Ein anderer empfiehlt Klage auf Unterlassung gemäß § 1004 BGB. Ein anderer Erwirkung einer einstweiligen Verfügung. Der älteste Anwalt meint, er solle einfach mit Hilfe seiner Knechte beim nächsten Versuch den Nachbarn gewaltsam am Durchgang verhindern, gegebenenfalls vom Hofe herauswerfen. Letzteres ist dem Bauern durchaus sympathisch, scheint ihm aber nicht unbedenklich. Was meinen Sie?

2. Für die Dauer des Scheidungsprozesses ist der fünfjährige Sohn der Mutter zugewiesen. Der Vater erfährt, daß sie sich mit dem Kinde dauernd ins Ausland begeben will. Er eilt nach dem Bahnhof und trifft in der Tat Mutter und Kind zehn Minuten vor Abgang des Schnellzuges reisebereit dort an. Wie hilft er sich?

3. Einem Athleten hat der Wind den Strohhut in den Garten eines Schneiderleins entführt. Dieser verweigert die Herausgabe wie auch das Betreten seines Gartens. Darf der Athlet sich gewaltsam Eingang verschaffen? Oder muß er klagen?

4. Zwei Parteien machen aus, daß wegen der aus dem Geschäft entspringenden Streitigkeiten die Gerichte nicht angerufen werden dürfen. Ist eine trotzdem erhobene Klage als unbegründet abzuweisen? Oder als unzulässig? Welchen

Weg müssen die Parteien einschlagen, um die Entscheidung der Gerichte im voraus bindend auszuschließen?

5. Einem Maler wird ein Darlehn gegeben. Im Vertrag ist ausgemacht, daß der Gläubiger sich nur an die Gemälde und ausstehenden Forderungen des Künstlers soll halten dürfen. Ist die trotzdem erfolgende Vollstreckung in das Mobiliar des Schuldners statthaft?

6. Das Statut eines nicht rechtsfähigen Vereines enthält die Bestimmung, daß Forderungen gegen den Verein nur in dessen Vermögen, nicht in dasjenige der Mitglieder sollen vollstreckt werden dürfen. Wirksam?

7. Gläubiger und Schuldner haben sich bezüglich einer bestrittenen Forderung durch außergerichtlichen Vergleich geeinigt. Dessenungeachtet klagt der Gläubiger den ursprünglich beanspruchten höheren Betrag ein. Schuldner hält im Hinblick auf den Vergleich die Klage für unzulässig und eine erneute Prüfung der Sache durch das Gericht für unstatthaft. Inwieweit hat er recht?

8. Im Laufe eines Prozesses haben die Parteien einen gerichtlichen Vergleich geschlossen und zu Protokoll gegeben. Kann Gläubiger auf Grund dieses Vergleichs beim Schuldner pfänden lassen? Steht einer neuen Einklagung des Anspruches die Einrede der Rechtskraft entgegen?

9. Am ersten des Monates will eine Köchin sogleich nach Empfang des Dienstlohnes fortlaufen, ohne daß Kündigung erfolgt wäre. Kann die Herrschaft ihr den Dienstlohn gewaltsam wieder entreißen? Kann sie ihr den Schlüssel ihrer Kammer entziehen und sie dadurch verhindern, ihren Koffer mitzunehmen? Kann sie einstweilige Verfügung erwirken, welche der Köchin bei Gefahr von Strafen den Wegzug verbietet? Kann sie gegen die fortgezogene Köchin auf Leistung der Dienste klagen und Urteil erwirken? Kann sie das Urteil vollstrecken? Kann sie gegen die neue Herrschaft auf Unterlassung der Anstellung klagen? Kann sie wegen ihrer Schadensersatzforderung gegen die Köchin den erhaltenen Lohn, kann sie die Lohnforderung an die neue Herrschaft pfänden lassen? Darf sie den Koffer zurückhalten? Darf sie auf ihn Arrest legen lassen?

10. Welche zivilprozessualen Schritte sind in folgenden Fällen zu ergreifen:

a) Ein Eigentümer hat die auf seinem Grundstück befindliche Wasserleitungsanlage vernichtet, die der Nachbar kraft einer angeblichen Wasserleitungsgerechtigkeit errichtet hatte?

b) Mieter hat zwischen zwei Zimmern gegen den Willen des Eigentümers eine Tür gebrochen?

c) Ein Fabrikant stellt einen für den Kläger patentierten Artikel unbefugt her?

d) Der eine Nachbar läßt die Grenzmauer seines Gartens verfallen, so daß der andere befürchten muß, durch den jederzeit zu befürchtenden Einsturz derselben könnten seine Spaliere und Treibhäuser Schaden nehmen?

e) Ein Konkurrent verbreitet über die Kreditwürdigkeit eines Kaufmanns unwahre Gerüchte? Oder er veranstaltet einen schwindelhaften Ausverkauf?

f) Ein Oberkellner, der einem berühmten Virtuosen täuschend ähnlich sieht, kopiert absichtlich dessen Haar- und Barttracht sowie Kleidung so nach, daß daraus ständig die unliebsamsten Verwechslungen entstehen?

g) Der Mann gefährdet durch leichtsinnige Verwaltung das aus Wertpapieren bestehende Einbringen der Frau?

h) Der befriedigte Hypothekengläubiger steht noch immer im Grundbuch eingetragen?

i) Der Eigentümer hat den Mietern seiner mit Hypotheken belasteten Häuser schriftlich angeboten, sie möchten ihm gegen Herabsetzung auf die Hälfte den Mietzins für drei Jahre im voraus bezahlen; die Hypothekengläubiger befürchten hiervon Benachteiligung?

k) A. hat, um seinen Freund B. zu ärgern, annoncieren lassen, dessen Privathaus sei zu vermieten, was eine erhebliche Störung des B. durch Mietslustige bewirkt?

l) Ein Schneider droht zahlungsfaulen Studenten, er werde die Forderungen gegen sie in einer Zeitung unter Namensnennung öffentlich zum Verkauf anbieten?

II. Zivilprozeß und freiwillige Gerichtsbarkeit.

11. Ein Privatgelehrter hat eine seltene Buchausgabe von hohem bibliographischen Werte verpfändet. Als Gläubiger sie öffentlich versteigern will, macht der Gelehrte geltend, es sei zweckmäßiger, sie den großen Bibliotheken freihändig zum Verkauf anzubieten. Da Gläubiger dies verweigert, klagt der Eigentümer gegen ihn auf Verwertung in der dargelegten Weise. Entscheidung?

12. Ein Ehemann hat aus reiner Schikane die Schlüsselgewalt seiner Ehefrau beschränkt. Kann die Frau gegen ihn auf Aufhebung dieser Maßregel klagen?

13. Die Frau hat eine Anstellung als Kassiererin gefunden. Aus Rachsucht droht ihr der Mann, ihr Dienstverhältnis zu kündigen, worauf die Frau gegen ihn Klage erhebt auf Erteilung der Zustimmung. Entscheidung?

14. Ein wegen Verschwendung Entmündigter will heiraten. Da der Vormund sich widersetzt, verklagt er ihn auf Zustimmung. Entscheidung? Würde der Mündel richtiger verfahren sein, wenn er behufs Klagerhebung beim Vormundschaftsgericht einen Pfleger erbeten hätte?

15. Ein Aktionär klagt auf Feststellung, daß der Gesellschaftsvertrag nichtig sei. Beklagter bestreitet das rechtliche Interesse, weil Kläger das gewünschte Ergebnis im Wege der freiwilligen Gerichtsbarkeit erreichen könne. Richtig?

16. Nach einem früheren Partikularrecht bedurfte auch das volljährige Kind bis zu einem gewissen Alter des väterlichen Heiratskonsenses. Eine volljährige Tochter hat nun 1899 auf Einwilligung geklagt. Wie ist zu entscheiden, wenn die mündliche Verhandlung im Januar 1900 stattfindet? Könnte gegen den ausbleibenden Beklagten Versäumnisurteil ergehen? Angenommen, er hat sogleich nach Klagerhebung die Einwilligung erteilt: können ihm dann wenigstens die Kosten auferlegt werden? Welches Rechtsmittel hat er gegen solche Kostenbelastung, wenn sie durch Versäumnisurteil oder kontradiktorisches Urteil erfolgt?

III. Zivilprozeß und Strafprozeß.

17. Ein Bauernbursche ist, nachdem er wegen Mißhandlung zu zwei Wochen Gefängnis verurteilt worden war, aus dem gleichen Vorfall nunmehr auf Schadensersatz verklagt. Wenn er nun Zeugen dafür benennt, daß er nicht der Täter sei, dürfen diese vernommen werden? Kann das Gericht ihre Ladung ablehnen, weil es von der Täterschaft des Beklagten durch das Ergebnis des Strafverfahrens überzeugt sei? Darf es das Strafurteil von Amts wegen zuziehen? Oder auf Antrag? Darf es die Aussagen der im Strafverfahren vernommenen Zeugen verlesen? Oder wie wird ihm das Ergebnis des Strafverfahrens zugänglich gemacht? Könnte es auf Grund einer neuen Beweisaufnahme die Zivilklage abweisen? Hat dies Einfluß auf das Strafurteil? Hätte umgekehrt eine Aufhebung des Strafurteils Einfluß auf das Zivilurteil? Kommt es darauf an, ob die Aufhebung auf Grund der Revision oder eines Wiederaufnahmeverfahrens erfolgt ist?

18. Der auf Schadensersatz Verklagte hat im vorausgegangenen Strafprozeß seine Täterschaft zugestanden. Ist dieses Geständnis für den gegenwärtigen Zivilprozeß bindend? Oder wird durch dasselbe wenigstens die Beweislast bezüglich der Täterschaft umgekehrt? Ist der Amtsrichter, der im Schöffengericht den Straffall mit entschieden hat, von der Entscheidung des Zivilprozesses kraft Gesetzes ausgeschlossen? Wenn nicht, kann er die Täterschaft des Beklagten als gerichtskundig behandeln? Oder was sonst?

19. Der Mißhandelte hat im Strafverfahren eine Buße beantragt und zugesprochen erhalten. Ist eine nachträglich erhobene Zivilklage zulässig? Stößt sie auf die Einrede der Rechtskraft? Ist sie begründet? Macht es einen Unterschied, ob die Buße schon gezahlt ist oder nicht?

20. Eine Ehe ist wegen Ehebruchs des Mannes rechtskräftig geschieden. Ist damit der Ehebruch für das Strafgericht festgestellt, welches über die Bestrafung des Ehemannes zu erkennen hat? Welche doppelte Bedeutung hat das Scheidungsurteil für den gegenwärtigen Strafprozeß?

21. Gegen den Mann ist wegen Ehebruchs Strafklage erhoben. Angenommen, das Zivilgericht hatte früher diese Ehe für nichtig erklärt: darf sie das Strafgericht als gültig behandeln?

22. Im Zivilprozeß zwischen A. und B. ist festgestellt, daß der erstere Eigentümer einer unter beiden streitigen Sache ist. Wenn nun gegen B. wegen angeblichen Diebstahls dieser Sache eine Strafklage erhoben wird, darf der Strafrichter Eigentum des B. annehmen?

23. Darf der Zivilrichter einen Schuldschein für echt ansehen, den das Strafgericht kurz vorher für gefälscht erklärt hat? Wie verfährt das Zivilgericht, wenn sich im Laufe eines vor ihm schwebenden Prozesses der Verdacht der Fälschung ergibt?

IV. Zivilprozeß und Verwaltungsstreitverfahren.

24. Vor dem Landgericht ist eine Klage erhoben auf Feststellung, daß ein dem Beklagten erteiltes Patent wegen Übereinstimmung mit dem klägerischen nichtig sei. Entscheidung? Wie, wenn geklagt wäre auf Schadensersatz wegen Verletzung des klägerischen Patentes, der Beklagte sich auf ein eigenes Patent beriefe, und der Kläger Nichtigkeit desselben geltend machte: kann Inzidentfeststellungsklage erhoben werden?

25. Der Preuße Alex von Hohenschwang hat gegen einen anderen Preußen, der sich den gleichen Namen zulegt, Klage erhoben auf Verurteilung, in erster Linie den Namen, eventuell die Adelspartikel nicht zu führen, weil Beklagter als uneheliches Kind eines Mitgliedes der klägerischen Familie den Namen des Vaters, jedenfalls dessen Adel nicht erworben habe. Beklagter hält den Rechtsweg für unzulässig, weil die öffentlich rechtliche Frage der Zugehörigkeit zum Adel durch das Heroldsamt zu entscheiden sei. Hat er recht? Könnte die Klage gerichtet werden auf Feststellung, daß der Beklagte zum Adel nicht gehöre? Wäre im gegenwärtigen Rechtsstreit ein Inzidentantrag dieser Art zulässig?

26. Nach dem Recht eines deutschen Bundesstaats ist die Verwaltung unter Umständen befugt, bei Reparatur der öffentlichen Straße die Materialien auf den anliegenden Grundstücken niederzulegen, und zwar ohne Entschädigung des Eigentümers. Ein Angrenzer hat nun unter der Behauptung, in einem gegebenen Falle habe es für jene Benutzung seines Grundstücks an den gesetzlichen Voraussetzungen gefehlt, beim Landgericht Klage auf Entschädigung erhoben. Die Verwaltungsbehörde hält den Rechtsweg für unzulässig, weil es sich um ein öffentliches Nutzungsrecht handle. Hat sie recht? Wie, wenn geklagt wäre auf Feststellung, daß der Verwaltung jenes Nutzungsrecht nicht zustehe?

27. Nach elsaß-lothringischem Recht haben die Eigentümer von Bauplätzen unter Umständen die Kosten der Straßenanlegung zu tragen. Ein solches Baugrundstück ist nun unter der Zusicherung verkauft, Käufer brauche zu der Straßenanlage nicht beizutragen. Als dieser doch in Anspruch genommen wird und den Verkäufer auf Schadensersatz belangt, macht derselbe geltend, eine Beitragspflicht des Klägers habe nicht bestanden. Darf das Zivilgericht diese Frage prüfen? Könnte der Beklagte als Haupt- oder Nebenantrag denjenigen auf Feststellung vorbringen, daß Kläger nicht beitragspflichtig gewesen sei?

28. Neben dem Acker des X. befindet sich ein Bodenstreifen, der von den Einwohnern der Gemeinde Y. seit langer Zeit als Fahrweg benutzt wird. Durch Nachforschungen im Grundbuch und Neuvermessung seines Grundstücks stellt X. fest, daß die auf seinen Namen eingetragene Parzelle Nr. 121 diesen Bodenstreifen mit umfaßt. Er klagt nun gegen die Gemeinde: 1. auf Feststellung, daß er Eigentümer sei; 2. auf Unterlassung der Benutzung dieses Grundstücks als Fahrweg durch die Einwohner der Beklagten. Die Gemeinde erhebt ihrerseits Widerklage: 1. auf Verurteilung des Klägers, in die Löschung des Eintrags seines Eigentums an dem Bodenstreifen einzuwilligen; 2. auf Feststellung, daß das Grundstück einen öffentlichen Weg bildet; 3. eventuell (für den Fall, daß nach dem ersten Antrag des Klägers erkannt werden sollte) auf

Feststellung, daß ihre Einwohner berechtigt seien, den Streifen als Fahrweg zu benutzen. Inwiefern ist das Zivilgericht zur Entscheidung dieser Anträge befugt?

29. Eine preußische Stadt hat die Veranlagung ihrer Einwohner zu der staatlichen Einkommensteuer durch ihre Beamten besorgen lassen. Sie klagt nun unter der Behauptung, daß die Kosten den Fiskus treffen, gegen diesen auf Ersatz. Beklagter wendet ein, kraft öffentlichen Rechts habe die Stadt die Kosten zu tragen. Ist der Rechtsweg zulässig? Wie, wenn die Stadt geklagt hätte auf Feststellung, daß für sie eine Kostenpflicht nicht bestanden habe?

30. Jemand hat eine Stadt wegen Eingriffs in sein Privateigentum auf Schadensersatz verklagt. Die Klage ist halb zugesprochen, halb abgewiesen. Kläger legt Berufung ein. Kann das Oberlandesgericht wegen der (im betreffenden Falle tatsächlich vorhandenen) Unzulässigkeit des Rechtswegs die ganze Klage abweisen, obgleich der Beklagte kein Rechtsmittel eingelegt hat?

31. Ein Lehrer ist wegen Überschreitung des Züchtigungsrechts auf den 1. Oktober pensioniert worden. Er klagt auf Weiterzahlung des Gehaltes, weil er zu Unrecht entlassen worden sei. Gehört diese Klage vor das Zivilgericht? Darf dasselbe prüfen, ob die Entlassung gerechtfertigt war?

32. Derselbe Fall, nur wird der Lehrer vom mißhandelten Schüler auf Entschädigung verklagt. Wäre hierfür das Gericht zuständig? Darf es prüfen, ob die Züchtigungsgewalt mißbraucht ist? Ist es an die Feststellung gebunden, welche die Verwaltungsbehörde im Disziplinarverfahren getroffen hat? Könnte die Verwaltungsbehörde, wenn der Lehrer nicht entlassen wäre, irgendwie in den Entschädigungsprozeß eingreifen?

33. Kann bei den Zivilgerichten geklagt werden:

a) Auf Rückforderung der zu Unrecht erhobenen Reichsstempelabgabe? Oder auf Feststellung, daß eine Stempelpflicht nicht bestehe?

b) Auf Entschädigung, weil die Verwaltungsbehörde ein Stück des klägerischen Grundstücks rechtswidrigerweise zur öffentlichen Straße gezogen habe? Oder auf Rückgabe dieses

Stücks? Oder auf Feststellung, daß der Eingriff ins Privateigentum unzulässig war?

c) Auf Entschädigung wegen grundloser Untersagung des klägerischen Fabrikbetriebes durch die Verwaltungsbehörde? Oder auf Beseitigung dieses Verbots?

d) Auf Entschädigung des Klägers wegen des ihm durch einen unrichtigen Eintrag ins Grundbuch oder durch ein falsches Zivilurteil zugefügten Schadens?

e) Auf Entschädigung wegen Verhängung einer ungerechtfertigten Straf- oder Untersuchungshaft?

f) Auf Feststellung, daß der Kläger an den Wahlen zum Gemeinderat teilnehmen dürfe?

g) Auf Freigabe der von der Zollverwaltung angeblich zu Unrecht beschlagnahmten Gegenstände?

h) Auf Feststellung, daß Beklagter als Kirchenpatron zum Unterhalt einer bestimmten Kirche verpflichtet sei? Wie, wenn nicht die Unterhaltspflicht des Beklagten, sondern die Frage streitig wäre, ob ein Bedürfnis für den Neubau besteht?

i) Gegen den Landesherrn auf Bezahlung der für seinen Hof gelieferten Sachen? Oder auf Feststellung, daß Kläger berechtigt sei, in ein vom Beklagten gegenwärtig besessenes Fideikommiß zu sukzedieren? Oder daß Kläger bezüglich der Krone nachfolgeberechtigt sei?

k) Wegen Ansprüche gegen den Militärfiskus aus den mit ihm geschlossenen Lieferungsgeschäften?

l) Wegen Streitigkeiten zwischen der Eisenbahnverwaltung und dem Unternehmer, der in ihrem Auftrag eine Eisenbahnstrecke gebaut hat?

m) Gegen die Eisenbahnverwaltung wegen des Schadens, den sie durch Erschütterung, Lärm, Rauch und Ruß dem Eigentümer eines Gebäudes zugefügt hat? Oder auf Vornahme der zur Beseitigung dieser Einwirkungen nötigen Schutzmaßregeln? Oder auf Unterlassung des Betriebs?

n) Auf Änderung eines ungünstigen Vermerks, den die Militärverwaltung in den Versorgungsschein eines Militäranwärters geschrieben hat?

o) Auf Feststellung, daß gewisse Gerichtskosten zu Unrecht vom Kläger beigetrieben worden sind?

p) Auf Feststellung, daß Kläger vom beklagten Landeskriegerverband zu Unrecht ausgeschlossen worden sei?

q) Gegen eine Pfarrei auf Erfüllung der Seelenmessenauflage, die ihr gelegentlich einer Kapitalschenkung gemacht worden ist?

V. Grenzen der deutschen Gerichtsbarkeit.

34. Der in Deutschland akkreditierte diplomatische Vertreter eines kleinen Balkanstaates hat für den zum König gewählten Fürsten bei einem deutschen Juwelier eine Krone bestellt und für richtige Zahlung sich verbürgt. Die Krone wird wegen angeblicher Mängel (ungenügender Haltbarkeit) zur Hälfte nicht bezahlt.

a) Kann vor einem deutschen Gericht der diplomatische Vertreter verklagt werden?

b) Kann es der fremde Landesherr selbst?

c) Würde in Deutschland die Klage gegen den fremden Staat (dessen Haftung vorausgesetzt) zulässig sein.

d) Wären die Fragen a und b anders zu entscheiden, wenn der Diplomat oder der Landesherr mit dem Verkäufer die „Zuständigkeit“ eines deutschen Gerichtes vereinbart, oder sich auf die in Deutschland erhobene Klage vorbehaltslos eingelassen hätte?

e) Angenommen, der Verkäufer besäße einen ordnungsmäßigen Titel gegen den Diplomaten und den fremden Landesherrn: könnte er das Gesandtschaftshotel zwangsversteigern lassen?

f) Könnte er die darin befindlichen Möbel pfänden lassen?

g) Könnte er in das persönliche Mobiliar des Gesandten vollstrecken?

h) Könnte er auf das in Deutschland befindliche Eisenbahnmaterial des fremden Staates Beschlag legen lassen?

i) Oder auf eine für jenen Staat bestimmte Kanonenlieferung?

35. Der Attaché einer fremdländischen Botschaft in Berlin führt einen leichtsinnigen Lebenswandel. Er hat ein glänzendes Haus gebaut, auf welches er aber bald Hypothek hat nehmen müssen, und hat, obgleich verheiratet, mit einer Schauspielerin ein Verhältnis unterhalten, das nicht ohne Folgen geblieben ist. Nun wird er in Berlin von einem Gläubiger auf Zahlung seiner Schuld und Befriedigung derselben aus dem Hause verklagt. Ein Nachbar belangt ihn auf Unterdrückung gewisser, nach dem anstoßenden Grundstück gebauter Fenster. Die Schauspielerin verklagt ihn auf Entschädigung, das uneheliche Kind auf Alimente, die Ehefrau auf Scheidung. Ist für diese Klagen das Gericht in Berlin zuständig? Wäre anders zu entscheiden, wenn es sich um den Koch der Botschaft handelte? Oder um einen fremden Generalkonsul?

36. Ein Gutsnachbar klagt gegen einen preußischen Prinzen auf Feststellung des klägerischen Eigentums an einem zwischen beiden streitigen Grundstück, und zwar beim Landgericht, in dessen Bezirk das Grundstück liegt. Zuständigkeit?

37. Der russische Staat, der mit einem deutschen Fabrikanten einen Vertrag geschlossen hat, klagt in Deutschland auf Erfüllung desselben. Kann der Fabrikant aus demselben Vertrag eine Widerklage erheben?

38. In einem zu Berlin schwebenden Prozeß wird der Legationsrat Graf X. von der österreichischen Botschaft durch eine Partei als Zeuge benannt. Ist er zu laden? Wenn er freiwillig erscheint, aber die Aussage verweigert: ist ihm gegenüber eine Geldstrafe oder ein Zeugniszwangsverfahren zulässig?

39. Das sachsen-meiningische Gesetz vom 7. März 1901 bestimmt: „Der Landesherr darf nicht als Zeuge angerufen werden." Ist eine solche Bestimmung gegenüber der ZPO. überhaupt zulässig? Kann der Herzog von Sachsen-Meiningen in einem andern deutschen Bundesstaat als Zeuge benannt werden?

Zweites Kapitel.

Das Gericht.

I. Zuständigkeit im allgemeinen.

40. Einem auf den 1. April von Leipzig nach Dresden versetzten unverheirateten Beamten wird am 30. März in seiner schon seit einem Monat zu Dresden gemieteten und möblierten Wohnung durch Übergabe an den Kammerdiener eine Klage zugestellt. In der Ende April zu Dresden stattfindenden mündlichen Verhandlung erhebt er die Einrede der Unzuständigkeit. Mit Recht?

41. Eine offene Handelsgesellschaft mit dem Sitz in Frankfurt ist dort verklagt worden. Zwischen Zustellung der Klage und mündlicher Verhandlung löst sie sich in der Weise auf, daß der Gesellschafter X. die Aktiven und Passiven übernimmt. Zur Aufnahme des Rechtsstreites geladen, rügt dieser die Unzuständigkeit, weil er seinen Wohnsitz in Hannover habe. Entscheidung?

42. Eine auf Zahlung von 10000 M. gerichtete Klage ist beim Landgericht zur Terminsbestimmung eingereicht. Bevor sie zugestellt wird, erfolgt Zahlung des geschuldeten Kapitals. Kläger läßt hierauf die ursprüngliche Klageschrift nebst einem Schriftsatz zustellen, in welchem bemerkt wird, daß der Antrag nur mehr für die Zinsen und die bisher dem Kläger entstandenen Kosten, insgesamt für 250 M., aufrechterhalten werde. In der mündlichen Verhandlung rügt der Beklagte unrichtige Klagerhebung und Unzuständigkeit des Gerichts. Richtig?

43. Unbegreiflicherweise hat ein Amtsrichter die bei ihm erhobene Scheidungsklage zugesprochen. Das Urteil ist den Parteien zugestellt und binnen einem Monat nicht angegriffen worden. Kann es noch angefochten werden?

44. Jemand wird beim Amtsgericht auf Herausgabe eines Gemäldes verklagt. Er hat vor Einlassung die Unzuständigkeit gerügt, weil das Gemälde mindestens 1000 M.

wert sei. Die Klage wird zugesprochen. Wie entscheidet auf Berufung das Landgericht, wenn es das Gemälde auf mehr als 300 M. taxiert? Wäre der Fall anders zu beurteilen, wenn der Amtsrichter auf Grund abgesonderter Verhandlung in einem rechtskräftigen Zwischenurteil seine Unzuständigkeit ausgesprochen hätte?

45. Der in Heidelberg wohnende Schuldner hat dem Gläubiger eine Hypothek an seinem Mannheimer Hause bestellt. Er wird zu Heidelberg auf Rückzahlung des Darlehens sowie Duldung der Zwangsvollstreckung in das Mannheimer Haus verklagt und trotz sachlicher Einwendungen verurteilt. Kann er in der Berufungsinstanz geltend machen, das Gericht zu Heidelberg sei unzuständig gewesen?

46. Der Verkäufer hat in X. geliefert. Käufer verklagt ihn, unter der Behauptung, es sei nach dem Vertrage in Y. zu liefern gewesen, am letzteren Orte auf Ersatz der Kosten des Transportes von X. nach Y. Beklagter verweigert die Einlassung, weil X. Erfüllungsort sei. Darf oder muß das Gericht behufs Entscheidung der prozeßhindernden Einrede prüfen, wo zu erfüllen ist?

47. Ein Straßburger Kaufmann hat schriftlich Waren verkauft, lieferbar in Mannheim. Hierselbst auf Erfüllung verklagt, erhebt er die Einrede der Unzuständigkeit mit der Begründung, der Vertrag sei nichtig, also auch nicht in Mannheim zu erfüllen. Darf oder muß das Gericht, um über die Zuständigkeit zu entscheiden, die Gültigkeit des Vertrages prüfen? Wäre es anders, wenn Beklagter die Unzuständigkeit damit begründete, daß die den Erfüllungsort betreffende Klausel nachträglich ohne seinen Willen in den schon unterschriebenen Vertrag hineingesetzt worden sei?

48. Ein Hochstapler ohne ständige Niederlassung sitzt wegen verschiedener Betrügereien im Zuchthause zu X. Die beim dortigen Gericht erhobene Entschädigungsklage eines seiner Opfer wird ihm kurz vor seiner Entlassung im Zuchthause zugestellt. In der mehrere Monate später stattfindenden mündlichen Verhandlung rügt er Unzuständigkeit, weil er, was zutrifft, jetzt in Y. einen Wohnsitz habe. Entscheidung?

II. Sachliche Zuständigkeit.

49. Klage auf Nichtführung einer bestimmten Firma ist beim Landgericht erhoben. Ist dieses auch zuständig, wenn der Streitwert 300 M. nicht übersteigt?

50. Jemand klagt auf Feststellung, daß er nicht unehelicher Vater des Gegners sei. Ist hierfür das Landgericht zuständig?

51. Einem Gewerbetreibenden ist durch polizeiliche Verfügung bei einer Strafe von 250 M. verboten worden, in seinen Geschäftsanzeigen den Ausdruck „Zwangsverkauf" zu gebrauchen. Wenn nach dem betreffenden bundesstaatlichen Recht auf Ungültigkeit der Polizeiverfügung bei den ordentlichen Gerichten geklagt werden kann: welches von ihnen ist sachlich zuständig?

52. Ein auf zehn Jahre geschlossener Mietvertrag (jährlicher Mietzins 5000 M.) ist vom Eigentümer nach drei Jahren gekündigt worden wegen angeblichen schweren Mißbrauchs der Sache durch den Mieter. Der Eigentümer klagt nun auf Feststellung: 1. daß das Mietsverhältnis vom 1. Januar 1908 ab erloschen sei; 2. auf Räumung der Wohnung zum genannten Tag. Welches Gericht ist sachlich zuständig? Wie hoch wäre der Streitwert, wenn der erste Antrag allein gestellt wäre?

53. Bei welchem Gerichte ist die Klage auf Räumung eines Pachtgutes zu erheben, wenn der Streitwert 1000 M. beträgt?

54. Eine etwas extravagante Schauspielerin hat eine Wohnung fest auf fünf Jahre gemietet zu 3000 M. jährlich. Nach drei Jahren wird sie wegen Geisteskrankheit entmündigt. Ihr Vormund klagt auf Feststellung, daß der Mietvertrag von Anfang an wegen Geschäftsunfähigkeit der Mieterin nichtig gewesen sei. Streitwert?

55. Gegenstand der Feststellungsklage ist die Frage, ob ein Geschäftsladen, wie Kläger behauptet, auf zehn, oder, wie Beklagter geltend macht, auf dreißig Jahre gemietet sei. Streitwert bei einem Jahreszins von 4000 M.? Kommt es darauf an, ob die Klage im ersten oder im neunten Jahre des Mietsverhältnisses erhoben wurde?

56. Mieter klagt gegen den Hauseigentümer auf Einrichtung der versprochenen Elektrizitäts- und Badeanlage. Bemißt sich der Streitwert nach den Kosten der Einrichtung oder nach dem Interesse des Mieters an derselben? Ist, wenn er 300 M. übersteigt, das Landgericht zuständig?

57. Ein Hotelbesitzer klagt gegen seinen früheren Koch eine Vertragsstrafe von 400 M. ein, weil sich dieser dem Vertrag zuwider bei einem Konkurrenten des Klägers am gleichen Orte verdungen hat. Sachliche Zuständigkeit? Wie, wenn umgekehrt der Koch seinen rückständigen Lohn in gleicher Höhe einklagt? Kommt es darauf an, ob am Ort ein Gewerbegericht besteht oder nicht?

58. Das Gewerbegericht hat eine Lohnstreitigkeit zwischen einem Hotelbesitzer und seiner Köchin rechtskräftig entschieden. Welche Wirkung hat das Urteil, wenn sich nachher herausstellt, daß die Köchin nur im Haushalte des Klägers beschäftigt war? Wie, wenn umgekehrt das Amtsgericht einen Lohnanspruch der im Hotelbetrieb tätigen Köchin entschieden hätte?

59. Jemand, der ein Reitpferd für 1500 M. gekauft hat, erhebt wegen angeblicher Mängel die Klage auf Wandelung und Rückzahlung des Kaufpreises. Sachliche Zuständigkeit? Wie, wenn er den Preis auf Grund Anfechtung wegen arglistiger Täuschung einklagte? Wie, wenn er zuerst den Gesichtspunkt der Wandelung und dann erst während des Prozesses denjenigen der Anfechtung geltend gemacht hätte?

60. Jemand hat die Wochenbettkosten einer unehelichen Mutter sowie den ersten Unterhalt des Kindes bestritten und klagt nun gegen den unehelichen Vater auf Ersatz in Höhe von 400 M. Ist hierfür das Amtsgericht zuständig? Macht es einen Unterschied, ob Kläger mit der Mutter verwandt ist oder nicht?

61. Eine deflorierte Braut klagt 6000 M. Schadensersatz gegen den früheren Verlobten ein. Macht es für die sachliche Zuständigkeit einen Unterschied, ob das Verhältnis Folgen gehabt hat oder nicht?

62. Ein durchgebrannter Gerichtsvollzieher hat unter anderm die im Auftrag eines Gläubigers vom Schuldner beigetriebenen 200 M. unterschlagen. Bei welchem Gericht ist die Ersatzklage gegen den Fiskus zu erheben?

63. Durch Verschulden eines staatlichen Eisenbahnbeamten ist einem Reisenden im Betrieb ein Schade von 250 M. zugefügt. Bei welchem Gericht ist die Klage gegen den Fiskus zu erheben? Wie, wenn der Schade kein Eisenbahnbetriebsschade wäre, sondern durch einen staatlichen Polizeibeamten zugefügt wäre?

64. Ein Mechaniker ist zunächst Lehrling, später Gehilfe bei einem Innungsmeister. Sodann arbeitet er an einem kleinen Orte bei einem zu keiner Innung gehörigen Schlossermeister. Hierauf wird er Arbeiter in der Automobilfabrik einer Großstadt. Von hier rückt er zum Chauffeur eines Rentners auf. Die gemachten Ersparnisse verwendet er zum Besuch einer Handelsschule, der ihn befähigt, Buchhalter eines Automobildepots zu werden, zunächst in einer Kleinstadt mit 3000 M., sodann in einer Großstadt mit 6000 M. Gehalt. Infolge seines unverträglichen Charakters bekommt er in allen Stellen Lohnstreitigkeiten mit dem Prinzipal. Angenommen, dieselben haben überall einen Streitwert von 350 M.: von welchem Gericht sind sie zu entscheiden?

65. Jemand besitzt eine Fahrradfabrik und zugleich einen Laden zum Verkauf seiner Fabrikate. Er gerät in Streitigkeiten: a) wegen des Lohnes mit seiner Köchin; aus dem gleichen Anlaß b) mit einem Arbeiter; c) mit einem kaufmännischen Angestellten, der 4000 M.; d) mit einem solchen, der 6000 M. Gehalt bezieht; e) mit einem Wiederverkäufer, der von ihm eine Maschine bezogen hat; f) mit einem Privatmann, der von ihm ein Rad gekauft hat. Welche Gerichte sind bei einem Streitwert von 350 M. für die Entscheidung dieser einzelnen Zivilprozesse zuständig? Inwiefern ist Vertretung durch Anwälte nötig oder zulässig?

66. Jemand klagt beim Amtsgericht 260 M. ein, indem er ausführt: er habe vom Gegner eine Summe von 840 M. aus Kauf zu bekommen, von welcher er aber einen Betrag von 580 M. abziehe, den er dem Gegner schulde. Der Beklagte, der die klägerische Forderung viel niedriger, die eigene viel höher angibt, rügt die Unzuständigkeit des Amtsgerichtes. Mit Recht?

67. Jemand klagt auf Lieferung der Neuauflage eines vielbändigen Werkes (Ladenpreis 360 M.) gegen Rückgabe der alten Auflage und Zahlung von 260 M. Ist das Amtsgericht zuständig? Wäre anders zu entscheiden, wenn er die Wertdifferenz zwischen beiden Leistungen als Schadensersatz wegen Nichterfüllung einklagte?

68. Käufer eines Klaviers hat auf dem Preis von 2500 M. den zehnten Teil abgezahlt. Er klagt nun beim Amtsgericht auf Feststellung der Nichtigkeit des Vertrages und Rückzahlung des geleisteten Betrages. Zuständigkeit? Wie, wenn der erste Antrag nicht gestellt wäre?

69. Jemand hat von dem ihm angeblich zustehenden, dem Grunde nach bestrittenen Schadensersatzanspruch von 6000 M. der Kostenersparnis halber zunächst bloß 300 M. beim Amtsgericht eingeklagt. Gegner rügt Unzuständigkeit, weil ja doch der ganze Anspruch zu prüfen sei. Richtig? Wäre anders zu entscheiden, wenn Kläger bei demselben Amtsgericht in getrennten Klagen zwei Ansprüche von je 300 M. als Stücke der behaupteten größeren Forderung eingeklagt hätte?

70. Eine ältere Jungfrau hat als Entschädigung für ihren vom Beklagten überfahrenen Hund Ami 1000 M. beim Landgericht eingeklagt. Der Beklagte rügt Unzuständigkeit, weil der Verblichene ein häßlicher, unreiner und bejahrter Köter gewesen sei, für den kein Mensch 10 M. gegeben hätte. Wie ist zu entscheiden, wenn dies zutrifft? Wäre anders zu entscheiden, wenn die Klage nicht auf Vergütung des toten, sondern auf Herausgabe des lebenden Ami gerichtet wäre?

71. Ein Handlungsgehilfe klagt gegen einen Kaufmann: 1. auf Feststellung, daß er von diesem fest auf ein Jahr engagiert sei; 2. auf Zahlung des ersten Monatslohnes mit 250 M. Streitwert? Wie, wenn der zweite Antrag allein gestellt wäre?

72. Gestritten wird um das Eigentum an einem vergriffenen antiquarischen Bande einer wertvollen großen Serie. Derselbe hat für den Beklagten, der die übrigen Bände besitzt, einen Wert von 350 M., für den Kläger einen solchen von 300 M. Streitwert?

73. Bei einem Typfräulein ist für eine Schuld von 100 M. eine ihr nicht gehörige Schreibmaschine im Werte von 500 M. gepfändet worden. Der Eigentümer klagt auf Freigabe. Streitwert?

74. Der Bürge, der die Hauptschuld von 280 M., außerdem 40 M. Zinsen und Kosten gezahlt hat, klagt gegen den Hauptschuldner auf Ersatz. Sachliche Zuständigkeit? Wie, wenn es sich um einen Wechselschuldner handelt, der vom Indossanten Ersatz verlangt?

75. Jemand hat eine Darlehensforderung von 20000 M., wovon die Hälfte hypothekarisch gesichert ist. Er erhebt gleichzeitig die Darlehensklage und die hypothekarische Klage. Streitwert?

76. Der Hauseigentümer klagt gegen den Mieter auf Räumung und Zahlung von 300 M. Mietzins. Sachliche Zuständigkeit?

77. Der Hypothekengläubiger, der einen Hypothekenbrief über 2000 M. hinterlegt hat, klagt gegen den Verwahrer auf Herausgabe. Streitwert? Wäre anders zu entscheiden, wenn darüber gestritten würde, wem die Hypothek zusteht?

78. Eine auf 10000 M. lautende Versicherungspolice, die den gegenwärtigen Rückkaufswert von 3600 M. hat, ist für eine Schuld von 4000 M. verpfändet. Der Versicherte klagt gegen den Pfandgläubiger auf Feststellung, daß das Pfandrecht erloschen sei, und auf Herausgabe der Police. Streitwert?

79. Jemand klagt gegen den Eigentümer eines Gutes auf Feststellung, daß er dasselbe auf zwölf Jahre zu 4000 M. jährlicher Zinsen gepachtet habe. Streitwert? Wäre dieser anders zu bestimmen, wenn Kläger, statt auf Feststellung, auf Überlassung des Gutes geklagt hätte? Wie, wenn keine feste Dauer des Pachtverhältnisses behauptet würde?

80. Für das uneheliche Kind ist gleich nach der Geburt eine Jahresrente bis zum 16. Lebensjahre eingeklagt. Streitwert?

III. Die Gerichtsstände.

81. Jemand, der bisher seinen Wohnsitz in Hamburg hatte, hat sich mit der Absicht ständiger Niederlassung in einen ausländischen Staat begeben und dort Wohnung genommen. Als er aber trotzdem in Hamburg verklagt wird, läßt er die Einrede der Unzuständigkeit mit der Begründung erheben, er habe seinen Wohnsitz im Ausland. Kläger erwidert, nach den Gesetzen des betreffenden Auslandstaates sei die ständige Niederlassung in demselben den Fremden überhaupt untersagt. Wie ist zu entscheiden, wenn diese Behauptung bewiesen werden kann?

82. Ein in Offenburg angestellter Handlungsgehilfe wird im Juni 1905 daselbst auf Ehescheidung verklagt. Er wendet Unzuständigkeit ein, weil er seine gegenwärtige Stelle auf den 1. Juli gekündigt habe, um eine neue in Mannheim anzutreten. Er habe bereits seine Möbel nach einer dort gemieteten Wohnung schaffen lassen und wohne gegenwärtig nur noch bei einem Offenburger Freund. Wie ist zu entscheiden, wenn dies zutrifft?

83. Ein im gesetzlichen Güterstand lebender Ehemann, der seinen Wohnsitz in Berlin hat, läßt ein in Kattowitz gelegenes Gut seiner Ehefrau durch einen Inspektor verwalten. Kann er in Kattowitz auf Zahlung des vom Inspektor für das Gut gekauften Zuchtviehes verklagt werden?

84. Das Bistum F. unterhält in B. eine höhere Lehranstalt, die keine juristische Persönlichkeit besitzt. Kann der bischöfliche Stuhl auf Zahlung von Schulbänken, die für die Anstalt geliefert wurden, in B. verklagt werden?

85. Eine offene Handelsgesellschaft, deren Mitglieder in Hanau wohnen und dort die Verwaltung führen, hat nach dem Vertrag ihren Sitz in Frankfurt. Gibt es hier einen Gerichtsstand für die gegen die Gesellschaft zu erhebenden Ansprüche? Können solche ohne weiteres in Hanau eingeklagt werden? Könnte der Gesellschaftsvertrag bestimmen, daß die

Gesellschaft am letzteren Orte ihren allgemeinen Gerichtsstand haben soll? Auch unter Ausschluß des Gerichtsstandes in Frankfurt?

86. Ein in Straßburg wohnender Referendar, der in Colmar beim Oberlandesgericht stagiert, fährt nur an den Sitzungstagen dahin, wo er allerdings ein Zimmer gemietet hat. Ein Gläubiger erhebt nun gegen ihn beim Landgericht Colmar eine Klage, die durch Aushändigung an seine Colmarer Wirtin zugestellt wird. Im Termine rügt er: 1. mangelhafte Klagezustellung; 2. Unzuständigkeit des Gerichtes. Mit Recht?

87. Der Inhaber einer großen Kehler Fabrik wohnt in Illkirch. Ein mit Fabrikaten beladener Wagen überfährt zu Straßburg infolge Durchgehens der Pferde einen Passanten. Kann dieser seinen Anspruch auf Ersatz der Kurkosten beim Amtsgericht Illkich einklagen? Oder in Straßburg? Oder in Kehl? Wäre letztere Frage ebenso zu entscheiden, wenn es sich um die Equipage des Fabrikanten gehandelt hätte?

88. Die badischen Fabrikanten eines bestimmten Artikels haben sich zu einem Syndikate mit dem Sitze zu Mannheim vereinigt. Im Vertrag ist den Mitgliedern bei einer Strafe von 200 M. für jede Zuwiderhandlung untersagt, den betreffenden Artikel unter einem gewissen Mindestpreis zu veräußern. Ein Mitglied, das seinen Wohnsitz in Freiburg, seine Fabrik in Offenburg hat, hat durch einen Verkauf in Kehl einen Vertragsbruch begangen. Ist für die Klage auf die Strafe das Gericht Offenburg zuständig? Oder Freiburg? Oder Kehl? Oder Mannheim?

89. Ein Karlsruher Kellner ist in einem Hotel zu Baden-Baden für die Rennwoche als Aushilfe angestellt. Kann er hier wegen einer Schuld verklagt werden?

90. Ein Wiesbadener Kurgast hat im Fremdenbuch eine voraussichtliche Aufenthaltsdauer von vier Wochen vermerkt. Kann er in Wiesbaden auf Rückzahlung eines Darlehens verklagt werden? Wie, wenn er für die ganze Saison eine Villa dort gemietet hätte? Könnte er hier auf Unterlassung einer Firmenführung verklagt werden? Oder auf Feststellung unehelicher Vaterschaft?

91. Ein Berliner Bankier ist Eigentümer eines im Landgerichtsbezirk Posen gelegenen Gutes, das er dem X. verpachtet hat, welcher seinerseits in Breslau wohnt und es durch einen Inspektor bewirtschaften läßt. X. klagt in Posen auf Feststellung, daß das Pachtverhältnis bis zum Jahr 1920 unkündbar bestehe. Ist hier eine Zuständigkeit begründet aus § 21 ZPO.? Oder aus § 29 ZPO.? Besteht eine solche für Klagen des Pächters gegen den Eigentümer auf die zugesagte Vervollständigung des Inventars? Oder für eine Klage des Eigentümers auf Zahlung des Pachtzinses? Oder auf Herausgabe des Gutes wegen angeblichen Ablaufs der Pachtzeit?

92. Die Rheinische Kreditbank mit dem Sitz in Mannheim besitzt unter anderem Zweigniederlassungen in Straßburg und Baden-Baden. Kann die Bank auf Grund eines in Baden-Baden geschlossenen, in Frankfurt zu erfüllenden Lieferungsgeschäftes in der erstgenannten Stadt verklagt werden? Oder in Mannheim? Oder in Frankfurt? Oder in Straßburg?

93. K. in Straßburg hat von V. in Karlsruhe eine Quantität Eisenwaren gekauft, lieferbar in Mannheim. Als er später die Abnahme der Ware verweigert, verklagt ihn Verkäufer in Mannheim auf Abnahme und Zahlung des Preises. Käufer erhebt die Einrede der Unzuständigkeit. Mit Recht? Wie, wenn die gleiche Klage in Karlsruhe oder in Straßburg erhoben wäre?

94. Der Käufer eines später als mangelhaft befundenen, in X. belegenen Hauses klagt gegen den in Y. wohnenden Makler, der das Geschäft vermittelt hat, zu X. auf Rückgabe des gezahlten Makellohnes wegen Verletzung der klägerischen Interessen. Zuständigkeit?

95. Der in Düsseldorf wohnende Kläger hat dem in Hamburg wohnenden Beklagten Handelswaren verkauft. Die dem Beklagten ausgehändigte, von ihm widerspruchslos entgegengenommene Schlußnote, die nur vom Kläger unterschrieben ist, bezeichnet Frankfurt als Erfüllungsort. Der hierselbst verklagte Käufer rügt Unzuständigkeit. Mit Recht? Wie, wenn der Vermerk „Erfüllungsort Frankfurt" auf einer vorbehaltlos entgegengenommenen Faktura stünde?

96. Die nach X. aufgegebenen Porzellanwaren kommen dort zerbrochen an. Die in X. auf Schadensersatz verklagte Eisenbahnverwaltung wendet Unzuständigkeit ein, weil ihre Transportpflicht nicht dort zu erfüllen gewesen wäre. Richtig?

97. Jemand ist von einer zu X. domizilierten Aktiengesellschaft mit Leitung eines Tunnelbaues in Y. gegen festen Monatsgehalt betraut worden. Für den Fall, daß die Arbeit im Laufe der ersten beiden Jahre eingestellt würde, ist ihm eine Abfindung von 3000 M. zugesichert. Kann er diese Summe in Y. einklagen?

98. Ein in A. wohnender Unternehmer hat für den Kläger in N. eine Gasanstalt errichtet. Als diese infolge erheblicher Mängel der Anlage explodiert, wird der Unternehmer in N. vom Besteller auf Ersatz des Schadens verklagt. Zuständigkeit?

99. Eine Aktiengesellschaft in X. hat sich verpflichtet, den Gesamtertrag ihres Kohlenbergwerkes dem Eisenwerke Titania zu verkaufen, lieferbar in Y., und an keinen Konkurrenten desselben in Süd- oder Westdeutschland Kohlen abzugeben bei Gefahr einer Vertragsstrafe von 5000 M. Als diese später wegen angeblicher Kohlenverkäufe in Z. beim Gericht in Y. eingeklagt wird, wendet die beklagte Aktiengesellschaft Unzuständigkeit ein. Mit Recht?

100. Der als Volontär beschäftigte A., der jetzt seinen Wohnsitz in Mannheim hat, hat im Betriebe des B. zu Frankfurt einen Schaden erlitten. Da er bei der Ortskrankenkasse nicht angemeldet ist, wird der Arbeitgeber B. durch den Vorstand der Aufsichtsbehörde für verpflichtet erklärt, dem A. die Aufwendungen der ersten Krankheitswochen zu ersetzen. Unter der Behauptung, er sei zur Anmeldung eines Volontärs nicht verpflichtet, klagt nun B. gegen A. auf Aufhebung der Verfügung, und zwar in Frankfurt als beim Gericht der Vertragserfüllung. Zuständigkeit?

101. Der in Hamburg wohnende Käufer klagt hier gegen den anderwärts wohnenden Verkäufer auf Feststellung, daß er wegen der Nichtigkeit des Kaufvertrages zur Zahlung des Preises nicht verpflichtet sei. Ist das Gericht zuständig? Wäre anders zu entscheiden, wenn die Feststellungsklage darauf gestützt wäre, daß Kläger die Kaufpreisforderung durch Aufrechnung oder Zahlung getilgt habe?

102. Ein Bürger von Stettin hat sich für seinen Bruder in Danzig verbürgt. Kann er in der letztgenannten Stadt vom Gläubiger verklagt werden? Könnte er, wenn er dem Gläubiger eine Hypothek an seinem in Danzig gelegenen Hause versprochen hätte, hier auf Bestellung belangt werden? Angenommen, er habe sich bei einer Vertragsstrafe von 1000 M. verpflichtet, seinen Bruder zur Bestellung einer Hypothek an dessen in Kiel belegenen Hause zu veranlassen: wo kann die Vertragsstrafe eingeklagt werden?

103. Der Ingenieur Huber aus Darmstadt ist mit Fräulein Zuber aus Gießen aufgeboten. Die Hochzeit soll in zehn Tagen zu Mainz stattfinden, da erklärt der Bräutigam durch einen aus seinem neuen Wohnsitz Mannheim datierten Brief seinen Rücktritt vom Verlöbnis. Die Braut will auf Ersatz der in Erwartung der Ehe gemachten Aufwendungen klagen. Ist hierfür eine Zuständigkeit begründet in Darmstadt? In Gießen? In Mannheim? In Mainz?

104. Ein Opernsänger der Mannheimer Bühne hat sich im Kontrakt für den Fall des Vertragsbruches einer Strafe von 20000 M. unterworfen. Schon nach einem Jahr nimmt er unter Kontraktbruch ein Engagement in Wien an. Kann er in Mannheim auf die Vertragsstrafe verklagt werden?

105. Jemand hat zur Zeit, als er in X. wohnte, durch eine in Y. begangene Sachbeschädigung einem andern Schaden zugefügt. Kann er, wenn er jetzt in Z. wohnt, in X. auf Schadensersatz verklagt werden?

106. Ein Cölner hat während seines Wiesbadener Kuraufenthaltes den Hund eines während mehrerer Tage verreisten Kurgastes aus Frankfurt ohne Auftrag gefüttert. Kann er auf Ersatz der Kosten in Wiesbaden klagen? Oder in Cöln? Oder, wenn der Eigentümer des Hundes jetzt in Mannheim wohnt, in Frankfurt?

107. Ein Straßburger hat einem Karlsruher ein auf drei Jahre unkündbares Darlehn gegeben, rückzahlbar in Frankfurt.

Kann hier schon im ersten Jahr unter der Behauptung, der Darlehnsvertrag sei nichtig gewesen, auf Rückzahlung geklagt werden? Wäre anders zu entscheiden, wenn zugleich auf Feststellung dieser Nichtigkeit geklagt würde? Oder wenn erst nach Ablauf der drei Jahre gekündigt und auf Rückzahlung geklagt wäre?

108. Ein Nürnberger Bankier besitzt einen Schuldschein mit der Unterschrift eines Münchener Offiziers, lautend auf 5000 M., rückzahlbar in Augsburg. Kann der Offizier in der letztgenannten Stadt auf Feststellung klagen, daß der Schuldschein unecht ist?

109. Ein Oberleutnant hat ein Pferd verkauft mit der Abmachung, der Handel solle von selbst zerfallen, wenn Käufer nicht nach dem Manöver zum Hauptmann aufrücke. Der Preis ist am vereinbarten Erfüllungsort Frankfurt bezahlt worden, wo kein Vertragsteil wohnt. Kann hier der Offizier, wenn er nicht befördert wird, auf Rückzahlung des Preises klagen?

110. In einem Lieferungsvertrag ist als Erfüllungsort für die Ware Hamburg, für den Preis Berlin bestimmt. Käufer klagt in Hamburg wegen Mangels der Ware auf Wandelung und Rückgewähr des schon gezahlten Kaufpreises. Ist das Gericht Hamburg zuständig, wenn der Beklagte seinen Wohnsitz in Hannover hat und die Ware in Stettin lagert? Ist in der einen oder in der andern dieser Städte die Zuständigkeit begründet?

111. Ein Cölner hat einem Karlsruher, während beide zusammen in Straßburg studieren, einige Bücher geliehen. Gegenwärtig studiert der erste in Bonn, der zweite in Freiburg. In welchen der genannten fünf Städte kann auf Rückgabe der Bücher geklagt werden? Wie, wenn Beklagter die Bücher seinerseits an einen in Berlin studierenden Freund aus Hannover weiter geliehen hätte?

112. Der Käufer in Stuttgart hat die bereits gezahlte Ware dem in Wien wohnhaften Verkäufer zur Verfügung gestellt und denselben auf Einwilligung in die Wandelung und Rückzahlung des Kaufpreises verklagt, u. z. beim Gericht in Stuttgart. Besteht hier ein Gerichtsstand der Vertragserfüllung? Oder des Vermögens? Oder der unerlaubten Handlung, wenn Käufer bezüglich der Mängel arglistig getäuscht worden ist?

113. Ein Münchener Konzertsänger hat sich verpflichtet, an drei Abenden in Würzburg aufzutreten, und für den Fall des Rücktritts ein Reugeld von 500 M. versprochen. Kann eintretenden Falles auf Zahlung desselben in Würzburg geklagt werden?

114. Kann im Gerichtsstande der unerlaubten Handlung geklagt werden:

a) Gegen den Beamten, der durch Verletzung seiner Amtspflicht den Kläger geschädigt hat?

b) Gegen den nach Landesrecht haftenden Staat, wenn ein Beamter desselben durch Mißbrauch der öffentlicheu Gewalt Schaden anrichtet?

c) Gegen den Inhaber einer Jagd wegen Wildschadens?

d) Gegen den unmündigen Millionärssohn, der durch ungeschicktes Hantieren mit einem Flobertgewehr einem durchaus vermögenslosen Arbeiter ein Auge ausschießt?

e) Gegen den Eigentümer eines Hauses auf Vergütung des durch herabfallende Ziegeln vernichteten Zylinderhutes?

f) Gegen den Eisenbahnfiskus wegen des bei einem Eisenbahnunfall erlittenen Schadens, u. z. auch unter der Voraussetzung, daß Verschulden irgend eines Beamten nicht nachgewiesen werden kann?

g) Gegen den Eigentümer eines bissigen Hundes, der ohne jeden Anlaß dem Kläger ein Stück Wade abgebissen hat?

h) Gegen den unehelichen Vater auf Alimente?

i) Gegen den früheren Bräutigam auf Schadloshaltung wegen grundloser Auflösung des Verlöbnisses?

k) Gegen den Automobilisten, der einen Familienvater fahrlässig getötet hat, wegen der den Hinterbliebenen geschuldeten Entschädigung?

l) Gegen einen Dritten, der vom Konkursschuldner weniger als ein Jahr vor Konkursausbruch eine größere Schenkung erhielt, auf Anfechtung derselben? Wie, wenn Schenker die dem Beklagten bekannte Absicht hatte, seine Gläubiger zu benachteiligen?

m) Gegen den Dritten auf Anfechtung des Vertrages, durch welchen ihm der Gemeinschuldner für seine Forderung eine Reihe von Juwelen verpfändet hat? Kommt es auf die Zeit des Geschäftsabschlusses an?

n) Gegend jemand, der das Patentrecht des Klägers durch Herstellung und Veräußerung bestimmter Fabrikate verletzt, auf Beseitigung der Beeinträchtigung, künftige Unterlassung von Störungen und Schadensersatz?

o) Gegen einen Gewerbetreibenden auf Unterlassung schwindelhafter Reklame?

p) Gegen einen Gläubiger, der durch Vollziehung eines später als unbegründet aufgehobenen Arrestes dem Schuldner Schaden zugefügt hat, auf Ersatz desselben?

q) Gegen den andern Vertragsteil, der den Vertrag wegen Irrtums angefochten hat, auf Ersatz des negativen Interesses?

115. Durch eine in den Hamburger Nachrichten erschienene äußerst scharfe Kritik des Werkes „Jena oder Sedan" fühlt sich die Verlagshandlung geschädigt. Sie klagt in Berlin auf Ersatz des entstandenen und künftigen Schadens. Ist hier eine Zuständigkeit begründet, wenn festgestellt wird, daß die beklagte Zeitung in Berlin verbreitet ist? Kann hier der ganze Schaden eingeklagt werden oder nur der im Bezirk Berlin entstandene?

116. Eine Behörde hat durch eine an die Polizei in N. gerichtete Verfügung dieselbe angewiesen, einen angeblichen Übeltäter festzunehmen. Dieser wird daraufhin in O. verhaftet und nach dem Gefängnis in P. geführt, woselbst er einige Tage festgehalten wird, bis sich herausstellt, daß er infolge grober Fahrlässigkeit der ersuchenden Behörde zu M. einer Verwechselung zum Opfer gefallen ist. Bei welchem Gericht kann er auf Entschädigung klagen?

117. Der Handlungsgehilfe Bieder zu Heidelberg steht mit dem Großkaufmann Klotz zu Mannheim in Unterhandlungen wegen Anstellung. Letztere wird dadurch vereitelt, daß der in Karlsruhe wohnende Bissig dem Klotz einen anonymen Brief gegen Bieder zuschickt. Das Schreiben ist in Straßburg aufgesetzt, in Baden-Baden zur Post aufgegeben, im Mannheimer Bureau des Klotz abgeliefert, von dort demselben nach Wiesbaden nachgeschickt, von wo aus er nach Kenntnisnahme dem Bieder nach Heidelberg abschreibt. Wo kann Bieder nach Entdeckung der Intrige gegen Bissig auf Entschädigung klagen?

118. Eine im Bezirke X. gelegene Fabrik hat durch Verunreinigung eines Wasserlaufes, der durch den Bezirk Y. durchfließt, den Fischbestand geschädigt. Ein Fischereipächter in Y. erhebt hier die Entschädigungsklage. Zuständigkeit?

119. Ein Straßburger hat einem Cölner in der diesem bekannten Absicht, seine Gläubiger zu benachteiligen, einen Warenposten erheblich unter Wert zu Frankfurt verkauft, zu Mannheim geliefert und in Straßburg bezahlt erhalten. In welcher dieser Städte kann der Konkursverwalter des fallit gewordenen Verkäufers die Anfechtungsklage erheben?

120. Zwei Personen streiten darum, welcher von ihnen eine Hypothek an einem Freiburger Hause zusteht. Muß die Feststellungsklage in Freiburg erhoben werden? Gilt dasselbe, wenn der Streit sich um das Eigentum am Hause selbst dreht? Wie, wenn das Haus das einzige Stück eines Nachlasses bildet, und der Streit um das Eigentum darauf beruht, daß jeder Erbe zu sein behauptet?

121. Der Eigentümer eines Hauses in Cöln hat dasselbe zunächst an A. verkauft, der eine Vormerkung genommen hat, sodann aber vertragswidrig dem B. zu Düsseldorf veräußert, aufgelassen und im Grundbuch zuschreiben lassen. A. klagt nun in Düsseldorf gegen B. auf Bewilligung seiner Eintragung. Zuständigkeit?

122. Ein Karlsruher Kaufmann läßt sich in Freiburg ein Haus bauen. Der Unternehmer will ihn verklagen auf Bestellung einer Sicherungshypothek am Bau (§ 648 BGB.). Kann dies in Karlsruhe geschehen? Kann oder muß es in Freiburg geschehen?

123. Ein Mannheimer Bürger hat einem andern seine Heidelberger Villa verkauft. Kann Käufer die Klage auf

Auflassung und Eintragsbewilligung nach seiner Wahl in Mannheim oder Heidelberg erheben? Wie, wenn umgekehrt der Verkäufer gegen den schon eingetragenen Erwerber auf Bewilligung der Rückumschreibung klagen würde: sei es wegen behaupteter Nichtigkeit der Auflassung, sei es auf Grund seines Wiederkaufsrechtes, sei es, weil der Kaufvertrag aus irgend einem Grunde unwirksam sei?

124. Ein Straßburger und ein Cölner sind Miteigentümer eines in Berlin gelegenen Hauses. Der erste klagt gegen den andern zu Cöln auf Einwilligung in die Veräußerung des Hauses behufs Auseinandersetzung. Zuständigkeit? Kommt es darauf an, ob beide das Haus durch gemeinschaftlichen Kauf oder durch Erbgang erworben haben?

125. Ein Fabrikgebäude zu Darmstadt, in welches wertvolle Maschinen fest eingefügt sind, ist mit einer Hypothek belastet. Als der Mannheimer Lieferant der Maschinen dieselben wegen Nichtzahlung durch den Fabrikbesitzer abtrennen und nach Mannheim zurücktransportieren läßt, erhebt der Hypothekengläubiger gegen ihn zu Mannheim Klage auf Wiederherstellung des ursprünglichen Zustandes. Kompetenz?

126. Ein Pariser Rentner hat in Straßburg ein gegenwärtig unvermietetes Haus. Ein ungenügend befestigter Laden desselben wird durch den Sturm aus den verrosteten Angeln gerissen und bricht einem Passanten den Arm. Beim Straßburger Gericht auf Entschädigung verklagt, rügt der Eigentümer dessen Unzuständigkeit (§ 26, 32 ZPO.). Mit Recht?

127. Der Verkäufer eines zu Straßburg gelegenen Hauses hat dem Käufer Hypothekenfreiheit zugesagt und demgemäß eine auf dem Hause lastende Hypothek des in Freiburg wohnenden X. befriedigt. Als er den X. in Freiburg auf Bewilligung der Löschung verklagt, wendet dieser ein: 1. sei der Kläger zur Sache nicht legitimiert, da das Haus bereits auf den Käufer eingetragen sei; 2. sei das Freiburger Gericht unzuständig. Entscheidung? Darf das Gericht über beide Einwendungen entscheiden?

128. Der Kläger in X., der dem Beklagten in Y. eine Forderung gegen den in Z. wohnenden Drittschuldner zediert hat, erhebt gegen den Zessionar Klage auf Feststellung der Ungültigkeit der Zession, sowie Unterlassung der Einziehung der Forderung, u. z. beim Gericht des Klagegegenstandes in Z. Beklagter rügt Unzuständigkeit, weil dieser Gerichtsstand nur für Leistungsklagen und nur bezüglich körperlicher Gegenstände gelte. Richtig?

129. Die Aktiengesellschaft Union hat nach dem Statut ihren Sitz in Barmen, außerdem einen allgemeinen Gerichtsstand in Krefeld. Ein deutscher Fabrikant hat seinen in Belgien wohnenden Schuldner beim Gericht Krefeld verklagt und die Zuständigkeit darauf gegründet, daß der Beklagte eine Forderung gegen die Aktiengesellschaft Union besitze. Richtig?

130. Ein Franzose, der in Straßburg studierte, ist am 25. Juli in die Ferien gereist. Sein Zimmer ist bis zum 1. August bezahlt. Am 28. Juli wird durch Übergabe an seine Wirtin eine Entschädigungsklage seiner deflorierten Braut zugestellt. a) Ist hierfür das Amtsgericht Straßburg zuständig? b) Kommt es darauf an, ob Beklagter die Absicht hat, im nächsten Semester hier weiter zu studieren oder nicht? c) Ob er exmatrikuliert ist oder nicht? d) Wie, wenn er in seinem Zimmer einen Stiefelknecht vergessen hätte? e) Oder sein Testierbuch nebst seinen Zeugnissen noch auf dem Sekretariat der Universität läge? f) Oder, wenn er in Straßburg einem Kommilitonen aus Nürnberg 10 M. vorgestreckt hätte? g) Wie, wenn der Beklagte selbst der Klägerin Verlobungsgeschenke gemacht hätte, die ihm noch nicht zurückgegeben sind?

131. Ein in Budapest wohnender Hochstapler hat in Leipzig Bestellungen auf ein angebliches Lieferungswerk gesammelt und Anzahlungen erhalten. Kurz vor der Abreise wird er auf dem Bahnhof Leipzig verhaftet. Die Betrogenen verklagen ihn auf Rückzahlung des erschwindelten Geldes in Leipzig und stützen die Zuständigkeit teils auf § 32, teils auf § 29, teils auf § 23 ZPO. Richtig?

132. Ein Straßburger Kaufmann, der von einem Pariser Waren bezogen hat (vereinbarter beiderseitiger Erfüllungsort

Paris), hat sie dem Verkäufer wegen Mangelhaftigkeit zur Verfügung gestellt und in Straßburg Wandelungsklage erhoben. Die Zuständigkeit gründet er in erster Linie auf § 29, in zweiter auf § 23 ZPO. Mit Recht?

133. Der Breslauer Kläger hat gegen den Wiener Beklagten beim Landgericht Breslau auf Zahlung von 800 M. geklagt, die ihm nach Abzug einer ebenso hohen Gegenforderung des Beklagten noch zukämen. Kann er auf diese Gegenforderung den Gerichtsstand des Vermögens stützen? Wie, wenn er umgekehrt auf Feststellung geklagt hätte, daß dem Beklagten nach Abzug einer Gegenforderung des Klägers kein Anspruch mehr gegen diesen zustehe?

134. Ein deutscher Standesherr hat seinen Wohnsitz von Stuttgart nach Cannes verlegt und ist dort gestorben. Ein Bruder will gegen seine hinterbliebene, in München lebende Tochter auf Feststellung klagen, daß er vor ihr zur Nachfolge in ein zum Breslauer Landgerichtsbezirk gehöriges Fideikommiß berufen sei. a) In welcher dieser Städte kann oder muß geklagt werden? b) Wo könnte auf Erfüllung eines Vermächtnisses geklagt werden? c) Oder auf Rückzahlung eines dem Verstorbenen gegebenen Darlehns? d) Könnte umgekehrt in Stuttgart die Erbin auf Rückzahlung eines Darlehns klagen, das der Erblasser von Cannes aus einem Berliner Freunde gegeben hatte?

135. Die nicht in Berlin wohnenden Erben eines dortigen Rentners werden einige Jahre, nachdem der Nachlaß verteilt ist, in Berlin gemeinschaftlich auf Zahlung einer noch nicht berichtigten Nachlaßverbindlichkeit verklagt. Zuständigkeit? Kommt es darauf an, ob die Forderung auf Vermächtnis oder auf einem Kaufgeschäfte des Erblassers beruht? Und im letzteren Falle, ob die Gläubiger aufgeboten waren oder nicht?

IV. Vereinbarter und richterlich bestimmter Gerichtsstand.

136. Zwei elsaß-lothringische Kaufleute sind anläßlich eines Geschäfts in Streit geraten. Einen Schiedsspruch möchten sie nicht schließen, andererseits aber auch mit den deutschen

Gerichten nichts zu tun haben. Wie kommen sie zu ihrem Zweck?

137. Jemand ist beim Amtsgericht darauf verklagt, die Führung eines bestimmten Namens zu unterlassen. Nachdem er zunächst sachliche Einwände vorgebracht hatte, rügt er auch noch die Unzuständigkeit des Gerichtes. Ist diese Einrede zulässig und begründet? Wäre ebenso zu entscheiden, wenn auf Nichtführung einer Firma geklagt wäre?

138. Zwei Konkurrenten haben vereinbart, daß alle unter ihnen erwachsenden Streitigkeiten, betreffend die Führung von Warenzeichen, durch das Landgericht Leipzig entschieden werden sollen. Werden hierdurch andere Gerichte unzuständig?

139. Der Beklagte hat gegen den ausgebliebenen Kläger Versäumnisurteil erwirkt. Kann er nun, wenn dieser Einspruch einlegt, noch die Unzuständigkeit des Gerichtes geltend machen?

140. Der auf Herausgabe eines Gemäldes beim Amtsgericht Verklagte hat im ersten Termin zur Sache verhandelt. Kann er im folgenden Termin die Einrede der Unzuständigkeit erheben, weil er erst nachträglich von Sachverständigen erfahren habe, das Gemälde sei mindestens 1000 M. wert?

141. Der bei einem unzuständigen Landgericht Verklagte hat mangelhafte Klagezustellung und Prozeßunfähigkeit des Klägers gerügt. Nachdem hierüber gesondert verhandelt worden ist, rügt er die Unzuständigkeit des Gerichtes. Wird er mit dieser Einrede noch gehört? Kommt es darauf an, ob ein anderes Gericht ausschließlich zuständig wäre? Oder darauf, ob Beklagter erst nachträglich erfahren hat, daß die von ihm irrtümlich angenommene Zuständigkeit in Wahrheit fehlte?

142. Zwischen Zustellung der Klage und mündlicher Verhandlung vereinbaren die Parteien schriftlich die Zuständigkeit eines anderen Gerichtes. Als hier geklagt wird, erhebt Beklagter die Einrede der Rechtshängigkeit. Kläger entgegnet: erstens werde ja beim ersten Gericht nicht verhandelt; zweitens habe Beklagter durch die Vereinbarung auf die Einrede der Rechtshängigkeit verzichtet; drittens verstoße ihre Erhebung gegen Treu und Glauben. Richtig? Hat Kläger nicht ein sicheres Mittel, die Einrede zurückzuschlagen?

143. Für Streitigkeiten aus einem Lieferungsvertrag haben die Parteien das Landgericht Cöln als zuständig vereinbart. Der in seinem Wohnsitz Frankfurt belangte Vertragsteil rügt die Unzuständigkeit des Gerichtes. Mit Recht?

144. Eine große Fabrik hat mit mehreren Gruben Kohlenlieferungsverträge geschlossen. Für Streitigkeiten daraus ist das Oberlandesgericht Hamm als zuständig vereinbart. Wie, wenn trotzdem bei einem Landgericht geklagt wird?

145. Die in den Geschäftsräumen ausgehängten Anstellungsbedingungen für das Verkaufspersonal eines großstädtischen Warenhauses enthalten als § 18 die Bestimmung, daß für Streitigkeiten aus dem Dienstverhältnis das Amtsgericht der Stadt zuständig sein soll. Eine hier wegen vorzeitigen Austritts verklagte Verkäuferin rügt Unzuständigkeit, weil sie die Anstellungsbedingungen nie gelesen, sich also auch nicht dem betreffenden Gericht habe unterwerfen wollen. Greift ihre Einrede mit dieser oder mit einer andern Begründung durch?

146. Über den Darlehnsvertrag und die damit zusammenhängende Hypothekenbestellung an einem zu X. gelegenen Grundstück ist ein Notariatsakt aufgenommen, worin vereinbart ist, daß für die aus dem Vertrag erwachsenden Streitigkeiten das Gericht Y. ausschließlich zuständig sein soll. Hier klagt später der Darlehnsschuldner auf Feststellung, daß die Hypothek wegen Nichtigkeit des ganzen Handels nicht bestehe. Zuständigkeit?

147. Können die Parteien ausmachen, daß eine an sich vor die Zivilkammer gehörende Sache durch die Kammer für Handelssachen entschieden werden soll? Oder umgekehrt?

148. Ein Kaufmann, der in Y. sein Geschäft hat, aber in X. wohnt, wird hier wegen angeblichen unlauteren Wettbewerbs auf Unterlassung verklagt. Er wird verurteilt und legt Berufung ein. Kann er in der zweiten Instanz noch die Unzuständigkeit des Gerichtes X. rügen?

149. Der Darlehnsschuldner wohnt im Landgerichtsbezirk X., der Bürge im Bezirke Y. Kann der Gläubiger sie gemeinsam in X. verklagen? Oder in Y.? Oder bei welchem

Gericht? Wie, wenn er gegen sie einen gemeinsamen Zahlbefehl erwirken will?

150. Für eine Schuld sind zwei in verschiedenen Städten belegene Häuser mit einer Gesamthypothek belastet. Gläubiger, der die Klage auf Duldung der Zwangsvollstreckung hinsichtlich der beiden Häuser gemeinschaftlich erheben will, wendet sich mit dem Antrag auf Bestimmung eines zuständigen Gerichtes an das Oberlandesgericht, in dessen Bezirk beide Häuser liegen? Wie ist zu entscheiden?

151. Ein Straßburger Maurer ist bei der Rückkehr von der Schiltigheimer Meßi durch einen Budenbesitzer jämmerlich verprügelt worden. Da er im fraglichen Moment angetrunken war (wie übrigens auch der Täter und die Zeugen), so ist nicht genau zu ermitteln, ob das Vorkommnis auf dem einen oder auf dem anderen Gemeindebann sich ereignet hat. Der Mißhandelte, der 182 M. Schadensersatz einklagen möchte, ersucht das Landgericht Straßburg um Bestimmung des zuständigen Gerichtes. Entscheidung? Muß das Gesuch durch einen Anwalt angebracht werden?

V. Ausschluß und Ablehnung des Richters.

152. Kann der Richter den Prozeß einer Aktiengesellschaft entscheiden, von welcher er Aktien besitzt? Wie, wenn ein einzelner Aktionär gegen den Vorstand wegen Pflichtverletzung geklagt hätte?

153. Ein Richter ist Mitglied eines Vereins. Kann er einen Prozeß desselben entscheiden? Macht es einen Unterschied, ob der Verein rechtsfähig ist oder nicht? Im zweiten Falle, ob er Kläger oder Beklagter ist? Angenommen, der Verein ist rechtsfähig: ist die Frage gleich zu entscheiden, mag der Verein verklagt sein von einem angeblichen Gläubiger auf Zahlung einer Schuld oder von einem Mitgliede auf Feststellung der Ungültigkeit eines Beschlusses, der den Mitgliederbeitrag erhöht?

154. Ein Universitätsprofessor ist zugleich Mitglied des Oberlandesgerichtes. Ist er kraft Gesetzes von der Mitwirkung ausgeschlossen in einer Sache, in welcher er seinerzeit der Partei ein außergerichtliches Gutachten abgegeben hat? Wäre anders zu entscheiden, wenn er im Prozesse als Sachverständiger vernommen worden wäre?

155. Der Landgerichtsrat X. war bis vor kurzem Rechtsanwalt. Ist er kraft Gesetzes ausgeschlossen von der Entscheidung einer Sache, die er seinerzeit (als er Rechtsanwalt war) für eine Partei geführt hatte? Wie, wenn er zwar nicht diese, aber eine ganz ähnlich gelagerte Sache vertreten hatte?

156. Das Urteil eines Amtsrichters ist angefochten. Kann derselbe vom Berufungsgericht um die Vernehmung eines Zeugen ersucht werden? Könnte er an der Entscheidung zweiter Instanz mitwirken, wenn er inzwischen an das betreffende Landgericht versetzt worden wäre? Könnte er in diesem Falle wenigstens an der Verkündung des von anderen Richtern gefundenen Urteils teilnehmen?

157. Kann ein Richter als befangen aus dem Grunde abgelehnt werden, weil er vor kurzem gelegentlich eines anderen, ähnlich gelagerten Falles eine dem Gegner im jetzigen Prozesse günstige Rechtsansicht vertreten hat? Oder weil er in einer Zeitschrift diese Ansicht wissenschaftlich verfochten hat?

158. Kann eine jüdische Partei einen Richter deshalb ablehnen, weil er ein bekannter Antisemit sei? Eine sozialdemokratische Partei den als Sozialistentöter bekannten Amtsrichter? Ein Mitglied des evangelischen Bundes einen Landrichter, der Zentrumsabgeordneter ist?

159. Kann ein Richter abgelehnt werden, weil sein Bruder der gegnerische Anwalt ist?

160. Der Beklagte hat den Klagabweisungsantrag zwar verlesen, aber nicht begründet. Kann er, nachdem er das gegen ihn ergangene Versäumnisurteil mit dem Einspruch angegriffen hat, nunmehr den Richter wegen Befangenheit ablehnen?

161. Kann der Kläger den Richter ablehnen, weil ihn dieser im Lauf der Verhandlung mehrfach gröblich angefahren und überhaupt schlecht behandelt hat?

162. Beklagter hat mangelhafte Klagezustellung gerügt. Nachdem hierüber verhandelt worden, erklärt er den Richter wegen Befangenheit ablehnen zu müssen? Zulässig?

163. Als die Sache aufgerufen wird und die Parteien vortreten, erkennt Kläger in dem Amtsrichter den ihm bisher dem Namen nach unbekannten Herrn, mit dem er einige Tage vorher im Café ein überaus heftiges Rencontre gehabt hat. Kann er jetzt das „Ablehnungsgesuch“ mündlich erklären?

164. Der als befangen abgelehnte Amtsrichter ist mit der Erklärung, er fühle sich vollkommen unparteiisch, in die Verhandlung eingetreten und hat, da der ablehnende Teil nun nicht verhandeln zu wollen erklärt, auf Antrag des anderen ein Versäumnisurteil erlassen, welches zugestellt und binnen zwei Wochen nicht angefochten wird. War das Verfahren des Richters korrekt? Läßt sich gegen sein Urteil noch etwas machen? Hat es auf dessen Gültigkeit Einfluß, wenn nachträglich das Landgericht das Ablehnungsgesuch für begründet erklärt? Wie, wenn dieser Beschluß vor dem Urteil des Amtsrichters ergangen wäre?

165. Angenommen, der Vorgang des „zerbrochenen Kruges“ von Kleist spielte sich heute in Deutschland ab. Wäre der Richter Adam kraft Gesetzes ausgeschlossen, wenn Frau Martha auf Ersatz des Kruges klagte? Wie, wenn er den Burschen Ruprecht verurteilt, nnd dieser keine Berufung eingelegt hätte: wäre gegen die Entscheidung noch etwas zu machen? Unter welchem Gesichtspunkte?

Drittes Kapitel.

Die Parteien.

I. Parteibegriff und Parteifähigkeit.

166. Durch Unvorsichtigkeit eines Jägers wird ein verwaister Treiber getötet, der ein Kind und eine in anderen

Umständen befindliche minderjährige Witwe hinterläßt. Der Schwiegervater des Getöteten verklagt den Schützen als gesetzlicher Vertreter auf Gewährung einer Entschädigungsrente von jährlich 700 M. an die Witwe, von je 300 M. an das bereits lebende und das zu erwartende Kind. a) Besteht der erhobene Anspruch dem Grunde nach? b) Kann die Verurteilung ohne zeitliche Grenzen ergehen? c) Kann der Großvater klagen im Namen der Witwe? Des schon geborenen Kindes? Des noch nicht geborenen? d) Angenommen, für das erwartete Kind wird ein Pfleger bestellt: Kann er schon jetzt die Leistungsklage erheben? Wer ist, wenn er dies tut, im Prozesse Partei? Wer trägt die Prozeßkosten, wenn er unterliegt? e) Was ist die Folge, wenn während des Prozesses das zweite Kind lebend oder tot geboren wird? Wie steht es im letzteren Falle mit den Prozeßkosten? f) Welchen Einfluß hat es auf die verschiedenen Streitigkeiten, wenn während derselben die Witwe großjährig wird?

167. Die Ehefrau klagt eine zum eingebrachten Gut gehörige Forderung „im Beistand des Mannes" ein. Welche Rechtsstellung nimmt dieser im Rechtsstreit ein? Ist er Nebenintervenient? Partei? Kann er als Zeuge vernommen werden? Kann ihm der Eid zugeschoben werden?

168. Müller ist alleiniger Inhaber der Firma Huber. Kann gegen die Firma Huber klagen:

a) Eine Frauensperson, die aus außerehelichem Beischlaf einen Anspruch gegen Müller hat?

b) Jemand, der durch herabfallende Ziegeln des Wohn- oder Geschäftshauses des Müller verletzt worden ist?

c) Die Handelskammer wegen der von Müller geschuldeten Beiträge?

d) Der Gesangverein Konkordia wegen des von Müller geschuldeten Mitgliederbeitrags?

e) Jemand, der durch ein an den Geschäftswagen gespanntes Pferd verletzt worden ist?

f) Der Freund, der Müller gegen Schuldschein ein Darlehn gegeben hatte?

169. Derselbe Fall veranlaßt folgende Fragen:

a) Muß, wenn ein Geschäftsgläubiger gegen die Firma Huber geklagt hat, der Name Müller nicht wenigstens in der Urkunde über die Klagezustellung vorkommen?

b) Kann der Richter das persönliche Erscheinen des Firmeninhabers anordnen? Wie hat dann die Zustellungsurkunde zu lauten?

c) Kann der Richter den Anwalt zwingen, den Namen des Firmeninhabers zu nennen? Hat die Weigerung des Anwalts sachliche Nachteile zur Folge?

d) Kann der Eid dem „Inhaber der Firma Huber" auferlegt werden? Kann Müller als Zeuge vernommen werden?

e) Kann das Urteil auf die „Firma Huber" gestellt werden? Muß es nicht den Namen Müller im Tenor enthalten?

f) Kann das auf die Firma lautende Urteil in das „persönliche" Vermögen des Müller vollstreckt werden?

170. Welche Wirkung hat es im vorigen Falle, wenn während des Prozesses der Firma Huber der Inhaber Müller

a) mit Tod abgeht?

b) Das Geschäft samt der Firma Huber auf Mayer überträgt?

c) Die Firma löschen läßt und dafür die Firma Müller annimmt? Oder wenn er das Geschäft aufgibt und die Firma löschen läßt?

d) Einen Teilhaber hinzunimmt und die Firma durch den Zusatz „u. Cie." erweitert?

e) Wegen derselben Schuld unter seinem bürgerlichen Namen verklagt wird?

171. Max hat eine Forderung, zu deren Einklagung er den Moritz bevollmächtigt. Wer ist im Prozesse Partei? Macht es einen Unterschied, ob Moritz ermächtigt worden ist, das erstrittene Geld für sich zu behalten? Wie, wenn er, ohne die Vollmacht zu erwähnen, ohne weiteres die Summe für sich selbst einklagt?

172. Angenommen, Max hat dem Paul eine Zuwendung gemacht unter der Auflage, daß Empfänger dem Moritz 2000 M. zukommen lasse: a) Kann Moritz gegen Paul klagen? b) Kann es Max? c) Wer ist im letzteren Falle Partei? d) Wie ist der Antrag zu formulieren? e) Wie wird das Urteil vollstreckt?

173. Die ohne Ehevertrag verheiratete Frau hat ihr eingebrachtes Haus mit Genehmigung des Mannes veräußert. Dieser klagt den Kaufpreis ein.

a) Ist er hierzu befugt? Wie hat der Antrag zu lauten? Kann der Ehemann die Klage zurücknehmen? Auf den Anspruch verzichten? Mit dem Gegner einen Prozeßvergleich schließen? Zahlung vom Beklagten entgegennehmen?

b) Ist in dem Rechtsstreit die Ehefrau Partei? Hat das Urteil für sie Wirkung? Kann sie als Zeugin vernommen werden? Als Nebenintervenientin beitreten?

c) Kann sie selbst klagen, sei es allein, sei es zusammen mit ihrem Manne? Hat sie im letzteren Falle die gleiche Stellung, wie wenn sie sich als Nebenintervenientin am Prozeß des Mannes beteiligt?

174. Wie wären die Fragen des vorigen Falles zu beantworten, wenn der Ehemann nur gegen den Mieter eines Hauses seiner Frau den Zins einklagen würde?

175. Weiß hat eine Darlehnsforderung seines Schuldners Schwarz gegen Grün pfänden und sich zur Einziehung überweisen lassen:

a) Kann Weiß sie gegen Grün einklagen? Wird er alsdann Prozeßpartei?

b) Könnte er auf den eingeklagten Anspruch wirksam verzichten? Oder über ihn mit Grün einen Prozeßvergleich abschließen?

c) Kann dem Schwarz der Streit verkündet werden? Kann er spontan beitreten? Welche Stellung nimmt er dann im Rechtsstreit ein?

d) Könnte er zusammen mit Weiß klagen? Worauf wäre der Antrag zu richten? Was für ein prozessuales Verhältnis läge vor?

176. Wie wären die Fragen des vorigen Falles zu beantworten, wenn die Überweisung an Zahlungsstatt erfolgt wäre?

177. Rechtsanwalt X. zu Straßburg hat Generalvollmacht

zur gerichtlichen und außergerichtlichen Einziehung des Zinses mehrerer hier gelegener Häuser, die dem in Nizza lebenden Rentner Lehmann gehören. Im Januar 1908 klagt er gegen mehrere säumige Mieter den Zins für 1907 ein. Die Urteile ergehen auf den Namen Lehmann und werden in der Berufungsfrist nicht angefochten. Nun wird bekannt, daß Lehmann Ende Dezember 1907 verstorben ist. Der Anwalt zweifelt, ob er für die Erben Lehmann neu klagen muß oder auf deren Namen Vollstreckungsklausel erwirken kann. Die Mieter ihrerseits wollen Nichtigkeitsklage erheben. Welche von diesen Maßregeln sind gerechtfertigt?

178. Ein nicht eingetragener Schachklub hat eine Klage erhoben. Welche Wirkung hat es, wenn er während des Prozesses eingetragen wird? Macht es einen Unterschied, ob die Eintragung erfolgt, bevor zur Sache verhandelt wurde oder nachdem der Beklagte die Einlassung verweigert hat? Ob sie erfolgt vor oder nach Erlaß des die Klage wegen mangelnder Parteifähigkeit des Vereins abweisenden Urteils? Wie, wenn das Urteil auf den Namen des — inzwischen rechtsfähig gewordenen — Vereins ergeht, ohne daß Gericht und Parteien den ursprünglichen Mangel berücksichtigen?

179. Welche Einwirkung hat es auf den schwebenden Prozeß eines Vereins, wenn der letztere behördlich aufgelöst wird? Macht es einen Unterschied, ob sein Vermögen dem Fiskus oder einem sonstigen Anfallberechtigten zukommt?

180. Drei Professoren haben ein Komitee gebildet, um eine Büste ihres verstorbenen Kollegen X. zu stiften. Infolge ihres Aufrufs sind 4000 M. bei der Bank Goldmann u. Cie. eingelaufen. Die Büste wird dem Bildhauer Meißler in Auftrag gegeben, dessen Modell aber so wenig gefällt, daß das Komitee vom Vertrage mit ihm zurücktritt. Der Künstler will nun für die aufgewandte Zeit und Arbeit eine Vergütung von 800 M. einklagen.

a) Ist die Klage zu richten gegen das Komitee, vertreten durch die drei Gelehrten? Oder gegen die letzteren persönlich? Oder gegen die durch sie vertretene Gesamtheit der Spender?

b) Wem ist die Klage zuzustellen?

c) Was geschieht, wenn von den Komiteemitgliedern nur eines im Termine vertreten ist, die anderen dagegen nicht?

d) Wie, wenn alle drei durch Anwälte vertreten sind, zwei zum Abschluß eines Vergleiches bereit sind, der dritte dagegen nicht?

e) An wen hat Kläger einen Eid zuzuschieben? Wie, wenn der allen Komiteemitgliedern zugeschobene Eid von einem angenommen, vom zweiten verweigert, vom dritten zurückgeschoben wird?

f) Was geschieht, wenn während des Prozesses einer der Beklagten stirbt? Oder aus dem Komitee ausscheidet und durch einen Kollegen darin ersetzt wird?

g) Angenommen, die drei Gelehrten sind verurteilt: wer trägt die Prozeßkosten? In welche Vermögensmassen und auf welche Weise ist das Urteil zu vollstrecken?

h) Was geschieht mit dem Rechtsstreit, wenn während desselben das Komitee sich auflöst und sich anschickt, die Beiträge wegen Unzulänglichkeit an die Spender zurückzugeben? Kann Kläger letzteres verhindern?

181. Die offene Handelsgesellschaft Paul u. Cie., deren Geschäftsführer Peter, deren übrige Mitglieder Paul, Max und Moritz sind, wird auf Zahlung einer Gesellschaftsschuld verklagt.

a) Wer ist im Prozeß Partei? Wer ist zur Führung des Prozesses berufen? An wen sind die für die Gesellschaft bestimmten Zustellungen zu richten?

b) Kann Max als Zeuge vernommen werden, Moritz als Nebenintervenient eintreten, der mit Peter oder Paul verwandte Richter als gesetzlich ausgeschlossen angesehen werden? Wer hat die der Gesellschaft zugeschobenen Eide anzunehmen, zurückzuschieben, zu leisten?

c) Kann die Gesellschaft Widerklage erheben?

d) Kann das Urteil in das „persönliche" Vermögen der Mitglieder vollstreckt werden? Wer trägt die Prozeßkosten?

e) Wie, wenn während des Rechtsstreites Max in Konkurs gerät? Oder Moritz stirbt? Oder Paul ausscheidet? Oder Peter das Recht zur Geschäftsführung verliert?

f) Was ist die Folge, wenn die Gesellschaft in Liquidation tritt?

g) Könnte neben der Gesellschaft das einzelne Mitglied verklagt werden? Könnte alsdann ein erschienenes Mitglied mit Wirkung für ein anderes handeln, das säumig bleibt? Oder mit Wirkung für die vertretene offene Handelsgesellschaft? Würde für diese ein Anerkenntnis des auch persönlich verklagten Peter wirksam sein?

182. Wie wären die Fragen des vorigen Falles zu beantworten, wenn die vier Genannten einen rechtsfähigen Verein bildeten?

183. Wie, wenn es sich in dem Falle 181 um einen nicht rechtsfähigen Verein handelte?

184. Wie, wenn im Falle 181 eine Gesellschaft des bürgerlichen Rechtes in Frage stünde?

185. Was geschieht, wenn sich in der mündlichen Verhandlung herausstellt, daß bereits vor Klagerhebung der verklagte Verein aufgelöst und die Liquidation vollzogen war?

186. Der nicht eingetragene Athletenklub „Kraft und Schönheit" hat 1901 gegen verschiedene Mitglieder den fälligen Jahresbeitrag eingeklagt. Die Beklagten werden im Versäumnisverfahren verurteilt und fechten das Urteil nicht an. Auf Grund desselben pfändet der Gerichtsvollzieher bei jedem Verurteilten ein Paar Hanteln. Können die Beklagten diese Pfändung als nichtgeschehen behandeln oder müssen sie (gegen das Urteil oder den Pfändungsakt) besondere Rechtsbehelfe ergreifen?

187. Ist als prozeßfähig anzusehen:

a) Ein minderjähriges Dienstmädchen, das klagt auf Entschädigung wegen einer ihr zugefügten Körperverletzung? Oder auf Alimente? Oder auf rückständigen Lohn? Oder auf Schadensersatz wegen vorzeitiger Kündigung?

b) Der zwanzigjährige Student, der auf Zahlung der Zimmermiete verklagt wird?

c) Der neunzehnjährige Kaufmann, der eine Filiale des väterlichen Geschäfts leitet, für Klagen gegen ihn auf Zahlung einer dem Geschäft entsprungenen Verbindlichkeit?

d) Der Gebrechliche, der einen Vermögenspfleger erhalten hat, für Klagen auf Zahlung der von ihm verkauften Sachen?

e) Der entmündigte Verschwender für eine von ihm zu erhebende Erbunwürdigkeitsklage? Für einen von ihm zu führenden Namensprozeß? Für eine Klage auf Erfüllung des ihm gegebenen Schenkungsversprechens? Für eine Klage auf Anfechtung seiner Ehe?

f) Die Ehefrau, die auf Erfüllung eines von ihr über ein Stück ihres Vorbehaltsgutes geschlossenen Vertrages verklagt wird? Wäre ebenso zu entscheiden, wenn es sich um einen Bestandteil ihres eingebrachten Gutes handelte? Ist es gleich, ob sie denselben mit oder ohne Genehmigung des Mannes veräußert hat?

g) Der Gemeinschuldner für einen die Masse betreffenden Rechtsstreit?

h) Der auf Zahlung einer Schuld an den Nachlaß klagende Erbe, wenn ein Testamentsvollstrecker oder Nachlaßpfleger ernannt ist?

i) Das zwölfjährige Wunderkind für Streitigkeiten, die zwischen ihm und dem Impresario aus Anlaß einer mit Genehmigung der Eltern unternommenen Gastspielreise erwachsen?

k) Der vierzehnjährige Schüler, der auf Zahlung gekaufter Zigaretten verklagt wird? Macht es einen Unterschied, ob er die bezogenen Zigaretten früher mit seinem Taschengeld immer pünktlich bezahlt hatte?

l) Die noch minderjährige Ehefrau für die Ehescheidungsklage?

m) Der Nießbraucher, der wegen Beeinträchtigung des Gutes gegen einen Dritten auf Entschädigung klagt, wenn ihm selbst wegen Mißwirtschaft die Verwaltung des Gutes gemäß § 1052 BGB. entzogen wurde?

n) Der zwanzigjährige Akademieschüler, der ein in freien Stunden angefertigtes Gemälde verkauft hat und den Preis einklagt? Wie, wenn es sich um einen „freien Künstler" handelte?

188. Ist die Einrede der mangelnden gesetzlichen Vertretung erhoben, wenn der Beklagte eine von folgenden Einwendungen vorbringt:

a) Die Forderung, die der Testamentsvollstrecker einklagt, unterliege nicht seiner Verwaltung?

b) Der Stiftungsvorstand, von welchem die Vollmacht des klägerischen Anwaltes unterzeichnet sei, habe sich durch Ausscheiden eines Mitgliedes und Eintritt eines neuen verändert?

c) Die vom Mann eingeklagte Sache gehöre zum Vorbehaltsgut der Frau?

d) Der Vorstand des klagenden Vereines sei inzwischen abgesetzt worden?

e) Der auf Rückzahlung verklagte Darlehnsnehmer sei in Konkurs gefallen?

f) Die Stadtgemeinde habe vor der Klagerhebung die vorgeschriebene Genehmigung der Aufsichtsbehörde nicht eingeholt?

g) Die Ehefrau könne die eingebrachte Forderung nicht ohne Zustimmung des Mannes einklagen?

h) Die gegen den Eisenbahnfiskus erhobene Klage sei nicht an das Betriebsamt, sondern an die Eisenbahndirektion zuzustellen gewesen?

II. Die Parteivertretung.

189. Der Anwalt des auf Zahlung verklagten Käufers erklärt in der mündlichen Verhandlung, der Vertrag sei seitens des Klägers durch arglistige Täuschung erschlichen worden und werde hiermit angefochten. Kläger leugnet die Täuschung und erklärt, die gegenwärtige Anfechtung sei übrigens auch unwirksam, da sich auf sie die Vollmacht des Anwaltes nicht erstrecke. Sind die vom Anwalt für die Täuschung benannten Zeugen zu vernehmen?

190. Hauptschuldner und Bürge sind gemeinschaftlich verklagt. Im Termin erscheint ein Anwalt, der für beide aufzutreten erklärt, aber nur eine vom Hauptschuldner unterschriebene Vollmachturkunde vorlegen kann. Kläger beantragt gegen den Bürgen Versäumnisurteil. Kann dieses ergehen?

191. Der auf Rückzahlung eines Darlehns verklagte Schuldner hat seinen Anwalt dahin instruiert, die Schuld sei bereits gezahlt. Als die hierfür benannten Zeugen versagen, erklärt der Rechtsanwalt, der zufällig von einer Gegenforderung des Beklagten an den Kläger Kenntnis hat, dieselbe hiermit aufzurechnen. Hat das Gericht die Aufrechnung zu berücksichtigen, wenn Kläger die Gegenforderung nicht bestreitet?

192. Der Anwalt des Klägers hat gegen das abweisende Urteil des Amtsgerichts Berufung beim vorgesetzten Landgericht ergriffen, obgleich Kläger ihm dies ausdrücklich untersagt hatte. Ist das Rechtsmittel gültig eingelegt? Kann der Anwalt auch, wenn die Berufung fehlschlägt, von dem Kläger die Gebühr der zweiten Instanz verlangen? Angenommen, das erste Urteil hat die Klage nur zur Hälfte abgewiesen, das Berufungsurteil dagegen auf Anschließung des Gegners hin in vollem Betrage: muß sich Kläger, gegen dessen Wissen und Willen die Berufung ergriffen wurde, dieses ungünstige Urteil gefallen lassen?

193. In einem landgerichtlichen Prozeß sind laut Vollmacht sowohl der Anwalt des Klägers wie der des Beklagten zu allen Prozeßhandlungen „außer Anerkenntnis, Verzicht, Vergleich" ermächtigt. In der mündlichen Verhandlung erkennt der Vertreter des Beklagten den Anspruch zur Hälfte an, während er ihn im übrigen bestreitet, worauf klägerischer Anwalt die Klagsumme auf die Hälfte ermäßigt und Anerkenntnisurteil beantragt. Welche Entscheidung hat zu ergehen?

194. Unter dem Eindruck der Beweisaufnahme gibt der Anwalt des Beklagten ein Anerkenntnis ab. Der anwesende Beklagte widersetzt sich und erklärt, nach wie vor den Anspruch zu bestreiten. Welches Urteil ergeht, wenn das Gericht wider Erwarten den klägerischen Zeugen keinen Glauben schenkt? Wäre anders zu entscheiden, wenn der Anwalt nicht den Klageanspruch selbst, sondern nur die Klagetatsachen eingeräumt hätte?

195. Die Rechtsanwälte der beiden Parteien, die sich von der Zweifelhaftigkeit der Sache überzeugt haben, schließen unter Zurücknahme der Klage durch den Kläger und Teilung der bisherigen Kosten einen Schiedsvertrag, durch welchen sie die Entscheidung der Sache einem Universitätslehrer übertragen. Wird dadurch der frühere Kläger verhindert, den Anspruch (durch einen anderen Anwalt) gerichtlich einklagen zu lassen?

196. Nach Erlaß des landgerichtlichen Urteils, welches die Klage halb zuspricht, halb abweist, teilt der Kläger dem Beklagten schriftlich mit, er habe seinem bisherigen Rechtsanwalt gekündigt. Demgemäß läßt der gegnerische Anwalt Urteil und Berufung dem Kläger persönlich zustellen mit der Aufforderung, einen Rechtsanwalt zu bestellen. In der Berufungsverhandlung rügt der neu bestellte Anwalt des Klägers, nachdem er über die Sache selbst verhandelt hatte, die mangelhafte Einlegung des Rechtsmittels. Mit Recht? — Wäre anders zu entscheiden, wenn das angefochtene Urteil vom Amtsgericht erlassen wäre?

197. Der Anwalt des Klägers ist einige Zeit nach der ersten mündlichen Verhandlung flüchtig gegangen. In der weiteren Verhandlung legt der Beklagte eine Quittung vor, laut welcher er die Klagesumme kurz nach der ersten Verhandlung an den flüchtigen Anwalt gezahlt habe. Kläger hält den Anspruch auf Verurteilung aufrecht. Entscheidung? Wäre dem Kläger zu helfen, wenn der frühere Anwalt den eingeklagten Betrag schon vor der ersten mündlichen Verhandlung erhalten und demgemäß in dieser einen Verzicht abgegeben hätte, auf Grund dessen die Klagabweisung erfolgt wäre?

198. Nach rechtskräftiger Verurteilung des Beklagten beauftragt der Rechtsanwalt des Klägers einen Gerichtsvollzieher mit der Zwangsvollstreckung. Wem hat dieser das vom Schuldner erhaltene oder beigetriebene Geld auszuhändigen? Wie, wenn er es dem Rechtsanwalt aushändigt, der damit durchbrennt?

199. In einer amtsgerichtlichen Sache hat Kläger dem Beklagten mitgeteilt, er habe seinem Anwalt gekündigt. Die Kündigung ist in der Tat dem Anwalt zugeschickt und von dessen erstem Bureaugehilfen in Empfang genommen, aber uneröffnet verlegt worden. In Unkenntnis der Kündigung ist der Anwalt aufgetreten, hat Versäumnisurteil genommen und zustellen lassen. Nach Rechtskraft desselben beauftragt er einen Gerichtsvollzieher mit der Vollstreckung. Kann Schuldner diese verhindern? — Angenommen, der Beklagte wäre im Verhandlungstermin erschienen und hätte die Klage als unbegründet abweisen lassen: wäre Kläger an das Urteil gebunden?

200. Aus der Einlassung des Beklagten gewinnt der klägerische Anwalt den Eindruck, daß Kläger es beim ganzen Prozeß lediglich auf Schikanierung des Gegners absehe. Er erklärt deshalb in mündlicher Verhandlung, die Klage zurückzunehmen, und entfernt sich aus dem Gerichtssaal. Der anwesende Kläger widersetzt sich dieser Zurücknahme sehr entschieden. Beklagter beantragt, die Kostenpflicht des Klägers durch Urteil auszusprechen. Wie entscheidet das Gericht? Macht es einen Unterschied, ob dieses ein Amts- oder Landgericht ist?

201. Eine beim Amtsgericht verklagte Frau erscheint zur Verhandlung zusammen mit ihrem Ehemann. Dieser bestreitet den Klaganspruch. Die Sache wird zur Vernehmung von Zeugen und zur Weiterverhandlung vertagt. Im nächsten Termin ist der Ehemann allein erschienen. Nach Vernehmung der Zeugen, die nichts auszusagen wissen, beantragt Kläger Versäumnisurteil gegen die Frau. Darf dasselbe ergehen, wenn der Mann widerspricht? Muß es erlassen werden?

202. Der Aufsichtsrat einer Genossenschaft besteht satzungsgemäß aus fünf Mitgliedern. Ein Generalversammlungsbeschluß, der vier Mitglieder absetzt und durch neue ersetzt, wird als ungültig angefochten. Die Klage wird den fünf alten Mitgliedern zugestellt. Darf das Gericht die Gültigkeit des Beschlusses prüfen?

203. In einem landgerichtlichen Prozeß hat der auf Anordnung des Gerichtes persönlich erschienene Beklagte eine erhebliche Behauptung des Klägers zugestanden. In einem nachfolgenden Termin wird dieselbe vom Anwalt des Beklagten bestritten, ohne daß er für das Gegenteil Beweis antritt. Kläger hält diese Bestreitung für unbeachtlich. Richtig?

204. Ein entmündigter Verschwender wird auf Zahlung von 800 M. verklagt. Nachdem der ihn vertretende Vormund den Anspruch hatte bestreiten lassen, kommt es schließlich zu einem gerichtlichen Vergleich über 400 M. Ist derselbe ohne Genehmigung des Vormundschaftsgerichtes wirksam?

205. Der durch eine polizeiliche Maßregel geschädigte Wirt verklagt das „Polizeipräsidium" auf Schadensersatz. Der Anwalt dieser Behörde rügt den Mangel der Parteifähigkeit und verweigert die Einlassung. Durch Zwischenurteil verwirft das Landgericht die Einrede, weil trotz des ungenauen Ausdrucks in Wahrheit verklagt sei der Fiskus, vertreten durch das Polizeipräsidium. Dieses legt Berufung ein und läßt vortragen: Der Wechsel des Beklagten enthalte eine unzulässige Klagänderung; überdies könne der Fiskus nur durch das Ministerium vertreten werden. Entscheidung?

Viertes Kapitel.

Verfahren im allgemeinen.

I. Die leitenden Grundsätze.

206. Der auf Zahlung verklagte Käufer erhebt die Minderungseinrede wegen eines Mangels der Ware und benennt hierfür einen Zeugen. Dieser bekundet, er habe kurz nach Lieferung der Ware einer Unterredung der Parteien beigewohnt, in welcher Kläger den Mangel zugegeben habe, auf dessen Bitten habe aber Beklagter schließlich versprochen, für diesmal von dem Mangel absehen zu wollen. Kann das Gericht die letzterwähnte Tatsache berücksichtigen, wenn Kläger sie überhört und daher nicht geltend gemacht hat?

207. Jemand hat gegen seinen Nachbarn auf Feststellung geklagt, daß das klägerische Eigentum in Wirklichkeit um einen Meter weiter reiche, als der Grenzzaun andeute. Die Beweisaufnahme ergibt, daß nicht nur diese Behauptung unrichtig, daß vielmehr im Gegenteil die Grenze zum Nachteil des Beklagten um einen halben Meter verschoben ist. Darf das Gericht die wahre Grenze feststellen, wenn der Beklagte lediglich Abweisung der Klage beantragt hat? Steht die Rechtskraft des den Kläger abweisenden Urteils einer zweiten Klage entgegen, durch welche der Nachbar die wahre Grenze feststellen lassen will?

208. Anläßlich der Beratung eines Urteiles stellt sich heraus, daß Kläger bei Zusammenrechnung der geltendgemachten einzelnen Posten einen Rechenfehler gemacht und in Wahrheit 132 M. mehr als beantragt zugut hat. Darf ihm das Urteil den richtigen Betrag zusprechen? Kann, wenn dies geschieht, Beklagter Berufung einlegen? Empfiehlt sich das?

209. Der für einen bestimmten Vorgang benannte Zeuge Heintz bekundet, er selbst habe demselben nicht beigewohnt, wohl aber ein gewisser Krause, wie dieser ihm mitgeteilt habe. Darf nun das Gericht den Zeugen Krause von Amts wegen laden?

210. Aus der vom Kläger vorgelegten Korrespondenz mit dem Beklagten ersieht das Gericht, daß Beklagter einen Teil der Klageschuld außergerichtlich anerkannt hat. Kann es diesen Umstand berücksichtigen, wenn sich Kläger in der mündlichen Verhandlung nicht darauf beruft?

211. Käufer klagt auf Lieferung der Sache, eventuell (nämlich für den Fall, daß Verkäufer zur Erfüllung nicht mehr imstande sein sollte) auf Schadensersatz. Zulässig? Wie, wenn er den Eventualantrag nicht in dem gleichen Prozesse, sondern in Form einer selbständigen Klage stellen würde?

212. Beklagter hat in erster Linie Erlaßvertrag, in zweiter Verjährung geltend gemacht. Ist die Verjährungseinrede gültig erhoben? Liegt der Fall anders, als wenn Verjährung und Erlaßvertrag auf gleicher Linie geltend gemacht wären?

213. Kläger hat auf Bitten des Gegners durch Zustellung eines Schriftsatzes die Klagezurücknahme erklärt, aber mit der Bedingung, daß Beklagter bis zum 10. Mai 1908 die Klagesumme nebst Zinsen und Kosten zahle. Ist, wenn dies geschieht oder nicht geschieht, die Klage gültig zurückgenommen?

214. Wechselgläubiger A. hat seinen Wohnsitz in Mannheim. Desgleichen der Indossant, während der Akzeptant in Königsberg wohnt. A. verklagt die beiden in Mannheim, nachdem er dem Indossanten erklärt hat, er werde gegen ihn das Urteil nicht vollstrecken, sondern er habe ihn nur mitverklagt, um den Akzeptanten in Mannheim belangen zu können. Ist die Klage gegen den Indossanten gültig erhoben? Ist das Gericht zuständig?

215. Das Landgericht hat, nachdem es durch Zwischenurteil die prozeßhindernde Einrede der Unzuständigkeit verworfen hatte, durch einen außerhalb der mündlichen Verhandlung auf Antrag des Klägers gefaßten Beschluß angeordnet, daß zur Hauptsache zu verhandeln sei. Korrekt?

216. Die außerhalb wohnende Partei hat schriftlich beantragt, ihr den auferlegten Eid durch den Amtsrichter ihres Wohnortes abnehmen zu lassen. Muß über den Antrag mündlich verhandelt werden? — Ist der Fall gleich zu stellen, wenn der außerhalb wohnende Zeuge schriftlich beantragt, ihn an seinem Wohnort vornehmen zu lassen?

217. Der aus einem Schuldschein Verklagte hat vor der Verhandlung schriftlich beantragt, die Sache auszusetzen, da der Schuldschein unecht sei und er Anzeige wegen Urkundenfälschung beim Staatsanwalt erstattet habe. Darf über den Antrag entschieden werden?

218. Kläger hat auf den Inhalt des dem Gerichte vorgelegten Schuldscheines Bezug genommen, aber die Urkunde nicht wörtlich vorgelesen. Darf das Gericht sein Urteil auf dieselbe gründen? Oder auf eine bestimmte Auslegung des Wortlauts der Urkunde? Wäre ebenso zu entscheiden, wenn Kläger bloß auf die Urkunde Bezug genommen hätte, ohne ihren Inhalt vorzutragen?

219. Die vom Kläger benannten Zeugen sind durch einen ersuchten Richter vernommen worden. Darf das Gericht ihre Aussagen berücksichtigen, wenn der Anwalt des Klägers sich mit der Erklärung begnügt, die Zeugen hätten, wie aus dem Protokoll ersichtlich, seine Behauptungen vollkommen bestätigt?

220. Der Termin ist nach beiderseitiger Antragstellung und Verhandlung behufs Zeugenvernehmung vertagt worden. Im nächsten Termin hat nach Verhör der Zeugen der klägerische Anwalt die Erklärung abgegeben, er habe seinen früheren Ausführungen nichts hinzuzufügen. Der Gegenanwalt hat längere Ausführungen gemacht. Das Gericht hat die Klage abgewiesen, weil in der letzten mündlichen Verhandlung Kläger keinen Antrag gestellt und keine Tatsachen vorgetragen habe. Richtig?

221. Wäre der vorige Fall anders zu entscheiden, wenn inzwischen ein krankgewordenes Kollegialmitglied durch einen anderen Richter ersetzt worden wäre?

222. Der Beklagte hat ein Armenrechtsgesuch angebracht. Das Gericht beschließt, hierüber mündlich zu verhandeln; Termin wird auf den 10. Mai 1908 angesetzt. Von wem und wie werden Beschluß und Ladung zugestellt?

223. Ein Urteil ist aus dem Grunde angefochten, weil den Zeugen die von ihnen gemachten Aussagen nicht vorgelesen worden seien, weil vielmehr der Gerichtsschreiber dieselben bloß stenographiert und nachträglich erst nach seinen Aufzeichnungen das Protokoll angefertigt habe. Entscheidung? Ist es gleich, ob das angefochtene Urteil vom Oberlandesgericht oder Landgericht ausging? Ob die Rechtsanwälte bei ihren Schlußvorträgen in der Unterinstanz den Mangel bereits gerügt hatten?

II. Die Prozeßleitung.

224. Die Entschädigungsklage eines in der Fabrik verunglückten Arbeiters ist gestützt auf „Mangel geeigneter Sicherungsmaßregeln, ungenügende Anleitung und Beaufsichtigung der Arbeiter". Das Gericht hat die Klage „angebrachtermaßen" abgewiesen, weil Kläger seine Vorwürfe nicht genügend substantiiert habe. Durfte das Gericht so entscheiden? Hindert die Entscheidung den Kläger, auf Grund genauer konkreter Angaben neu zu klagen?

225. Das Gericht hat im Anwaltsprozeß das persönliche

Erscheinen des Klägers angeordnet, weil es den Eindruck hat, daß die Erhebung des Anspruchs nicht ohne Zutun des Anwaltes zu dem Zweck erfolgt sei, um den Beklagten zu schikanieren. Als Kläger nicht erscheint, wird aus diesem Grunde die Klage abgewiesen. Richtig? Wäre die Entscheidung ausreichend damit begründet, das Gericht habe aus dem Nichterscheinen des Klägers die Überzeugung von seiner schikanösen Absicht gewonnen?

226. Kläger hat sich zum Beweise der vom Fabrikbetrieb des Beklagten ausgehenden Störungen auf Zeugen berufen. Kann das Gericht, nachdem diese vernommen sind, zum besseren Verständnis ihrer Aussagen von Amts wegen einen Augenschein einnehmen? Kann es von vornherein, statt die Zeugen zu verhören, Augenschein einnehmen?

227. Der auf den Mietzins Verklagte rechnet eine angebliche Gegenforderung auf, die er gegen den Vermieter aus unbeauftragter Geschäftsführung hat. a) Welchen Einfluß hat es auf die Gestaltung des Verfahrens, wenn der Klaganspruch unbestritten, die Gegenforderung dagegen bestritten ist? b) Kann das Gericht zur Verhandlung über die bestrittene Klagforderung Termin auf den 10. Mai, zu derjenigen über die Gegenforderung Termin auf den 17. Mai ansetzen?

228. Kann das Gericht, wenn von einer größeren Rechnung einzelne Posten streitig sind, die Verhandlung zunächst auf den einen oder anderen Posten beschränken?

229. Zwei Versicherte sind mit der Gesellschaft — und zwar bei demselben Gericht — in einen Rechtsstreit geraten, der sich um die Auslegung desselben Artikels der allgemeinen Versicherungsbedingungen dreht. Welche Maßregel wird hier das Gericht treffen? Wäre dieselbe auch zulässig, wenn die beiden Prozesse eine verschiedene Streitfrage beträfen?

230. Das Gericht beschließt, den gegenwärtigen Prozeß zwischen dem Erben und einem Vermächtnisnehmer einzustellen, bis ein anderwärts anhängiger Prozeß des Erben um die Gültigkeit des Testamentes erledigt sei. Ist diese Maßregel statthaft? Kommt es darauf an, ob der andere Rechtsstreit ebenfalls mit dem Vermächtnisnehmer oder mit einem Dritten geführt wird? Ist der Beschluß richtig formuliert? Wie wird nach Erledigung des anderweitigen Prozesses der gegenwärtige weiter betrieben?

231. Der Schuldner wird beim Gericht a von dem ursprünglichen Gläubiger, kurz darauf beim Gerichte b von einem angeblichen Zessionar auf Zahlung verklagt. Darf das Gericht b den Prozeß aussetzen, bis das Gericht a entschieden hat? Oder wie schützt sich der Schuldner gegen die Gefahr doppelter Verurteilung?

232. Das Gericht hat den Verdacht, daß die vom Beklagten vorgelegte Quittung gefälscht sei. Kann es bis zur Erledigung eines Strafverfahrens den Prozeß auch dann aussetzen, wenn sich Kläger auf die Unechtheit der Urkunde nicht beruft?

233. Bei der Beratung macht ein Richter darauf aufmerksam, daß ein vom Kläger über eine erhebliche Tatsache benannter Zeuge versehentlich nicht geladen und vernommen wurde. Welche Entscheidung wird das Gericht verkünden? — Wäre ebenso zu entscheiden, wenn nach Schluß der letzten mündlichen Verhandlung Kläger einen Schriftsatz eingereicht hätte, worin er das Gericht auf dieses Versehen aufmerksam macht? Oder wenn er unter Benennung eines von ihm selbst aus Versehen früher nicht angegebenen Zeugen um Wiedereröffnung der Verhandlung ersucht hätte?

III. Termine und Fristen.

234. Nach Beendigung eines vorbereitenden Verfahrens hat das Prozeßgericht Termin angesetzt. Kläger hat denselben dem Beklagten durch Schriftsatz mitgeteilt. Muß derselbe erscheinen, wenn im Schriftsatz keine Ladung enthalten ist?

235. Gläubiger hat einen Zahlbefehl erwirkt. Kann er wegen besonderer Dringlichkeit eine Abkürzung der Widerspruchsfrist beantragen? Oder der Gegner um eine Verlängerung derselben nachsuchen?

236. Amtsgerichtlicher Termin ist auf den 14. Juni angesetzt. Am 11. wird die Klage zugestellt. Darf gegen den ausgebliebenen Beklagten Versäumnisurteil ergehen? Müßte er sich, wenn er erschienen wäre, auf die Sache einlassen?

237. In einem landgerichtlichen Prozeß, der nicht Feriensache ist, ist Termin auf den 16. September angesetzt. Ist die Klage am 6. September rechtzeitig zugestellt?

238. Hat der Vorsitzende des Gerichts einen Termin anzusetzen:

a) wenn gegen das Berufungsurteil eines Landgerichtes Revision eingelegt wird?

b) wenn im gegebenen Falle keine Klage, sondern eine Beschwerde hätte ergriffen werden müssen?

c) wenn die gesetzliche Frist für die Anfechtungsklage gegen den Entmündigungsbeschluß verflossen ist?

d) wenn eine Ehescheidungsklage eingereicht ist, obgleich kein Sühneversuch vorausgegangen ist?

e) wenn die Sache nicht vor das Landgericht, sondern vor das Gewerbegericht gehört?

f) wenn der ausländische Kläger keinen Kostenvorschuß hinterlegt hat?

g) wenn die Klage gegen einen in Deutschland residierenden fremden Botschafter gerichtet ist?

h) wenn der unvertretene Kläger minderjährig ist?

i) wenn Kläger ein notorischer Querulant und geistesschwacher Mensch ist?

k) wenn die beim Landgericht eingereichte Klageschrift nicht von einem hier zugelassenen Anwalt unterschrieben ist?

l) wenn zu einer mündlichen Verhandlung über das Armenrechtsgesuch geladen wird, obgleich das Gericht eine solche nicht beschließen will?

m) wenn die Partei nicht genau bezeichnet ist?

n) wenn für den erhobenen Anspruch der Rechtsweg nicht zulässig ist?

o) wenn in der Klageschrift eine Ladung fehlt?

p) wenn zur Fortsetzung des Streites geladen werden soll, obgleich derselbe durch gerichtlichen Vergleich erledigt ist?

239. Die beim Amtsgericht erhobene Darlehnsklage ist am 18. Juli unter Mitwirkung beider Parteien verhandelt worden. Der unterlegene Beklagte ficht das Urteil an, weil in den Gerichtsferien nicht hätte verhandelt werden dürfen. Wie entscheidet das Landgericht? Wäre die Frage anders zu beantworten, wenn die Verhandlung am 11. Juli erfolgt, die Entscheidung am 18. verkündet worden wäre?

240. Wegen eines rückständigen Kaufpreises von 250 M. ist am 10. Juli Zahlbefehl zugestellt. Kann, wenn bis zum 18. kein Widerspruch erfolgt, der Vollstreckungsbefehl am 20. erlassen werden? Kann, wenn am 16. Widerspruch eingelegt wird, Termin auf den 24. gesetzt werden?

241. Die Berufungsschrift gegen das am 10. Mai zugestellte Urteil ist am 1. Juni der Post zur Zustellung übergeben. Sie gelangt aber nicht in die Hand des Gegners, da sie mit dem Postwagen infolge einer Zugentgleisung verbrennt. Kann Kläger, wenn er im Juli von dem Vorfall erfährt, noch Berufung einlegen? Wie hätte er sich zu verhalten, wenn er am 2. oder 9. Juni das Vorgefallene erführe?

242. Kann die Partei, wenn der Rechtsanwalt trotz Auftrags die Berufung nicht rechtzeitig eingelegt hat, die Folgen dieser Versäumnis beseitigen? Macht es einen Unterschied, ob sie den Anwalt selbst bestellt hat oder ihn im Armenrecht zugewiesen erhalten hat?

243. Nach Zustellung des erstinstanzlichen Urteils (10. Mai 1908) fragt der Rechtsanwalt bei seiner Partei brieflich an, ob er Berufung einlegen soll. Die verreiste Partei erhält den Brief erst am 10. Juni. Kann noch Berufung eingelegt werden?

244. Die dem Gerichtsvollzieher behufs Zustellung übergebene Einspruchsschrift geht bei diesem verloren. Als der Vorfall entdeckt wird, ist die Einspruchsfrist verstrichen. Gibt es eine Aushilfe?

245. Die beim Amtsgericht unterlegene Partei hat in ihrer Rechtsunkenntnis einen von ihr selbst angefertigten Berufungsschriftsatz beim Landgericht eingereicht. Als sie über ihren Irrtum aufgeklärt wird, ist die Berufungsfrist abgelaufen. Abhilfe?

246. Ein Kläger, der vor dem Amtsgericht seinen Prozeß selbst geführt hat, ist unterlegen. Er sucht, nachdem das Urteil am 20. Februar zugestellt ist, durch ein am 10. März eingereichtes Gesuch beim Landgericht das Armenrecht nach. Am 25. März wird ihm ein stattgebender Beschluß zugestellt. Ist Berufung noch möglich?

247. Derselbe Fall, nur ist durch einen am 15. März zugestellten Beschluß das Armenrecht verweigert, worauf Kläger dasselbe im Wege der Beschwerde beim Oberlandesgericht im Monat April erwirkt. Berufung möglich?

248. Derselbe Fall, nur hatte Kläger das Armenrechtsgesuch erst am 18. März eingereicht und am 25. die Bewilligung erhalten. Berufung möglich?

249. Der in erster Instanz verurteilte Beklagte ist kurz, nachdem ihm das Urteil zugestellt worden, zur Verbüßung einer früher ausgesprochenen einmonatigen Gefängnisstrafe verhaftet worden. Nach Absitzung derselben verlangt er Wiedereinsetzung in den vorigen Stand gegen die Versäumung der Berufungsfrist. Entscheidung? Wäre ebenso zu entscheiden, wenn der Beklagte in eine schwere, mehr als einen Monat dauernde Krankheit verfallen wäre?

250. Der Rechtsanwalt des Klägers ist durchgebrannt, ohne die ihm aufgetragene Berufung gegen das zugestellte Urteil einzulegen. Kann die Partei, wenn sie erst nach Ablauf der Berufungsfrist hiervon erfährt, die Berufung noch ergreifen? Wäre anders zu entscheiden, wenn der Rechtsanwalt verstorben oder in Geisteskrankheit verfallen wäre?

251. Die Berufungsschrift gegen das am 2. Dezember zugestellte landgerichtliche Urteil ist am Abend des 1. Januar in Cöln zur Post gegeben. Infolge des starken Neujahrsverkehrs wird sie erst am 3. Januar morgens dem Gegner in Straßburg zugestellt. Ist die Berufungsfrist gewahrt? Wenn nicht, ist die Versäumung unheilbar?

252. Das Urteil ist durch Übergabe an das Dienstmädchen des unterlegenen Beklagten zugestellt. Dieses verliert das Papier, was es aus Angst der Herrschaft verheimlicht. Nach mehr als einem Monat erfährt der Beklagte von dem Vorfall. Kann er das Urteil noch anfechten? Macht es einen Unterschied, ob dasselbe ein kontradiktorisches oder ein Versäumnisurteil ist?

253. Die Einspruchsfrist ist dadurch versäumt, daß der Einspruchsschriftsatz, mit dessen Zustellung der Gerichtsvollzieher rechtzeitig beauftragt war, durch Nachlässigkeit seines Gehilfen verloren ging. Einige Tage, nachdem er den Vorfall erfuhr, hat Einspruchskläger dem Gerichtsvollzieher behufs Zustellung einen Schriftsatz übergeben, worin er Wiedereinsetzung in den vorigen Stand nachsucht und Einspruch einlegt. Unbegreiflicherweise versäumt der Gerichtsvollzieher auch die richtige Zustellung dieses zweiten Schriftsatzes. Abhilfe?

IV. Stillstand des Verfahrens.

254. Der Ehemann hat beim Amtsgericht eine eingebrachte Forderung seiner Frau persönlich eingeklagt. Welchen Einfluß hat es auf den Rechtsstreit, wenn er während desselben stirbt?

255. Jemand hat ein in seinem Nießbrauch stehendes Haus vermietet. Was geschieht mit dem Prozeß, wenn er kurz nach Einklagung des Mietzinses stirbt?

256. Während des Prozesses, den Prinzipal und Angestellter um die Dauer des Dienstvertrages führen, verstirbt der Angestellte. Hört damit der Prozeß auf? Macht es einen Unterschied, ob er vor dem Amtsgericht, Kaufmannsgericht oder Landgericht geführt wird?

257. In einen gegen den Käufer geführten Eviktionsprozeß ist der Verkäufer als Nebenintervenient beigetreten. Welchen Einfluß hat der Tod des letzteren auf das Verfahren?

258. Wirkt es auf den Prozeß ein, wenn während desselben die verklagte offene Handelsgesellschaft in Liquidation tritt?

259. Der gegenwärtige Besitzer eines Fideikommisses prozessiert um die Zugehörigkeit eines Grundstückes zu demselben. Wie, wenn er während des Rechtsstreites stirbt? Wer nimmt diesen auf?

260. Gläubiger, der beim Amtsgericht seine Forderung persönlich eingeklagt hat, stirbt während des Prozesses. Ein Bruder desselben läßt dem Beklagten einen Schriftsatz zustellen, nach welchem er den Rechtsstreit aufnimmt. Welche Entscheidung ergeht, wenn der Bruder gegenüber der Bestreitung des Gegners sein Erbrecht nicht nachzuweisen vermag? Welche, wenn der Bruder säumig ist? Welche, wenn umgekehrt der Beklagte ausbleibt?

261. Der vom Amtsgericht in einem persönlich geführten Prozeß verurteilte Beklagte ist, nachdem ihm das Urteil zugestellt war, unter Hinterlassung eines einzigen Sohnes als Erben verstorben. a) Wie hat sich der Sohn zu verhalten, wenn er das Urteil anfechten will? b) Angenommen, die Klage gegen den Vater wäre abgewiesen worden: wie macht es der Sohn, um die Rechtskraft des Urteils herbeizuführen?

262. Wie wäre der vorige Fall zu entscheiden, wenn das Urteil zu Lebzeiten des Vaters verkündet, aber noch nicht zugestellt worden wäre?

263. Nach Zustellung des die Klage zusprechenden oberlandesgerichtlichen Urteils hat der Anwalt des verstorbenen Beklagten Aussetzung erwirkt. Nach Ablauf eines Jahres hat Kläger den angeblichen Erben des Beklagten zur Aufnahme vor das Reichsgericht laden lassen. Wie entscheidet dieses, wenn der Erbe in der Verhandlung unvertreten ist?

264. Was geschieht mit dem Parteiprozeß, wenn während desselben eine Partei stirbt und durch die andere beerbt wird? Ist bezüglich der Kosten eine Entscheidung zu fällen, wenn der Erbe für die Nachlaßverbindlichkeiten beschränkt haftet?

265. Der Kläger hat, als der vor dem Amtsgericht verklagte Schuldner stirbt, gegenüber dessen Bruder als dem vermutlichen Erben das Verfahren aufgenommen, wird aber abgewiesen,, weil nicht der Bruder, sondern der Kammerdiener des Verstorbenen Erbe sei. Welche Natur hat dieses Urteil? Welchem Rechtsmittel unterliegt es? Angenommen, Kläger verklagt nun den Kammerdiener: was geschieht mit dieser Klage?

266. Das am 20. Mai zugestellte Urteil weist die Klage ab. Am 15. Juni stirbt der Anwalt des Klägers. Kann der letztere, wenn er erst am 25. Juni hiervon erfährt, noch Berufung einlegen? Macht es einen Unterschied, ob das Urteil vom Amts- oder Landgericht erlassen ist?

267. In einer Landgerichtssache ist der Anwalt des Klägers verstorben. Wie verfährt der Beklagte, um die Sache weiter zu betreiben: a) wenn noch eine Verhandlung nötig ist? b) wenn das Urteil schon verkündet, aber nicht zugestellt ist? c) wenn auch letzteres geschehen ist?

268. Im Landgerichtsprozeß ist der Beklagte gestorben. Sein Rechtsanwalt hat keine Aussetzung beantragt, sondern ist im anberaumten Termin erschienen und hat unter Vorlegung eines auf X. lautenden Erbscheines und einer von diesem unterschriebenen Vollmacht erklärt, für ihn auftreten zu wollen. Muß dennoch Aussetzung stattfinden, wenn der Anwalt des Klägers dies verlangt?

269. Der durch einen Rechtsanwalt vertretene Kläger wird nach Verkündung des ihn abweisenden Urteiles entmündigt. Bei welchem Gericht ist die Aussetzung zu beantragen: a) wenn er vor Zustellung des Urteils, b) wenn er nach derselben entmündigt wird?

270. Das landgerichtliche Urteil ist dem Anwalt des unterlegenen Beklagten am 10. Mai zugestellt. Am 1. Juni stirbt der Beklagte. Sein Anwalt beantragt am 8. Aussetzung des Verfahrens, welche durch einen am 11. Juni zugestellten Beschluß ausgesprochen wird. Ist die Berufung noch möglich? Würde es einen Unterschied machen, wenn der Beschluß einen Tag früher zugestellt wäre?

271. In einem bisher von den Parteien persönlich geführten amtsgerichtlichen Prozeß ist zwischen dem Schluß der letzten mündlichen Verhandlung und der Verkündung des Urteils die Partei gestorben, was dem Gericht unbekannt bleibt. Ist die Verkündung wirksam? Wäre sie es auch im Falle einer durch Rechtsanwälte der Partei erwirkten Aussetzung? Würde sie im letzteren Fall wenigstens dadurch wirksam, daß der Anwalt des Erben unter Einlegung der Berufung den Rechtsstreit aufnimmt, und daß die beiderseitigen Anwälte über das Rechtsmittel verhandeln, ohne den Mangel des Urteils zu rügen?

272. Einige Tage, nachdem die Sache behufs Zeugenvernehmung vertagt ist, beantragt der Anwalt des verstorbenen Klägers Aussetzung des Verfahrens. Sind die Zeugen dennoch zu vernehmen? Darf das Gericht, wenn es den Zeugenbeweis aufnimmt, dessen Ergebnis für das Urteil verwerten, nachdem der Prozeß seitens der Erben aufgenommen ist? Oder sind die Zeugen neu zu vernehmen? Kommt es darauf an, wie sich die Parteien nach der Aufnahme verhalten?

273. Nachdem am 16. Oktober das erstinstanzliche Urteil zugestellt wurde, haben die Parteien das Ruhen des Verfahrens vereinbart. Ist im Dezember noch Einlegung der Berufung möglich? Ist die am 1. November eingelegte Berufung wirksam? Macht es einen Unterschied, ob das Ruhen ohne Zeitgrenze oder auf zwei Monate vereinbart worden ist? Kommt es darauf an, ob der Berufungsbeklagte sich auf das Rechtsmittel ohne Rüge der Unzulässigkeit einläßt?

274. In einer persönlich geführten Amtsgerichtssache erklärt Kläger, als er den während des Prozesses eingetretenen Tod des Beklagten erfährt, er nehme die Klage zurück. Kann er unter Berufung auf die Unwirksamkeit der Zurücknahme den Prozeß gegen den Erben aufnehmen? Kann dieser die Aufnahme vereiteln?

V. Mängel im Verfahren.

275. Werden die nachfolgenden Prozeßmängel dadurch geheilt, daß Beklagter bzw. (bei mangelhafter richterlicher Handlung) die Parteien in der nächsten mündlichen Verhandlung ohne Rüge zur Sache verhandelt haben?

a) Die landgerichtliche Klageschrift ist von einem Rechtsanwalt verfaßt und zugestellt, aber nicht unterschrieben?

b) Sie ist vom Gerichtsvollzieher in Abwesenheit des Beklagten dem achtjährigen Töchterchen desselben oder seiner Stundenfrau übergeben worden?

c) Die ursprünglich gegen einen Erben gerichtete Klage wird in der mündlichen Verhandlung auf einen andern Miterben ausgedehnt, der erschienen ist und sein Einverständnis erklärt, allerdings wird der Klagantrag nicht aus einem vorbereitenden Schriftsatz verlesen?

d) Das vorbereitende Verfahren in Rechnungssachen ist, statt einem Gerichtsmitglied, einem Notar übertragen worden?

e) Ein Eid ist, obgleich die Parteien über seine Erheblichkeit nicht einverstanden waren, durch Beweisbeschluß auferlegt worden?

f) Ein Zeuge ist, obgleich am Ausgang des Rechtssteites nicht unmittelbar beteiligt, dennoch unvereidigt vernommen worden? Macht es einen Unterschied, ob die Vereidigung aus Versehen oder auf Grund eines förmlichen Beweisbeschlusses unterlassen wurde?

g) Ein Zeuge, dessen Aussage nachher im Urteil berücksichtigt worden ist, hat nicht mündlich ausgesagt, sondern ein Schriftstück eingereicht und in der mündlichen Verhandlung sich lediglich auf dessen Inhalt berufen?

h) Jemand, der als Zeuge und Sachverständiger vernommen worden ist, hat nur den Zeugeneid geleistet, allerdings in seinem schriftlichen Gutachten sich auf den allgemeinen Sachverständigeneid berufen?

i) Der Vormund des Klägers, der für diesen den Rechtsanwalt bestellt hatte, ist als Zeuge vernommen worden?

k) Über eine zugestandene Tatsache ist, als wäre sie noch beweisbedürftig, Beweisbeschluß ergangen?

l) Es ist das Protokoll über die Zeugenvernehmung nicht vorgelesen worden?

m) Nach Erlaß des Urteils ist ein Antrag auf Ergänzung desselben gestellt worden, jedoch nach Ablauf der gesetzlichen Frist?

n) Das erstinstanzliche Urteil ist in einer nicht richtig beglaubigten Abschrift zugestellt?

o) Das Urteil ist, statt an den in seinem Geschäftslokal nicht vorgefundenen Rechtsanwalt, an den im gleichen Hause wohnenden Hausherrn desselben übergeben worden?

p) Der Berufungsschriftsatz ist erst fünf Wochen nach Zustellung des angefochtenen Urteils zugestellt worden?

q) Das Rechtsmittel ist durch Zustellung an den Gegner eingelegt, obgleich dieser inzwischen in Konkurs geraten war?

r) Das Oberlandesgericht hat, obgleich nach Lage der Sache Zurückweisung in die erste Instanz hätte stattfinden müssen, selbst in der Sache entschieden?

276. Welche der nachfolgenden, in einem Ehescheidungsprozesse vorgekommenen Prozeßmängel können durch vorbehaltslose Einlassung der Partei geheilt werden?

a) Der Sühnetermin ist so anberaumt, daß die Einlassungsfrist nicht gewahrt bleibt?

b) Das Gericht hat eine ihm persönlich bekannte, aber nicht notorische Tatsache als offenkundig behandelt, eine andere, von keiner Seite behauptete Tatsache, auch ein von den Parteien nicht in Bezug genommenes Attest zur Unterstützung des Scheidungsurteils berücksichtigt; es hat ferner einem Dritten, dessen angeblicher Ehebruch mit der Beklagten der Scheidungsklage zugrunde gelegt worden ist, über die Unwahrheit dieser Behauptung einen Eid auferlegt?

c) Mit der Scheidungsklage ist eine Unterhaltsklage verbunden?

d) Mit Rücksicht auf die „nicht ausgeschlossene" Aussöhnung der Ehegatten ist das Verfahren auf ein Jahr ausgesetzt, vor dessen Ablauf das Gericht die Parteien zur Weiterverhandlung geladen hat?

277. Werden die nachbenannten Mängel durch vorbehaltslose Einlassung des Beklagten geheilt?

a) Die Leistungsklage entbehrt eines bestimmten Antrages?

b) Die Feststellungsklage entbehrt des rechtlichen Interesses?

c) Es wird Klage auf eine künftige Leistung erhoben, obgleich dies im gegebenen Falle nicht zulässig war?

d) Es wird die Vollstreckungsgegenklage auf Umstände gestützt, die bereits vor der letzten mündlichen Verhandlung eingetreten waren?

e) Die außerhalb des Konkurses erhobene Anfechtungsklage beantragt nur die „Aufhebung des angefochtenen Geschäftes", enthält aber keine bestimmte Angabe des zurückzugewährenden Gegenstandes?

278. In dem zur erstmaligen Verhandlung der Klage angesetzten Termin erscheinen die beiden Anwälte und beantragen Vertagung, weil sie noch Informationen ihrer Parteien einzuholen hätten. Im nächsten Termin rügt der Anwalt des Beklagten einen formellen Mangel der Klagerhebung. Ist dies noch gestattet? Wäre anders zu entscheiden, wenn im ersten Termin die beiden Anwälte vor Vertagung der Sache ihren Antrag verlesen hätten? Oder wenn der im ersten Termin säumige Beklagte verurteilt worden wäre und dann rechtzeitig Einspruch eingelegt hätte?

279. Der Einspruch gegen ein Versäumnisurteil ist verspätet eingelegt. Wird dieser Mangel durch Nichtrüge des Klägers geheilt?

280. Zwei miteinander prozessierende Großbanken, die auf „noble Prozeßführung" Wert legen, haben sich im ersten Termin durch Erklärung ihrer Anwälte verpflichtet, alle verzichtbaren Prozeßmängel, die im Laufe des Rechtsstreites sich ergeben würden, nicht zu rügen. Wie, wenn später ein Rechtsanwalt dennoch eine Rüge erhebt?

VI. Prozeßhindernde Einreden.

281. Kann der Beklagte (oder Widerbeklagte) die weitere Einlassung zur Hauptsache verweigern, wenn er eine der folgenden Behauptungen aufstellt:

a) Die Klage ist nicht ordnungsmäßig zugestellt?

b) Es fehlt derselben an einem wesentlichen Inhaltserfordernis?

c) Die erhobene Widerklage ist wegen mangelnder Konnexität unzulässig?

d) Die Klage, die gegen einen Miterben allein erhoben ist, hätte gegen alle gemeinschaftlich anhängig gemacht werden müssen?

e) Die streitige Angelegenheit ist bereits durch ein Zivilurteil entschieden?

f) Sie ist durch einen Verwaltungsakt bindend geregelt? Oder sie schuldet bereits bei einer Verwaltungsbehörde? Oder sie gehört zur Zuständigkeit einer solchen?

g) Der auftretende Anwalt des Klägers hat keine gültige Vollmacht?

h) Der für den minderjährigen Kläger auftretende gesetzliche Vertreter ist in Wahrheit niemals Vormund gewesen? Oder er ist seines Amtes enthoben?

i) Für die erhobene Feststellungsklage fehlt das rechtliche Interesse?

k) Die eingeklagten Kosten eines stattgehabten Schiedsverfahrens sind nicht auf Grund einer förmlichen Klage durch Urteil, sondern auf Grund eines Gesuches durch Kostenfestsetzungsbeschluß zu fixieren?

l) Der klagende Sportverein ist nicht in das Vereinsregister eingetragen?

m) Der Kläger, für den der Generalbevollmächtigte einen Prozeß anhängig gemacht hat, ist zur Zeit der Klagerhebung bereits gestorben? Oder zwischen Klagezustellung und mündlicher Verhandlung verstorben?

n) Die Kosten einer früheren Klage desselben ausländischen Klägers, die wegen Nichtleistung der Prozeßkaution für zurückgenommen erklärt worden ist, sind bei der gegenwärtigen Klagewiederholung noch nicht ersetzt?

o) Der Richter ist wegen Verwandtschaft mit dem Kläger ausgeschlossen, oder wegen naher Freundschaft zu demselben befangen?

p) Die Klage des Gegners auf Freigabe der bei ihm gepfändeten unentbehrlichen Gegenstände ist unzulässig (ZPO. § 811, 766)?

q) Die jetzt wiederholte Scheidungsklage ist unzulässig, weil sie sich auf Tatsachen stützt, die der Kläger bereits in einem früheren erfolglos verlaufenen Scheidungsprozeß hätte geltend machen sollen (ZPO. § 616)?

r) Der in mündlicher Verhandlung vom Kläger gestellte Antrag ist nach Grund oder Gegenstand ein anderer, als der in der Klageschrift enthaltene?

s) Der von der Ehefrau gegen den Mann eingeklagte Anspruch auf Ersatz verwendeter Stücke ihres Einbringens darf während dauernden Güterstandes nicht gerichtlich geltend gemacht werden (BGB. § 1394)?

t) Der ausländische Kläger hat keine Sicherheit geleistet?

u) Die Klage gegen den berufenen Erben auf Zahlung einer Nachlaßverbindlichkeit ist verfrüht, weil dieser die Erbschaft noch nicht angenommen hat?

v) Der auf „Anerkennung einer Grunddienstbarkeit" Verklagte ist gar nicht Eigentümer des angeblich belasteten Grundstücks?

w) Der Kläger ist noch nicht 20 Jahre alt?

x) Der auf Herausgabe der Sache Verklagte ist nicht Eigenbesitzer, sondern bloß Mieter der Sache?

282. Ist die Einrede der Unzulässigkeit des Rechtsweges in folgenden Fällen erhoben?

a) Eine beklagte Aktiengesellschaft wendet ein, die Anfechtungsklage gegen ihren Generalversammlungsbeschluß sei nicht innerhalb eines Monats erhoben (HGB. § 271)?

b) Der beklagte Landesfiskus macht geltend, nach dem Rechte des betreffenden Bundesstaates sei die Klage dort erst zulässig, wenn zuvor dem Ministerium eine Denkschrift eingereicht und seither ein Monat verstrichen sei; dies sei im vorliegenden Falle nicht geschehen?

c) Die auf eine Enteignungssumme verklagte Stadt wendet ein, die Klage habe, was nicht geschehen, binnen 6 Monaten nach der Entscheidung der Bezirksregierung erhoben werden müssen (Preuß. Ges. v. 11. Juni 1874 § 30)?

d) Die verklagte Feuerversicherungsgesellschaft wendet ein, nach § 17 der Versicherungsbedingungen sei der Feuerschade „unter Ausschluß des Rechtsweges" durch drei Sachverständige festzustellen?

e) In einem Bundesstaate dürfen Eigentumsstreitigkeiten, die sich aus Anlaß der Neuvermessung des Bodens zu Steuerzwecken erheben, erst nach fruchtloser Abhaltung eines Einigungstermines vor einem flurkundigen Schiedsmann gerichtlich anhängig gemacht werden. Beklagter wendet ein, dies sei nicht geschehen?

f) Ein Anlieger an einem öffentlichen Fluß klagt auf Feststellung, daß sein Eigentum bis zu einer gewissen von der Wasserbauverwaltung nicht anerkannten Linie reiche. Beklagter erwidert, die Feststellung der Ufergrenze sei Sache der Verwaltungsbehörde? Oder diese habe eine andere Linie bereits festgestellt?

g) Beklagter macht geltend, die anhängige Sache gehöre nicht zur ordentlichen, sondern zur freiwilligen Gerichtsbarkeit?

h) Der Klage wird entgegengehalten, sie gehöre vor die Gewerbegerichte?

i) Beklagter behauptet, als Angehöriger einer fremden Botschaft der deutschen Gerichtsbarkeit nicht zu unterstehen?

k) Beklagter rügt, der Anspruch sei zur Geltendmachung im Urkundenprozeß nicht geeignet?

283. Kann Beklagter nach Einlassung zur Hauptsache noch rügen, daß der auf Zahlung von 500 M. gerichtete Klaganspruch durch gültigen Schiedsspruch auf 400 M. fixiert worden sei? Wie, wenn er sich nicht auf einen bereits ergangenen, sondern auf einen erst zu erlassenden Schiedsspruch beruft. Macht es einen Unterschied, ob der Schiedsvertrag schon vor der Klage oder erst im Laufe des Prozesses geschlossen worden ist? Angenommen, Kläger hat der verspätet vorgebrachten Schiedseinrede die Unwirksamkeit des behaupteten Schiedsvertrages entgegengehalten: muß oder darf das Gericht auf die Schiedseinrede eingehen?

284. Käufer hat die Minderungseinrede erhoben, weil das gelieferte Getreide von geringer Qualität sei. Beklagter verweigert die Einlassung, weil im Schlußschein vereinbart sei, daß die Vertragsmäßigkeit oder -widrigkeit der Ware nur durch gewisse Sachverständige festgestellt werden dürfe. Mit Recht? Was geschieht mit der Klage, wenn die Behauptungen des Beklagten sich als wahr erweisen?

285. Jemand hat einen andern wegen eines von diesem verschuldeten Unfalls auf 1000 M. belangt. Das Landgericht L. hat diesem Antrag entsprochen. Während die hiergegen eingelegte Berufung schwebt, hat Kläger beim Landgericht R. für den aus dem Unfall seit Erhebung der ersten Klage entstandenen weiteren Schaden 6000 M. eingeklagt. Ist die Einrede der Rechtshängigkeit begründet? Kann die später anhängig gemachte Sache bis zur Entscheidung der schon schwebenden vertagt werden?

286. Dem Südamerikaner Perez, der in Deutschland klagt, wird auf die gegnerische Rüge mangelnder Prozeßkaution durch Beschluß des Gerichtes eine Sicherheit von 4000 M. auferlegt. a) Kann er im Wege der Beschwerde Herabsetzung verlangen? b) Wäre Berufung zulässig, wenn die Kaution durch Zwischenurteil angeordnet wäre? c) Kann der Beklagte, wenn er die auferlegte Sicherheit für zu niedrig hält, die Einlassung weiter verweigern? d) Kann er, wenn er sich nach Leistung der Kaution eingelassen hat, nachträglich wegen der inzwischen erkannten Unzulänglichkeit derselben Erhöhung verlangen? e) Auch noch in der Berufungsinstanz? f) Wie, wenn er sich im Glauben vollständiger Erlegung der Kaution eingelassen hat und nun erfährt, es sei in Wahrheit ein geringerer Betrag geleistet worden?

287. Der Beklagte hat sich auf die Klage eines kautionspflichtigen Ausländers vorbehaltlos eingelassen. Kann er, wenn Kläger im Prozeß stirbt, seinem Sohn und Erben die Einrede mangelnder Kostensicherheit entgegenhalten?

288. Die Klage ist gerichtet auf Anfechtung des Generalversammlungsbeschlusses einer Aktiengesellschaft. Der beklagte Anwalt verlangt Sicherheit (HGB. § 272). Kann er bis zur Leistung derselben die Einlassung verweigern? Ist die Kaution durch Beschluß oder Zwischenurteil aufzuerlegen? Ist es hierfür gleich, ob die Parteien streiten über die Pflicht zur Kaution, oder über die Höhe derselben, oder über die Frist, innerhalb deren sie zu leisten ist?

289. Die auf Herstellung des ehelichen Lebens verklagte Frau verweigert durch ihren Anwalt die Einlassung zur Sache: ihr Ehemann sei wahnsinnig, weshalb sie auch mit ihm nicht zusammenzuleben brauche. Darf oder muß das Gericht behufs Entscheidung über die prozeßhindernde Einrede den Wahnsinn des Mannes prüfen? — Angenommen, es hat durch rechtskräftig gewordenes Zwischenurteil die Einrede verworfen: wird es dadurch verhindert, die Klage nachträglich wegen Wahnsinns des Mannes abzuweisen?

290. Die dem zwanzigjährigen Heymes zugestellte Klage war wegen mangelnder Prozeßfähigkeit des Beklagten abgewiesen worden. Als sie nach Eintritt der Großjährigkeit gegen ihn wiederholt wird, verweigert er wegen nicht ersetzter Prozeßkosten die Einlassung. Mit Recht?

291. Eine Klage ist aus materiellen Gründen abgewiesen. Die hiergegen eingelegte Berufung wird als unzulässig verworfen, weil die Zustellung des angefochtenen Urteils an einem wesentlichen Mangel gelitten habe. Nunmehr läßt Kläger das landgerichtliche Urteil richtig zustellen und legt von neuem Berufung ein. Beklagter erklärt, sich auf dieselbe so lange nicht einzulassen, bis ihm die Kosten der früheren Berufungsverhandlung ersetzt seien. Entscheidung?

292. Y. hat gegen seinen Schuldner Z. eine Klage erhoben, dieselbe aber vor der Verhandlung zurückgenommen? Wenn er nun die Forderung dem X. abtritt, der sie gegen den Drittschuldner Z. einklagt: kann dieser die Einrede der nichtersetzten Prozeßkosten erheben?

293. Eine erwerbsunfähige und mittellose Mutter klagt im Armenrecht gegen ihren Sohn auf eine Unterhaltsrente von 80 M. monatlich seit dem 1. April 1906. Beklagter veranlaßt sie unter dem Versprechen freiwilliger Zahlung zur Zurücknahme der Klage. Als er sein Versprechen nicht einlöst, wird er von neuem verklagt, diesmal auf eine Rente von 70 M. seit 1. Januar 1907. Er macht geltend, die Kosten des früheren Prozesses seien ihm nicht ersetzt, worauf die Klage als unzulässig abgewiesen wird. Hiergegen Berufung der Klägerin mit der Begründung: die prozeßhindernde Einrede sei nicht gültig erhoben. Sie sei auch materiell unbegründet, weil Klägerin das Armenrecht habe. Ferner sei die jetzige Klage mit der früheren nicht identisch. Endlich habe Beklagter die Zurücknahme selbst verschuldet. Wie entscheidet das Berufungsgericht?

294. Das Landgericht hat die Einrede der nicht ersetzten Kosten einer früher erhobenen und zurückgenommenen Klage um deswillen abgewiesen, weil Beklagter nicht dargetan habe, daß die Klagwiederholung lästig und in vexatorischer Absicht erfolgt sei. Richtig?

295. Ein aus lauter Ausländern bestehender Verein ist in das Straßburger Register eingetragen. Kann seiner Klage die Einrede der mangelnden Prozeßkaution entgegengehalten werden?

296. Die Klage ist einem Schuldner zugestellt, dem zur Volljährigkeit noch ein Monat fehlt. Beklagter erscheint und rügt seine Prozeßunfähigkeit. Das Gericht setzt den Prozeß auf 5 Wochen mit der Begründung aus, daß bis dahin der Mangel geheilt sein werde. Ist dies zulässig? Durfte das Gericht dem Beklagten einen Prozeßvertreter bestellen?

297. Angenommen, im vorigen Fall habe Kläger, als er die Prozeßunfähigkeit des Schuldners erfuhr, noch vor der mündlichen Verhandlung die Klage auch an dessen Vormund zustellen lassen. Wäre damit der Mangel geheilt? Macht es einen Unterschied, ob die Zustellung unter Wahrung der Einlassungsfrist erfolgt ist oder nicht?

298. Der Beklagte hat sich in erster Instanz auf die Sache selbst eingelassen. Kann er in zweiter Instanz noch geltend machen:

a) Derselbe Rechtsstreit sei anderwärts anhängig?

b) Der Rechtsweg sei unzulässig?

c) Die Parteien hätten vor Klagerhebung oder zwischen beiden Instanzen einen Schiedsvertrag geschlossen?

d) Das Untergericht sei unzuständig gewesen?

e) Der ausländische Kläger habe keine Kostenkaution geleistet? Wie, wenn der deutsche Kläger im Laufe der ersten Instanz oder zwischen dieser und der zweiten Ausländer geworden wäre?

f) Der in der Klage bezeichnete Vereinsvorstand habe bereits vor Klagerhebung oder im Laufe der ersten Instanz gewechselt?

g) Der klagende Verein habe die Rechtsfähigkeit niemals besessen oder im Laufe des Prozesses verloren?

299. Das Gericht hat durch Zwischenurteil entschieden, daß der Rechtsweg zulässig sei. Ist hiergegen Berufung möglich? Macht es einen Unterschied, ob der Beklagte die Einrede erhoben hatte oder nicht? Ob über sie gesondert verhandelt wurde?

300. Das Zwischenurteil, welches die Einrede der Unzuständigkeit nach abgesonderter Verhandlung verworfen hatte, ist mit der Berufung angegriffen. Darf bis zur Entscheidung hierüber die Verhandlung über die Sache selbst ausgesetzt werden? Darf sie vertagt werden? Ist der Beschluß, der den Antrag auf Sachverhandlung abweist, mit der Beschwerde anfechtbar?

301. Die Klage, die in den dinglichen Gerichtsstand zu X. gehört hätte, ist beim Landgericht Y. erhoben. Nachdem die gesondert verhandelte Unzuständigkeitseinrede irrtümlich als unbegründet verworfen war, ist zur Sache verhandelt worden. Beklagter hat gegen das Endurteil Berufung eingelegt. Darf nun das Oberlandesgericht die Klage wegen Unzuständigkeit abweisen?

302. Wäre der vorige Fall anders zu entscheiden, wenn die Einrede in erster Instanz überhaupt nicht zur Sprache gekommen wäre? Oder wenn sie nur im Endurteil des Landgerichtes erwähnt wäre? Oder wenn sie nach Verhandlung zur Hauptsache durch Zwischenurteil verworfen wäre? Ist es im letzteren Fall gleich, ob sie als unbegründet oder wegen Verspätung abgelehnt ist?

303. In welcher Reihenfolge sind bei nachstehenden Kombinationen die Einwände des Beklagten zu verhandeln und zu entscheiden:

a) Unzuständigkeit des Gerichtes, mangelhafte Klagerhebung, mangelhafte Gerichtsbesetzung, Einrede des Schiedsspruchs?

b) Unzulässigkeit des Rechtsweges, Prozeßunfähigkeit des Klägers, Nichterstattung der Kosten eines früheren Prozesses, Mangel der Prozeßvollmacht?

c) Parteiunfähigkeit des klagenden ausländischen Vereins, Rechtshängigkeit, Fehlen der Kostensicherheit, mangelhafte Gerichtsbesetzung?

d) Mangel der örtlichen und sachlichen Zuständigkeit, der Prozeßfähigkeit, der Aktivlegitimation?

e) Zugehörigkeit der Sache zur freiwilligen Gerichtsbarkeit, Fehlen des Feststellungsinteresses?

304. Beklagter rügt mangelhafte Klagerhebung und Unzuständigkeit des Gerichtes. a) Kann über die erste Einwendung durch Zwischenurteil entschieden werden, und ist dieses selbständig anfechtbar? b) Konnte die erste Rüge noch erhoben werden, nachdem Beklagter über die Frage der Zuständigkeit verhandelt hat? c) Angenommen, das Gericht erster Instanz hat ohne Prüfung des Klagemangels die Einrede der Unzuständigkeit verworfen, und das Obergericht hält auf Berufung hin die Einrede für begründet: muß es die Sache behufs Verhandlung über den Klagemangel in die Unterinstanz zurückverweisen?

Fünftes Kapitel.

Die Klage.

I. Die Klagerhebung.

305. Ist die Klage ordnungsmäßig erhoben, wenn die Klageschrift übergeben wird:

a) An einen Schalterbeamten der verklagten Bank? Oder an einen Pförtner im Bankgebäude? Oder an den Direktor in seiner Privatwohnung? Oder an dessen Dienstmädchen?

b) An den im Laden tätigen Verkäufer des beklagten Kaufmannes oder an dessen Prokuristen?

c) An den Diener der beklagten studentischen Korporation?

d) An ein Mitglied der verklagten offenen Handelsgesellschaft?

e) An den verklagten Unteroffizier persönlich?

f) An den auf dem Bürgermeisteramt der verklagten Stadt angetroffenen Pförtner?

g) An den minderjährigen Beklagten persönlich?

h) An die Stundenfrau des verklagten Junggesellen?

i) An den im Café angetroffenen Beklagten, der die Klageschrift entgegennimmt?

k) An den Direktor der Anstalt, in welcher der Beklagte als Sträfling oder Kranker weilt?

l) An das auf dem Markte angetroffene Dienstmädchen des Beklagten? Macht es einen Unterschied, ob die Herrschaft zu Hause oder verreist ist?

306. Der Gerichtsvollzieher trifft vor dem Hause des Beklagten dessen zehnjährigen Jungen beim Spiel. Er händigt demselben, als er auf Befragen erklärt, der Vater sei nicht zu Hause, die Klageschrift mit der Weisung aus, sie dem Vater zu übergeben. Ist die Klage gültig erhoben, wenn der Junge diese Weisung erfolgt? Wäre anders zu entscheiden, wenn das Schriftstück dem Jungen in der Wohnung übergeben worden wäre?

307. Auf die Erklärung des Dienstmädchens, die Herrschaft sei ausgegangen, übergibt der Briefbote das Kuvert mit der Klageschrift dem Dienstmädchen selbst. Ist die Klage gültig erhoben, wenn in Wahrheit die Herrschaft anwesend war?

308. Ein in Straßburg wohnhafter Reisender soll beim Landgericht Mannheim verklagt werden. Gelegentlich seiner Anwesenheit in dieser Stadt will ihm der Gerichtsvollzieher in seinem Hotel die Klageschrift persönlich übergeben. Kann, wenn er die Annahme verweigert, die Zustellung in Mannheim wirksam erfolgen?

309. Der in Deutschland verklagte Pariser ist im Termin nicht erschienen. Kläger legt einen Postschein vor, wonach er dem Beklagten die Klage eingeschrieben zugesandt habe. Darf Versäumnisurteil ergehen?

310. Beim Landgericht Berlin I ist Klage durch öffentliche Zustellung erhoben. Im Termin erscheint Beklagter und erklärt, er habe Berlin seit Jahren nicht verlassen, die öffentliche Zustellung sei daher unwirksam. Hat er recht? Wie, wenn Kläger seinen Aufenthalt beim Nachsuchen der öffentlichen Zustellung gekannt oder wenigstens nachträglich erfahren hätte?

311. Die Klageschrift ist ordnungsmäßig übergeben, aber das Formular der Zustellungsurkunde vom Gerichtsvollzieher irrtümlich nicht ausgefüllt worden. Ist die Klage gültig erhoben?

312. Der siegreiche Kläger hat eine Forderung seines Schuldners pfänden lassen. Dieser legt mit der Begründung, er habe die Urteilssumme inzwischen gezahlt, Beschwerde ein und lädt den Gegner durch Schriftsatz in den vom Gericht behufs Verhandluug der Beschwerde angesetzten Termin. Kann er hier, wenn der Gegner Unzulässigkeit der Beschwerde geltend macht, seinen Antrag als Klagantrag gemäß § 767 ZPO. aufrechterhalten?

313. Kläger ist abgewiesen, weil die eingeklagte Forderung nicht ihm allein, sondern zugleich seinen beiden Mitgesellschaftern A. und B. zustehe. Ein von diesen und dem Kläger bevollmächtigter Anwalt legt Berufung ein mit der Erklärung, A. und B. träten unter Billigung der bisherigen Prozeßführung des Klägers dem Rechtsstreit als Parteien bei, und mit dem Antrag, den Beklagten zur Zahlung an alle drei zu verurteilen. Entscheidung? Hätten A. und B. ein anderes Mittel, sich am Rechtsstreit zu beteiligen?

314. Eine Witwe, die als Erbin wegen einer Schuld ihres Mannes verklagt ist, macht in der Klagebeantwortung geltend, neben ihr seien drei minderjährige Kinder Erben. Kläger läßt ihr hierauf einen Schriftsatz zustellen, wonach sie zugleich als gesetzliche Vertreterin der Kinder verklagt sein soll, und richtet in der mündlichen Verhandlung den Antrag gegen die vier Erben. Wie ist zu entscheiden, wenn der Anwalt der Witwe sich dem widersetzt?

315. Die Klage ist von Müller erhoben. Im Termin erklärt dieser, nicht allein eigenen Namens, sondern als Vertreter der offenen Handelsgesellschaft Müller u. Cie., zu welcher noch sein Bruder gehöre, prozessieren zu wollen. Beklagter erklärt sich damit einverstanden. Auf wessen Namen ergeht das Urteil?

316. Nachdem zur Verhandlung einer Klage gegen Lehmann Vater Termin angesetzt ist, verstirbt der Genannte.

Kläger läßt nun die Klageschrift unverändert dem alleinigen Erben Lehmann Sohn zustellen nebst einem Schriftsatz, wonach er gegen diesen den Rechtsstreit aufnehme; ist damit die Klage ordnungsmäßig gegen Lehmann Sohn erhoben?

317. Eine Klage auf 10000 M. ist beim Landgericht zur Terminsbestimmung eingereicht. Bevor sie zugestellt ist, wird das geschuldete Kapital gezahlt, worauf Kläger die ursprüngliche Klageschrift nebst einem Schriftsatz zustellen läßt, in welchem bemerkt wird, daß der Antrag nunmehr für die Zinsen und die dem Kläger bisher entstandenen Kosten in Höhe von 250 M. aufrechterhalten werde. In der mündlichen Verhandlung wendet Beklagter ein: 1. die Klage sei unrichtig erhoben; 2. das Landgericht sei nicht zuständig; 3. er sei zum Ersatze der bisherigen Kosten nicht verpflichtet. Entscheidung?

318. Die Klage ist dem Dienstmädchen des Beklagten auf dessen Erklärung, die Herrschaft sei ausgegangen, übergeben worden. Dieses verliert das Papier und teilt aus Angst dem Beklagten nichts mit. Ist das gegen den Beklagten ergehende Versäumnisurteil, wenn die Einspruchsfrist versäumt wird, rechtlich wirksam? Kann Beklagter, wenn er vor dem Termin die Sachlage erfährt, in demselben erscheinen und Abweisung oder Klage wegen unrichtiger Erhebung beantragen?

319. Die Klageschrift enthält nicht die Aufforderung zum Erscheinen, wohl aber die Mitteilung, daß der Termin am 20. November stattfinden werde. Darf in Abwesenheit des Beklagten Versäumnisurteil gegen ihn ergehen? Wäre anders zu entscheiden, wenn nicht einmal die erwähnte Mitteilung in der Klageschrift stände?

320. Eine im übrigen ordnungsmäßige Klage ist zugestellt, bevor ein Termin bestimmt ist. Nachdem Kläger einen solchen hat ansetzen lassen, teilt er ihn durch Schriftsatz dem Beklagten mit. Darf gegen diesen, wenn er ausbleibt, Versäumnisurteil ergehen?

321. Beklagter ist im Termin ausgeblieben. Aus der Zustellungsurkunde ergibt sich, daß die Klageschrift nicht ordnungsmäßig zugestellt ist. Damit dies nachgeholt werde, will ein Richter vertagen. Ein anderer will sogleich urteilen, weil im Ausbleiben stillschweigender Verzicht auf die Rüge unrichtiger Klagerhebung liege. Ein dritter will die Klage sogleich abweisen, was der erste bei einer nicht gültig erhobenen Klage für unzulässig hält. Entscheidung?

322. Einem volljährigen, im Ausland wohnenden Schuldner wird während eines mehrwöchigen Besuches bei seinen Eltern in Straßburg eine Klage in der Weise zugestellt, daß sie in seiner Abwesenheit dem Dienstmädchen seiner Eltern übergeben wird. In der mündlichen Verhandlung rügt er unrichtige Zustellung, er habe bei seinen Eltern keine „Wohnung", gehöre auch nicht mehr zu deren „Hausstand", und die Klageschrift sei nicht an „sein" Dienstmädchen übergeben. Entscheidung?

323. Die Klageschrift ist dem Beklagten, der in seiner bisherigen Wohnung nicht angetroffen wurde, in der Weise zugestellt, daß sie bei der Postanstalt niedergelegt, und daß eine Mitteilung hiervon an die Türe seines Geschäftslokals angeheftet wurde. Ist die Klage richtig erhoben: a) wenn er keine Wohnung mehr an dem Orte hat? b) wenn er noch eine solche hat?

324. Eine Klage auf Rückgabe zu Unrecht erhobener Gerichtsgebühren ist gegen die Gerichtskasse zu X. erhoben. Korrekt? Muß die Klage abgewiesen werden?

325. In der Klageschrift sind als Beklagte bezeichnet „die Erben des am 10. Mai 1907 verstorbenen Geheimrates U.". Ist dies hinreichend bestimmt? Muß die Klage abgewiesen werden, wenn sie den drei alleinigen Erben richtig zugestellt worden ist?

326. Eine Großmühle hat Schuldverschreibungen ausgegeben und dafür ihre Grundstücke mit einer Hypothek belastet. Treuhänder der Gläubiger ist Rechtsanwalt Dr. P. Dieser klagt gegen die Mühleninhaber auf Vornahme gewisser Arbeiten, die zur Verhinderung einer Wertminderung der Gebäude erforderlich sind. Müssen in der Klage die einzelnen Inhaber genannt werden?

327. Das Theater zu M. wird für Rechnung der Stadt

durch einen Intendanten verwaltet. Die Schadensersatzklage eines angeblich zu Unrecht entlassenen Chorsängers bezeichnet als Beklagten „das Stadttheater, vertreten durch den Intendanten N.“. Ist dies genügend? Wäre anders zu entscheiden, wenn der Intendant zur Führung der auf die Theaterverwaltung bezüglichen Prozesse überhaupt oder des gegenwärtigen Prozesses bevollmächtigt wäre? Wie, wenn das Theater eine selbständige juristische Person wäre?

328. Eine gegen den Opernsänger Caraldo erhobene Klage ist diesem zugestellt. Ist die Klagerhebung gültig, wenn er von Haus aus Knutschke heißt?

329. In der Klageschrift ist als Vorstand des beklagten Vereins Brink genannt. Die Klage ist aber an Hug zugestellt. Ist sie richtig erhoben, wenn in Wahrheit Hug und nicht Brink der Vereinsvorstand ist?

330. Verklagt ist der Eisenbahnfiskus, vertreten durch das Betriebsamt. Nachdem Verurteilung ergangen, legt das Betriebsamt Berufung ein und beantragt Abweisung der Klage, weil es zur Vertretung des Fiskus nicht berechtigt sei. a) Wie ist zu entscheiden? b) Angenommen, im Berufungstermin erscheint ein von der Eisenbahndirektion bevollmächtigter Anwalt und erklärt, nunmehr für den Fiskus aufzutreten: ist er zuzulassen? c) Hätte er schon Berufung einlegen können?

331. Der rechtsfähige Verein Konkordia, vertreten durch seinen Vorstand Schuler, wird aus einem von diesem für den Verein unterzeichneten Wechsel verklagt. Der Anwalt des Beklagten macht geltend, Schuler sei im Moment der Unterzeichnung noch gar nicht Vorstand gewesen, worauf Kläger erwidert, alsdann hafte Schuler persönlich und er stelle nunmehr den Verurteilungsantrag gegen diesen. a) Darf nun Verurteilung ergehen, wenn der Anwalt des Beklagten keine weitere Erklärung abgibt? b) Oder wenn er den Sitzungssaal verläßt? c) Oder wenn er die Verpflichtung des Schuler anerkennt? d) Oder wenn er gegen dessen Verpflichtung Einwendungen erhebt, die sich als unhaltbar erweisen?

332. Der Witwer Kien klagt auf Rückzahlung eines von seiner verstorbenen Ehefrau dem Beklagten gegebenen

Darlehns. In der Klageschrift bemerkt er, der Beklagte leugne die Darlehnsschuld nicht, behaupte aber, zur Zahlung nicht an den Kläger, sondern an dessen minderjährige Tochter verpflichtet zu sein. Sollte dies der Fall sein, so solle die Klage eventuell für die minderjährige Tochter, vertreten durch Kien Vater, erhoben sein. Ist dieser eventuelle Antrag zu berücksichtigen?

333. Gegen zwei Indossanten, A. und B., ist Wechselregreßklage erhoben. Sie ist beiden zugestellt, dem B. aber nicht ordnungsmäßig, was im ersten Verhandlungstermin auch gerügt wird. Nach der Vertagung der Sache läßt nun Kläger die Klageschrift ordnungsmäßig dem B. zustellen, allerdings erst, nachdem diesem gegenüber die Verjährungsfrist bereits abgelaufen ist. In der darauf folgenden mündlichen Verhandlung tritt ein Anwalt für beide Beklagte auf und erhebt eine Reihe materieller Einwendungen. Ist der Prozeß gegen B. rechtshängig geworden? In welchem Zeitpunkt? Ist ihm gegenüber die Verjährung unterbrochen? Wäre die letzte Frage anders zu entscheiden, wenn der Anwalt des B. im ersten Termin die mangelhafte Klagerhebung nicht gerügt hätte?

334. Die Klage aus dem Anfechtungsgesetz ist, bevor die in diesem Gesetz bestimmte Frist abgelaufen ist, an einen Rechtsanwalt zugestellt worden, der in Wahrheit gar nicht vom Beklagten bevollmächtigt war. Wenn nun der Anwalt, nachdem inzwischen die Frist abgelaufen ist, Vollmacht des Beklagten erhält und im mündlichen Termin verhandelt, ohne den Mangel der Zustellung zu rügen, ist die Anfechtungsklage rechtzeitig erhoben?

335. Geklagt ist gegen einen Bäcker auf „Verurteilung zur Vornahme der Maßregeln, die erforderlich sind, um die Belästigung des Klägers durch Geräusch, Dampf und Hitze zu verhindern". Ist dieser Antrag hinreichend bestimmt?

336. Der durch Verschulden eines Automobilfahrers Verunglückte klagt gegen diesen „auf Verurteilung zur Zahlung einer angemessenen Unterhaltsrente an den Kläger". Ist der Antrag korrekt? Kommt es darauf an, ob in der Klageschrift bestimmte Angaben über den bisherigen Lohn des Klägers und über das Maß seiner Erwerbsbeschränkung sich finden? Wäre anders zu entscheiden, wenn nur auf angemessenes Schmerzensgeld geklagt wäre?

337. Kläger hatte dem Beklagten eine Vertragsstrafe zugesagt, die verfallen ist. Unter der Behauptung, sie sei übertrieben hoch, klagt er mit dem Antrag, „die Vertragsstrafe auf einen angemessenen Betrag herabzusetzen". Ist der Antrag hinreichend bestimmt?

338. Eine wegen Verschuldens des Mannes geschiedene Ehefrau klagt gegen diesen „auf Gewährung standesmäßigen Unterhalts". Ist der Antrag hinreichend bestimmt, wenn die Klageschrift über die Vermögenslage des Mannes genaue Auskunft erteilt?

339. Jemand hat den Unfall eines andern verschuldet und wird von diesem darauf verklagt, „dem Kläger allen durch den Unfall entstandenen Schaden zu ersetzen und ihm zu diesem Zweck mindestens 5000 M. zu zahlen". Ist das ein richtig formulierter Antrag?

340. Ein ohne Kündigung angeblich grundlos entlassener Privatsekretär hat auf Weiterzahlung seines Lohnes für das nächste Quartal geklagt. Das Gericht hat die Klage abgewiesen, weil er jedenfalls nicht Dienstlohn, sondern, wenn auch in gleicher Höhe, „Schadensersatz" hätte einklagen sollen. Richtig?

341. Am 1. April läßt Vermieter dem Mieter eine Klageschrift zustellen, nach welcher er ihn unter Kündigung der Wohnung darauf verklagt, am 1. Juli dieselbe zu räumen. Der Mietzins ist vierteljährlich zahlbar. Aus der Klagebeantwortung ersieht Kläger, daß er beim unzuständigen Gericht geklagt hat. Er nimmt die Klage daher zurück und erhebt sie am 10. Mai von neuem vor dem zuständigen Gericht. Im Termin rügt Beklagter verspätete Kündigung. Mit Recht?

342. Der auf Zahlung einer Summe Verklagte hat in der schriftlichen Klagebeantwortung eine Gegenforderung in gleicher Höhe aufzurechnen erklärt. Ist wirksam aufgerechnet, wenn Kläger vor dem Termin die Klage zurücknimmt?

343. Der auf Zahlung des Preises verklagte Käufer hat unter Anfechtung des Geschäftes wegen Betrugs Klagabweisung beantragt. Ist die Anfechtung wirksam, wenn nun die Klage wegen Unzuständigkeit abgewiesen wird? Oder wegen Prozeßunfähigkeit eines Streitteils? Oder wegen Säumigkeit des Klägers?

344. Verkäufer hat Klage erhoben, in welcher er unter Anfechtung des Geschäftes wegen Betrugs Verurteilung des Beklagten zur Rückgabe der Kaufsache beantragt. Wenn er vor dem Termin die Klage zurücknimmt: ist dann der Kaufvertrag angefochten? Wäre anders zu entscheiden, wenn ein Gläubiger des Verkäufers den Verkauf aus dem Gesichtspunkt einer Benachteiligung der Gläubiger angefochten hätte?

345. Der Manheimer Käufer schuldet dem Wiener Verkäufer den Kaufpreis, für welchen er einen Wien zahlbaren Wechsel ausgestellt hat. Er wird in Wien aus dem Wechsel verklagt und vor Erledigung jenes Prozesses auch noch in Mannheim aus dem Kaufvertrag. Kann er die Einrede der Rechtshängigkeit erheben?

346. X. hat nach seiner Behauptung gegen Y. einen Anspruch auf 5000 M., der im Fall seines Bestehens unstreitig mit dem 31. Dezember 1606 verjähren würde. Am 1. Oktober 1906 klagt er hiervon (der Kostenersparnis halber) nur den Betrag von 1000 M. ein. In der mündlichen Verhandlung vom 10. Dezember räumt der Beklagte die Entstehung des Anspruches ein, behauptet aber, derselbe sei durch einen Erlaßvertrag erloschen, und erhebt Widerklage auf Feststellung, daß dem Kläger ein Anspruch auf 5000 M. gegen ihn überhaupt nicht zustehe. In derselben Sitzung bestreitet Kläger den Erlaß und beantragt Abweisung der Feststellungsklage als unbegründet. Beklagter benennt hierauf einen Zeugen und das Gericht setzt zur Vernehmung desselben und zur Fortsetzung der mündlichen Verhandlung Termin auf den 20. Januar 1907 an. Nach Vernehmung des Zeugen, dessen ziemlich unbestimmte Aussagen Kläger zu seinen Gunsten deutet, erweitert dieser nunmehr seinen Antrag auf die 5000 M. Beklagter widersetzt sich der Klagänderung, macht außerdem geltend, der Anspruch auf die nachgeforderten 4000 M. sei verjährt. Entscheidung?

347. May hat gegen seinen in schlechten Vermögensverhältnissen befindlichen Konkurrenten Meyer eine gänzlich unbegründete Klage erhoben. Infolge des Prozesses wird der Kredit des Beklagten dergestalt erschüttert, daß er trotz kostenfälliger Abweisung der Klage bald darauf in Konkurs verfällt. Kann er von May Schadensersatz verlangen? Kommt es darauf an, ob May gutgläubig, grobfahrlässig oder vorsätzlich gehandelt hat?

348. Der Dienstbote klagt gegen die frühere Herrschaft wegen einer in deren Dienst infolge ungenügender Pflege erlittenen Erkrankung. Sachverständige stellen in der Tat eine starke nervöse Erschöpfung fest, die jedoch nur zur Hälfte durch die Krankheit, zur Hälfte aber durch die Aufregungen des gegenwärtigen Prozesses verursacht sei. Ist die Herrschaft im vollen Betrag zu verurteilen?

349. Ludwigstraße 17 wohnt im 1. Stock der Schlosser August Müller, im 2. der Anstreicher Anton Müller. Gegen den letzteren wird eine Klage erhoben. Dieselbe wird vom Gerichtsvollzieher der Ehefrau des August Müller auf deren Erklärung, daß ihr Mann nicht zu Hause sei, übergeben. Der heimgekehrte August Müller ersieht, daß nicht er der Verklagte ist, gibt aber die Klageschrift dem mit ihm verfeindeten Anton Müller nicht weiter. Dieser wird daher im Versäumnisverfahren verurteilt, und auch das Urteil wird irrtümlich dem August Müller zugestellt. a) Wie, wenn der Gerichtsvollzieher, im bisherigen Irrtum befangen, gegen August Müller vollstrecken will? b) Wie, wenn er gegen Anton Müller die Vollstreckung in Angriff nimmt? c) Läge der Fall gleich, wenn dem letzteren das auf ihn lautende Urteil zugestellt worden wäre? d) Kann der verurteilte Anton wegen Nichtauslieferung des zugestellten Klageschriftstücks gegen August Müller Entschädigungsansprüche geltend machen?

350. Derselbe Tatbestand, nur ist der (nicht verklagte) August Müller im Verhandlungstermin erschienen, hat behauptet und auf Eideszuschiebung des Klägers geschworen, daß er eine Ware nicht bestellt und erhalten habe, worauf die gegen Anton Müller erhobene Klage abgewiesen worden ist. Wie verhält sich Kläger nach Aufklärung des Sachverhaltes: a) Wenn das Urteil noch nicht zugestellt ist? b) wenn es dem August Müller oder auf dessen Veranlassung dem Kläger zugestellt ist und fünf Wochen verflossen sind? c) wenn es an den Anton Müller oder durch ihn an den Kläger vor fünf Wochen zugestellt worden ist? d) Kann der abgewiesene Kläger gegen den Gerichtsvollzieher wegen der unrichtigen Zustellung Ersatzansprüche geltend machen?

351. Kläger hat auf Grund eines mit Anton Müller abgeschlossenen Kaufgeschäfts die Klage gegen August Müller erhoben, weil er infolge einer Personenverwechselung diesen für den Käufer hält. Was ist die Folge, wenn die Klage dem August Müller zugestellt wird, dieser aber, im Bewußtsein nichts schuldig zu sein, im Termin ausbleibt und auch das gegen ihn ergehende und ihm zugestellte Versäumnisurteil in der gesetzlichen Frist nicht anficht? Kann er die Vollstreckung verhindern? Das Vollstreckte wegen ungerechtfertigter Bereicherung herausverlangen? Gegen Anton Müller Regreß nehmen?

II. Die Arten der Klage.

352. Eine Tochter klagt gegen den Vater mit dem Antrag, „denselben zu verurteilen, ihr eine angemessene Aussteuer in Geld zu zahlen, prinzipaliter sogleich, eventualiter nach ihrer Eheschließung mit dem Referendar X.“. Begründung: sie habe sich mit dem genannten Herrn verlobt. Ihr Vater habe nichts gegen die Heirat, um so mehr gegen die Aussteuer einzuwenden. Er beziehe aber ein Jahreseinkommen von 12000 M., habe nur zwei Kinder, keine Schulden. Der Anwalt des Beklagten beantragt Abweisung. Sein Klient sei zur Leistung einer Aussteuer außerstande. Jedenfalls entstehe der Anspruch auf eine solche erst mit der Heirat. Der Hauptantrag sei daher verfrüht, der Nebenantrag unzulässig. Ob die Ehe zustande komme, sei nicht sicher, ebensowenig, wie sich Beklagter alsdann verhalten werde. Überdies sei der Antrag nicht hinreichend bestimmt. Klägerischer Anwalt benennt Zeugen für die Vermögensverhältnisse und die Weigerung des Vaters. a) Wie entscheidet das Gericht, wenn es annimmt, Beklagter sei imstande, die Aussteuer zu leisten, aber dazu nicht gewillt? Wie, wenn es den einen oder anderen Umstand als unerwiesen ansieht? b) Wie wird das zusprechende Urteil vollstreckt? c) Welche Tragweite hat die Rechtskraft eines abweisenden Urteils? d) Hätte auf Feststellung der Aussteuerpflicht des Vaters geklagt werden können? Wäre ein darauf ergangenes obsiegendes Urteil vollstreckbar gewesen?

353. Ein sechsjähriger Knabe gerät unter die Straßenbahn und wird am Bein und am Auge erheblich verletzt. Er klagt, vertreten durch seinen Vater, gegen die Straßenbahngesellschaft wegen verminderter künftiger Erwerbsfähigkeit auf Leistung einer vierteljährlich zahlbaren Rente von 100 M., beginnend mit dem Jahre 1920, in welchem Kläger das achtzehnte Lebensjahr erreichen werde. Beklagte erkennt ihre Schadensersatzpflicht an, hält aber die Klage für unzulässig und (jedenfalls zurzeit) unbegründet; höchstens hätte auf Feststellung geklagt werden können. Entscheidung?

354. Der Inhaber eines Patentes stellt fest, daß ein Fabrikant vor zwei Jahren unbefugterweise die geschützten Apparate hergestellt und in Verkehr gebracht hat. Er klagt gegen diesen auf Verurteilung zum Schadensersatz vorbehaltlich der Ermittelung des Betrages in einem späteren Rechtsstreit. Ist solche Klage zulässig? Kommt es darauf an, ob die Ermittelung der Schadenshöhe umfangreiche Untersuchungen nötig machen würde?

355. Nach Empfang der Ware klagt Käufer unter der Behauptung, dieselbe sei ihm zu spät geliefert worden, auf Verurteilung des Beklagten zum Schadensersatz unter Vorbehalt der Ermittelung des Betrages in einem späteren Verfahren. Zulässig? Wäre anders zu entscheiden, wenn die Ware noch nicht geliefert und der Antrag gleichzeitig auf Lieferung und Schadensersatz wegen Nichterfüllung gerichtet wäre?

356. Der auf Einwerfung der versprochenen Einlage verklagte Gesellschafter erhebt Widerklage: erstens auf Feststellung, daß der Gesellschaftsvertrag, weil vom Kläger betrügerisch erschlichen, nichtig sei; zweitens auf Ersatz des ihm durch den Betrug zugefügten Schadens vorbehaltlich späterer Feststellung seiner Höhe. Ist der zweite Antrag zulässig? Auch wenn er nicht auf denselben Grund wie der erste gestützt wäre, sondern darauf, daß Kläger über ihn kreditschädigende Gerüchte verbreitet hat?

357. Der Villenbesitzer, der von einer benachbarten Fabrik mit Rauch, Lärm und Erschütterung belästigt wird, klagt gegen deren Eigentümer auf Unterlassung künftiger Störungen und auf Schadensersatz für den entstandenen und noch künftig entstehenden Schaden. Ist dieser Antrag zulässig, wenn keine bestimmte Summe genannt wird?

358. In einem notariellen Vertrag hat sich Schuldner der sofortigen Zwangsvollstreckung unterworfen. Hindert dies den Gläubiger, wegen des Anspruchs die Leistungsklage zu erheben? Steht der Umstand einer Feststellungsklage entgegen?

359. Ein Darlehn ist am 1. Oktober 1908 rückzahlbar. Im Januar klagt Gläubiger auf Rückzahlung am genannten Tag. Schuldner wendet ein, Kläger könne ja zur Sicherung seiner Forderung Arrest erwirken. Ist dies beachtlich? Wäre die Klage auch zulässig, wenn Gläubiger den Arrest schon erwirkt hätte?

360. Das Original eines Urteils ist beim Gerichte verloren gegangen. Wie kommt Kläger zu einem Vollstreckungstitel?

361. Der Schuldner stirbt, nachdem er zur Rückzahlung eines Darlehns rechtskräftig verurteilt worden ist. Kann nun der Gläubiger die Klage gegen den Erben des Schuldners wiederholen?

362. Der uneheliche Vater ist vom Kind auf Alimentierung verklagt. Während des Prozesses hat er in der Absicht, die Vollstreckung zu vereiteln, seinen Erbteil auf seinen Bruder übertragen. Für das Kind wird sogleich die Anfechtungsklage erhoben. Darf diese zugesprochen werden, wenn das Alimentenurteil erst nach Erhebung der Anfechtungsklage ergeht oder rechtskräftig wird? — Angenommen, es wäre schon früher ergangen: kann die Anfechtung auch zugunsten von Alimentenraten erweitert werden, die erst während des Anfechtungsprozesses fällig geworden sind?

363. Ein Darlehn ist zwei Monate nach Kündigung rückzahlbar. Der Darlehnsgeber hat bereits einen Monat nach Kündigung geklagt. Dringt er durch, wenn bis zur mündlichen Verhandlung ein weiterer Monat vergeht? Könnte er, wenn der Termin früher stattfand, gegen den Widerspruch des Beklagten Vertagung bis zum Ablauf der genannten Frist erwirken? Hat Kläger ein anderes Mittel, die Klageabweisung zu verhindern?

364. Käufer hat wegen Mangels der Ware Klage auf Wandlung und Rückzahlung des Kaufpreises erhoben. Beklagter hält den zweiten Antrag für verfrüht. Richtig?

365. Ein Mündel hat nach erreichter Volljährigkeit den Vormund verklagt: 1. auf Ablegung der Vormundschaftsrechnung; 2. auf Leistung des Offenbarungseides; 3. auf Herausgabe der dem Kläger hiernach zukommenden Beträge und Gegenstände. Ist der Antrag hinreichend bestimmt? Darf der Beklagte gleichzeitig verurteilt werden zur Rechnungslegung, zum Offenbarungseid und zur Herausgabe des danach Geschuldeten vorbehaltlich der Ermittelung des Betrages in einem späteren Prozesse? Oder wie wird verfahren? Welche Folge hat es, wenn im ersten Termin der Beklagte ausbleibt?

366. Nach dem Verlagsvertrag soll der Reingewinn eines Werkes zwischen Verleger und Autor geteilt werden. Der letztere verklagt den Verleger: erstens auf Rechnungslegung, zweitens auf Zahlung des dem Kläger hiernach gebührenden Gewinnanteils. Das Urteil lautet: „Der Beklagte wird zur Rechnungslegung verurteilt. Es wird festgestellt, daß derselbe dem Kläger den aus richtiger Rechnung sich ergebenden Gewinnanteil zur Hälfte zahlen muß. Über die Höhe soll weiter verhandelt werden.“ Zulässig? Inwieweit kann dieses Urteil mit der Berufung angegriffen werden?

367. Ein Sohn wird von seiner Mutter verklagt: a) auf Auskunft über seine Vermögensverhältnisse, b) auf Zahlung einer danach bemessenen Unterhaltsrente an die Klägerin. Wie ist zu entscheiden? Macht es einen Unterschied, ob Beklagter verhandelt oder säumig ist?

368. Der geschäftsführende Gesellschafter hat dem andern Rechnung gelegt. Dieser verklagt ihn unter der Behauptung, die Rechnung sei teils unvollständig, teils unrichtig: erstens auf Ablegung einer ordnungsmäßigen Rechnung; zweitens auf Herausgabe des dem Kläger gebührenden Gewinnanteils. Das Gericht erster Instanz weist beide Anträge ab, weil es die schon vorgelegte Rechnung für genügend hält. Ist dies prozessual zulässig? Auf Berufung des Klägers hat das Oberlandesgericht, vom entgegengesetzten Standpunkt ausgehend, den Beklagten zur Rechnungslegung verurteilt und die Sache behufs Verhandlung über die Höhe des Gewinnanteils in die erste Instanz zurückverwiesen. Zulässig?

369. Ein Geschäftsführer ist vom Geschäftsherrn verklagt: 1. auf Rechnungslegung; 2. auf Offenbarungseid; 3. auf Herausgabe der für den Kläger eingenommenen Summen. Nachdem er, zu 1 und 2 rechtskräftig verurteilt, eine Rechnung vorgelegt und beschworen hat, wird Termin zur Verhandlung über die Höhe angesetzt. Was geschieht, wenn in diesem Kläger ausbleibt?

370. Darlehnsnehmer wird im Januar darauf verklagt, das laut Schuldschein am 1. April fällige Darlehn an diesem Tage zurückzuzahlen. Er beantragt Abweisung: erstens weil seine Leistungspflicht von einer Gegenleistung abhänge, nämlich von der Rückgabe des Schuldscheins; zweitens weil er seine Schuld nie bestritten habe und freiwillig bezahlen werde. a) Greifen die Einwände durch? b) Wer trägt die Kosten, wenn die zweite Behauptung des Beklagten sich als richtig erweist? c) Angenommen, das Darlehn war bisher unverzinslich: hat der Beklagte von Klagezustellung an Zinsen zu zahlen?

371. Laut schriftlichem Kaufvertrag ist der Preis am 1. Oktober zahlbar. Im Juli klagt der Käufer auf Verurteilung des Beklagten, am 1. Oktober den Preis zu zahlen. Beklagter wendet ein, die Klage sei verfrüht, da die Ware noch nicht geliefert sei. a) Hat Verurteilung zu erfolgen, wenn Kläger nunmehr während des Prozesses die Ware liefert? b) Unter welcher Voraussetzung erfolgt sie sogar ohne Leistung des Verkäufers?

372. Auf Grund rechtzeitiger Kündigung ist im März der Mieter darauf verklagt, die Wohnung am 1. April zu verlassen. Am 30. März findet die mündliche Verhandlung statt. Wie hat das am 6. April ergehende Urteil zu lauten?

373. Der im voraus auf Rückgabe verklagte Mieter einer beweglichen Sache macht gegen den klagenden Eigentümer verschiedene Gegenansprüche aus Verwendungen auf die Mietsache geltend. Kann er verurteilt werden, falls er diese beweist? Wie, wenn eine Immobilie in Frage stände?

374. Im Mai wird Mieter darauf verklagt, den am 1. Juli fälligen Mietzins an diesem Tage zu zahlen. Erfolgt sofortige Verurteilung schlechthin? Oder unter welcher Voraussetzung?

375. Ein Pachtverhältnis soll am 1. Oktober 1908 beginnen. Pächter glaubt befürchten zu müssen, daß ihm Verpächter das Gut an diesem Tage nicht herausgeben werde. Er klagt daher schon im Juni auf Verurteilung des Beklagten, ihm zum festgesetzten Tag den Besitz des Gutes einzuräumen. Was muß er beweisen, um durchzudringen?

376. Die zweite Rate des vierteljährlich im voraus zahlbaren Mietzinses ist nicht gezahlt worden. Darf der Vermieter klagen: 1. auf sofortige Zahlung der fälligen Rate? 2. auf Zahlung der künftigen Raten jeweils nach ihrer Fälligkeit?

377. Der älteste Sohn hat das väterliche Gut mit der Verpflichtung übernommen, den beiden anderen Geschwistern eine vierteljährlich zahlbare Abfindungsrente zu zahlen. Bevor die erste Rate fällig wird, erklärt er, die Renten wegen Unwirksamkeit des Gutsübernahmevertrags nicht zahlen zu wollen. Kann er schon jetzt auf Zahlung der Renten jeweils nach Fälligkeit verklagt und verurteilt werden?

378. Ein Lehrling, einziger Sohn einer sechzigjährigen Wäscherin, ist durch Schuld eines Automobilbesitzers überfahren und getötet worden. Die Mutter klagt gegen diesen auf

Entschädigung, und zwar in erster Linie durch Zahlung eines Kapitals von 8000 M., eventuell einer Jahresrente von 400 M. Begründung: Klägerin werde demnächst arbeitsunfähig sein. Der Sohn hätte in zwei Jahren als Geselle seine 600 M. jährlich verdient und die Mutter kraft gesetzlicher Pflicht unterhalten. Das Gericht weist die Klage ab, weil jedenfalls zurzeit ein Schade noch nicht entstanden sei. Richtig?

379. Von zwei Brüdern hat der eine ein Darlehn genommen. Im schriftlichen Vertrag ist bestimmt, daß der Darlehnsnehmer, falls er das geplante Haus errichte, dem Gläubiger daran eine Hypothek bestellen, daß aber im entgegengesetzten Falle sein mitunterzeichnender Bruder sich verbürgen werde. Nun verklagt der Darlehnsgeber die beiden Brüder, und zwar den ersten auf Hypothekenbestellung, den zweiten für den Fall, daß diese unterbliebe, auf schriftliche Verbürgung. Kann der zweite Bruder verurteilt werden? Bejahenden Falles, wie wird das Urteil vollstreckt?

380. Käufer hat beim Beklagten 1000 Tonnen Kohlen bestellt, jeweils auf Abruf lieferbar, spätestens bis zum 1. Januar 1909. Nachdem er 100 Tonnen bezogen, ruft er nicht mehr ab. Im Jahre 1909 hat er wiederholte Anfragen des Verkäufers, ob er den Rest beziehen wolle, ohne Antwort gelassen, auch die schon bezogenen Kohlen nicht gezahlt. Kann er nun auf Zahlung der erhaltenen Kohlen und auf Zahlung der künftig zu beziehenden gegen Empfang Zug um Zug schon jetzt verklagt und verurteilt werden?

381. Eine Stadtgemeinde hat von einem Lieferanten Waren bezogen, zahlbar am 1. April 1909. Sie hat dieselben im Januar 1908 dem Verkäufer wegen angeblicher Mängel zur Verfügung gestellt, und erklärt, sie werde nicht zahlen. Der Lieferant klagt nun sogleich auf Zahlung am 1. April 1909. Beklagte läßt vortragen, die Klage sei unbegründet, jedenfalls verfrüht. Dem Kläger hätte allenfalls die Feststellungsklage genügt, da die Stadt für den Fall ihres Unterliegens natürlich freiwillig zahlen würde. Entscheidung?

382. Verpächter behauptet, das Pachtverhältnis sei rechtzeitig auf den 1. Oktober 1910 gekündigt. Pächter bestreitet dies und erklärt, er werde an diesem Tage das Gut nicht räumen. Verpächter verklagt ihn auf Feststellung, daß das Pachtverhältnis am genannten Tag erlösche. Beklagter bestreitet das rechtliche Interesse, weil schon jetzt Räumungsklage erhoben werde könne. Wäre solche Klage möglich? Ist der Einwand begründet?

383. Der Kaufpreis für eine gelieferte Ware ist am 10. Mai 1910 zahlbar. Schon 1909 klagt Verkäufer auf Zahlung an jenem Tage. Beklagter behauptet, die Klage sei verfrüht; die Schuld bestehe, werde auch pünktlich gezahlt werden. Kläger erwidert, der Beklagte befinde sich in schlechten Vermögensverhältnissen, fast täglich fänden bei ihm Pfändungen statt. Wie ist zu entscheiden, wenn letzteres richtig ist?

384. Jemand hat einem anderen in Erwartung eines von diesem erbetenen Darlehns bereits einen Schuldschein ausgehändigt. Kurze Zeit darauf teilt ihm der andere mit, er könne das Darlehen nicht geben und habe den Schuldschein demgemäß vernichtet. Kann der Kreditsucher klagen auf Rückgabe des Schuldscheins? Oder auf Feststellung, daß er nichts schuldet? Oder auf Abgabe eines öffentlich beglaubigten Bekenntnisses, daß die Schuld nicht bestehe (BGB. § 371)?

385. Um welche Arten von Klage handelt es sich in folgenden Fällen:

a) Ein Gläubiger der Frau klagt gegen den Ehemann auf Duldung der Zwangsvollstreckung in das Gesamtgut?

b) Der Gläubiger des X. läßt eine von diesem an den Y. zedierte Forderung pfänden, als stünde sie dem X. noch zu. Y. klagt gegen den Gläubiger auf Aufhebung der Pfändung?

c) Der Eigentümer klagt gegen einen befriedigten Hypothekargläubiger auf Berichtigung des Grundbuchs?

d) Zwei Gläubiger desselben Schuldners haben dessen Möbel gepfändet. Einer von ihnen, der im Verteilungsplan an zweiter Stelle steht, klagt auf dessen Berichtigung gegen den andern (ZPO. § 878)?

e) Der Konkursgläubiger klagt gegen den Konkursverwalter, der seine angemeldete Forderung bestritten hatte, auf Unterlassung des Widerspruchs (KO. § 146)?

f) Der Inhaber der Firma Stroh u. Cie. klagt gegen einen anderen, der die gleiche Firma hat eintragen lassen, auf Löschung derselben?

g) Der Käufer klagt auf Anfechtung des Vertrages wegen Betruges? Oder ein Verwandter des Erblassers auf Anfechtung des Testamentes wegen Irrtums? Oder der Konkursverwalter auf Anfechtung einer vom Gemeinschuldner vorgenommenen Schenkung? Oder die Ehefrau auf Anfechtung der Ehe wegen Irrtums?

h) Die offene Handelsgesellschaft klagt gegen ein Mitglied auf Ausschluß wegen grober Pflichtverletzung? Oder ein rechtsfähiger Verein erhebt die entsprechende Klage gegen ein Mitglied?

i) Jemand, dessen Sohn durch einen Dritten getötet wurde, klagt gegen letzteren mit dem Antrag, ihn für schuldig zu erklären, dem Kläger vom Zeitpunkt der Erwerbsunfähigkeit ab Unterhalt zu gewähren (BGB. § 844)?

k) Zwei zu Unrecht ausgeschlossene Mitglieder klagen gegen den Verein auf Anerkennung ihrer Zugehörigkeit?

l) Ein Nachbar klagt auf Feststellung, daß er ein Recht auf Aussicht nach dem Nachbargrundstück habe, und daß der Beklagte dieses Recht nicht stören dürfe, außerdem auf Unterlassung künftiger Störungen?

m) Ein Aktionär klagt auf Erklärung eines Generalversammlungsbeschlusses für nichtig? Oder das Mitglied eines rechtsfähigen Vereins erhebt die entsprechende Klage bezüglich eines Beschlusses der Mitgliederversammlung?

n) Ein Dienstmädchen klagt gegen den Stellenvermittler auf Herabsetzung des vereinbarten Makellohnes?

o) Der Gläubiger, der in Wien ein rechtskräftiges Urteil gegen seinen deutschen Schuldner erwirkt hat, klagt in Deutschland auf Erklärung dieses Urteils für vollstreckbar?

p) Der Unterhaltspflichtige verlangt, daß ihm die Gewährung des Unterhaltes in Natur gestattet werde (BGB. § 1612)?

q) Der Erbe wird auf Erklärung der Erbunwürdigkeit verklagt?

r) Der eine Miteigentümer eines großen Parkes klagt gegen den anderen auf Zustimmung zur Aufhebung der Gemeinschaft in der gesetzlichen Weise?

s) Der Zedent klagt gegen den Zessionar auf Anerkennung, daß die Zession ungültig ist?

386. Durch schwindelhafte Vorspiegelungen einer Ehefrau wird jemand veranlaßt, dem Ehemann derselben Zuwendungen zu machen. Kann er die Klage auf Anfechtung dieser Zuwendungen gegen beide Gatten erheben?

387. Kann die Ehefrau auf Feststellung eines zu ihrem eingebrachten Gut gehörenden Rechtes klagen? Kann der Ehemann diese Klage gegen einen Dritten erheben?

388. Gegenüber der Klage auf Feststellung einer Forderung hat der Beklagte die Verjährungseinrede erhoben, was Kläger für unzulässig hält. Mit Recht? Wie stünde es mit der Einrede der Stundung? Oder der Zurückbehaltung? Oder der Vorausklage? Oder des nichterfüllten Vertrages? Oder der Aufrechnung?

389. Kann der Feststellungsklage eines Nachlaßgläubigers die Einrede des erschöpften Nachlasses entgegengehalten werden?

390. Ein Grundeigentümer klagt gegen einen Fabrikanten auf Feststellung, daß dessen Anlagen das klägerische Wasserbezugsrecht beeinträchtigen. Kann der Beklagte einwenden, daß er gemäß § 26 der Gewerbeordnung zur Einstellung des Betriebes nicht angehalten werden könne?

391. Gestützt auf einen mündlichen Kaufvertrag klagt Käufer auf Feststellung, daß Beklagter verpflichtet sei, ihm ein Haus aufzulassen. Darf das Gericht auf Grund Anerkenntnisses des Beklagten Feststellungsurteil erlassen, wenn aus der Verhandlung hervorgeht, daß nach der Absicht der Parteien das Urteil lediglich den notariellen Vertrag ersetzen soll?

392. Jemand klagt gegen eine Behörde auf Feststellung, daß eine Maßregel derselben sein Privateigentum in unzulässiger Weise beeinträchtige. Als ihm die Unzulässigkeit des Rechtswegs eingewendet wird, entgegnet er, er wolle gar nicht die behördliche Maßregel beseitigt wissen, sondern nur den

Eingriff in sein Privatrecht festgestellt wissen, um eine Grundlage für die spätere Entschädigungsklage zu bekommen. Zulässig?

393. Jemand, der eine erhebliche höhere Schuld bis auf 500 M. gezahlt zu haben behauptet, klagt gegen den, einen höheren Betrag beanspruchenden Gläubiger auf Feststellung, daß er nicht mehr als 500 M. schuldig sei. Ist die ganze Klage abzuweisen, wenn sich herausstellt, daß er tatsächlich noch 550 M. schuldet.

394. Jemand, auf dessen Namen eine Hypothek eingetragen ist, klagt gegen den Erwerber des Grundstücks, als dieser Hypothekenfreiheit behauptet, auf Feststellung der Hypothek. Ist diese Klage zulässig? Ist sie ihrem Wesen nach identisch mit der Klage des Hypothekengläubigers auf Duldung seiner Befriedigung aus dem Grundstück?

395. Der Verpächter hat das auf drei Jahre abgeschlossene Pachtverhältnis bereits im zweiten Jahr wegen angeblichen Mißbrauchs durch den Pächter gekündigt. Dieser widersetzt sich der Herausgabe und wird hierauf verklagt. Während der Berufungsinstanz laufen die drei Jahre ab, worauf er die Sache herausgibt. Als Kläger nun seinen Antrag auf Feststellung richtet, daß die vorzeitige Kündigung gültig gewesen sei, rügt Beklagter Unzulässigkeit der Klagänderung, Unzulässigkeit der Feststellungsklage, unrichtige Formulierung derselben und mangelndes Interesse an ihrer Erhebung. Entscheidung?

396. Um die Verjährung einer noch nicht fälligen, vom Beklagten bestrittenen Forderung zu unterbrechen, klagt Gläubiger auf Feststellung derselben. Als während des Prozesses die Fälligkeit eintritt, rügt Beklagter die Unzulässigkeit der Feststellungsklage, weil Kläger nunmehr zur Leistungsklage übergehen könne, was dieser für unmöglich hält. Entscheidung?

397. Ein Kaufmann hat in einem Zirkular bestimmte Tatsachen behauptet, die geeignet sind, den Kredit eines Konkurrenten zu gefährden. Kann dieser auf Feststellung klagen, daß der Beklagte zur Verbreitung solcher unrichtiger Tatsachen nicht befugt sei?

398. Ein Arbeiter, der bei einem Betriebsunfall verletzt worden ist, wird später schwindsüchtig. Unter der Behauptung, dies sei die unmittelbare Folge des Unfalls, verlangt er die Rente für volle Erwerbsunfähigkeit. Kann er auf Feststellung jener Tatsache klagen, wenn die Genossenschaft die Zahlung verweigert?

399. Ein Patentinhaber hat die Verwertung seiner Erfindung für ein bestimmtes Gebiet einem andern durch Lizenzvertrag überlassen. Als er später die Erfindung selbst in der Gegend X. vertreibt, droht ihm der Lizenzträger Schadensersatzansprüche an. Kann nun der Patentinhaber auf Feststellung klagen, daß X. nicht zum Lizenzgebiet des Beklagten gehöre?

400. Bei Berechnung des Pflichtteils will Erbe ein Haus des Nachlasses mit 100000 M. ansetzen. Kann der Pflichtteilsberechtigte auf Feststellung klagen, das Haus habe einen doppelten Wert?

401. Kann der Darlehnsgläubiger, dessen Kündigung der Schuldner für ungültig erklärte, auf Feststellung klagen, die Darlehnsschuld sei am 1. Januar 1909 fällig?

402. Ist Feststellungsklage in folgenden Fällen zulässig:

a) Jemand klagt gegen eine Dame, die sich für seine Braut ausgibt, auf Feststellung, daß er mit ihr nicht verlobt sei?

b) Der Bürger, dem als angeblichem Ausländer von der Behörde das Wahlrecht versagt wird, klagt auf Feststellung seiner Staatsangehörigkeit?

c) Jemand, dem seine Familie Entmündigung androht, klagt auf Feststellung seiner Geistesgesundheit?

d) Der Verkäufer eines Gemäldes, welches der Käufer für unecht erklärt, klagt auf Feststellung der Echtheit?

e) Jemand klagt auf Feststellung seines Eigentums an Möbeln, die ein noch lebender Verwandter einem Dritten vermachen will?

f) Ein Kaufmann klagt auf Feststellung, daß die von ihm bestellten Fische völlig verdorben angekommen seien?

g) Der frühere Angehörige eines Korps, dessen Vorstand das Gerücht verbreitet, er sei wegen ehrenrührigen Verhaltens ausgeschlossen worden, klagt auf Feststellung, daß er freiwillig ausgetreten sei?

h) Der Ehemann klagt gegen die Frau auf Feststellung, daß ihr die Schlüsselgewalt nicht zustehe?

i) Streitig ist, ob eine Dame zu den „reiferen Hausangehörigen" im Sinne einer Familienstiftung gehört; sie klagt auf Feststellung dieser Reife?

k) Geklagt wird auf Feststellung, daß ein Afrikaforscher, der verschollen ist, vor 1904 verstorben ist?

l) Der in einem Testament eingesetzte Erbe klagt auf Feststellung seiner Gültigkeit, weil ein anderer behauptet, es sei durch eine spätere letztwillige Verfügung aufgehoben?

m) Der Schuldner klagt unter der Behauptung, die Forderung sei verjährt, auf Feststellung ihrer Nichtexistenz? Oder ihrer Verjährung? Oder auf Feststellung, daß Gläubiger zu ihrer Geltendmachung nicht befugt sei?

n) Ein Gelehrter klagt auf Feststellung der Echtheit gewisser Briefe, aus denen er weitgehende historische Schlüsse gezogen hat, die aber von der Kritik für unecht erklärt werden?

403. Eine Knappschaftskasse gewährt ihren Mitgliedern Pensionsberechtigung nach dem älteren Statut schon auf Grund zehnjähriger Zugehörigkeit, nach dem neuen erst auf Grund fünfzehnjähriger. Kann ein Arbeiter im Streitfall auf Feststellung klagen, daß er unter das alte Statut falle?

404. Streitig ist, ob das Pflichtteilsrecht bezüglich eines im Ausland eröffneten Nachlasses nach dortigem oder deutschem Rechte zu behandeln sei. Kann auf Feststellung dieser Frage geklagt werden?

405. A. hat dem B. eine Forderung gegen X. zediert. Später wird streitig, ob die Zession gültig ist oder nicht. a) Kann A. gegen B. auf Feststellung der Ungültigkeit klagen? Oder B. gegen A. auf Feststellung der Gültigkeit? b) Kann X. gegen A. die letztere Klage erheben? Wie formuliert er seinen Antrag? c) Kann B. gegen X. auf Feststellung der Gültigkeit der Zession klagen? d) Angenommen, A. hätte dieselbe Forderung an B. und an C. abgetreten, die Zeitfolge beider Zessionen aber wäre ungewiß: kann von B. gegen C.

oder von diesem gegen jenen auf Feststellung geklagt werden, daß die Forderung dem Kläger zusteht?

406. Der Gläubiger eines nicht mehr im Dienst befindlichen Privatbeamten hat dessen angebliche Pensionsforderung gegen den früheren Prinzipal wegen einer Forderung pfänden lassen. Kann nun der Prinzipal gegen den Gläubiger auf Feststellung klagen, daß dem Privatbeamten eine Pensionsforderung überhaupt nicht zusteht?

407. Der Mann, der mit seiner Frau in Fahrnisgemeinschaft lebt, hat ein Gemälde, welches seiner Frau bei Eheabschluß gehörte, dem X. verkauft und übergeben. Als diesem der Handel leid wird, behauptet er, der Kaufvertrag sei wegen mangelnder Genehmigung der Ehefrau ungültig, die Ehegatten lebten nämlich im gesetzlichen Güterstande, weil ihr Ehevertrag ungültig sei. Kann er auf Feststellung dieser Ungültigkeit klagen? Könnte er auf Feststellung der Nichtigkeit der Ehe selbst klagen?

408. Jemand hat mit dem vermeintlichen Prokuristen der Firma X. einen Vertrag geschlossen. Wenn die Firma behauptet, daß der Betreffende nicht mehr Prokurist sei: kann der Vertragsgegner sie auf Feststellung der Prokura verklagen?

409. Jemand hat die Forderung seines Schuldners mit Arrest belegen lassen. Ein Dritter behauptet, die Forderung schon vorher durch Zession erworben zu haben. Kann der Arrestgläubiger gegen den Dritten auf Feststellung klagen, daß die Zession simuliert sei?

410. Kann der an zweiter Stelle gebuchte Hypothekargläubiger gegen den an erster Stelle eingetragenen Inhaber einer Darlehnshypothek auf Feststellung klagen, daß derselbe keine gültige Hypothek erworben habe? Wäre ebenso zu entscheiden, wenn es sich um Mobiliarpfandrechte handelte?

411. Mehrere Arbeiter verunglücken durch Entgleisung eines Arbeiterzuges. Noch bevor sie die Unfallversicherungsgenossenschaft, zu welcher sie gehören, in Anspruch nehmen, klagt diese gegen den Eisenbahnfiskus auf Feststellung, daß er verpflichtet sei, ihr die Aufwendungen zu ersetzen, die sie aus Anlaß des Unfalles werde machen müssen. Zulässig?

412. Eine Stadtgemeinde beabsichtigt, das Niveau einer Straße um einige Meter zu erhöhen. Als einige Anlieger für den Fall der Ausführung mit Entschädigungsansprüchen drohen, klagt die Stadt gegen die betreffenden Eigentümer auf Feststellung, daß sie ihnen im Falle der Arbeiten nicht zum Schadensersatz verpflichtet sein werde. Zulässig?

413. Kann jemand gegen die Postverwaltung auf Feststellung klagen, daß dieselbe verpflichtet sei, ihm die unter seinem Namen einlaufenden Briefe einzuhändigen?

414. Der für einen noch ungeborenen Nacherben bestellte Pfleger klagt gegen den Vorerben, der die Einsetzung des Nacherben für ungültig erklärt, auf Feststellung ihrer Gültigkeit. Zulässig?

415. X. hat den vermeintlichen Hund seines abwesenden Freundes gefüttert. Als der Freund erklärt, zur Zeit dieser Fütterung nicht mehr Eigentümer gewesen zu sein, klagt X. auf Feststellung des Eigentums zur fraglichen Zeit. Zulässig?

416. Zwischen zwei Gesellschaftern bestehen zahlreiche Streitpunkte. Einer klagt gegen den andern auf Feststellung: a) daß Kläger berechtigt sei, am 1. April 1909 auszutreten; b) daß Beklagter zur Aufnahme von Darlehen für die Gesellschaft nicht befugt sei; c) daß die vom Kläger eingezahlten Beträge als Darlehen und nicht als Einlage aufzufassen seien; d) daß Kläger im Falle der Auflösung der Gesellschaft bestimmte (näher bezeichnete) Grundstücke herausverlangen dürfe. Sind diese Anträge zulässig und richtig formuliert?

417. Streitig ist, ob ein Mietvertrag auf zehn Jahre (wie der Eigentümer behauptet) oder bloß auf drei Jahre, wie der Mieter geltend macht, abgeschlossen worden ist. Im zweiten Jahre klagt nun der Eigentümer gegen den Mieter auf Feststellung, daß dieser vor Ablauf der zehn Jahre zur Kündigung nicht berechtigt sei. Zulässig?

418. Zwei Fabrikanten streiten darum, ob der eine durch Herstellung bestimmter Maschinen in das Patentrecht des andern eingreife oder nicht. a) Kann hier Patentinhaber auf Feststellung klagen, daß Beklagter zur Herstellung der Maschinen nicht befugt ist? Kann dieser die umgekehrte Feststellungswiderklage erheben? b) Macht es einen Unterschied, ob Beklagter Maschinen der betreffenden Art bereits herstellt oder Anstalten dazu getroffen hat oder sich nur gerühmt hat, er sei dazu berechtigt? c) Ist es gleichgültig, ob es sich um ein deutsches oder amerikanisches Patent handelt? d) Ist die Klage richtig formuliert, wenn sie auf Feststellung lautet, das vom Beklagten hergestellte Fabrikat sei nach Wirkung und Wesen identisch mit demjenigen des klägerischen Patentes Nr. 19235? e) Könnte sie auf die Feststellung beschränkt werden, daß Beklagter das Patentrecht des Klägers wissentlich verletzt habe?

419. Das Mitglied einer Pensionskasse hat gegen dieselbe auf Feststellung geklagt, daß nach dem Tode des Klägers seine Ehefrau (näher bezeichnete) Ansprüche gegen die Beklagte haben werde. Diese wendet ein, das Interesse des Klägers sei ein bloß wirtschaftliches, bestehe auch nicht an alsbaldiger Feststellung und betreffe nicht ein eigenes Rechtsverhältnis. Richtig?

420. Zwei Konkurrenten haben eine Abmachung dahin getroffen, daß der eine von ihnen, X., sich weder direkt noch indirekt an einem mit dem anderen konkurrierenden Unternehmen in Deutschland beteiligen dürfe. Als später die Tragweite dieser Bestimmung streitig wird, klagt X. auf Feststellung, daß er als Angestellter in einem deutschen Geschäfte der betreffenden Branche tätig sein dürfe. Zulässig?

421. X. in Metz hat eine am 1. Januar 1909 fällige Darlehnsforderung gegen Y. in Straßburg. Im Juli 1908 klagt er beim Landgerichte Metz auf Feststellung der Forderung. Beklagter bestreitet das rechtliche Interesse, macht später auch noch Unzuständigkeit geltend, weil die Schuld in Straßburg zu erfüllen sei? Kann das Gericht die Feststellungsklage aus beiden Gründen abweisen? Oder nur aus einem und aus welchem? Wie wäre es, wenn die Einwendungen des Beklagten in umgekehrter Reihenfolge erhoben worden wären?

422. Jemand, der eine fällige Forderung von 500 M. behauptet, hat auf Feststellung derselben geklagt. a) Darf das Gericht die Klage zusprechen, wenn der Beklagte säumig ist? b) Darf es, wenn der Beklagte erscheint und bestreitet, bezüglich der Existenz der Forderung Zeugen vernehmen? c) Darf es, wenn die Forderung nicht bewiesen wird, die Klage als unbegründet abweisen? d) Darf es sie als unzulässig und unbegründet abweisen?

423. Ein rechtsfähiger Verein hat die nach Landesrecht nötige staatliche Ermächtigung zur Annahme einer ihm zugefallenen Erbschaft aus dem Grunde nicht erhalten, weil der gesetzliche Erbe Ungültigkeit des Testamentes behauptet. Kann nun der Verein gegen diesen auf Feststellung klagen, daß die Erbeinsetzung gültig sei?

424. Die auf Feststellung eines Vorkaufsrechts lautende Klage wird abgewiesen, weil nicht ersichtlich sei, daß der Vorkaufsfall eingetreten sei. Ist diese Begründung richtig?

425. Mieter ist nicht eingezogen, weil er behauptet, der auf den 1. April beabsichtigte Mietvertrag sei mangels einer Willenseinigung nicht zustande gekommen. Eigentümer klagt nun im Juli auf Feststellung, daß seit dem genannten Tag ein gültiges Mietverhältnis bestehe. Beklagter meint, angesichts der möglichen Klage auf den Mietzins fehle das rechtliche Interesse. Richtig?

426. Ein Mieter, dem eine Mansarde durch den Vermieter entzogen worden ist, klagt gegen diesen auf Feststellung, daß Kläger zur sofortigen Kündigung befugt sei. Ein Richter will die Klage zusprechen, ein zweiter hält sie für unzulässig, weil sogleich auf Einräumung der Mansarde geklagt werden könne, ein dritter, weil das Kündigungsrecht kein Rechtsverhältnis sei. Wer hat recht?

427. Gegen einen Bürger ist wegen Nichtzahlung gewisser Steuern ein Strafverfahren eingeleitet. Er klagt gegen die Steuerverwaltung auf Feststellung, daß er zur Zahlung nicht verpflichtet sei (Zulässigkeit des Rechtswegs soll angenommen werden). Beklagter macht geltend, das Interesse des Klägers sei kein privatrechtliches, sondern höchstens ein strafrechtliches. Ist dies ausschlaggebend? Wie, wenn die Steuerverwaltung zwar nicht ein Strafverfahren, aber das Verwaltungszwangsverfahren eingeleitet hätte?

428. Eine Lehrerin, die wegen ihrer bevorstehenden Heirat entlassen wird, klagt, weil die Kündigung grundlos sei, auf Feststellung, daß ihr für die Zukunft der Anspruch auf Gehaltszahlung verbleibe. Zulässig?

429. Der Grundeigentümer klagt gegen seinen Nachbarn auf Feststellung, daß diesem das beanspruchte und tatsächlich ausgeübte Weiderecht am klägerischen Grundstück nicht zustehe. Beklagter bestreitet das rechtliche Interesse, weil Kläger jederzeit auf Unterlassung klagen könne. Richtig?

430. Jemand klagt gegen einen Mühlenbesitzer auf Feststellung, daß dieser nicht berechtigt sei, dem Kläger in weiterem Maße, als bisher geschehen, das Wasser eines Baches zu entziehen. Das rechtliche Interesse begründet er, abgesehen von der Rechtsberühmung des Beklagten, einerseits damit, daß bei längerem Zuwarten der Beweis erschwert würde, andererseits damit, daß gegenüber der an sich möglichen Leistungsklage die gegenwärtige weniger kostspielig sei. Genügt diese Begründung?

431. Der vom Stellenvermittler auf Zahlung des ausbedungenen Makellohnes verklagte Handlungsgehilfe erkennt den Anspruch in halber Höhe an. Im übrigen erklärt er die ausgemachte Summe für ungebührlich hoch und erhebt auf ihre Herabsetzung Widerklage. a) Ist diese zulässig? b) Wie entscheidet das Gericht, wenn es den Einwand des Beklagten für zutreffend hält? c) Wie wäre es, wenn Beklagter nur beantragt hätte, die Klage abzuweisen, soweit sie den anerkannten Betrag überschreitet?

432. Ein Mitglied des rechtsfähigen Vereines wird gemäß Beschluß der Mitgliederversammlung auf eine Zahlung an den Verein verklagt. Darf auf seinen einfachen Antrag hin die Klage abgewiesen werden, wenn sich herausstellt, daß der Beschluß wegen mangelhafter Ladung der Mitglieder zur Versammlung ungültig ist? Wäre ebenso zu entscheiden, wenn es sich um eine Aktiengesellschaft handelte?

433. Auf Klage eines Mitglieds gegen die offene Handelsgesellschaft ist festgestellt worden, daß Kläger zur Vertretung derselben berechtigt ist. Die Gesellschaft legt Berufung ein und beantragt in zweiter Instanz außer Abweisung der Klage Ausschluß des Klägers aus der Gesellschaft. Dieser erklärt die Widerklage für unzulässig. Mit Recht?

434. Der kaufmännische Angestellte, der für den Fall des Eintritts in ein Konkurrenzgeschäft eine Vertragsstrafe von 8000 M. versprochen hat, klagt, als der Fall sich ereignet, unter der Behauptung, die Vertragsstrafe sei übermäßig hoch, gegen den früheren Prinzipal auf Erlaß eines Betrages von 7000 M. Ist dies richtig formuliert? Wäre richtiger die Fassung: „.... auf Feststellung, daß Kläger nur 1000 M. schuldig sei"?

III. Die Änderung der Klage.

435. Jemand hat für gelieferte Arbeiten einen bestimmten Betrag eingeklagt unter der Behauptung, derselbe sei vereinbart worden. Als dies von Zeugen widerlegt wird, macht Kläger geltend, die verlangte Summe sei eine angemessene. Klagänderung? Wäre ebenso zu entscheiden, wenn zugleich die Klagesumme verändert würde?

436. Eingeklagt sind 800 M. „aus barem Darlehn". Ist es eine unzulässige Klagänderung, wenn Kläger gegenüber der Bestreitung des baren Darlehns durch den Beklagten näher ausführt:

a) Er habe eine Sache dem Beklagten mit der Vereinbarung übergeben, er solle sie veräußern und den Erlös als Darlehn behalten?

b) Er habe dem Beklagten eine Sache verkauft und den Preis kreditiert?

c) Er habe gegen den Beklagten eine Forderung aus Gesellschaftsvertrag, habe aber nachträglich ausgemacht, die Summe solle als Darlehn stehen bleiben?

d) Er habe beim Beklagten einen Wechsel für 1600 M. diskontiert, ihm aber hierbei 800 M. darlehnsweise überlassen?

437. Jemand hat von einer aus drei Mitgliedern bestehenden Gesellschaft eine Ware gekauft und mit 3000 M. im voraus bezahlt. Als die Ware vor Lieferung zufällig untergeht, verklagt er einen Gesellschafter auf Rückzahlung seines Teiles mit 1000 M. Später erhöht er seinen Antrag auf 3000 M., weil eine offene Handelsgesellschaft vorliege, Beklagter mithin aufs ganze hafte. Unzulässige Klagänderung?

438. Jemand, der auf Rückgabe eines ihm gezahlten Darlehns verklagt wird, wendet ein, er habe das Geld, wie dem Kläger bekannt gewesen, als geschäftführendes Mitglied einer offenen Handelsgesellschaft aufgenommen. Ist es eine unzulässige Klagänderung, wenn Kläger seinen Antrag aufrecht erhält? — Wie, wenn umgekehrt jemand Verurteilung zur Darlehnsrückgabe zunächst im eigenen Namen, dann als geschäftsführendes Mitglied einer offenen Handelsgesellschaft für diese beantragt?

439. Kläger hatte beim Beklagten Kohle gelagert, die dort abbrennt. Er klagt auf Schadensersatz, weil Beklagter bei der Verwahrung nicht die erforderliche Sorgfalt beobachtet habe. Als nun Sachverständige bekunden, die Kohle sei durch Selbstentzündung in Brand geraten, weil sie bereits bei Einlegung feucht war, erklärt es Kläger für ein Verschulden, daß Beklagter die Kohle, obgleich er wissen mußte, daß sie nicht lagerfähig war, dennoch zur Aufbewahrung annahm. Unzulässige Klagänderung?

440. Jemand hat sich verbürgt und zugleich eine Hypothek von 4000 M. an seinem Haus bestellt. Später klagt er auf Löschung der Hypothek, weil die Bürgschaftsschuld nur auf bestimmte Zeit eingegangen sei, nach deren Ablauf Kläger nicht rechtzeitig gegen den Hauptschuldner vorgegangen sei. Ist es unzulässige Klagänderung, wenn später geltend gemacht wird, die Verbürgung sei wegen Formmangels ungültig gewesen?

441. Y. hat kurz vor Konkursausbruch seinem Gläubiger Z. an Zahlungs Statt ein wertvolles Gemälde übereignet. Der Konkursverwalter klagt gegen Z. auf Anfechtung, weil das Geschäft in der diesem bekannten Absicht geschlossen sei, die Gläubiger des Y. zu benachteiligen. Die Klage wird abgewiesen, weil eine fraudulöse Absicht nicht nachgewiesen sei.

Hiergegen Berufung, weil das Geschäft weniger als zehn Tage vor Konkurseröffnung geschlossen, mithin der Beklagte beweispflichtig sei. Unzulässige Klagänderung?

442. Jemand hat bei einem Antiquar ein altes Gemälde gekauft. Nach zwölfjährigem Besitz fordert ihn ein Dritter als angeblicher Eigentümer zur Herausgabe auf. Er verklagt diesen auf Feststellung seines Eigentums und stützt sich in erster Instanz auf gutgläubigen Erwerb, in zweiter auf Ersitzung. Unzulässige Klagänderung?

443. Die Klage auf Feststellung, daß dem Beklagten am klägerischen Grundstück eine Servitut nicht zustehe, wird abgewiesen, weil Kläger sein Eigentum am fraglichen Grundstück nicht dargetan habe. In zweiter Instanz wiederholt Kläger seinen Antrag und verlangt außerdem Feststellung seines Eigentums. Beklagter widerspricht.

444. Eingeklagt ist im Jahre 1909 der Preis von Warenlieferungen, die angeblich aus dem Jahre 1906 stammen. Als Beklagter Verjährung vorschützt, entgegnet Kläger, die Lieferungen rührten, wie er sich inzwischen überzeugt habe, aus dem Jahre 1907. a) Ist dies eine unzulässige Klagänderung? b) Wie, wenn Kläger beim Jahre 1906 verbliebe, aber Unterbrechung der Verjährung geltend machte? c) Wie stünde es mit dem Wechsel der Zeitangabe, wenn Beklagter nicht Verjährung eingewendet, sondern behauptet hätte, er habe 1906 vom Kläger überhaupt keine Waren bezogen?

445. Ein Wiener Kaufmann hat einen deutschen Kunden auf Zahlung gelieferter Waren verklagt. Als dieser Einwendungen aus dem Kaufvertrag erhebt, macht Kläger geltend, er habe wegen derselben Forderung den Beklagten bereits in Wien rechtskräftig verurteilen lassen und beantrage nunmehr Vollstreckungsurteil. Klagänderung?

446. Gegen die Frau ist auf Feststellung geklagt, daß der von ihr mit Kläger geschlossene Kauf ungültig sei. Der Antrag stützt sich in erster Instanz auf den Mangel der ehemännlichen Zustimmung, in zweiter auf arglistige Täuschung des Klägers über die Beschaffenheit der Sache. Unzulässige Klagänderung?

447. Der Vater des X. hatte einem Dritten 5000 M. übergeben. X. verklagt diesen auf Rückgabe von 2000 M. wegen Verletzung seines Pflichtteils in der angegebenen Höhe. In erster Instanz abgewiesen, beantragt er im Berufungswege Verurteilung des Beklagten zu 5000 M., weil dieser Betrag gar nicht als Schenkung, sondern als Darlehn übergeben sei. Klagänderung?

448. Gegen den Generalversammlungsbeschluß einer Aktiengesellschaft ist rechtzeitig die Nichtigkeitsklage erhoben, weil in der Sitzung nicht, wie das Statut verlange, Dreiviertel des Aktienkapitals vertreten gewesen seien. Nachträglich wird noch geltend gemacht, daß die Bekanntmachung der Tagesordnung und die Ladung nicht satzungsmäßig gewesen seien. Unzulässige Klagänderung? Ist es gleich, ob der neue Grund innerhalb der Frist des § 271 HGB. geltend gemacht wurde oder später?

449. Ein sechzehnjähriger Arbeiter, der im Betrieb des Beklagten verunglückt, gründet eine Entschädigungsklage auf den Mangel an Schutzvorrichtungen. Beklagter erwidert, die Maschine, bei der sich der Unfall ereignet habe, sei allerdings nicht ungefährlich, aber das Unglück sei durch eigene Unvorsichtigkeit des Klägers verschuldet. Dieser repliziert, man hätte ihn alsdann bei seiner Unerfahrenheit mit der Bedienung der Maschine nicht betrauen dürfen. Unzulässige Klagänderung?

450. Jemand klagt gegen den Nachbarn auf Beseitigung einer Anlage, die sein Durchgangsrecht verletze. Als Beklagter einwendet, das Stück, auf dem die Anlage stehe, sei Miteigentum beider Parteien, hält Kläger seinen Antrag aufrecht, weil eine derartige Anlage über die Gebrauchsbefugnis eines Miteigentümers hinausgehe. Unzulässige Klagänderung?

451. Laut Konkurrenzvertrag mit X. darf Y. in Baden und Elsaß-Lothringen Ventilatoren bestimmter Konstruktion nicht vertreiben, bei Gefahr einer Vertragsstrafe von 2000 M. X. hat nun im März 1905 den Betrag eingeklagt, weil Y. im Dezember 1904 zu Straßburg drei Ventilatoren der angegebenen Art verkauft habe. Die vom Kläger benannten Zeugen wissen von diesem Vorfall nichts zu bekunden. Hierauf macht Kläger geltend, Beklagter habe noch nach Klagerhebung Ventilatoren in Mannheim verkauft. Beklagter rügt unzulässige Klagänderung?

452. Ein Mieter, der vorzeitig gekündigt hat, klagt gegen den widersprechenden Vermieter auf Feststellung, das Mietsverhältnis sei infolge der Kündigung erloschen. In der Klageschrift stützt er sich darauf, daß ihm das Recht zur vorzeitigen Kündigung vertragsmäßig eingeräumt sei, in der mündlichen Verhandlung außerdem darauf, daß ihm die Untermiete an einen durchaus ordentlichen Zimmerherrn untersagt worden sei. Klagänderung?

453. Bei Verkauf von Möbeln auf Abzahlung ist bestimmt, daß der ganze Kaufpreis fällig sein soll, wenn Käufer mit zwei Raten rückständig bleibt. Als der auf den gesamten Restkaufpreis verklagte Käufer einwendet, bei Klagerhebung nur mit einer Rate rückständig gewesen zu sein, entgegnet Kläger, im Laufe des Prozesses sei eine zweite fällig geworden. Klagänderung? — Wie, wenn nach dem Vertrag bei Nichtzahlung zweier Raten der ganze Kaufpreis nicht von selbst, sondern erst auf Grund Kündigung des Verkäufers verfiele?

454. Die Klage des Zigarrenhändlers Müller gegen die Firma Huber u. Cie. aus unlauterem Wettbewerb war gestützt worden auf schwindelhafte Zeitungsreklame, deren sich Beklagte durch Inserate 1904 schuldig gemacht habe. Sie wird abgewiesen, weil Kläger sein eigenes Zigarrengeschäft erst im Januar 1905 eröffnet habe. Kann dieser im Wege der Berufung geltend machen, die schwindelhafte Reklame sei noch im Januar fortgesetzt worden, dauere sogar noch gegenwärtig?

455. Der im gesetzlichen Güterstande lebende Ehemann hat eine Forderung seiner Frau eigenen Namens eingeklagt. Beklagter rügt Mangel der Aktivlegitimation, weil die Forderung zum Vorbehaltsgut der Frau gehöre. Hierauf läßt der Kläger sie sich zedieren und macht diesen Umstand im Prozesse geltend. Unzulässige Klagänderung?

456. Ein Makler, der für einen Gutsbesitzer Grundstücksverkäufe vermittelt hat, klagt 20000 Provision ein, die ihm für den Fall versprochen seien, daß er für 2 Millionen Geschäfte zustande bringe. Als ermittelt wird, daß er dieser Bedingung nicht nachgekommen sei, behauptet er vorbehaltsloses Versprechen der Klagsumme. Zulässig?

457. Pferdehändler Schwer hat von Leutnant Leicht ein Pferd gekauft und klagt auf Lieferung. Beklagter wendet ein, er sei bei Kaufabschluß nach minderjährig gewesen, worauf Kläger erwidert, der Vater des Beklagten habe dem Handel zugestimmt. Leicht erblickt hierin eine unzulässige Klagänderung. Mit Recht?

458. Der Sohn des Erblassers hat dessen Forderung gegen einen Dritten eingeklagt und sein Erbrecht auf Testament gestützt. Als Beklagter dessen Gültigkeit bezweifelt, macht er geltend, er sei ohnehin einziger gesetzlicher Erbe. Ein Richter findet darin eine unzulässige Klagänderung, ein anderer meint, die Sachlegitimation gehöre überhaupt nicht zum Klagegrund. Ein dritter, es handle sich um eine erlaubte Replik. Wer hat recht? — Wie wäre es, wenn sich Kläger nachträglich darauf beriefe, der Vater habe ihm zu Lebzeiten die Forderung abgetreten.

459. Jemand klagt auf Rückzahlung eines angeblichen Darlehns. Beklagter behauptet Schenkung. Kläger leugnet dies. Jedenfalls habe er nicht an Schenkung gedacht. Daher schulde Beklagter das Geld aus dem Gesichtspunkt ungerechtfertigter Bereicherung. Unzulässige Klagänderung?

460. Rentier Gold verklagt den Bankier Emsig auf Rückgabe von zehn, bei diesem hinterlegten der Nummer nach bezeichneten Aktien der Süddeutschen Kreditbank. Beklagter behauptet „uneigentlichen Verwahrungsvertrag", weshalb er über die Stücke anderweitig verfügt habe. Darf nun Kläger den Antrag umstellen auf irgendwelche zehn Aktien dieser Art?

461. Die auf Ersatz von Aufwendungen gerichtete Klage stützt sich darauf, Beklagter habe von den fraglichen Arbeiten gewußt und durch sein Stillschweigen einen Auftrag zu ihrer Vornahme bekundet. Später macht Kläger den Gesichtspunkt der auftragslosen Geschäftsführung geltend. Ist dies bei Widerspruch des Beklagten zulässig?

462. Der Antrag geht in erster Instanz auf Abnahme der verkauften Ware, in zweiter außerdem auf Zahlung des inzwischen fällig gewordenen Preises. Zulässig?

463. Der Antrag lautet in erster Instanz auf Schadensersatz in Geld, weil Kläger durch den Gewerbebetrieb des Beklagten belästigt werde. In zweiter Instanz wird statt dessen Beseitigung der störenden Anlage und Unterlassung künftiger Störungen verlangt. Zulässig?

464. Hypothekargläubiger klagt mit dem Antrag, wegen einer Forderung von 4000 M. die Zwangsvollstreckung in das Haus des Beklagten für zulässig zu erklären. Als Beklagter Zahlung der Hälfte einwendet, erweitert er seinen Antrag auf Feststellung, daß die Forderung 4000 M. betrage. Zulässig? — Wie, wenn Kläger umgekehrt in erster Instanz Feststellung der persönlichen Schuld, in zweiter Feststellung der Zulässigkeit der Zwangsvollstreckung beantragt hätte?

465. Ein überschuldeter Ehemann hat sein Haus an einen Verwandten seiner Frau veräußert. Sein Gläubiger klagt gegen Käufer auf Feststellung, daß der Kauf wegen Simulation nichtig sei. In erster Instanz abgewiesen, macht er in zweiter geltend, das Geschäft sei in der dem Beklagten bekannten Absicht geschlossen, die Gläubiger des Verkäufers zu benachteiligen. Zulässig?

466. Ein entlassener Handlungsgehilfe klagt seinen Dienstlohn für das letzte Quartal des verflossenen Jahres ein. Als Beklagter Kündigung auf den 1. Oktober einwendet, erwidert Kläger, diese sei nachträglich zurückgenommen und Fortsetzung des Dienstverhältnisses ausgemacht worden. Unzulässige Klagänderung?

467. Jemand klagt auf Herausgabe eines im Besitz des Beklagten befindlichen Hühnerhundes, der angeblich mit einem dem Kläger entlaufenen Hund identisch ist. Als Beklagter letzteres bestreitet, beantragt Kläger seine Verurteilung zur Vorzeigung. Zulässig?

468. Jemand hat eines von zwei Gemälden nach seiner Wahl gekauft. Als Verkäufer die Erfüllung verweigert, verklagt er ihn auf Lieferung des einen (bestimmt bezeichneten) Gemäldes. Kann er noch während des Prozesses den Antrag auf das andere richten? — Angenommen, das Wahlrecht habe dem Beklagten zugestanden: kann Kläger, nachdem er das eine Gemälde eingeklagt hatte und Beklagter sein Wahlrecht entgegenhielt, nunmehr Verurteilung zur Lieferung des anderen beantragen? Oder zur Lieferung „des einen oder anderen"?

469. Käufer eines Bauplatzes klagt auf Anfechtung des Geschäftes, weil er über die Größe arglistig getäuscht worden sei. Vom Landgericht abgewiesen, weil er eine Arglist nicht dargetan habe, stützt er sich in zweiter Instanz auf einen Irrtum über die Größe als eine verkehrswesentliche Eigenschaft (BGB. § 119 Abs. 2). Zulässig?

470. Die Klage auf Anfechtung eines Kaufes ist zunächst auf Irrtum gestützt. Als aber Beklagter einwendet, die Anfechtung sei nicht unverzüglich erfolgt, macht Kläger arglistige Täuschung geltend. Zulässig?

471. Die Klage ist in erster Instanz auf Anfechtung wegen Irrtums über eine verkehrswesentliche Eigenschaft, in zweiter auf Wandelung gerichtet. Ist dies bei Widerspruch des Beklagten zulässig?

472. Der Antrag der Klageschrift geht auf Wandelung wegen eines Mangels. Darf er in der mündlichen Verhandlung bei Widerspruch des Gegners auf Minderung umgestellt werden? Macht es einen Unterschied, ob beide Anträge auf denselben Mangel gestützt sind?

473. Käufer, der bereits den Preis gezahlt hatte, klagt auf Feststellung, daß der Kaufvertrag wegen Geschäftsunfähigkeit einer Partei bei seinem Abschluß nichtig sei. Kann er in zweiter Instanz außerdem Verurteilung des Gegners zur Rückzahlung des Kaufpreises beantragen?

474. Der Bürge hat gegen den vermeintlich schlechtstehenden Hauptschuldner auf Befreiung von der Bürgschaft geklagt (§ 775 BGB.). Beklagter leugnet die Vermögensverschlechterung, überdies sei die Hauptschuld erst nächstes Jahr am 20. April fällig. Kann nunmehr der Antrag gerichtet werden auf Befreiung sogleich nach dem genannten Tag? Oder, statt auf Befreiung, auf Sicherheitsleistung?

475. Im Konkurse des Käufers hat Verkäufer den Anspruch auf den Preis gegen den widersprechenden Verwalter zunächst als Konkursforderung eingeklagt. Im Laufe des Prozesses erklärt er, die Forderung als Masseanspruch zu verfolgen, weil der Verwalter Erfüllung des Vertrages zur Konkursmasse verlangt habe. Klagänderung?

476. Ein Automobil rennt infolge Unvorsichtigkeit seines Lenkers in eine Geschäftsauslage. Der Geschäftsinhaber klagt 780 M. ein als Ersatz für die Scheibe. Als Beklagter die Höhe der Forderung bestreitet, richtet Kläger den Antrag auf Wiederherstellung der Scheibe selbst. Unzulässige Klagänderung? Wie, wenn Kläger nachträglich beantragen würde, Beklagten nach seiner Wahl zur Naturalherstellung oder Geldentschädigung zu verurteilen?

477. Jemand, der durch Schuld eines anderen erwerbsunfähig geworden ist, verklagt denselben auf Zahlung einer lebenslänglichen Rente. In zweiter Instanz verlangt er aus besonderen Gründen statt dessen Kapitalabfindung. Ist diese Änderung bei Widerspruch des Gegners statthaft?

478. Eine Ehefrau hat unter der irrtümlichen Voraussetzung, die ihr für die Dauer des Scheidungsprozesses bewilligte Unterhaltsrente von monatlich 70 M. sei eine dauernde, auf Erhöhung derselben bis zu 90 M. geklagt (§ 323 ZPO.). In erster Instanz abgewiesen, verlangt sie in zweiter selbständig Zusprechung einer Monatsrente von 90 M. Beklagter rügt Klagänderung. Mit Recht?

479. Ein Eigentümer hat unter der Behauptung, durch Wasserzufluß vom Nachbargrundstück beeinträchtigt zu werden, den Nachbarn auf Einrichtung zweier Stauanlagen verklagt. Später richtet er den Antrag ganz allgemein auf Vornahme der erforderlichen Maßregeln. Zulässig?

480. Y. hat gegen Z. eine Forderung auf Rückgabe hinterlegter Wertpapiere. X. hat als Gläubiger des Y. diese Forderung pfänden lassen und gegen Y., der die Gültigkeit der Pfändung bestreitet, auf Feststellung seines Pfandrechtes geklagt. Darf er, wenn während des Prozesses die Papiere dem Y. zurückgegeben werden, nunmehr Feststellung beantragen, daß er an den Papieren selbst ein Pfandrecht habe?

481. Eine von ihrem Ehemann getrennt lebende Frau verklagt diesen auf Verurteilung, sie in seine Wohnung zu X. aufzunehmen. Als der Ehemann einwendet, er wolle von X. fortziehen, beantragt sie Verurteilung zur Aufnahme in die ehemännliche Wohnung schlechthin. Zulässig?

482. Rot soll dem Grün bei 3000 M. Vertragsstrafe am 1. Oktober drei Waggons Eisenschwellen liefern. Als dies unterbleibt, klagt Grün auf Erfüllung und auf Vertragsstrafe. Als Beklagter einwendet, geschuldet sei bloß eines oder das andere, beschränkt Kläger seinen Antrag auf die Vertragsstrafe. Zulässig? Wie, wenn Kläger, nachdem er die Vertragsstrafe allein eingeklagt hatte, nachträglich seinen Antrag auf Lieferung oder Vertragsstrafe nach Wahl des Beklagten richten würde?

483. Die Schadensersatzklage des Müller ist in erster Instanz abgewiesen worden, weil kein Verschulden des Beklagten Huber nachgewiesen sei. Kläger legt Berufung ein. Die von ihm benannten Zeugen wissen ein Verschulden des Beklagten nicht zu bekunden. Nunmehr stützt er sich auf das Anerkenntnis des Beklagten, zu dessen Beweis er einen nicht unterschriebenen Zettel des Inhaltes vorlegt: „Herr A. Huber verpflichtet sich, Herrn S. Müller 3000 M. als Schadensersatz zu zahlen." Beklagter erkennt an, den Zettel geschrieben zu haben, widersetzt sich aber der Klagänderung. Das Oberlandesgericht weist die Berufung zurück, weil eine unzulässige Klagänderung vorliege, das Anerkenntnis des Beklagten überdies wegen Formmangels ungültig sei. Verspricht eine Revision des Klägers Erfolg?

484. Ein Witwer klagt als Erbe seiner Frau auf Rückgabe einer von dieser ausgeliehenen Sache. Als Beklagter einwendet, neben dem Ehemann seien auch dessen minderjährige Kinder Erben, erklärt Kläger, den Anspruch zugleich in deren Namen als gesetzlicher Vertreter einzuklagen. Zulässig?

485. Ein Wechselinhaber verklagt den Akzeptanten auf Zahlung. Als dieser eine Gegenforderung geltend macht, die ihm gegen den Kläger zusteht, erwidert derselbe, der Wechsel sei ihm nur zum Inkasso indossiert. Beklagter erblickt hierin eine unzulässige Änderung sowohl des Klaggrundes als auch der Partei. Richtig?

486. Pastor Frommel hat die Pachtzinsen gewisser Grundstücke als „Vertreter der Pfarrei" eingeklagt. Als deren Parteifähigkeit bestritten wird, erklärt er, den Anspruch als Träger der Nutznießung eigenen Namens zu verfolgen. Zulässig?

487. Die Klage auf Aufhebung eines Schiedsspruches ist darauf gestützt, daß dem Kläger kein rechtliches Gehör geschenkt worden sei. Kann in mündlicher Verhandlung außerdem noch geltend gemacht werden, Kläger sei nicht ordnungsmäßig vertreten gewesen?

488. Der auf Auflassung des Hauses verklagte Verkäufer hat dasselbe während des Prozesses einem Dritten verkauft und übereignet. Als Kläger nun den Antrag auf Schadensersatz umstellt, wendet Beklagter ein, der neue Antrag sei als Klagänderung unzulässig, aber auch um deswillen unbegründet, weil ein Rückerwerb des Hauses durch den Beklagten nicht unmöglich sei. a) Entscheidung? b) Wie hätte diese zu lauten, wenn die anderweitige Auflassung schon vor der Klage erfolgt, aber erst nach derselben dem Kläger bekannt geworden wäre? c) Ist eine Umstellung des Antrages auch noch in der Berufungsinstanz zulässig?

489. Der Eisenbahnfiskus hat eine Stadt auf Unterhaltung des Bahnhofsplatzes verklagt, und hat sich in erster Instanz auf die privatrechtliche Unterhaltspflicht der Stadt als Eigentümerin, in zweiter Instanz darauf gestützt, daß sie als Trägerin der Polizeigewalt zur Instandhaltung des Verkehrsweges gehalten sei. Das Oberlandesgericht spricht die Klage aus dem zweiten Grunde zu. Kläger legt Revision ein, weil der zweite Antrag nicht in den Rechtsweg gehöre und eine unzulässige Klagänderung darstelle. Gegnerischer Anwalt hält eine Prüfung des zweiten Revisionsgrundes im Hinblick auf § 270 ZPO. für unzulässig. Entscheidung?

IV. Die Zurücknahme der Klage.

490. Kläger, der 4000 M. eingeklagt hatte, erklärt in der mündlichen Verhandlung, der Anspruch sei bezüglich eines Betrages von 3200 M. dadurch erledigt, daß Beklagter ihn außergerichtlich anerkannt und binnen einem Monat zu zahlen versprochen habe. Zur Verhandlung über den Rest wird die Sache auf fünf Wochen vertagt. Im neuen Termin erklärt Kläger, er müsse den Antrag in der ursprünglichen Höhe aufrecht erhalten, da Beklagter die versprochene Zahlung nicht geleistet habe. Dieser wendet ein, bezüglich der 3200 M. müsse die zurückgenommene Klage von neuem erhoben werden. Entscheidung?

491. Kläger hat in der mündlichen Verhandlung, als Beklagter Aufrechnung einer angeblichen Gegenforderung von 1200 M. ankündigt, den Antrag, „um es kurz zu machen", von 6000 M. auf 4800 M. ermäßigt. In dieser Höhe wird Beklagter trotz verschiedener Einwendungen verurteilt. Er legt Berufung ein. In zweiter Instanz beantragt nun Kläger Verurteilung zu 5600 M., weil er dem Beklagten, wie er sich inzwischen überzeugt habe, bloß 400 M. schuldig gewesen sei. Welche prozessualen Einwendungen könnte Beklagter erheben? Inwiefern sind sie begründet?

492. Kläger hat nach Einklagung der ihm geschuldeten Summe Zahlung derselben erhalten und ermäßigt nun seinen Antrag auf die Kosten. Bei der Verhandlung über diese erhebt der Beklagte seinerseits eine Widerklage. Zulässig?

493. Nachdem Beklagter das gegen ihn ergangene Versäumnisurteil mit dem Einspruch angefochten und in der mündlichen Verhandlung Abweisung der Klage beantragt, zur Begründung aber noch nicht verhandelt hatte, erklärt Kläger die Zurücknahme der Klage. Beklagter widerspricht. Wie entscheidet das Gericht? Wem sind die Kosten des Versäumnisurteiles aufzuerlegen?

494. Was hat zu geschehen, wenn Kläger in zweiter Instanz die Erklärung abgibt, er habe sich mit dem Beklagten geeinigt und nehme sowohl die Klage als auch die Berufung zurück?

495. Für Warenlieferungen aus dem Jahre 1906 wird 1908 der Kaufpreis eingeklagt. In erster Instanz ermäßigt Kläger seinen Antrag von 640 M. auf 450 M. In der 1909 stattfindenden Berufungsinstanz erhöht er ihn wiederum auf den ursprünglichen Betrag. Beklagter entgegnet, der Anspruch auf den Mehrbetrag sei inzwischen verjährt. Richtig?

496. Angenommen, im vorigen Fall hätte Kläger 1909 die ganze 1908 erhobene Klage zurückgenommen. Ist nunmehr sein Anspruch verjährt? Er meint, durch die Klagezurücknahme sei er in die gleiche Lage zurückversetzt, wie vor dem Prozeß, damals aber sei die Forderung noch nicht verjährt gewesen.

497. Als Beklagter seine Prozeßunfähigkeit einwendet, zieht Kläger die Klage zurück. Er will die Entscheidung, die ihn zur Tragung der Kosten verurteilt, anfechten, weil eine nicht ordnungsmäßig erhobene Klage auch nicht zurückgenommen werden könne.

498. Nachdem Beklagter einen formellen Mangel der Zustellung gerügt hat, zieht Kläger die Klage zurück und wird zur Kostentragung verurteilt. Welches Rechtsmittel steht ihm zu?

499. Eine uneheliche Mutter hat namens ihres Kindes gegen den Vater die Alimentenklage erhoben, aber auf den Einwand mangelnder gesetzlicher Vertretung zurückgenommen. Kann sie die Entscheidung, welche ihr die Kosten auferlegt, aus dem Grunde anfechten, weil sie im Prozesse nicht Partei, also auch nicht kostenpflichtig sei.

500. Kläger hat dem Vorsitzenden des Gerichts schriftlich mitgeteilt, daß er befriedigt sei, und diese Erklärung auch abschriftlich dem Beklagten mitteilen lassen. Im Termin beantragt der allein erschienene Beklagte Abweisung der Klage durch Versäumnisurteil. Entscheidung?

501. Nach Aufruf der Sache zur erstmaligen Verhandlung erklärt der Kläger, er sei nach Klagerhebung befriedigt worden und halte den Antrag nur bezüglich der Kosten aufrecht. Diesem Antrag wird entsprochen. Als Beklagter hiergegen Berufung ergreift, wendet Kläger ein, dieselbe sei unzulässig, weil nur über die Kosten entschieden sei, und unbegründet, weil Beklagter in der Sache selbst unterlegen sei. Entscheidung?

502. Jemand hat nach wiederholten vergeblichen Mahnungen seinen Schuldner verklagt. Zwischen Einreichnng der Klageschrift zur Terminsbestimmung und Zustellung derselben erhält er Zahlung. In der mündlichen Verhandlung erklärt er, die Klage zurückzunehmen und beantragt Verurteilung des Beklagten zu den Kosten, weil derselbe in der Sache selbst unterlegen sei, und weil der Fall nicht anders entschieden werden könne, wie wenn sich die Streitsache erst während des Prozesses erledige. Wie ist bei Widerspruch des Beklagten bezüglich der Kosten zu entscheiden?

Sechstes Kapitel.

Die Einlassung.

503. Der auf Zahlung von 500 M. Kaufpreis verklagte Käufer räumt ein, daß der Kauf abgeschlossen sei, aber zu 480 M. Kann er später das Zustandekommen des Kaufvertrages überhaupt bestreiten? Wäre die Frage anders zu beantworten, wenn er den Kauf zu 500 M. zugegeben, aber Stundung des Kaufpreises eingewendet hätte?

504. Der aus einem Darlehn belangte Schuldner macht geltend, er habe das Darlehn allerdings aufgenommen, aber, wie dem Kläger bekannt gewesen, nicht für sich selbst, sondern für den Verein, dessen Vorstand er gewesen sei. Kann er später behaupten, er habe das Darlehn nicht aufgenommen? Oder der Darlehnsvertrag sei wegen wucherischer Zinsen ungültig? Oder die Darlehnssumme sei zurückgezahlt? Oder er rechne dieselbe mit seiner eigenen Forderung an den Kläger auf?

505. Jemand wird auf Zahlung von 450 M. verklagt, nämlich 400 M. aus Darlehn und 50 M. vereinbarter Zinsen. Beklagter läßt vortragen, er habe zwar das Kapital erhalten, aber als unverzinsliches. Kann er später den Empfang des Kapitals bestreiten?

506. Jemand wird wegen fahrlässiger Sachbeschädigung auf Ersatz in Höhe von 120 M. verklagt. Er erklärt, er habe beim Besichtigen der Sache dieselbe allerdings entgleiten lassen, aber ohne jedes Verschulden. „Um es aber kurz zu machen", wolle er die Fahrlässigkeit gelten lassen. Die Sache sei jedoch nur etwa 40 M. wert gewesen, die er dem Kläger schon angeboten habe. Als aber nachträglich vernommene Zeugen die Sache auf 120 M. schätzen, bestreitet er von neuem sein Verschulden. Zulässig?

507. Der auf den Preis verklagte Käufer führt aus, er habe allerdings gekauft, aber ohne die wegen seiner Minderjährigkeit noch erforderliche Zustimmung seines Vaters. Ist damit die Tatsache des Kaufabschlusses bindend festgestellt?

508. Die Frau ist wegen einer Schuld zusammen mit ihrem Ehemann verklagt. Ihre Haftung hängt im besonderen Falle davon ab, daß die (tatsächlich vereinbarte) Gütertrennung im Güterrechtsregister nicht eingetragen steht. Sie räumt ein, daß kein Eintrag erfolgt ist. Wie entscheidet das Gericht, wenn in Wahrheit die Gütertrennung in seinem eigenen Register vermerkt steht? Macht es einen Unterschied, ob das Gericht sich des Eintrags erinnert oder denselben erst noch durch Einsicht des Registers muß feststellen lassen?

509. Ein Ehemann wird auf Zahlung von Waren verklagt, die er angeblich selbst bestellt hat. Er erklärt, hiervon nichts zu wissen. Hat das Gericht die vom Kläger benannten Zeugen für die Bestellung zu vernehmen? Wäre anders zu entscheiden, wenn in der Klage die Ehefrau als Bestellerin genannt wäre?

510. Kläger, der bei einer an sich gefährlichen Hantierung im Betriebe des Beklagten verunglückt ist, hat diesen auf Entschädigung belangt. Als Beklagter einwendet, Kläger sei im Momente des Unfalles betrunken gewesen, erwidert dieser, man hätte ihn alsdann um so weniger mit der gefährlichen Arbeit betrauen sollen. Ist damit für den Richter festgestellt, daß Kläger betrunken gewesen sei?

511. Jemand wird auf Rückzahlung einer Schuld seines Erblassers verklagt. Auf Grund des vom Kläger vorgelegten Schuldscheins des Verstorbenen räumt der Beklagte ein, sein Erblasser habe den Betrag allerdings darlehnsweise erhalten, erhebt aber verschiedene Einwendungen, über die weiter verhandelt wird. Ist er an sein „Anerkenntnis" gebunden, wenn er inzwischen aus den Papieren seines Erblassers ersieht, daß das im Schuldschein erwähnte Darlehn niemals ausgeführt worden ist? Wie, wenn er diese Entdeckung erst nach rechtskräftiger Verurteilung macht?

512. Der Rechtsanwalt des Beklagten hat einige Behauptungen des Klägers zugestanden, andere bestritten. In der nächsten mündlichen Verhandlung erklärt er, auf Grund genauerer Information seiner Partei müsse er auch die früher eingeräumte Tatsache nunmehr bestreiten und den Beweis vom Kläger verlangen. Korrekt?

513. Kläger hat von dem seinem Anspruch zugrunde liegenden Tatbestand zunächst eine Darstellung gegeben, aus welcher sich ergeben würde, daß er einen Teil der Schuld dem Gegner erlassen hat. Dieser hat sich aber auf den Erlaß nicht berufen, sondern andere Einwendungen erhoben. Nachträglich ändert Kläger seine Behauptungen in der Weise, daß von einem Erlaß keine Rede mehr ist. Dem widersetzt sich nun Beklagter aus dem Grunde, weil über den Erlaß ein Geständnis vorgelegen habe, welches nicht mehr widerrufen werden könne?

514. Der auf den Kaufpreis klagende Verkäufer hat ausgeführt, er habe der Vereinbarung gemäß vorgeleistet. Käufer wendet ein, die Ware sei zwar zu einem guten Teil, aber noch nicht in vollem Umfange geliefert. Kläger erwidert, das sei allerdings richtig, aber er sei überhaupt nicht zur Vorleistung verpflichtet gewesen. Kann Beklagter nun geltend machen, Kläger habe ja die Abmachung der Vorleistung bindend zugestanden?

515. Der Beklagte hat den Klaganspruch anerkannt, aber eine Gegenforderung aufgerechnet, deren Beweis ihm indessen nicht gelingt. Hat das Gericht auf Antrag Anerkenntnisurteil zu erlassen? Könnte Beklagter nachträglich den Klaganspruch bestreiten?

516. Beklagter hat gegenüber der Klageforderung mehrere Einwendungen erhoben, auch eine Gegenforderung aufgerechnet. Kläger hat letztere eingeräumt, die sonstigen Einwendungen bestritten. Später aber wird er auf Grund dieser Einwendungen abgewiesen. Kann er in der Berufungsinstanz nun auch die Gegenforderung bestreiten?

517. Der vom Erben auf Zahlung einer Nachlaßforderung verklagte Schuldner räumt ein, daß Kläger Erbe sei, leugnet aber die Schuld. Als für letztere Beweis erbracht wird, bestreitet er dem Kläger die Eigenschaft als Erbe. Zulässig?

518. Ein Ehemakler klagt gegen jemand, dessen Ehe er vermittelt hat, 2000 M. ein. Er trägt vor, es seien ihm zwei Prozent der Mitgift in Aussicht gestellt; diese betrage mindestens 100000 M. Beklagter räumt die Abmachung ein, benennt seinen Schwager als Zeugen dafür, daß die Mitgift nur 60000 M. betrage, erkennt an, 1200 M. schuldig zu sein, und beantragt für den Rest Abweisung. Kläger verlangt Anerkenntnisurteil. Entscheidung?

519. Jemand wird auf Zahlung einer Rechnung verklagt, die er im Glauben, schuldig zu sein, anerkennt. Wie verhält er sich, wenn er nach Abgabe des Anerkenntnisses die Quittung wiederfindet? Ist es gleich, ob dies vor Erlaß des Anerkenntnisurteils oder kurz nach seiner Zustellung oder endlich nach seiner Rechtskraft geschieht?

520. Leiher gibt dem Pump ein Darlehn von 100 M. Der anwesende Schwager des Pump erklärt auf Befragen des Gläubigers, er wolle für das Geld gut sein. Als er später auf Grund dieses Vorganges vom Gläubiger verklagt wird, gibt er ein Anerkenntnis ab. Hat auf Antrag Anerkenntnisurteil zu ergehen?

521. X., der auf Grund eines 1902 geschlossenen Geschäftes seines angeblichen Handlungsbevollmächtigten Y. durch den Gegner A. verklagt worden ist, hat die Handlungsvollmacht des Y. zugegeben. Als er nun auf Grund eines entsprechenden Geschäftes von B. verklagt wird, bestreitet er die Handlungsvollmacht des Y. Welche Bedeutung hat für den schwebenden Prozeß seine frühere Einräumung?

522. Nachdem der aus unerlaubter Handlung Verklagte den Anspruch anerkannt hatte, hat Kläger die Klage zurückgenommen. Später erhebt er eine neue, lediglich auf das Anerkenntnis des Gegners gestützte Klage. Dringt er damit durch?

523. Der auf Unterhalt verklagte uneheliche Vater hat dem Vormund des Kindes als einmalige Abfindung 10000 M. in Wertpapieren ausgehändigt. In der mündlichen Verhandlung erklärt hierauf der Vormund, auf den Klaganspruch zu verzichten. Darf auf Antrag des Beklagten nunmehr Verzichtsurteil ergehen?

524. Kläger hat dem Beklagten, nachdem schon eine Verhandlung stattgefunden hatte, einen Schriftsatz zugestellt, in welchem er erklärt, auf die Hälfte des eingeklagten Anspruchs zu verzichten, im übrigen die Klage zurückzunehmen. Da er in der mündlichen Verhandlung ausbleibt, erwirkt Beklagter, indem er sich der Zurücknahme widersetzt, ein Versäumnisurteil, welches den Kläger in der Sache abweist. Als dieser Einspruch einlegt und in der nächsten mündlichen Verhandlung den ursprünglichen Antrag in voller Höhe aufrecht erhält, beantragt Beklagter seinerseits, ihn auf Grund des Verzichtes wenigstens bezüglich des halben Anspruchs abzuweisen. Entscheidung?

525. Beklagter ist säumig. Der erschienene Kläger erklärt, auf ein Viertel des erhobenen Anspruchs zu verzichten, und erwirkt für den Rest Versäumnisurteil. Beklagter legt Einspruch ein und beantragt bezüglich eines Viertels Verzichturteil gegen den Kläger, der aber seinen Verzicht widerruft. Entscheidung?

526. Kläger ist auf Grund seines gerichtlichen Verzichts rechtskräftig abgewiesen. Kann er denselben noch anfechten, wenn er durch Irrtum zu dessen Abgabe veranlaßt worden ist? Oder dadurch, daß ihm Beklagter eine nachträglich als gefälscht erkannte Quittung vorgelegt hat? Wie, wenn das Verzichtsurteil noch nicht ergangen oder noch nicht rechtskräftig geworden wäre?

527. Zwei Nachbarn streiten um das Eigentum an einer Ackerparzelle. Einer klagt gegen den andern auf Feststellung seines Eigentums. Im Laufe des Rechtsstreites verzichtet Kläger in mündlicher Verhandlung auf das Eigentum, worauf Beklagter Verzichtsurteil beantragt. Darf dieses ergehen? Welches ist seine Wirkung?

528. Zwischen Klagezustellung und Termin läßt Kläger dem Beklagten einen Schriftsatz zustellen, worin er auf einen Teil des Anspruches zu verzichten erklärt. Wenn er jetzt die Klage zurücknimmt: kann sich Beklagter auf jenen Verzicht berufen?

529. Im Termin erklären die erschienenen Parteien, miteinander einen Vergleich abschließen zu wollen. Kann das Gericht trotz dieser Erklärung die Klage mit der Begründung abweisen, daß für sie ein anderes Gericht zuständig gewesen sei? Oder daß der Beklagte als Minderjähriger nicht prozeßfähig gewesen sei?

530. Nach Aufruf der Sache geben die Rechtsanwälte die Erklärung ab: Parteien hätten sich durch ihre Vermittelung dahin verglichen, daß Kläger die halbe Schuld erlassen, Beklagter den Rest anerkannt habe; demgemäß werde in der Sache nicht weiter verhandelt werden. Darf das Gericht diesen Vergleich zu Protokoll nehmen? Könnte auf Grund eines solchen Protokolles Gläubiger die Vollstreckung betreiben?

531. In der mündlichen Verhandlung hat der Beklagte die Forderung des Klägers anerkannt, worauf sich dieser damit einverstanden erklärt, daß die Zahlung in monatlichen Raten von 10 M. erfolgen soll. Hat auf Antrag des Klägers ein Anerkenntnisurteil zu ergehen? Bilden, wenn ein solches nicht erlassen wird, die protokollierten Parteierklärungen für den Gläubiger einen Vollstreckungstitel?

532. Parteien haben einen gerichtlichen Vergleich geschlossen, der auch protokolliert ist. Nachträglich beantragt

Gläubiger unter der Behauptung, er sei durch arglistige Täuschung seitens des Schuldners zum Abschluß veranlaßt worden, beim Prozeßgericht Termin zur Fortsetzung des Rechtsstreits. a) Wird dem entsprochen? b) Wie wird verfahren, wenn sich die Behauptung des Klägers als richtig erweist? c) Wie, wenn sie nicht bewiesen werden kann? d) Könnte Gläubiger, statt Fortsetzung des Verfahrens zu verlangen, auf Feststellung der Unwirksamkeit des Vergleiches klagen? e) Könnte Schuldner, wenn er seinerseits der Getäuschte zu sein behauptet, auf Feststellung klagen, daß die Vollstreckung des Vergleiches unzulässig sei?

533. Der gerichtlich abgeschlossene und protokollierte Vergleich lautet: „Kläger ermäßigt seinen Anspruch von 800 M. auf 600 M.; Beklagter erkennt die Klagforderung in dieser Höhe an und verpflichtet sich, dieselbe in monatlichen Teilzahlungen von je 25 M. abzutragen; dieser Vergleich verliert seine Wirksamkeit, wenn Beklagter mit zwei aufeinanderfolgenden Raten ganz oder teilweise im Rückstande bleibt." Wenn nun Kläger nach einigen Monaten eine einzelne Rate oder die ganze Schuld einklagt: steht ihm die Einrede der Rechtshängigkeit entgegen? Macht es einen Unterschied, ob Schuldner in Rückstand geblieben ist oder nicht?

534. Das Protokoll vermerkt: „Kläger nimmt die Klage zurück, Beklagter übernimmt die Kosten des Rechtsstreits." Kann Kläger auf Grund einer vollstreckbaren Ausfertigung dieses „Vergleichs" die Kosten festsetzen lassen?

535. Jemand klagt eine Darlehnsforderung von 500 M. ein. Der Beklagte erhebt die Einrede der Rechtshängigkeit, indem er ausführt: er selbst habe in einem gegenwärtig noch schwebenden Prozeß den Kläger auf 1000 M. verklagt, dieser aber in jenem Rechtsstreit (außer anderen Einwendungen) gerade die Forderung, die er jetzt einklage, aufrechnungsweise geltend gemacht. Kläger gibt dies zu.

a) Ist die Einrede der Rechtshängigkeit begründet?

b) Kann das Gericht die gegenwärtige Klage sogleich abweisen?

c) Welchen Einfluß hat es auf den gegenwärtigen Rechtsstreit, wenn der Kläger in dem anderen Prozeß zur Zahlung von 500 M. verurteilt wird, weil dort das Gericht die Aufrechnungseinrede berücksichtigt hat?

d) Oder wenn er in jenem Prozeß auf 1000 M. verurteilt wird, weil das Gericht die aufgerechnete Gegenforderung für nicht begründet erachtet?

e) Welchen Einfluß hat es umgekehrt auf den schwebenden ersten Prozeß, wenn in dem gegenwärtigen die Klage abgewiesen wird, weil der Anspruch nicht bewiesen wird?

536. Der aus Kauf Belangte hat im Prozeß die Schuld bestritten, subsidiär eine eigene Gegenforderung aus ungerechtfertigter Bereicherung aufgerechnet. Die Klage wird abgewiesen, weil der Klageanspruch durch Zahlung getilgt sei. a) Ist durch die Aufrechnung die Verjährung der Gegenforderung unterbrochen? b) Ist die letztere dadurch verzinslich geworden? c) Wäre die zweite Frage anders zu entscheiden, wenn die Gegenforderung auf einem anderen Grunde beruhte?

537. Guben hat wegen einer Forderung von 3000 M. an Stratz gewisse Wertpapiere des letzteren zurückbehalten. Als er die Forderung einklagt, bestreitet Stratz sowohl diese wie auch das Zurückbehaltungsrecht und rechnet eine eigene Forderung auf Ersatz des Schadens auf, der ihm durch die unzulässige Zurückbehaltung seiner Papiere erwachsen sei. Er wird aber „unter Vorbehalt der Aufrechnungseinrede" zur Zahlung verurteilt. Als er nach Rechtskraft dieses Urteils, statt das Nachverfahren zu betreiben, seine Schadensersatzforderung selbständig einklagt, wendet ihm Guben die Rechtskraft des früheren Urteiles ein. Mit Recht?

538. Ein Käufer, der die Abnahme der Ware wegen angeblich verspäteter Erfüllung verweigert, wird auf Zahlung des Preises belangt. Er bestreitet seine Pflicht, erklärt aber, für den Fall, daß er nach Ansicht des Gerichtes zahlen müsse, in Höhe der Klagesumme eine Gegenforderung aus einem anderen Geschäfte mit dem Kläger aufrechnen zu wollen. Kläger bestreitet die Gegenforderung nicht und benennt Zeugen für die rechtzeitige Erfüllung. Sind dieselben zu vernehmen?

539. Verkäufer wird wegen angeblich verspäteter Lieferung auf Entschädigung in Höhe von 1217 M. verklagt. Er bestreitet sowohl die Verspätung als auch die Höhe des Schadens und rechnet subsidiär aus anderen Geschäften mit dem Kläger Gegenforderungen auf, welche dieser leugnet. Nachdem Kläger für die Festsetzung des verpaßten Lieferungstermines Zeugen hat vernehmen lassen, die zu seinen Gunsten aussagen, benennt Beklagter Zeugen für seine Gegenforderung. Das Gericht erläßt Urteil dahin: „Es wird vorbehaltlich der Aufrechnungseinrede des Beklagten festgestellt, daß der Entschädigungsanspruch des Klägers dem Grunde nach besteht." Durfte solche Entscheidung ergehen? Welchem Rechtsmittel unterliegt sie? Wie entscheidet das höhere Gericht?

540. Der Beklagte hat eine mit dem Klaganspruch rechtlich nicht zusammenhängende Gegenforderung aufgerechnet, die der Kläger bestreitet. a) Muß das Urteil, welches den Beklagten unter Vorbehalt dieser Einrede verurteilt, über die Kosten entscheiden? b) Kann vor seiner Rechtskraft eine Partei die andere zur Verhandlung über die Aufrechnungseinrede laden? c) Angenommen, die Aufrechnungseinrede wird hier für begründet befunden und demgemäß unter Aufhebung des Vorbehalturteils die Klage abgewiesen: welchen Einfluß hat dieser Umstand auf die inzwischen gegen das Vorbehaltsurteil eingelegte und noch schwebende Berufung des Beklagten? Würde die noch nicht eingelegte Berufung jetzt noch ergriffen werden können? d) Welche Einwirkung hätte umgekehrt auf das noch schwebende Nachverfahren oder auf eine hier erlassene rechtskräftige Entscheidung ein Urteil des Berufungsgerichtes, welches unter Aufhebung des Vorbehaltsurteils die Klage rechtskräftig abweisen würde?

Siebentes Kapitel.

Der Beweis.

I. Allgemeine Lehren. Beweislast.

541. Bei einem Entschädigungsprozeß ist die Tatsache bestritten und erheblich, ob es an dem ersten Sonntag im Mai stark und anhaltend geregnet habe. Muß der Richter hierüber Zeugen vernehmen, wenn er sich dieses Regens deshalb genau erinnert, weil er durch denselben an einem beabsichtigten Ausflug verhindert worden ist?

542. Einem Mieter ist vorzeitig gekündigt, weil er die übrigen Bewohner des Hauses durch ungebührlichen Lärm störe und der Hausordnung zuwider die Treppe nicht sauber halte. Bedarf es hierfür eines Beweises, wenn der im gleichen Hause wohnende Richter diese Mißstände täglich mit wahrgenommen hat?

543. Eine Buchhandlung hat einen Studenten auf Zahlung der drei ersten Bände eines Lieferungswerkes verklagt. Muß der Richter bei Ausbleiben des Beklagten das begehrte Versäumnisurteil erlassen, wenn er als Abonnent des gleichen Werkes bestimmt weiß, daß bisher nur zwei Bände erschienen sind?

544. Beklagter hat den Schoßhund einer alten Dame überfahren. Die Entscheidung hängt nur noch von dem Umstande ab, ob er im Momente der Tat betrunken war. Fest steht, daß er in den letzten zwei Stunden vor dem Vorfall sieben „große Pilsener" genossen hat. Der Richter weist die Klage ohne weitere Beweisaufnahme ab, weil offenkundigerweise sieben Pilsener noch keine Trunkenheit begründeten. Liegt darin ein prozessualer Verstoß? Wäre ein solcher anzunehmen, wenn der Richter auf Grund seiner langjährigen Bekanntschaft mit dem Beklagten im Urteil ausgeführt hätte, es sei gerichtskundig, daß Beklagter weit mehr vertrage?

545. Die Parteien sind sich einig, daß eine am 5. April erfolgte Kündigung des Mieters verspätet sei; der Streit dreht sich nur darum, ob der Eigentümer dieselbe angenommen habe. Darf der Richter dem Mieter aus dem von keiner Partei geltend gemachten Grunde recht geben, weil das Osterfest auf den 2. und 3. April gefallen, die Kündigung also rechtzeitig gewesen sei.

546. Ein Makler hat eine Provision in Höhe von $1^1/_2$ % des Objektes eingeklagt und zum Beweise dafür, daß dies der ortsübliche Satz sei, Sachverständige benannt. Das Gericht hat ihm, ohne dieselben zu vernehmen, nur zwei Drittel der begehrten Summe mit der Begründung zugesprochen, es sei notorisch, daß bei Objekten der vorliegenden Höhe die ortsübliche Gebühr 1 % ausmache. Ist dieses Verfahren zulässig?

547. Ein Matrose ist vor zwanzig Jahren desertiert und seitdem verschollen. Nun stirbt der Vater. Geschwister des Verschollenen klagen gegen dessen Abwesenheitspfleger auf Feststellung, daß sie die einzigen Erben seien. Ist eine solche Klage statthaft? Kann sie gegen den Pfleger erhoben werden? Haben Kläger den Tod oder hat der Pfleger das Fortleben des Verschollenen zu beweisen?

548. Dem auf Herausgabe von Nachlaßgegenständen klagenden Testamentserben wird entgegengehalten, Erblasser sei bei Testamentserrichtung nicht mehr zurechnungsfähig gewesen. Beweislast? Wie, wenn er umgekehrt, auf Zahlung einer Nachlaßverbindlichkeit verklagt, Ungültigkeit des Testamentes aus dem gleichen Grunde geltend macht?

549. Der Liquidator eines aufgelösten Vereins hat die vorgefundenen Kassenbestände bei der Bank X. verzinslich deponiert, die bald darauf in Konkurs verfällt. Von einem Gläubiger auf Entschädigung verklagt, macht er geltend, er sei ohne Verschulden. Beweislast?

550. Zu den Kunden eines Buchhändlers gehören sowohl ein literarischer Verein als auch dessen Vorsitzender persönlich. Wenn nun in einem Prozeß zwischen dem Buchhändler und dem Vorsitzenden streitig ist, ob ein bestimmtes Buch für den letzteren oder für den Verein geliefert wurde, wer hat bezüglich dieses Umstandes die Beweislast? Wie wäre es, wenn die gleiche Frage in einem Prozeß zwischen dem Vorsitzenden und dem Verein streitig würde?

551. Der auf Erfüllung eines Vertrages Verklagte wendet ein, er habe denselben wegen Irrtums angefochten. Wer hat die Beweislast, wenn Kläger: a) die Anfechtung leugnet; b) sie zugibt, aber bestreitet, daß Kläger sich in einem erheblichen Irrtum befunden habe; c) die „Unverzüglichkeit" der Anfechtung bestreitet?

552. Der auf Zahlung einer Maschine verklagte Fabrikant will einen Abzug machen, weil dieselbe infolge eines Mangels beim ersten Gebrauch in Unordnung geraten sei und Reparaturen verursacht habe. Kläger führt dies auf Ungeschicklichkeit der Arbeiter des Beklagten zurück. Beweislast?

553. Der Gläubiger eines Landwirtes hat bei diesem ein Pferd pfänden lassen. In einem nachfolgenden Entschädigungsprozeß, den der Landwirt anhängig macht, handelt es sich um die Frage, ob das Pferd der Bewirtschaftung des Gutes oder dem persönlichen Gebrauch des Landwirtes gedient habe. Beweislast?

554. Der Käufer eines Konversationslexikons, der kurz nach dem Handel entmündigt worden ist, wird, vertreten durch seinen Vormund, auf Zahlung verklagt. Der Vormund wendet ein, Beklagter sei bereits beim Kauf geisteskrank gewesen. Der Irrenarzt bekundet, es sei nicht möglich, mit Bestimmtheit festzustellen, ob dies der Fall sei. Entscheidung?

555. Der vom Verlöbnis zurückgetretene Bräutigam wird von der Braut auf Ersatz der in Erwartung der Ehe gemachten Aufwendungen verklagt. Muß Klägerin beweisen, daß er ohne wichtigen Grund zurückgetreten sei? Wenn sie umgekehrt selbst das Verlöbnis aufgelöst hat, muß sie beweisen, daß dies aus einem wichtigen Grunde geschah? Wie liegt die Beweislast, wenn Beklagter die Verlobung überhaupt bestreitet? Oder behauptet, nicht er sei der Zurücktretende gewesen? Oder die Aufwendungen der Klägerin leugnet? Oder behauptet, dieselben seien nicht angemessen gewesen?

556. Der Bauer, der auf Lieferung der angeblich verkauften Kuh belangt wird, behauptet, das Angebot des Klägers nicht angenommen zu haben, überdies sei er bei der fraglichen Verhandlung heillos betrunken gewesen. Beweislast?

557. Ein auf Zahlung des gekauften Mikroskops verklagter Student der Medizin wendet ein, er sei bei Kaufabschluß noch minderjährig gewesen. Verkäufer entgegnet, dies sei nicht richtig, übrigens habe der Vater des Beklagten dem Handel beigewohnt, ohne zu widersprechen. Beweislast?

558. Nach Beendigung des Mietverhältnisses will Mieter einige Rosenstöcke aus dem Garten mitnehmen, wird aber vom Eigentümer auf Unterlassung verklagt. Wer trägt die Beweislast bezüglich der Frage, ob die Stöcke vom Mieter bereits vorgefunden oder eingepflanzt worden sind? Wie, wenn umgekehrt der Mieter auf Feststellung seines Wegnahmerechtes geklagt hätte?

559. Der auf Lieferung verklagte Verkäufer macht geltend, der Vertrag sei nicht perfekt geworden, weil die vereinbarte Schriftform nicht eingehalten sei. Kläger erwidert, es sei allerdings die Rede gewesen von einer schriftlichen Fixierung, aber nicht als einem Gültigkeitserfordernis, sondern im Sinne einer bloßen Bestätigung. Selbst mit diesem schwächeren Inhalte sei übrigens die Abrede nicht zustande gekommen. Beweislast?

560. Der auf den Preis verklagte Käufer macht geltend, der Vertrag sei nicht perfekt geworden, weil keine Einigung über die Frage erzielt worden sei, ob in Geld oder in Wechseln zu zahlen sei. Kläger entgegnet, es sei Barzahlung ausgemacht, übrigens sei die Art der Preisbegleichung nicht wesentlich gewesen. Beweislast?

561. Rechtskandidat Pechmann wird auf Abnahme und Zahlung eines Reitpferdes verklagt. Er wendet ein, das Pferd sollte nach der Abmachung nur gekauft sein für den Fall, daß er vor dem 1. Oktober 1908 sein Examen bestehe und am genannten Tage bei der Kavallerie eintrete. Man habe ihn aber im Examen so dumm gefragt, daß er durchgefallen sei. Kläger bestreitet die Abmachung. Beweislast? Wie, wenn Beklagter behauptete, er habe allerdings das Pferd gekauft, aber das Geschäft solle bei Nichtbestehen der Prüfung von selbst aufgelöst sein? Oder er solle für den letzteren Fall ein Rücktrittsrecht bis zum 10. Oktober haben, welches er auch ausgeübt habe?

562. Käufer klagt ein Jahr, nachdem er gezahlt hat, auf Rückgewähr des Preises, indem er sich auf ein angeblich vorbehaltenes Rücktrittsrecht beruft. Beklagter bestreitet den Vorbehalt. Beweislast? Macht es einen Unterschied, ob das Rücktrittsrecht gleich beim Kauf oder erst nachträglich vereinbart sein soll? Wie, wenn Beklagter geltend machte, das Rücktrittsrecht sei für eine Zeit von sechs Monaten vorbehalten worden, während Kläger jede zeitliche Grenze leugnet?

563. Der Pförtner klagt den Lohn ein, der ihm verweigert wird, weil ihm wirksam gekündigt sei. Beweislast? Wie, wenn umgekehrt der Eigentümer gegen ihn auf Räumung der Pförtnerwohnung klagte?

564. Der verklagte Käufer behauptet eine Zahlungsfrist von drei Monaten, die Kläger bestreitet. Beweislast? Wie, wenn Kläger eine Stundung zugibt, aber nur für einen Monat? Oder, wenn nicht die dreimonatige Stundung, sondern die Frage streitig ist, ob die Frist verflossen ist?

565. Der auf Lieferung einer Partie Weizen verklagte Verkäufer behauptet, nicht im eigenen Namen, sondern als Vertreter eines Dritten verkauft zu haben, was dem Kläger bekannt, überdies aus den Umständen ersichtlich gewesen sei. Beweislast? Wie, wenn umgekehrt Käufer, auf den Preis verklagt, eingewendet hätte, Kläger habe nicht eigenen Namens verkauft?

566. Weinrich klagt aus einem Vertrag, den er mit Ernst als dem Vertreter des Lustig geschlossen hat, gegen den letzteren auf Erfüllung. Beklagter bestreitet die Bevollmächtigung des Ernst. Beweislast? Wie, wenn Beklagter zugäbe, die Vollmacht habe einmal bestanden, sei aber zur Zeit des fraglichen Geschäftes wieder erloschen gewesen?

567. Derselbe Fall, nur hat Weinrich den Ernst selbst verklagt, weil dieser ohne Vollmacht für Lustig kontrahiert habe. Wenn Beklagter Bevollmächtigung behauptet, wie liegt die Beweislast?

568. Käufer wird aus dem von seinem Vertreter geschlossenen Geschäft auf den Preis von 1200 M. verklagt. Er macht geltend, der Vertreter habe zwar Vollmacht gehabt, aber nach derselben nicht über 1000 M. kaufen dürfen. Kläger bestreitet diese Beschränkung, von der er übrigens nichts gewußt habe. Beweislast?

569. Der auf Wandelung verklagte Verkäufer wendet ein, der vom Kläger geltend gemachte „Mangel" sei in Wirklichkeit kein solcher, übrigens vom Kläger, obgleich ihm bekannt, bei Abnahme der Ware nicht gerügt worden. Wer trägt die Beweislast bezüglich des Mangels? Bezüglich der Kenntnis des Klägers von demselben? Der vorbehaltlosen Annahme?

570. Der Käufer einiger Inhaberpapiere wird von einem Dritten, dem sie angeblich gestohlen sind, auf Herausgabe verklagt. Er behauptet, beim Erwerbe gutgläubig gewesen zu sein; übrigens habe Kläger die Papiere seinerzeit selbst dem Verkäufer übergeben. Beides bestreitet der Kläger. Beweislast?

571. Jemand wird 1904 auf Zahlung von Milchlieferungen verklagt, die er angeblich 1902 erhalten hat. Er behauptet Verjährung, weil die Lieferungen in Wahrheit 1901 erfolgt seien. Kläger leugnet dies, behauptet außerdem, Beklagter habe die Schuld 1903 anerkannt, was wiederum dieser bestreitet. Beweislast?

572. Streitig ist, ob die vom Beklagten vor drei Jahren bezogenen Kohlen zum Betriebe des in seinem Geschäfte verwendeten Motors oder zur Heizung seiner Privatwohnung bestimmt waren (was für die Frage der Verjährung erheblich ist). Beweislast?

573. Jemand wird auf Schadensersatz belangt, weil er nachts den Kläger überfallen und mißhandelt habe. Wer hat die Beweislast bezüglich der Frage: a) Ob der Beklagte wirklich der Täter ist? b) Ob er im Moment der Tat zurechnungsfähig war? c) Ob er sich in Notwehr befand? d) Ob die Gesundheitsschädigung des Klägers die Folge des erlittenen Schlages ist? e) Ob der Schade in der angegebenen Höhe entstanden ist?

574. Eine gewagte Operation hat nicht den gewünschten Erfolg. Der auf Schadensersatz verklagte Arzt wendet Einwilligung des Operierten ein, der sie seinerseits bestreitet. Beweislast?

575. Jemand, der sich einer Kaufpreisforderung berühmt, wird vom angeblichen Schuldner auf Feststellung verklagt, daß eine solche Forderung nicht bestehe. Muß Beklagter das Bestehen oder Kläger das Nichtbestehen der Forderung beweisen? Ist es gleich, ob Kläger behauptet, eine solche Forderung habe nie bestanden, oder aber, sie sei nachträglich (durch Zahlung, Aufrechnung, Erlaßvertrag) getilgt worden?

576. Jemand, dessen neues Beinkleid durch einen bissigen Hund zerrissen wurde, klagt auf Entschädigung gegen den vermeintlichen Eigentümer des Tieres, der erwidert, der Hund gehe ihm nichts an. Beweislast? Wie, wenn der Beklagte das Eigentum einräumt, aber behauptet, der Hund sei durch den Kläger gereizt worden?

577. Füßler ist durch das Automobil des Protz überfahren worden und verklagt diesen auf Schadensersatz. Beklagter wendet ein: a) den Chauffeur treffe kein Verschulden; b) jedenfalls habe der Beklagte ihn als zuverlässigen, vorsichtigen Fahrer angestellt und immer bewährt gefunden; c) Kläger habe sich selbst überaus unvorsichtig benommen. Beweislast?

578. Der im Betrieb des Beklagten verunglückte Arbeiter stützt seine Entschädigungsklage auf den Mangel genügender Schutzvorrichtungen. Der Beklagte bestreitet denselben und wendet eigenes Verschulden des Klägers ein. Dieser erwidert, man habe ihn ohne genügende Warnung nicht an den gefährlichen Posten stellen dürfen. Beweislast?

579. Dem Verwahrer sind die ihm anvertrauten Wertpapiere gestohlen worden. Auf Entschädigung verklagt, wendet er ein: a) er habe die nötige Sorgfalt beobachtet; b) Kläger könne sich durch Aufgebot vor Schaden bewahren; c) der Schade sei nicht so groß, wie behauptet; d) übrigens bestehe noch die Möglichkeit, die Papiere wieder zu ermitteln. Wer hat zu beweisen?

580. Durch eine in der Wohnung des Mieters erfolgte Explosion wird nicht nur diese ruiniert, sondern auch das Erdgeschoß, in welchem der Vermieter wohnt, und das Nachbarhaus arg mitgenommen. Von dem Vermieter und vom Nachbarn auf Schadensersatz verklagt, behauptet Mieter, am Unfall völlig unschuldig zu sein. Beweislast?

581. Der auf einer dunklen Treppe verunglückte Mieter klagt gegen den Hausverwalter auf Schadensersatz. Fest steht, daß dieser die Treppe nicht rechtzeitig erleuchtet hatte, und daß sie im Zeitpunkt des Unfalles dunkel war. Wer hat bezüglich der Verursachung des Unfalls die „Beweislast"?

582. Käufer verweigert die Annahme der Ware, weil sie nach dem Vertrage einen Monat früher hätte geliefert werden sollen, was Verkäufer bestreitet. Wer hat bezüglich der streitigen Frage die Beweislast: a) wenn Verkäufer auf Abnahme klagt? b) Wenn Käufer auf Schadensersatz wegen Nichterfüllung klagt?

583. Unternehmer hat sich verpflichtet, einen Bau, „wenn die Witterung es erlaubt", bis zum 1. Oktober abnahmefertig herzustellen und für jeden Tag der Verspätung 20 M. Vertragsstrafe zugesagt. Wenn nun die Vertragsstrafe eingeklagt wird, wie liegt die „Beweislast" hinsichtlich der Frage, ob „die Witterung es erlaubte"?

584. Der auf Zahlung verklagte Käufer wendet ein, die Wertpapiere seien noch mit einem Pfandrecht belastet, das Kläger beseitigen müsse. Dieser erwidert, das Pfandrecht sei erloschen, übrigens sei es dem Beklagten bekannt gewesen und bei Bemessung des Preises berücksichtigt worden. Beweislast?

585. Wie verteilt sich die Beweislast, wenn der auf Zahlung belangte Käufer einwendet: a) er habe die Ware nicht bestellt? b) sie nicht erhalten? c) bereits gezahlt? d) die Kaufpreisforderung sei verjährt? Verkäufer erwidert: zu a) die Ware sei allerdings nicht vom Beklagten, wohl aber für diesen von einem bevollmächtigten Vertreter gekauft; zu b) Beklagter habe die Annahme der ihm angebotenen Ware verweigert; zu c) Beklagter habe allerdings dem Kläger eine Zahlung gemacht, aber auf eine andere Schuld; zu d) seit dem Verkauf sei allerdings ein der Verjährungsfrist gleicher Zeitraum abgelaufen, Beklagter habe aber während desselben die Schuld vertraglich anerkannt.

586. Der auf Zahlung von Kartoffeln verklagte Käufer macht geltend, die Lieferung sei zwar eine ganz ordentliche, aber nicht, wie ausgemacht, erstklassig. Kläger bestreitet diese Abmachung, übrigens könne man die gelieferte Ware als erstklassig bezeichnen. Beweislast?

587. Der zur Zahlung des gekauften jungen Bernhardiners aufgeforderte Käufer hat unter der Behauptung, das Tier sei nicht stubenrein, was ihm ausdrücklich zugesagt sei, übrigens von selbst sich verstehe, Wandelungsklage erhoben. Beklagter bestreitet beides und stellt auf, das Tier sei im großen und ganzen reinlich. Beweislast?

588. Der Käufer von 400 Metern Kammgarn macht, als er auf Zahlung verklagt wird, geltend, der Stoff entspreche nicht der vorgelegten Probe. Kläger bestreitet, daß nach Muster gekauft sei. Beweislast? Macht es einen Unterschied, ob die Ware der Gattung nach oder (auf Grund der Probe) von einem individuellen Vorrat gekauft sein soll? Wie, wenn Beklagter zwar den Kauf nach Probe zugibt, aber Probemäßigkeit der Ware behauptet?

589. Die aus einem Marktkauf verklagte Hausfrau wendet Zahlung ein. Kläger erwidert, sie habe an dem betreffenden Tage ihre Börse vergessen und daher um Kredit bis zum nächsten Markttag gebeten, was er der Kundin verstattet habe. Beweislast?

590. Käufer klagt auf Schadensersatz wegen nicht rechtzeitiger Lieferung der gekauften Wertpapiere. Er verlangt den höchsten Kurs der gegenwärtig stark gesunkenen Papiere. Beklagter wendet ein, es sei nicht sicher, ob Kläger zum höchsten Kurswert veräußert hätte. Beweislast?

591. Ein Gärtner hat im Garten seines Hausherrn einige Arbeiten vorgenommen. Auf den Mietzins verklagt, rechnet er aus jenen Arbeiten eine Gegenforderung von 40 M. auf. Kläger erwidert, die Arbeiten seien von ihm nicht angeordnet, auch nicht notwendig gewesen. Beklagter behauptet das Gegenteil und macht geltend, der Betrag von 40 M. sei angemessen, daher geschuldet, sei es aus Dienst- oder Werkvertrag oder Geschäftsführung ohne Auftrag. Beweislast?

592. Nach der Vereinbarung soll der Käufer am 1. Oktober Eigentümer des Pferdes werden, dasselbe aber schon vorher täglich eine Stunde ausreiten dürfen. Auf einem solchen Austritt verunglückt das Pferd. Verkäufer verlangt den Preis, weil Käufer den Untergang des Pferdes verschuldet habe, was dieser bestreitet. Beweislast?

593. Der im Besitz der Ware befindliche Käufer behauptet, als er auf Zahlung verklagt wird, er habe die Sache nur auf Besicht gekauft, könne sie aber nicht billigen. Kläger bestreitet die Besichtsklausel, übrigens liege eine Billigung darin, daß Käufer die Ware solange widerspruchslos behalten habe. Beweislast?

594. Der auf Lohnzahlung verklagte Dienstherr will einen Abzug machen, weil der Angestellte infolge Erkrankung einige Zeit keinen Dienst getan habe; diese Zeit sei keine unverhältnismäßig geringe, auch sei die Erkrankung vom Kläger durch eigene grobe Nachlässigkeit verschuldet. Beides bestreitet der Kläger. Beweislast?

595. Das „auf Knall und Fall" entlassene Dienstmädchen klagt den Lohn für den laufenden und folgenden Monat ein. Die Herrschaft behauptet, in der gröblichsten Weise von der Klägerin beschimpft worden zu sein, was diese wiederum bestreitet. Beweislast?

596. Der Reisende wird nach zweimonatiger Tätigkeit ohne Einhaltung einer Kündigungsfrist entlassen. Als er den Lohn für das laufende und folgende Quartal einklagt, behauptet der Beklagte, den Kläger für die beiden Monate nur auf Probe engagiert zu haben mit der Maßgabe, er werde ihn definitiv anstellen, wenn er mit ihm zufrieden sei. Kläger behauptet feste Anstellung, überdies sei Kläger mit ihm zufrieden gewesen. Beweislast?

597. Der Schuldner einer abgetretenen Forderung hat nach der Zession an den alten Gläubiger gezahlt. Der Zessionar verklagt ihn trotzdem, weil er seinen guten Glauben bei der Zahlung bestreitet. Beweislast?

598. Der verklagte Schuldner legt eine Quittung des Gläubigers vor. Dieser gibt zu, sie ausgestellt zu haben, aber in Erwartung der für einen bestimmten Tag in Aussicht gestellten Zahlung, die aber unterblieben sei. Beklagter bestreitet. Beweislast?

599. Der auf Rückzahlung eines „Darlehns" verklagte Empfänger macht geltend, die Summe sei ihm geschenkt worden. Beweislast? Läge sie anders, wenn Beklagter behauptete, die Summe sei zwar als Darlehn hingegeben, später aber dem Beklagten „geschenkt" worden.

600. Die Klage gegen den Mieter auf Räumung der Wohnung ist darauf gegründet, daß Kläger ihm am 2. April gekündigt habe. Wie verteilt sich die Beweislast, wenn Beklagter geltend macht: a) Kündigung sei überhaupt nicht erfolgt; b) sie sei erst am 5. April geschehen, also verspätet; c) es sei eine (nicht eingehaltene) sechsmonatige Kündigungsfrist ausgemacht; d) die rechzeitige Kündigung sei in beiderseitigem Einverständnis zurückgenommen?

601. Eigentümer klagt auf Rückgabe der Pfandsache, weil die Pfandschuld gezahlt sei. Hat er im Bestreitungsfalle das Nichtbestehen der Pfandschuld zu beweisen?

602. Der Erbe hat eine vermeintliche Schuld seines Erblassers gezahlt. Später klagt er auf Rückgewähr der Summe unter dem Gesichtspunkt der ungerechtfertigten Bereicherung. Der Beklagte macht geltend, die Schuld habe in Wirklichkeit bestanden, auch sei dem Kläger die wahre Sachlage bekannt geworden. Beweislast, wenn Kläger beides bestreitet?

603. Eine Tochter klagt gegen den Vater auf Aussteuer. Hat sie die Leistungsfähigkeit des Vaters, oder dieser das Gegenteil zu beweisen? Wäre ebenso zu entscheiden, wenn sie auf Unterhalt klagen würde?

II. Beweisverfahren im allgemeinen.

604. Kann das Gericht bezüglich einer behaupteten, bestrittenen und erheblichen Tatsache einen nicht vorgeschlagenen Zeugen laden, bei welchem es Kenntnis des Vorgangs vermutet? Kann es eine nicht in bezug genommene Urkunde berücksichtigen? Kann es einen nicht beantragten Eid auferlegen? Ohne Parteiantrag einen Augenschein einnehmen oder einen Sachverständigen vernehmen?

605. Nachdem die vom Kläger benannten Zeugen vernommen sind und der Termin behufs Verhör der vom Beklagten vorgeschlagenen Zeugen vertagt worden ist, tritt im Gericht ein Wechsel der Besetzung ein. Muß die Zeugenvernehmung wiederholt werden? Macht es einen Unterschied, ob es sich um die erste oder zweite Instanz handelt?

606. Der „Abgebrannte", der gegen die Versicherungsgesellschaft eine bestimmte Summe einklagt, vermag kein vollständiges Verzeichnis des Hausrats und Mobiliars vorzulegen. Das Gericht hat daher die Klage abgewiesen. Ist das korrekt?

607. Eine Haushälterin hat für geleistete Dienste den Lohn und für Abnutzung ihrer beim Beklagten eingebrachten Möbel eine ihr angeblich versprochene Vergütung eingeklagt. Darf das Gericht ihr bezüglich der Höhe ihrer Ansprüche den Schätzungseid auferlegen?

608. Verkäufer hat die zu einem festen Preis verkauften, für den 1. Mai 1908 versprochenen Aktien nicht geliefert und wird deshalb auf Schadensersatz verklagt. Das Gericht hat, ohne den über die Höhe des Schadens angebotenen Beweis zu erheben, dieselbe von sich aus festgesetzt, indem es die Kurse der versprochenen Aktien mit dem Kaufpreis verglich. Beklagter legt Berufung ein, weil er hierin eine Verletzung der Dispositionsmaxime erblickt. Mit Recht?

609. Dem auf Schadensersatz wegen Nichterfüllung klagenden Käufer hat das Gericht einen bestimmten Betrag mit der Begründung zugesprochen, Kläger sei als Kaufmann in der Lage gewesen, die Waren im Fall ihrer Lieferung mit dem handelsüblichen Gewinn weiter zu veräußern. Beklagter hält eine solche Schadensfeststellung ohne Aufnahme der angebotenen Beweise für unzulässig. Mit Recht?

610. Kläger hat den Kauf eines Bauplatzes mit der Begründung klagweise angefochten, der Verkaufswert sei ihm betrügerischerweise vom Beklagten auf 40 M. für den Quadratmeter angegeben worden, während er in Wahrheit nicht mehr als 15 M. betrage. Der Richter hat unter Ablehnung aller Beweisanträge die Klage mit der Begründnng abgewiesen, daß er selbst in der fraglichen Gegend sich angebaut habe und wisse, daß das Baugelände 30 bis 40 M. wert sei. Zulässig?

611. Dürfte im vorigen Fall das Gericht den Umstand berücksichtigen, daß der Gemeinderat die Anlegung verschiedener Straßen in dem betreffenden Gelände beschlossen hat, wodurch der Wert die Höhe von 30 bis 40 M. erreiche? Dürfte der Richter die genannten Umstände dann berücksichtigen, wenn es sich um eine Klage auf Schadensersatz handelte?

612. Der als unehelicher Vater Verklagte hat einen anderen Konkumbenten als Zeugen benannt, der aber die Aussage verweigert. Das Gericht hat hieraus den Schluß gezogen, daß der Zeuge mit der Mutter zu tun gehabt, und aus diesem Grunde die Klage abgewiesen. Ist dies prozessual zulässig?

613. Das Gericht hat die Klage ohne weitere Beweiserhebung mit der Begründung abgewiesen, Kläger, der einen glaubwürdigen Eindruck mache, habe eine so klare, plausible und zusammenhängende Darstellung des Tatbestandes gegeben, daß ihm zu glauben sei, während die vom Beklagten vorgetragene Darstellung unklar, widerspruchsvoll und wenig glaubhaft erscheine. Ist dies korrekt? Wie hätte das Gericht verfahren sollen?

614. Das Gericht lehnt den angebotenen Zeugenbeweis ab, weil es aus früheren Prozessen den Zeugen als einen durchaus unglaubwürdigen Menschen kenne. Oder weil derselbe wegen Meineids vorbestraft sei. Oder, weil er nach Überzeugung des Gerichtes nichts werde bezeugen können und nur behufs Verschleppung benannt sei. Oder weil das

Gericht vom Gegenteil dessen, was er bekunden soll, bereits überzeugt sei. Oder weil die Tatsache, über welche er aussagen soll, unerheblich sei. Zulässig?

615. Streitig ist, ob Kläger bei Abschluß eines Geschäftes betrunken gewesen ist. Ein vom Kläger benannter Zeuge bekundet dies. Beklagter benennt seinerseits für das Gegenteil Zeugen, die das Gericht mit der Begründung ablehnt, die Trunkenheit sei durch die vernommenen Zeugen erwiesen. Ist dies ein richtiges Verfahren?

616. Nach dem Recht eines deutschen Bundesstaates muß der Wildschaden in bestimmter Frist angemeldet, durch einen amtlichen Schätzer ermittelt und zu Protokoll festgestellt werden, welches, wenn es binnen bestimmter Frist nicht angegriffen wird, für Existenz und Umfang des Schadens maßgebend ist. In einem Wildschadensprozeß behauptet nun eine Partei, diese Beschränkung widerspreche dem Prinzip der freien Beweiswürdigung, und benennt Zeugen und Sachverständige für die Unrichtigkeit der Schätzung. Sind diese zu hören?

617. In einem Millionenprozeß hat das Landgericht Mannheim das Amtsgericht in Karlsruhe um Vernehmung eines hier wohnenden Zeugen ersucht. Kläger, der auf die persönliche Vernehmung des Zeugen durch das Prozeßgericht Wert legt, ergreift Beschwerde, weil von einer großen Entfernung der beiden Städte voneinander keine Rede sein könne, zumal angesichts eines so hohen Streitobjektes. Entscheidung?

618. Der auf Alimente Verklagte ist, nachdem ihm ein Eid zugeschoben und auferlegt war, durchgebrannt. Sein Aufenthaltsort ist unbekannt. Sein Anwalt beantragt, ihm behufs Nachforschung nach dem Beklagten eine Frist zu setzen. Wird dem entsprochen?

619. Streitig ist, ob das in den Keller des Klägers eindringende Wasser von einer Senkgrube des Beklagten herrührt. Das Gericht hat behufs Feststellung des Tatbestandes Sachverständige ernannt. Diese haben auf dem Grundstück des Beklagten Bohrungen vorgenommen und Wasserproben entnommen. Darf das Gericht ein hierauf gegründetes Gutachten berücksichtigen, wenn die Parteien zu den Bohrungen nicht zugezogen worden sind? Wäre ebenso zu entscheiden, wenn das Gericht unter Zuziehung der Sachverständigen einen Augenscheinstermin abgehalten hätte?

620. Kläger hat seine Zeugen sämtlich mitgebracht. Muß das Gericht, wenn es ihre Vernehmung für erheblich hält, einen Beweisbeschluß erlassen?

621. Es ist Termin anberaumt zur Vernehmung der vom Kläger benannten Zeugen. Was geschieht, wenn in dem Termin der Anwalt des Beklagten vortritt und die betreffenden Tatsachen zugesteht? Wie steht es mit der Zeugengebühr?

622. Der Beweisbeschluß hat Termin zur Vernehmung zweier Zeugen auf den 10. Mai, Termin zur Fortsetzung der mündlichen Verhandlung auf den 1. Juli angesetzt. Zulässig?

III. Der Beweis durch Augenschein.

623. Die auf Zahlung einer Robe verklagte Dame macht geltend, dieselbe sei schlecht gearbeitet und sitze abscheulich. Kann der Richter auf Antrag des Klägers oder von Amts wegen anordnen, daß die Beklagte, mit der beanstandeten Robe bekleidet, vor Gericht erscheinen soll? Kann sie zum Erscheinen gezwungen werden? Welche Folgen hat ihr Nichterscheinen?

624. Der Eigentümer eines entlaufenen Hundes klagt gegen den angeblichen Besitzer auf Herausgabe. Dieser leugnet, daß der von ihm besessene Hund mit dem klägerischen identisch sei. Kläger beantragt, das Gericht möge dem Beklagten die Vorzeigung des Hundes an der Gerichtsstätte aufgeben. Kann diesem Antrag entsprochen werden? Kann durch Zwischenurteil festgestellt werden, daß Beklagter zur Vorzeigung des Hundes verpflichtet sei?

625. Kann im vorigen Fall das Gericht die Vorzeigung des Hundes erzwingen? Kann es sich behufs Besichtigung des Hundes in die Wohnung des Beklagten begeben? Kann es dessen Haus gegen seinen Willen betreten und durchsuchen, um den Hund zu finden? Kann Kläger die Vorzeigung erzwingen? Auf welchem Wege?

626. Kurze Zeit nach dem Tode des Versicherten wird in einem Prozeß zwischen den Hinterbliebenen und der Gesellschaft die Todesursache streitig. Die Gesellschaft, die Selbstmord behauptet, beantragt Ausgrabung und Sektion der Leiche. Kann das gegen den Willen der Hinterbliebenen geschehen? Welche Prozeßfolgen hat ihre Weigerung? Kommt es auf deren Motive an? Welche Wirkung hätte es, wenn im Versicherungsvertrag bestimmt wäre, die Hinterbliebenen des Versicherten müßten bei Gefahr des Verlustes ihrer Ansprüche auf Wunsch der sofort zu benachrichtigenden Gesellschaft die Obduktion der Leiche vornehmen lassen?

627. Klägerin behauptet, infolge der Mißhandlungen des Beklagten ein inneres Leiden davon getragen zu haben, was dieser bestreitet. Das Gericht beschließt, Klägerin durch einen Arzt untersuchen zu lassen. Kann sie zur Gestattung der Untersuchung gezwungen werden? Macht es einen Unterschied, ob es sich um einen Entschädigungs- oder Scheidungsprozeß handelt? Könnte in dem einen oder anderen Fall Klägerin wenigstens zum persönlichen Erscheinen vor Gericht angehalten werden?

628. Jemand klagt gegen einen Kunsthändler unter der Behauptung, dieser habe ihm statt des verkauften Originals eine (allerdings sehr gute) Kopie geliefert und das Original selbst behalten. Kann er, wenn Beklagter den Besitz eines solchen Gemäldes bestreitet, ihm den Editionseid auferlegen lassen? Oder einen anderen Eid? Kann er, wenn er diesen Besitz nachgewiesen hat, den Beklagten zur Vorzeigung des Gemäldes zwingen?

629. Ein Eigentümer hat auf Entschädigung gegen seinen Nachbarn geklagt, weil dieser durch eine (inzwischen allerdings beseitigte) Anlage den Abfluß des Wassers vom klägerischen Grundstück verhindert habe. Ist hier Augenscheinsbeweis noch möglich?

630. Die Entschädigungsklage ist darauf gestützt, daß der Betrieb des Beklagten den Kläger durch Rauch, Ruß, Lärm und Erschütterung erheblich belästige. Ist bei dieser Sachlage Zeugenbeweis denkbar? Oder Sachverständigenbeweis? Oder

Augenscheinsbeweis? Darf das Gericht, statt die Sachlage aus eigener Wahrnehmung zu untersuchen, Sachverständige mit der Besichtigung und Begutachtung betrauen?

631. Der um Aufnahme des Augenscheinsbeweises in einer Eigentumsstörungssache ersuchte Amtsrichter hat sich nicht damit begnügt, das Ergebnis seiner sinnlichen Wahrnehmungen niederzulegen, sondern hat zu Protokoll auch eine Reihe von Schlußfolgerungen über Ursache, Umfang und Wirkung der Eigentumsstörung verzeichnet. Darf das Prozeßgericht auf diese Beurteilung Bezug nehmen? Wäre anders zu entscheiden, wenn es sich um einen beauftragten Richter handelte, der bei der Entscheidung des Prozeßgerichtes mitwirkte?

632. Der wegen angeblicher Schwerhörigkeit ohne Kündigung entlassene Kammerdiener klagt auf Entschädigung. Der Amtsrichter spricht die Klage mit der Begründung zu, er habe sich anläßlich der Vernehmung des in der Verhandlung anwesenden Klägers durch „Augenschein" überzeugt, daß derselbe nicht in dem vom Gegner behaupteten Maße schwerhörig sei. Ist dieses Urteil haltbar?

IV. Der Beweis durch Zeugen.

633. Kann als Zeuge benannt werden:

a) Der Vormund oder Gegenvormund im Alimentenprozeß des unehelichen Kindes?

b) Der Bürgermeister oder ein Gemeinderatsmitglied in einem Prozeß der Stadt?

c) Der Testamentsvollstrecker im Prozesse des Erben oder umgekehrt?

d) Der Gemeinschuldner im Prozeß des Konkursverwalters?

e) Ein Konkursgläubiger in dem vom Verwalter geführten Anfechtungsprozeß?

f) Die Ehefrau im Prozeß des Mannes über ihr eingebrachtes Gut oder über das Gesamtgut?

g) Der eine Gesamtschuldner in dem gegen den anderen schwebenden Prozeß?

h) Der Bürge im Prozeß des Hauptschuldners?

i) Das einzelne Mitglied oder der Vorstand oder ein Vorstandsmitglied im Prozesse des Vereines?

k) Ein Miteigentümer im Prozeß des anderen?

l) Der Zedent im Prozeß des Zessionars?

m) Der Verkäufer einer Sache in dem Rechtsstreit, den der Käufer bezüglich derselben mit einem Dritten führt?

n) Der Schuldner in dem Rechtsstreit, den zwei Gläubiger um die Forderung führen?

o) Ein Streitgenosse bezüglich einer für den Prozeß des anderen erheblichen Tatsache?

p) Der Rechtsanwalt in dem Prozeß der von ihm vertretenen Partei?

634. Gläubiger hat im Prozeß gegen seinen Schuldner zum Beweis einer erheblichen Tatsache seinen Freund X. als Zeugen eidlich vernehmen lassen. Wenn er nun während des Prozesses stirbt und von X. beerbt wird: kann diesem bezüglich derselben Tatsache vom Gegner noch ein Eid zugeschoben werden?

635. Streitig ist, ob der Beklagte beim Kauf eines Pferdes so betrunken war, daß er sich über sein Handeln keine Rechenschaft ablegen konnte. Kann zum Beweis oder Gegenbeweis ein Zeuge benannt werden?

635a. Könnte ein Zeuge dafür benannt werden, daß Erblasser bei Abfassung seines Testamentes nicht mehr zurechnungsfähig gewesen sei?

635b. In einem Prozeß um die Gültigkeit eines Beschlusses der Mitgliederversammlung wird behauptet, ein Mitglied hätte anders gestimmt, wenn ihm der Vorstand nicht gewisse Tatsachen vorgespiegelt hätte. Darf das Mitglied als Zeuge hierfür benannt werden?

636. Der auf Ersatz wegen Sachbeschädigung verklagte X. hat auf Eideszuschiebung hin geschworen, daß er der Täter nicht sei. Der hierauf verklagte Y. behauptet, nicht er, sondern X. habe die Sache des Klägers geschädigt. Darf Kläger den X. als Zeugen benennen, und ist dieser im gegenwärtigen Rechtsstreit zu vereidigen? Darf sich Kläger auf die Zeugenaussage des X. im früheren Prozeß berufen? In welcher Form geschieht dies?

637. In einem Rechtsstreit wird die Frage erheblich, ob in einem früheren Prozeß das Urteil mit der nötigen Majorität beschlossen worden ist. Dürfen die Richter des ersten Prozesses als Zeugen über die Beratung und Abstimmung vernommen werden? Kommt es darauf an, ob sie zur Aussage bereit sind? Müssen oder dürfen sie von der Amtsverschwiegenheit entbunden werden?

638. Der Amtsrichter hat den Kläger angewiesen, die von ihm benannten Zeugen in der nächsten Sitzung mitzubringen. Kann er gegen die ausbleibenden Zeugen Strafen verhängen?

639. Der ausgebliebene Zeuge ist in eine Geldstrafe von 20 M. genommen worden. Im nächsten Termin erscheint er und beantragt Aufhebung der Strafe, weil er unpäßlich gewesen sei. Muß dem entsprochen werden, auch wenn er kein ärztliches Zeugnis und keinen sonstigen Beweis für seine Unpäßlichkeit beibringt? Kann das Gericht von Amts wegen seinen Hausarzt vernehmen?

640. Der Beklagte hat zum Beweise dafür, daß er bei Abschluß des streitigen Geschäftes nicht betrunken gewesen sei, seine Frau als Zeugin benannt. Diese hat auf Befragen des Vorsitzenden erklärt, aussagen zu wollen. Nach Beendigung ihrer Aussage wird sie vom Vorsitzenden gefragt, wieviel Bier und Branntwein am betreffenden Tage der Mann getrunken habe. Nach längerer Überlegung erklärt sie, die Aussage verweigern zu wollen. Ist dies noch zulässig? Kann der Richter Aussagen, die sie vorher gemacht hatte, zur Bildung seiner Überzeugung verwerten?

641. Ein Pfarrer ist in einer Erbteilungssache als Zeuge dafür benannt, daß Erblasserin seinem Amtsvorgänger wiederholt größere Geldbeträge übergeben habe. Er verweigert die Aussage. Beweisführer hält dies für unzulässig, weil der § 383 Ziff. 4 ZPD. nur das „Anvertrauen" von Tatsachen, nicht von Sachen betreffe, weil Geldempfang als solcher mit der Seelsorge nichts zu tun habe, und weil das Geld allenfalls nicht ihm, sondern seinem Amtsvorgänger anvertraut sei. Entscheidung? Wie, wenn sich im Pfarrarchiv Aufzeichnungen über die Geldzahlungen befänden?

642. Für die Entscheidung des Rechtsstreites ist erheblich, ob in der Konditorei des Beklagten gewisse Mißstände geherrscht haben. Kläger benennt als Zeugen den ersten Arbeiter des Beklagten. Darf dieser das Zeugnis verweigern? Wäre anders zu entscheiden, wenn es sich um einen Handlungsgehilfen des Beklagten handelte? Wie, wenn es sich um die Zusammensetzung eines sehr zugkräftigen Gebäcks handelte?

643. Zum Beweise dafür, daß Kläger an einer bestimmten Krankheit gelitten habe, beruft sich der Beklagte auf das Zeugnis eines Apothekers, der dem Kläger gewisse spezifische Mittel verkauft hat. Kann der Zeuge die Aussage verweigern? Kann das Gericht sich seine Geschäftsbücher von Amts wegen vorlegen lassen? Könnte der Beklagte den Kläger zwingen, sein eigenes Rezeptbuch vorzulegen?

644. In einem Ehescheidungsprozeß wird der Umstand erheblich, ob der Mann die Frau durch Privatdetektivs hat überwachen lassen. Der als Zeuge benannte Direktor des Detektivbureaus verweigert die Aussage. Zulässig?

645. In einer Alimentensache benennt Kläger einen Bankdirektor als Zeugen dafür, daß Beklagter bei der betreffenden Bank ein großes Depot gemacht habe. Kann der Zeuge die Aussage verweigern? Können seine Bücher von Amts wegen beigezogen werden? Oder auf Antrag des Klägers?

646. Ein Notar ist als Zeuge dafür benannt, daß die Parteien in seiner Gegenwart einen höheren als den beurkundeten Kaufpreis ausgemacht haben. Kann er das Zeugnis verweigern? Auch dann, wenn ihn beide Parteien von der Verschwiegenheit entbinden?

647. Ein Rechtslehrer, der in der schwebenden Sache von einer Partei um ein Gutachten angegangen worden ist, wird als Zeuge für gewisse von der Partei ihm gemachte Mitteilungen benannt. Darf er die Aussage verweigern?

648. Für den gegenwärtigen Prozeß ist der Hergang von Vergleichsverhandlungen erheblich, welche die Parteien vor einem als gemeinsamen Vermittler zugezogenen Rechtsanwalt X. gepflogen haben. Darf dieser, wenn ihn die eine Partei als Zeugen benennt, die andere aber von der Pflicht zur Verschwiegenheit nicht entbindet, die Aussage verweigern? Darf der erste Anwaltsgehilfe, der zufällig von einem Nebenzimmer aus die Verhandlungen mit angehört hat, die Aussage verweigern?

649. Beklagter behauptet, Kläger habe seinen Anwalt ermächtigt, dem Beklagten brieflich Ausstand zu gewähren. Kann der als Zeuge benannte Anwalt seine Aussage verweigern?

650. Ein Wirt ist vom Nachbarn auf Schadensersatz verklagt, weil er eine Studentenkorporation aufgenommen habe, die bis spät in die Nacht durch Lärm und Singen die Nachbarschaft belästige. Der als Zeuge benannte Vorsitzende der Verbindung verweigert die Aussage. Mit Recht? Darf er, wenn er aussagt, vereidigt werden?

651. In dem Alimentenprozeß eines unehelichen Kindes hat der Beklagte einen Dritten als Zeugen dafür benannt, daß derselbe ebenfalls mit der Mutter zu tun gehabt. Darf der Dritte das Zeugnis verweigern, wenn er zur fraglichen Zeit verheiratet war? Wenn er Junggeselle war?

652. Ein als Zeuge benannter Kaufmann hat die Aussage verweigert, weil dieselbe seinen Kredit gefährden und seine Kundschaft vermindern könnte. Ist dieses zulässig?

653. In einem Rechtsstreit ist die Behauptung erheblich, daß Beklagter zu einem Syndikat gehöre, dessen Mitglieder nicht unter einem bestimmten Preis verkaufen dürfen. Ein als Zeuge benanntes Mitglied des Syndikates verweigert die Aussage. Mit Recht?

654. Ein Gläubiger hat gegen den Bruder seines Schuldners auf Anfechtung eines Erbverzichtes geklagt, den der erstere zugunsten des letzteren erklärt haben soll. Kann der als Zeuge für den Verzicht benannte Schuldner die Aussage verweigern? Wäre ebenso zu entscheiden, wenn das angefochtene Geschäft eine Schenkung wäre?

655. Die Ehefrau hat in Abwesenheit des Mannes einem Dritten eine zum Gesamtgut gehörige Sache verkauft. Der

Ehemann klagt gegen den Dritten auf Herausgabe der Sache und benennt, als der Dritte Vertretungsmacht der Frau behauptet, diese zum Gegenbeweis als Zeugin. Kann sie das Zeugnis verweigern? Wäre anders zu entscheiden, wenn ein Möbelstück eines Junggesellen durch seine angeblich bevollmächtigte Haushälterin verkauft worden ist?

656. Der ohne Kündigung ausgetretene Handlungsgehilfe hat sich in einem Prozeß mit dem Prinzipal zum Beweise dafür, daß dieser ein jähzorniger Mensch sei, auf dessen eigenen Anwalt berufen, mit welchem der Prinzipal schon wiederholt heftige Szenen gehabt habe. Der Anwalt verweigert das Zeugnis. Mit Recht? Wie wird über die Weigerung entschieden? Wem sind die Kosten aufzuerlegen, wenn die Weigerung verworfen wird. Kann der Anwalt oder der Gegner des Beweisführers die Entscheidung des Gerichtes anfechten? Auch wenn sich der Anwalt bloß über die Kostenlast beschwert? Hat der Anwalt, wenn über seine Weigerung mündlich verhandelt wird und er hierbei erscheint, Anspruch auf Zeugengebühr?

657. Der als Zeuge vernommene Landesherr ist nicht vereidigt worden mit der Begründung, das Gericht schenke auch seiner unvereidigten Aussage vollen Glauben. Zulässig?

658. In dem zur Zeugenvernehmung angesetzten Termin ist der Kläger erschienen, der Beklagte nicht. Hat die Vereidigung des Zeugen zu unterbleiben, wenn Kläger darauf verzichtet? Kann der allein anwesende Kläger auf die Vernehmung des Zeugen verzichten? Macht es einen Unterschied, ob er oder der Gegner den Zeugen benannt hat?

659. Können die Parteien auf den schon vernommenen Zeugen verzichten? Haben sie ein Mittel, dessen Aussagen für das Gericht unbeachtlich zu machen?

660. Der Mann ist auf Zahlung von Waren verklagt, welche die Frau für den Haushalt gekauft hat. Die Frau hat, auf ihr Weigerungsrecht aufmerksam gemacht (warum besteht ein solches?), sich zur Aussage bereit erklärt. Ist sie zu vereidigen? Kann sie, nachdem sie ausgesagt hat, den Eid verweigern, den ihr das Gericht abnehmen will?

661. Ist als Zeuge unvereidigt zu vernehmen:

a) ein Miteigentümer im Prozeß des anderen wegen Störung der gemeinschaftlichen Sache?

b) ein Testamentserbe im Rechtsstreit des anderen um die Gültigkeit eines Testamentes, in welchem beide eingesetzt sind?

c) ein Vermächtnisnehmer im Prozeß des Erben um die Gültigkeit des Testamentes?

d) ein Aktionär im Prozeß des anderen gegen die Aktiengesellschaft um die Gültigkeit eines Generalversammlungsbeschlusses?

e) das Vereinsmitglied im Rechtsstreit des Vereines?

f) der Verkäufer in dem gegen den Käufer geführten Eviktionsprozeß?

g) der (bezahlte oder unbezahlte) Vermittler des der Klage zugrunde liegenden Geschäftes?

h) der Erwerber der streitigen Sache in dem vom Veräußerer weiter geführten Rechtsstreit?

i) der Chauffeur in dem vom Überfahrenen gegen den Autobesitzer geführten Entschädigungsprozeß?

k) der Bürge im Prozeß des Gläubigers gegen den Hauptschuldner?

l) der Zedent einer Forderung im Prozesse des Zessionars? Oder umgekehrt?

m) ein Mitglied einer offenen Handelsgesellschaft in dem vom geschäftführenden Mitgesellschafter geführten Prozeß?

n) ein Hauseigentümer in dem von seinem Nachbarn geführten Prozeß um Beseitigung einer beide störenden Anlage eines Dritten?

o) ein Mieter in dem vom anderen Mieter desselben Hauses gegen den Eigentümer geführten Rechtsstreit wegen ungenügender Unterhaltung des Hauses?

p) ein ebenfalls unterhaltspflichtiger Verwandter des Klägers in dem gegen einen anderen geführten Alimentationsprozeß. Macht es einen Unterschied, ob der Zeuge nur subsidiär oder auf gleicher Stufe wie Beklagter haftet?

q) ein überführter oder mutmaßlicher Mittäter in dem gegen einen anderen geführten Entschädigungsprozeß?

r) ein Schuldner in dem Rechtsstreit zweier Gläubiger um die Innehabung der gegen ihn gerichteten Forderung?

s) der eine Gläubiger im Prozeß des anderen auf Anfechtung eines von ihrem gemeinsamen Schuldner abgeschlossenen Rechtsgeschäftes?

V. Der Beweis durch Sachverständige.

662. Für einen Prozeß sind die Börsenusancen der Straßburger Warenbörse maßgebend. Das Gericht hat von Amts wegen seitens der Börse Auskunft erbeten und erhalten. Beklagter ficht nun das hierauf gegründete Urteil an, weil es gegen die Verhandlungsmaxime verstoße. Richtig?

663. Ein Hausmakler ist zum Beweis dafür benannt, daß der Makellohn in der betreffenden Stadt bei bestimmter Höhe des Objekts 1 Prozent nicht übersteige. Welchen Eid hat er zu leisten? Dürfte ihn das Gericht von Amts wegen zuziehen?

664. Der Prozeß dreht sich um einen Mangel der Maschine, die der Beklagte nicht zahlen will. Als Sachverständiger ist der Ingenieur X. ernannt. Dieser läßt sich durch Maschinisten und Arbeiter des Beklagten über bestimmte Erscheinungen berichten, die sich bei Gebrauch der Maschine regelmäßig zeigten. Auf diesen Mitteilungen beruhen die Schlußfolgerungen seines Gutachtens. Kläger hält dasselbe für unbeachtlich, weil bezüglich jener Mitteilungen die Vorschriften über den Zeugenbeweis hätten innegehalten werden müssen. Richtig?

665. Wie, wenn im vorigen Fall Maschinisten und Arbeiter jene Erscheinungen als Zeugen vor Gericht bekundet hätten: dürfte das Gericht dem Sachverständigen einfach das Protokoll überlassen, ohne nähere Angaben darüber, welche Tatsachen es für erwiesen hält, welche nicht?

666. Der ohne Kündigung ausgezogene Mieter hat sich auf einen Arzt berufen zum Beweise dafür, daß die Wohnung gesundheitsgefährlich sei. Welchen Eid hat der Arzt zu leisten: a) wenn er die Wohnung nicht kennt? b) wenn er sie als Hausarzt des Mieters beobachtet hat? c) Wie verschafft er sich im ersten Fall Einblick in die Wohnung? Kann er sich gegen den Willen des Eigentümers Eingang erzwingen?

667. In einem Nachlaßprozeß wird der Wert einiger Bauplätze streitig. Zur Ermittelung ist ein Gütermakler als Sachverständiger ernannt. Derselbe hat bei seinem Gutachten nicht nur die Lage, Größe und Beschaffenheit der Grundstücke für sich allein berücksichtigt, sondern auch die in der betreffenden Gegend erzielten Bodenpreise zugrunde gelegt, die er durch private Umfragen bei verschiedenen Eigentümern festgestellt hat. Muß er auch den Zeugeneid leisten? Darf eine Partei Beweis dafür antreten, daß in Wahrheit die angenommenen Kaufpreise nicht erzielt oder dem Werte nicht entsprechend sind?

668. Der wegen ungenügender Stimmausbildung ohne Kündigung entlassene Sänger klagt gegen den Theaterdirektor auf Schadensersatz. Beide Parteien benennen Sachverständige. Darf der Richter ihre Vernehmung mit der Begründung ablehnen, er habe aus dem vor Gericht veranstalteten Probesingen des Klägers die Überzeugung gewonnen, daß er unzulänglich sei. Kommt es darauf an, ob der Richter sangeskundig ist oder nicht? Können Theaterbesucher als Zeugen benannt werden?

669. Für die Entscheidung des Prozesses ist es erheblich, ob Kläger als geistesschwach gelten kann oder nicht. Das Gericht lehnt den hierüber angebotenen Sachverständigenbeweis mit der Begründung ab, es habe aus dem Auftreten des Klägers den Eindruck gewonnen, daß derselbe nicht geistesschwach sei. Zulässig?

670. Geklagt ist wegen Verletzung einer Konkurrenzklausel. Entscheidend ist, ob Beklagter, der von einer einzigen Bierbrauerei ein Depot führt, als „Bierverleger" anzusehen ist. Das Gericht hat dies aus eigener Sachkenntnis über die geschäftliche Bedeutung der Ausdrücke „Verlag, Verleger" angenommen. Ist die zugleich erfolgte Ablehnung eines Sachverständigenbeweises statthaft?

671. In einem Patentverletzungsprozeß hat das Gericht die beiderseits benannten Sachverständigen abgelehnt und sich um ein Gutachten an das Patentamt gewandt. Zulässig? Auch wenn sich die Parteien auf zwei bestimmte Sachverständige geeinigt hätten?

672. Das Gericht hat den vorgeschlagenen Sachverständigen abgelehnt, weil es ihn nicht für sachkundig hält. Zulässig? Macht es einen Unterschied, ob der Vorschlag von einer Partei allein oder von beiden ausgegangen ist?

673. In einem Prozeß zwischen dem Kunden und dem Lieferanten ist streitig, ob die vom letzteren verkaufte Ware bestimmte Mängel aufweise. Kann der Richter unter Ablehnung der vom Kläger und vom Beklagten benannten Sachverständigen ein schriftliches Gutachten zuziehen, welches aus Anlaß der Klage eines anderen Kunden gegen denselben Lieferanten bezüglich der gleichen Ware erhoben worden ist?

674. Streitig ist, welche Einwirkung ein Unfall auf den geistigen und körperlichen Zustand des Klägers gehabt habe. Kann das Gericht die medizinische Fakultät der Universität Straßburg um ein Gutachten ersuchen?

675. In einem Prozeß wegen angeblich unbefugter Benützung eines fremden Namens hat auf Ersuchen des Gerichtes der literarische Sachverständigenverein ein Gutachten eingereicht und zur Erläuterung desselben den Schriftsteller Dr. X. abgeordnet. Derselbe berichtet auf Befragen des Vorsitzenden über den Hergang der Beratung im Sachverständigenverein, über die verschiedenen dort geltend gemachten Gründe und Gegengründe sowie über das Abstimmungsverhältnis. Nun beantragt ein Anwalt seine Vereidigung als Zeuge. Darf diese erfolgen?

676. Das Gericht hat die auf Patentverletzung gestützte Klage mit der Begründung abgewiesen, das Verständnis der Klage und die Beurteilung der Sache setze eine Reihe sehr eingehender technischer Kenntnisse voraus, die dem Gerichte nicht zuzutrauen seien, Kläger aber habe unterlassen, Sachverständigenbeweis anzutreten. Ist diese Begründung stichhaltig?

677. Der Prozeß dreht sich um die Frage, ob die jetzt vorhandene Schwerhörigkeit des Klägers durch den ein Jahr vorher vom Beklagten verschuldeten Unfall des Klägers verursacht sei. Zum Beweise dafür, daß die vorher nicht vorhandene Schwerhörigkeit unmittelbar nach dem Unfall eingetreten sei, beruft er sich auf seinen Hausarzt Dr. D. Beklagter hat als Sachverständigen Prof. M. benannt. Welchen Eid haben die beiden Ärzte zu leisten? Wie ist zu entscheiden, wenn der erste die Behauptungen des Klägers bestätigt, der zweite in seinem schriftlichen Gutachten erklärt, nach dem jetzigen Befund könne die Schwerhörigkeit erst vor etwa sechs Monaten eingetreten sein?

678. Die mit dem Armenrecht versehene Klägerin hat den durch das Gericht von Amts wegen zugezogenen Sachverständigen wegen Befangenheit abgelehnt. Ist auf das Ablehnungsgesuch überhaupt einzugehen?

679. Beklagter hat den auf Antrag des Klägers ernannten Sachverständigen abgelehnt, weil derselbe vor dem Prozeß auf Ansuchen des Klägers bereits ein diesem günstiges Gutachten erstattet habe. Ist die Ablehnung begründet, wenn dies glaubhaft gemacht wird?

680. Im Prozeß mit seinem Mieter hat der Eigentümer zum Beweise dafür, daß das Mietshaus die behaupteten Mängel nicht habe, den Architekten, der es erbaut hat, als Sachverständigen benannt. Kann sich der Mieter der Vernehmung desselben widersetzen? Kann das Gericht auch ohne Ablehnung von ihr absehen?

681. Beklagter hat den auf Antrag des Klägers ernannten „Sachverständigen" abgelehnt, weil er die nötige Sachkunde nicht besitze, und hat gegen den seine Ablehnung zurückweisenden Beschluß Beschwerde eingelegt. Hat diese Aussicht auf Erfolg?

682. Beklagte Unfallversicherungsgesellschaft hat ein schriftliches Gutachten ihres Arztes über die Erwerbsfähigkeit des Klägers vorgelegt. Darf dasselbe berücksichtigt werden? Kommt es darauf an, ob Kläger diesen Sachverständigen ablehnt? Ob der Inhalt des Gutachtens mündlich vorgetragen wird?

683. Der Sachverständige hat auf die Aufforderung des Gerichtes hin sein schriftliches Gutachten bei der Gerichtsschreiberei niedergelegt und wird hierauf in mündlicher Verhandlung vereidigt. Ist dieses Verfahren korrekt?

684. In einem Entschädigungsprozeß wegen Lieferung verdorbener Ware ist der Gerichtschemiker vom Vorsitzenden unter Hinweis auf den Diensteid zur Erstattung eines Gutachtens aufgefordert worden. Er hat dasselbe schriftlich eingereicht. Darf es im Prozesse, wenn sein Inhalt durch einen Rechtsanwalt vorgetragen wird, berücksichtigt werden? Würde es einen Unterschied machen, wenn der Chemiker sich in seinem schriftlichen Gutachten selbst auf den geleisteten Eid berufen hätte?

685. Käufer behauptet, die ihm gelieferten Kartoffeln seien bei der Ankunft erfroren gewesen. Zum Beweise beruft er sich auf den beim Empfang anwesenden Bauern X., der auch vernommen wird. Bekommt X. die Zeugen- oder Sachverständigengebühr?

686. Käufer eines Gespanns hat Wandelungsklage erhoben, weil die Pferde nicht, wie zugesichert, ruhig und ordentlich eingefahren, auch sonst nicht fehlerfrei gewesen seien. Auf Antrag des Verkäufers werden zwei seiner Gutsnachbarn zum Beweise dafür geladen, daß die von ihnen kurz vor dem Verkauf mehrfach zum Fahren benutzten und erprobten Pferde die vom Kläger vermißten Eigenschaften gehabt hätten. Kann sie der Kläger wegen ihres Freundschaftsverhältnisses zum Beklagten ablehnen?

687. Im Prozeß mit der Lebensversicherungsgesellschaft ist der Hausarzt des verstorbenen Versicherten zum Beweise dafür vernommen, daß er schon vor mehreren Jahren Anzeichen der Schwindsucht bei seinem Patienten beobachtet habe. Hat er den Sachverständigeneid zu leisten?

VI. Der Beweis durch Urkunden.

688. Der Inhaber eines Wechsels hat die darin verzeichnete Summe von 10000 M. gegen den Akzeptanten eingeklagt. Dieser erkennt die Unterschrift als die seinige an, macht aber geltend, der in blanko unterschriebene Wechsel sei der Vereinbarung zuwider statt mit 1000 M. mit der höheren Summe ausgefüllt worden. Wer hat die Beweislast? — Wie, wenn Beklagter erklärte, er habe den Wechsel ausgefüllt, aber infolge Verschreibens statt der gewollten 1000 das Zehnfache aufgeschrieben: ist dieser Umstand durch den Wechsel widerlegt?

689. Jemand erklärt in der Bürgschaftschrift, sich für die Schuld seines Schwagers in der „jeweiligen Höhe" zu verbürgen. Er wird, nachdem die Schuld von 1000 M. auf das Sechsfache angewachsen ist, auf den vollen Betrag belangt. Ist sein Einwand, daß er das Wort „jeweilige Höhe" im Sinne von „damaliger" Höhe verstanden habe, überhaupt beachtlich? Wer hat zu beweisen?

690. Der Notariatsakt verzeichnet als Kaufpreis eines Hauses 60000 M. Darf der auf achtzigtausend klagende Verkäufer geltend machen und zu Beweis stellen, der Preis sei in Wahrheit auf diese höhere Summe fixiert und nur zur Ersparung von Steuern im Vertrage niedriger angegeben?

691. Die Frau hat den Schuldschein über ein dem Manne gegebenes Darlehn mit unterschrieben. Aus demselben verklagt, wendet sie ein, die Unterschrift habe nach ausdrücklicher Verabredung mit dem Gläubiger nicht den Zweck gehabt, sie zu verpflichten, sondern nur, ihr Einverständnis mit dem Geschäfte des Mannes zu bekunden. Darf auf den von ihr hierüber zugeschobenen Eid erkannt werden?

692. Der auf Räumung am 1. Juli verklagte Mieter hat die rechtzeitige Kündigung bestritten. Ist sie bewiesen, wenn dem Gericht ein vom 2. April datierter Kündigungsbrief des Klägers vorliegt? Muß Kläger beweisen, daß dem Beklagten der Brief am 3. zugegangen ist, oder hat dieser den Gegenbeweis zu führen?

693. X. hat seine Forderung an Y. abgetreten. Dieser klagt sie gegen den Schuldner ein unter Vorlegung einer Zessionsurkunde mit dem Datum 10. Januar 1908. Beklagter wendet ein, dieselbe Forderung sei am 20. Januar von einem

Gläubiger des X., nämlich Z., gepfändet worden; die Zession an Y. aber habe erst am 25. stattgefunden und sei nur in Täuschungsabsicht auf den 10. Januar vordatiert worden. Das Gericht hat den Beweis dieser Behauptung nicht zugelassen, weil durch die Abtretungsurkunde der 10. Januar als Zessionstag festgestellt sei. War dies richtig?

694. Ein Lothringer ist aus einer von ihm unterschriebenen Verbürgungsurkunde verklagt worden. Darf oder muß das Gericht, wenn es aus dem Prozeß ersieht, daß der Beklagte kein Wort Deutsch versteht, als feststehend annehmen, daß er sich der Bedeutung seiner Erklärung bewußt gewesen sei? Wie liegt die Beweislast, wenn Beklagter dies bestritten hat?

695. Der aus einem schriftlichen Schuldversprechen Verklagte macht geltend, er habe dasselbe allerdings in Gegenwart des Klägers geschrieben, dann aber erklärt, die Sache sich noch überlegen zu wollen, Kläger aber habe ihm das Schriftstück aus der Hand gerissen und trotz seines Widerspruchs mitgenommen. Das Gericht hat den hierüber angebotenen Beweis abgelehnt, weil durch die Urkunde bewiesen sei, daß Beklagter die Erklärung abgegeben habe. Richtig?

696. Der verklagte Bürge wendet ein, der vom Kläger vorgelegte Verbürgungsschein sei lediglich ein Konzept, das er dem Kläger mit der Anfrage gesandt habe, ob diese Fassung die richtige sei. Zu einer wirklichen Verbürgung sei es weder damals noch später gekommen. Ist diese Behauptung überhaupt beachtlich?

697. Im Prozeß zwischen dem gesetzlichen und testamentarischen Erben behauptet der erste, das vom letzteren vorgelegte Schriftstück sei nicht als Testament gemeint, sondern lediglich ein Entwurf gewesen, wie Erblasser noch manchen anderen niedergeschrieben habe. Wer trägt die Beweislast? Wäre eine Beweisantretung des gesetzlichen Erben in der angegebenen Richtung überhaupt zulässig?

698. Im Räumungsprozeß behauptet Kläger, am 2. Januar auf den 1. April gekündigt zu haben. Er legt auch eine Quittung vor über einen am 1. Januar dem Beklagten abgeschickten eingeschriebenen Brief. Muß er beweisen, daß in diesem Brief die Kündigung enthalten war? Daß Beklagter — was dieser bestreitet — diesen Brief wirklich empfangen habe?

699. In der zu Metz aufgenommenen Notariatsurkunde über ein Geschäft zwischen zwei Franzosen sind als Kaufpreis 18000 M. eingetragen. Im späteren Prozeß behauptet Käufer, ausgemacht seien nur 18000 Fr. und der Notar habe sich bei der Beurkundung geirrt. Ist ein Gegenbeweis in dieser Richtung zulässig?

700. Über die Klage auf Anfechtung eines wegen Geisteskrankheit ergangenen Entmündigungsbeschlusses ist beim Landgericht verhandelt worden. Das Sitzungsprotokoll erwähnt nicht, daß während der persönlichen Vernehmung des Entmündigten die Öffentlichkeit ausgeschlossen wurde: darf nun in der Berufungsinstanz Beweis dafür angetreten werden, daß in Wahrheit die Öffentlichkeit ausgeschlossen war, und daß Gerichtsschreiber dies versehentlich nicht vermerkt hat?

701. In der Berufungsinstanz ist streitig, ob Beklagter eine bestimmte erhebliche Tatsache in der Unterinstanz zugestanden hat oder nicht. Darf Kläger für die Abgabe eines solchen Geständnisses Beweis erbieten, wenn dieselbe weder im Sitzungsprotokoll noch im Tatbestand erwähnt ist? Steht das Geständnis fest, wenn es nur in einem von beiden Schriftstücken erwähnt ist? Was wäre anzunehmen, wenn das Sitzungsprotokoll Bestreitung, der Tatbestand dagegen Einräumung bekundete?

702. Wenn weder im Sitzungsprotokoll noch im Urteilstatbestand vermerkt ist, daß der Zeuge vereidigt worden ist, darf dann in höherer Instanz noch Beweis dafür angetreten werden, daß eine Vereidigung in Wahrheit stattgefunden hat?

703. In einem Erbschaftsprozeß ist die Frage erheblich, ob ein Kind lebend oder tot zur Welt gekommen ist. Eine Partei legt zwei vom gleichen Tage datierte standesamtliche Urkunden in öffentlich beglaubigter Abschrift vor, von denen eine die Geburt, die andere den Tod bekundet. Kann die andere Partei, etwa durch Arzt und Hebamme, Gegenbeweis antreten, daß das Kind keinen Augenblick gelebt habe?

704. Streitig ist, ob eine durch Vermittelung des Gerichtsvollziehers erklärte Kündigung des Eigentümers an den Mieter am 3. oder 4. April zugestellt wurde. Der Eigentümer legt eine vom 3. datierte Zustellungsurkunde des Gerichtsvollziehers vor. Beklagter behauptet, die Zustellungsurkunde sei am 3. abends vorbereitenderweise geschrieben und versehentlich auch vom gleichen Tage datiert worden, während die Kündigung selbst erst am 4. durch den Gerichtsvollzieher erklärt worden sei. Wer ist beweispflichtig? Ist ein Beweisantrag des Mieters überhaupt noch zulässig?

705. Jemand hat gegen den Testamentserben auf Zahlung einer ihm angeblich vermachten Summe geklagt. Wie tritt er den Beweis an, wenn sich das Testament befindet: a) beim Nachlaßgericht? (Ist es gleich, ob dieses zugleich Prozeßgericht ist oder nicht?) b) bei einem Notar? c) beim Beklagten? d) bei einem Freunde des Verstorbenen, der nicht Erbe ist?

706. Der Hauseigentümer beruft sich für die rechtzeitige Kündigung auf einen dem Mieter geschriebenen Brief. Wie macht er denselben dem Gericht zugänglich? Ist es gleich, ob der Brief die Kündigung selbst enthält oder nur einen Rückschluß auf dieselbe gestattet?

707. Ein Handlungsreisender, dem 1 % der eingehenden Kaufpreise aus vermittelten Geschäften zugesichert ist, klagt auf Grund dieser Abmachung verschiedene Summen gegen den Prinzipal ein. Kann er im Prozeß Vorlegung der Geschäftsbücher des Beklagten verlangen?

708. Der auf den Kaufpreis verklagte Käufer behauptet, er habe schon gezahlt, aber die Quittung verlegt. Kann er Vorlegung des auf sein Konto bezüglichen Blattes aus den Geschäftsbüchern des Klägers verlangen? Oder Vorlegung dieser Geschäftsbücher im ganzen? Kann er letzteres wenigstens, wenn er sich auf die unordentliche Führung der Bücher beruft? Kann das Gericht von sich aus die Vorlegung anordnen?

709. Die Scheidungsklage des Mannes ist auf Ehebruch der Frau mit einem Dritten gestützt. Zum Beweise beruft sich der Ehemann auf Briefe, welche die Frau von dem

Dritten erhalten und noch gegenwärtig in Besitz hat. Wird das Gericht auf Antrag des Klägers die Vorlegung der Briefe anordnen?

710. Ein Kaufmann wird auf Alimentierung seiner geschiedenen Ehefrau verklagt. Dieselbe vermag bestimmte Angaben über seine Vermögensverhältnisse nicht zu machen und beantragt daher, das Gericht möge ihm die Vorlegung seiner Geschäftsbücher auferlegen. Wird dem entsprochen?

711. Unter der Behauptung, es habe sich ein eigenhändiges Testament mit einem Vermächtnis zu seinen Gunsten im Nachlaß befunden, klagt jemand gegen den gesetzlichen Erben auf Auszahlung des Vermächtnisses. Er beantragt, dem Beklagten die Vorlegung der Urkunde aufzugeben. Dieser bestreitet, daß eine solche Urkunde bestehe. Kläger schiebt ihm den Eid hierüber zu. Ist darauf zu erkennen? Oder wie ist zu verfahren? Wie, wenn Kläger einen Zeugen benennt, der angeblich das Testament in Händen des Beklagten gesehen hat?

712. Der vom Verlöbnis zurückgetretene Bräutigam wird von der Braut auf Schadloshaltung verklagt. Er beruft sich auf einen „wichtigen Grund“: erst nach der Verlobung habe er durch einen Brief von seiner Braut erfahren, daß diese schon einmal vorher verlobt gewesen sei. Zum Beweise beruft er sich auf diesen Brief, den er nach Rückgang der Verlobung der Klägerin zurückgegeben habe. Er stellt einen ordnungsmäßigen Editionsantrag. Klägerin erklärt, sie besitze einen solchen Brief nicht, übrigens wäre auch die darin enthaltene Tatsache unerheblich. Das Gericht entscheidet, daß die Klägerin zur Vorlegung des Briefes verpflichtet sei und folgenden Eid zu leisten habe: „Ich schwöre, daß ich nach sorgfältiger Nachforschung . . . (usw. wie im § 426 ZPO.) . . .“ Durfte solche Entscheidung ergehen? Welches ist ihre Natur? Welchem Rechtsmittel untersteht sie?

713. Ein Unternehmer hat eine Brücke im Auftrage der Stadt gebaut. Er gerät mit dieser wegen der Höhe der Vergütung in einen Prozeß. Er beruft sich hier auf die bei der Stadtverwaltung befindlichen Rechnungen, Anschläge, Pläne sowie auf einen Gemeinderatsbeschluß. Wie hat er den Beweis anzutreten?

714. Der Prinzipal hat seinen Ausläufer ohne Kündigungsfrist entlassen und wird auf Schadensersatz verklagt. Er beruft sich auf die Trunksucht und Unordnung des Klägers, der aus diesem Grunde auch von der Stadtverwaltung X., in deren Diensten er früher stand, entlassen worden sei. Zum Beweise beantragt er, das Gericht möge beim Bürgermeister amtliche Auskunft einholen. Wird dem entsprochen?

715. Der von einem plötzlich entlassenen Diener auf Entschädigung verklagte Verein macht geltend, Kläger sei, wie erst nach seiner Anstellung bekannt geworden sei, ein vielfach vorbestrafter Mensch, und stützt sich zum Beweise auf dessen Strafregister, dessen Beiziehung durch das Prozeßgericht beantragt wird. Entscheidung?

716. Im Prozeß des Erben gegen einen Dritten ist der Umstand erheblich, an welchem Tage der Erblasser verstorben sei. Zum Beweise beruft sich Kläger auf die standesamtliche Eintragung und beantragt demgemäß, das Gericht möge den Standesbeamten um Vorlegung einer Ausfertigung des Eintrages ersuchen. Ist dies der richtige Weg?

717. Der Ehemann wird aus Bestellungen der Frau verklagt, die er bestreitet. Kläger legt einen mit dem Namen der Frau unterzeichneten Bestellungsbrief vor. Auf die Frage des Richters, ob der Brief echt sei, erwidert Beklagter, das wisse er nicht. Muß Kläger die Echtheit beweisen? Wie kann er das? Durch Eideszuschiebung an den Mann? Oder an die Frau? Durch Vorlegung von Vergleichsstücken? Kann er sich solche vom Manne beschaffen? Oder von der Frau?

718. Beklagter hat die Echtheit des vom Kläger vorgelegten Schuldscheins bestritten. Das Gericht gibt ihm auf, zur Ermöglichung der Schriftvergleichung seinen Namen in Gegenwart des Gerichtes niederzuschreiben. Ist die Befolgung solcher Anordnung erzwingbar? Hat ihre Nichtbefolgung irgendwelche Folgen?

719. Jemand legt im Prozeß dem Gericht eine standesamtliche Urkunde über den Tod seines Erblassers vor. Gegner behauptet, der Todestag sei darauf nicht richtig angegeben. Hat Beweisführer die Richtigkeit oder Gegner die Unrichtigkeit darzutun? Kann das Gericht, wenn es den Eindruck hat, der Todestag sei verändert worden, den Standesbeamten von Amts wegen um Auskunft ersuchen? Auch in dem Falle, wenn das Gericht glaubt, der Standesbeamte habe infolge eines Versehens nicht den richtigen Tag aus dem Standesregister abgeschrieben?

720. Kläger behauptet, mit dem Beklagten einen Kaufvertrag dadurch abgeschlossen zu haben, daß er dessen Angebot brieflich angenommen habe. Beklagter bestreitet den Besitz eines solchen Briefes, leistet aber auch den ihm auferlegten Editionseid nicht. Was ist die Folge: a) wenn Kläger eine Kopie des Briefes vorlegt? b) wenn er eine solche nicht beibringen kann?

VII. Der Parteieid.

721. Jemand hat bei der Tuchhandlung Breisdorf u. Cie., die sich aus Breisdorf und Huberti zusammensetzt, von denen der erstere allein geschäftsführender Gesellschafter ist, Kammgarn bezogen. Kurz darauf erhebt er unter der Behauptung, die Ware sei entgegen der Zusicherung des Breisdorf nicht erstklassig gewesen, die Wandelungsklage gegen Huberti, der inzwischen infolge Ausscheidens seines Sozius alleiniger Firmeninhaber geworden ist. Beklagter macht geltend: „Die Zusicherung sei nicht erfolgt, die Ware übrigens erstklassig." Der ihm hierüber zugeschobene Eid wird ihm durch bedingtes Endurteil auferlegt. Er legt Berufung ein mit der Begründung, die Eideszuschiebung sei unzulässig gewesen, da beide Eidestatsachen nicht gleichwertig seien, da ferner die Erstklassigkeit keine Tatsache sei, jedenfalls von ihm selbst zu beweisen sei. Auch habe ihm der Eid nur in der Überzeugungsform auferlegt werden dürfen. Entscheidung?

722. Kann der Eid (in positiver oder negativer Fassung) über folgende Gegenstände zugeschoben oder auferlegt werden:

a) Der Kläger sei durch Verschulden des beklagten Automobillenkers überfahren worden?

b) Die Senkungen des klägerischen Hauses seien durch den Bergbaubetrieb des Beklagten verursacht?

c) Beklagter habe seinen unmündigen Sohn, durch dessen Steinwurf Kläger verletzt wurde, nicht gehörig überwacht?

d) Beklagter habe seinen Kutscher, der den Kläger überfahren hat, mit der gehörigen Sorgfalt ausgewählt, angewiesen und überwacht?

e) Das dem Kläger verkaufte Haus sei bereits bei Kaufabschluß mit dem Schwamm behaftet gewesen?

f) Das mit Waren des Klägers untergegangene Schiff sei durch den Schiffer zu stark beladen gewesen? Oder die Ware sei nicht genügend verstaut gewesen? Oder der Schiffer habe nicht alles getan, was in seinen Kräften stand, um das Schiff zu retten?

g) Der verstorbene Hausgenosse und Verwandte des Beklagten sei bei Errichtung des Testamentes geistesgesund gewesen?

h) Der Beklagte sei bei Abschluß des Vertrages betrunken gewesen?

i) Die eingeklagten Sachen gehörten nicht zum Nachlaß, sondern seien „persönliches Eigentum" des Beklagten?

k) Klägerin habe den Ehebruch ihres Mannes verziehen?

l) Kläger habe zehn Jahre lang Eigenbesitz gehabt?

m) Der vom Kläger erlittene Schade betrage 1200 M. oder wieviel weniger?

n) Die vom Beklagten vernichtete Sache des Klägers sei 120 M. wert gewesen?

o) Die im Besitz des Beklagten befindlichen Mobilien seien ihm „tradiert" worden?

p) Der Beklagte habe beim Erwerb einer Sache wissen müssen, daß der Verkäufer nicht Eigentümer sei?

q) Beklagter habe eine Summe als Schenkung und nicht als Darlehn erhalten?

r) Die vom Konkursverwalter verklagte Ehefrau des Gemeinschuldners habe die eingeklagten Sachen „aus eigenen Mitteln" erworben?

s) Beklagter Jagdherr habe den klagenden Bauern durch übermäßige Hegung des Wildes geschädigt?

t) Der auf Unterhalt Klagende brauche nicht mehr als 20 M. wöchentlich zum Leben?

u) Der Vertrag der Parteien sei nicht bedingt und mit Vorbehalt, sondern fest geschlossen worden?

v) Beklagter habe den Kläger zum Vertragsschluß gezwungen? Oder „widerrechtlich" gezwungen?

w) Beklagter habe den Mangel arglistig verschwiegen?

x) Der vom Beklagten entlassene Kläger habe keine genügende Kenntnis der Buchführung? Sei im Dienste nachlässig gewesen?

y) Die vom Beklagten gelieferte Ware sei nicht probemäßig gewesen?

723. Dem Beklagten ist der Eid darüber zugeschoben, daß er bei Erwerb gewisser Gegenstände von der Zahlungseinstellung des Verkäufers nichts gewußt habe. Er hält dies für unzulässig, weil Zahlungseinstellung keine Tatsache, sondern ein Rechtsbegriff sei, weil ihm der Eid über Nichtwissen nicht zugemutet werden dürfe, übrigens viel zu allgemein gehalten sei.

724. Kann dem Beklagten im Anfechtungsprozeß der Eid zugeschoben werden, er habe einen Gegenstand erworben, ohne die Absicht des Veräußeres zu kennen, seine Gläubiger zu benachteiligen? — Oder im Arrestbestätigungsverfahren darüber, ob er die Absicht habe, auszuwandern? — Oder einem Käufer darüber, daß er bei Kenntnis gewisser Umstände eine Sache nicht gekauft haben würde?

725. Beklagter hat dem Kläger einen Eid darüber zugeschoben, ob dieser ihm wirklich das behauptete Darlehn von 800 M. gezahlt habe. Ist der Eid aufzuerlegen?

726. Ist die Eideszuschiebung (in positiver oder negativer Fassung) über folgende Gegenstände zulässig:

a) Der Beklagte habe von seiner verstorbenen Ehefrau während der vierzigjährigen Ehe nach und nach Beträge bis insgesamt 24000 M. oder wieviel weniger erhalten?

b) Klägerin habe während der Empfängniszeit noch mit anderen Männern als dem Beklagten Geschlechtsumgang gehabt?

c) Der verklagte oder klagende Ehemann habe die Ehe gebrochen?

d) Kläger sei wegen des Anspruchs, den er jetzt gegen den Bürgen verfolge, durch den Hauptschuldner vollständig befriedigt worden?

e) Beklagter habe die Vertragsurkunde immer in demselben Sinne wie die Klageschrift verstanden?

f) Beklagter stehe zu dem vor mehreren Jahrhunderten verstorbenen Lehnsvorgänger im agnatischen Verhältnis?

g) Beklagter habe aus einem Kontokorrentverhältnis zu dem Kläger einen Überschuß von 4200 M. zu bekommen?

h) Jemand sei der nächste Verwandte des Verstorbenen gewesen?

727. X. klagt auf Nachlieferung von Stahlfedern, weil die zehn von ihm gekauften Schachteln nicht, wie ausgemacht, je 144, sondern nur je 100 Stück enthalten hätten. In welcher Form ist ein Eid hierüber dem Verkäufer aufzuerlegen, wenn er versichert, er habe die Schachteln selbst als „Gros"-schachteln bezogen und sich beim Weiterverkauf über ihren Inhalt nicht genauer vergewissert?

728. Der Vormund eines unehelichen Kindes klagt gegen X. auf Unterhalt. Muß er den vom Beklagten zugeschobenen Eid leisten, daß die Mutter in der Empfängniszeit nicht mit Y. verkehrt habe?

729. Der verunglückte Fabrikarbeiter schiebt dem auf Schadensersatz verklagten Dienstherrn den Eid darüber zu, ob nicht der Werkmeister des Beklagten durch falsche Instruktion den Unfall des Klägers verschuldet habe. Zulässig? In welcher Form ist der Eid aufzuerlegen?

730. Darf dem Absender einer Ware über einen Unfall, der dieselbe angeblich beim Frachtführer betroffen hat, der Eid zugeschoben werden?

731. Inwiefern kann demjenigen, dessen Geschäft ohne seinen Auftrag von einem anderen geführt worden ist, der Eid über eine Handlung dieses Geschäftsführers zugeschoben werden?

732. Kann dem Erben einer Firma der Eid über eine Handlung zugeschoben werden, die ein Prokurist seines Erblassers für das Handelsgeschäft vorgenommen hat?

733. Jemand hat bei seinem Schuldner X. Möbel pfänden lassen. Hierauf erhebt Y. gegen ihn die Widerspruchsklage unter der Behauptung, die Möbel seien ihm durch X. verkauft worden, der sie nur leihweise in Besitz behalten habe. Kann er über diese Umstände dem Beklagten X. den Eid zuschieben?

734. Der vom Zessionar verklagte Schuldner schiebt dem als Nebenintervenient beigetretenen Zedenten den Eid darüber zu, ob er ihm nicht den geschuldeten Betrag vor der Zession gezahlt habe. Zulässig?

735. Der Käufer wird von einem Dritten, dem angeblich die Kaufsache gestohlen worden ist, auf Herausgabe derselben verklagt. Der auf Streitverkündung beigetretene Verkäufer schiebt dem Kläger den Eid zu, ob dieser ihm nicht die Sache schenkungsweise übergeben habe. Zulässig? An wen und in welcher Form hat Kläger den Eid zurückzuschieben?

736. Nachdem der eine Miteigentümer eines Hauses (A.) den Nachbarn auf Feststellung einer Lichtgerechtigkeit verklagt hat, tritt der andere Miteigentümer B. als Nebenintervenient bei. Beklagter macht geltend, er sei durch arglistige Täuschung von B. zur Bestellung der Servitut veranlaßt worden. Darf er über die behauptete Tatsache dem B. einen Eid zuschieben? Darf oder muß er diesen Eid auch dem A. zuschieben?

737. Eine aus A., B., C. zusammengesetzte offene Handelsgesellschaft wird aus einem Rechtsgeschäfte verklagt, welches der frühere alleinige Geschäftsinhaber A. mit dem Kläger geschlossen haben soll. Gegenwärtig ist B. alleiniger Geschäftsführer. a) Wem hat Kläger den Eid über den bestrittenen Vertragsschluß zuzuschieben? b) In welcher Form wird er auferlegt? c) Was geschieht, wenn nach Auferlegung, aber vor Leistung des Eides die Geschäftsführung des B. auf C. übergeht?

738. Ein zugeschobener Eid ist den drei Inhabern einer offenen Handelsgesellschaft auferlegt. Was geschieht, wenn einer von ihnen vor der Eidesleistung verstirbt? Wie ist die Frage zu entscheiden, wenn man einen rechtsfähigen Verein unterstellt? Oder einen nicht rechtsfähigen Verein? Oder eine Gesellschaft des bürgerlichen Rechtes?

739. Ein Bauer verklagt seinen Nachbarn auf Entschädigung, weil dieser ihm einen Heuschober vorsätzlich in Brand gesteckt habe. Über diese Tatsache schiebt er dem Beklagten den Eid zu, den dieser mit der Begründung verweigert: 1. sei „vorsätzlich" ein Rechtsbegriff, 2. betreffe der Eid einen inneren Vorgang, 3. dürfe niemand gezwungen werden, über eine eigene strafbare Handlung einen Eid zu leisten (ZPO. § 384 Ziff. 2).

740. Muß der Beklagte eine Eideszuschiebung des wegen Meineids bestraften Klägers beantworten?

741. Kläger hat sich auf die Vertragsurkunde gestützt. Darf der Beklagte, wenn er behauptet, der Vertrag sei bloß zum Schein geschlossen, dem Kläger darüber einen Eid zuschieben?

Achtes Kapitel.

Die richterlichen Entscheidungen.

I. Entscheidungen im allgemeinen.

742. In welcher Form wird darüber entschieden:

a) ob die Sache zu vertagen ist?

b) ob Beklagter zur Vorlegung einer vom Kläger in Bezug genommenen Urkunde verpflichtet ist?

c) ob eine Beweissicherung zulässig ist?

d) ob ein Zeuge aussagen muß? Oder ein Sachverständiger mit Recht abgelehnt wurde?

e) ob ein Rechtsmittel zulässig ist?

f) ob gegen den Beklagten Versäumnisurteil ergehen darf?

g) ob der Beitritt eines Nebenintervenienten statthaft ist?

h) ob das Gericht zuständig ist?

i) ob das Verfahren bis zur Entscheidung eines anderen Prozesses auszusetzen ist?

k) ob die Erben zur Aufnahme des Prozesses verpflichtet sind?

l) ob eine an einen Zeugen gerichtete Frage zulässig ist?

m) ob eine einzelne von mehreren Einreden des Beklagten begründet ist?

n) ob Kläger zur Sache legitimiert ist?

o) ob das Armenrecht zu gewähren ist?

p) ob eine Sache vom Amtsgericht an das Landgericht zu verweisen ist? Oder umgekehrt?

q) ob der Richter mit Recht als befangen abgelehnt oder kraft Gesetzes ausgeschlossen ist?

r) ob ein Arrest, eine einstweilige Verfügung ergehen soll?

s) ob eine Klagänderung zulässig ist?

743. Das Landgericht hat die erhobene Einrede der Unzuständigkeit durch Zwischenurteil verworfen und zur Hauptsache verhandelt. Nachdem diese zum Spruch reif geworden ist, hat es, da unterdessen gegen das Zwischenurteil Berufung eingelegt wurde, die Verhandlung ausgesetzt. Ist die Beschwerde gegen diesen Beschluß begründet?

744. Der Antrag des Beklagten auf Aussetzung der Verhandlung bis zur Entscheidung eines anderweit schwebenden Zivilprozesses ist abgelehnt, und auf Grund sofortiger Verhandlung das Endurteil in der Sache erlassen worden. Durfte dies geschehen? Oder hat der Beklagte ein Recht darauf, daß bis zur Entscheidung seiner sofortigen Beschwerde gegen den ablehnenden Beschluß das Endurteil in der Sache aufgeschoben werde?

745. Beklagter hat die Einrede des Schiedsvertrages erhoben, außerdem aber sachliche Einwendungen gegen den Anspruch geltend gemacht. Das Gericht entscheidet: ob der Schiedsvertrag bestehe, dürfte dahingestellt bleiben, jedenfalls sei der Anspruch unbegründet. Korrekt?

746. Beklagter hat den Anspruch bestritten, außerdem geltend gemacht, derselbe würde, selbst wenn er bestände, in keinem Falle schon fällig sein. Kann das Gericht ohne Eingehen auf die Frage der Fälligkeit den Anspruch, wenn es ihn für unbegründet hält, endgültig abweisen? Oder muß es zunächst prüfen, ob er (im Falle seines Bestehens) fällig wäre?

747. Der aus Warenlieferungen verklagte Käufer bestreitet dieselben, wendet überdies Verjährung ein. Kann der Richter, wenn tatsächlich die Kaufpreisforderung im Falle ihrer Entstehung verjährt wäre, ohne Prüfung der letzteren die Klage als unbegründet abweisen? Wäre ebenso zu entscheiden, wenn der Beklagte statt Verjährung Aufrechnung geltend gemacht hätte?

748. Der aus Kauf Verklagte hat das Geschäft bestritten. Kann das Gericht, wenn es den Kaufabschluß für bewiesen hält, den Beklagten zur Zahlung gegen Empfang der Ware Zug um Zug verurteilen? Oder muß die Verurteilung eine unbeschränkte sein?

749. Der vom Eigentümer auf Herausgabe verklagte Besitzer hat die Sache während des Prozesses einem Dritten vermietet und übergeben? Kann er trotzdem auf Herausgabe verurteilt werden? — Wie, wenn er sie einem Dritten verkauft hat? Macht es einen Unterschied, ob er sie dem Käufer auch schon übergeben hat? Ob die Veräußerung gerade in der Absicht vorgenommen wurde, den Gegner klaglos zu stellen?

750. Ein Eigentümer ist auf Niederreißung einer die Aussicht seines Nachbarn versperrenden Mauer verklagt. Ist er zu verurteilen, wenn er während des Prozesses die Mauer beseitigt? Oder wenn diese durch einen Sturm niedergeworfen wird?

751. Ein Fabrikant ist vom Nachbarn darauf verklagt, die zur Verminderung des Lärms und der Erschütterung erforderlichen Maßregeln zu treffen. Wenn er dieselben während des Prozesses ergreift, kann er noch verurteilt werden? Klägerischer Anwalt nimmt dies an, weil Gegner jederzeit die Schutzvorrichtungen wieder beseitigen könne.

752. Jemand ist wegen Verletzung eines Patents auf Schadensersatz verklagt. a) Hat es auf den Prozeß einen Einfluß, wenn während desselben das Patent infolge Zeitablaufes erlischt? Oder zurückgenommen wird? Oder für nichtig erklärt wird? b) Wie, wenn die Klage auf Unterlassung weiterer Verletzungen des Patentes gerichtet wäre?

753. Der auf Herausgabe verklagte Besitzer hat die Einrede der Zurückbehaltung auf Einwendungen gestützt, die er angeblich vor dem Prozeß auf die Sache gemacht hatte. Als ihm der Beweis derselben mißglückt, beruft er sich auf Verwendungen, die er noch während des Prozesses gemacht hat und beweisen kann. Ist diese Behauptung zu berücksichtigen?

754. Kann der Beklagte eine Gegenforderung aufrechnen, die er erst während des Prozesses gegen den Kläger erworben hat?

755. Welche Art von Urteil liegt in folgenden Fällen vor:

a) Die Klage auf Feststellung des Nichtbestehens eines Dienstverhältnisses ist gestützt auf rechtzeitige Kündigung, subsidiär auf einen wichtigen Grund zur sofortigen Kündigung. Das Gericht „stellt fest, daß die Kündigung nicht in der gesetzlichen Frist erfolgt ist"?

b) Das Gericht stellt fest, daß die Gegenforderung des Beklagten nicht besteht? (Macht es einen Unterschied, ob sie im Wege der Aufrechnung oder der Widerklage geltend gemacht ist?)

c) Das Gericht verwirft die Einrede des Schiedsvertrags als unbegründet?

d) Die Klage ging auf Herausgabe der Sache, subsidiär auf Feststellung des klägerischen Eigentums. Das Gericht „stellt fest, daß kein Herausgabeanspruch nicht besteht"?

e) Der auf Entschädigung wegen Vertragsverletzung belangte Verkäufer hat sowohl die Verletzung als auch die Höhe des Schadens bestritten; es wird festgestellt, daß der Vertrag schuldhaft verletzt wurde?

f) Die gegen Hauptschuldner und Bürgen gerichtete Klage wird gegenüber dem Hauptschuldner zugesprochen?

g) Beklagter wird verurteilt vorbehaltlich einer von ihm erhobenen Aufrechnungseinrede?

h) Beklagter, der eine Widerklage erhoben hatte, wird zunächst auf die Klage hin verurteilt?

i) Beklagter hat die Klageforderung zur Hälfte anerkannt, zur Hälfte bestritten; bezüglich des anerkannten Betrags wird er verurteilt?

k) Es wird festgestellt, daß von den erhobenen Einreden der Zahlung und Verjährung letztere unbegründet ist?

l) Es wird festgestellt, daß die Berufung nicht verspätet eingelegt worden ist?

m) Die Einwendung, der erhobene Einspruch sei nicht statthaft, wird als unbegründet verworfen?

n) Der in erster Instanz verurteilte Beklagte, der dort die ganze Klagforderung bestritten hatte, hat in der Berufungsinstanz einen Teil anerkannt; es ergeht Urteil, welches insoweit die Berufung als unbegründet verwirft, im übrigen Weiterverhandlung vorsieht? (Ist solches Urteil überhaupt korrekt?)

o) Die für das uneheliche Kind erhobene Klage ist gerichtet: 1. auf Feststellung, daß der Beklagte unehelicher Vater des Klägers ist; 2. auf Verurteilung des Beklagten zur Zahlung der beiden ersten Unterhaltsraten; das Gericht spricht zunächst nur den ersten Antrag zu?

p) Beklagter ist auf Rechnungslegung und Zahlung des hiernach dem Kläger gebührenden Betrags belangt; das Gericht hat ihn zunächst zur Rechnungslegung verurteilt?

756. Verkäufer eines Hauses hat unter Berufung auf ein vom Käufer bestrittenes Wiederkaufsrecht diesen verklagt: 1. auf Rückauflassung des Hauses; 2. auf Beseitigung der in der Zwischenzeit darauf gelegten Hypotheken. Das Gericht hat zunächst durch Urteil festgestellt, daß Beklagter zur Rückauflassung verpflichtet sei. Ist hiergegen Berufung zulässig? Wäre anders zu entscheiden, wenn Beklagter zur Rückauflassung des Hauses (vorbehaltlich späterer Entscheidung über den zweiten Antrag) verurteilt worden wäre?

757. Eingeklagt sind 800 M. Beklagter hat eine Gegenforderung von 1200 M. in Höhe der Klagforderung aufgerechnet und für den Überschuß Widerklage erhoben. Das Gericht hat folgendes Urteil erlassen: 1. Beklagter wird zur Zahlung von 800 M. verurteilt, vorbehaltlich seiner Gegenforderung; 2. es wird festgestellt, daß die Gegenforderung dem Grunde nach besteht; 3. die Feststellung ihrer Höhe wird einem Nachverfahren vorbehalten. Ist solche Entscheidung zulässig? Welches ist ihre rechtliche Natur? Welchem Rechtsmittel unterliegt sie?

758. Der auf Zahlung eines Restkaufpreises für ein Haus verurteilte Käufer erhebt Widerklage auf Wandelung und Rückgewähr des schon gezahlten Betrages. Über die Höhe des schon gezahlten und des noch geschuldeten Teils des Kaufpreises herrscht Streit und ist noch Beweis nötig. Dagegen steht schon fest, daß das Haus mit dem Schwamm erheblich behaftet ist. Falls nun eines der drei nachfolgenden Urteile ergeht: ist es zulässig? Welches ist seine rechtliche Natur? Welchem Rechtsmittel unterliegt es?

a) Es wird festgestellt, daß der Widerkläger zur Wandelung berechtigt ist.

b) Der Kläger wird kostenfällig abgewiesen. Über die Widerklage soll weiter verhandelt werden.

c) Die Klage wird kostenfällig abgewiesen. Zur Widerklage wird festgestellt, daß Widerkläger zur Wandelung berechtigt ist. Behufs weiterer Verhandlung der Widerklage wird Termin auf den 1. Oktober angesetzt.

759. Der auf Alimente Verklagte hat geltend gemacht, die verlangte Summe sei viel zu hoch, übrigens sei er nicht der uneheliche Vater, was er festzustellen beantrage. Kann das Gericht nach Beweisaufnahme über die Vermögensverhältnisse des Beklagten entscheiden: „Beklagter wird — vorbehaltlich der Entscheidung über die Widerklage — verurteilt, dem Kläger eine vierteljährige Rente von 150 M. zu zahlen?"

760. Beklagter hat nach wiederholten unbegründeten Einwendungen auch noch Mangelhaftigkeit der Ware eingewendet. In der Überzeugung, daß diese Einrede eine Verschleppung beabsichtige, hat ihn das Gericht erster Instanz „unter Vorbehalt der Minderungseinrede" zur Zahlung verurteilt. Zulässig?

761. Der Verkäufer einer Wirtschaft wird auf Grund unrichtiger Zusicherungen über deren Absatz auf 12000 M.

Schadensersatz verklagt. Er leugnet sowohl die Zusicherung als auch die Höhe des Anspruchs. Kann ein Urteil dahin ergehen: „Es wird festgestellt, daß der Beklagter dem Kläger zugesichert hat, der jährliche Bierverbrauch der verkauften Wirtschaft betrage mindestens 1500 hl"? Oder ein Urteil des Inhalts: „Es wird festgestellt, daß Kläger berechtigt ist, auf Grund der ihm gemachten Zusicherungen vom Beklagten Schadensersatz zu verlangen?" Sind beide Urteile gleich zu behandeln?

762. Beklagter hat den Anspruch bestritten, außerdem (subsidiär) eine Gegenforderung aufgerechnet. Darf das Gericht, bevor es über die Klageforderung den erbotenen Beweis erhebt, Urteil erlassen, welches die Gegenforderung feststellt? Angenommen, solches Urteil ergeht: ist es selbständig anfechtbar? — Wie, wenn nachträglich Kläger abgewiesen wird, weil er die Entstehung seines Anspruchs nicht nachgewiesen habe? Steht nun die „Existenz der Gegenforderung rechtskräftig fest?

763. Der durch die Dreschmaschine des Beklagten verletzte Kläger hat auf 8000 M. Schadensersatz geklagt. Beklagter hat nicht nur die Höhe der Forderung bestritten, sondern auch ihren Grund, weil er den Kläger, was dieser bestreitet, auf die Gefährlichkeit der Maschine aufmerksam gemacht habe. Das Urteil lautet: „Kläger hat zu schwören: es ist nicht wahr, daß ich durch den Beklagten auf die Gefährlichkeit der Maschine aufmerksam gemacht worden bin. Schwört er nicht, so wird seine Klage abgewiesen werden. Schwört er, so wird festgestellt werden, daß Beklagter verpflichtet ist, ihm den aus dem Unfall vom 8. Januar 1908 erwachsenen Schaden zu ersetzen." Ist solches Urteil zulässig? Welche Natur hat es? Welchem Rechtsmittel unterliegt es?

764. Der wegen Körperverletzung auf Schadensersatz Verklagte hat Grund und Höhe des Anspruchs bestritten. Die Verhandlung ist zunächst auf den Grund beschränkt. a) Kann jetzt schon der Beklagte Zeugen dafür benennen, daß Kläger nicht solange arbeitsunfähig gewesen sei, als er behauptet? b) Dafür, daß er durch Unterlassung rechtzeitiger Zuziehung eines Arztes die Folgen der Körperverletzung erst verschuldet oder doch erheblich erschwert habe? c) Oder dafür, daß Beklagter einen Teil der Kurkosten selbst getragen habe?

765. Jemand hat als angeblicher Erbe einen Teil der Nachlaßgegenstände eingeklagt (Möbel, Wertpapiere, Geld, Wäschestücke). Das Gericht hat unter Hinweis auf § 304 ZPO. durch Zwischenurteil entschieden, „daß Kläger — was bestritten worden war — Miterbe, und daß sein Anspruch dem Grunde nach gerechtfertigt sei". Berufung zulässig?

766. Die Schadensersatzpflicht des Fuhrwerksbesitzers, der ein Ladenfenster eingerannt hatte, ist dem Grunde nach durch Zwischenurteil festgestellt. Darf Beklagter in dem nachfolgenden Verfahren über die Höhe noch geltend machen, Kläger sei nicht legitimiert, da sein Anspruch auf eine Versicherungsgesellschaft, die ihn abgefunden habe, schon vor Klagerhebung übergangen sei?

767. Ein Reisender klagt gegen den Prinzipal auf Provision für vermittelte Geschäfte. Streitfrage war, ob ihm 1% oder $1\frac{1}{2}$% der eingegangenen Kaufpreise zu zahlen sei. Darf hierüber Zwischenurteil ergehen? Macht es einen Unterschied, ob auch der Umfang der vermittelten Geschäfte streitig ist oder nicht? Angenommen, das Gericht hat unter Hinweis auf § 304 ZPO. Zwischenurteil erlassen: ist dagegen Berufung möglich?

768. Nachdem der Schadensersatzanspruch dem Grunde nach durch rechtskräftig gewordenes Zwischenurteil bejaht worden ist, hat der Beklagte im Verfahren über die Höhe Gegenforderungen aufgerechnet, auf Grund deren schließlich die Klage abgewiesen worden ist. Kläger hält dies für unzulässig, weil die Frage, ob der Anspruch durch Gegenforderung getilgt sei, zum Grund der Forderung gehöre, also durch das rechtskräftige Zwischenurteil abgeschnitten sei.

769. Beklagter hat in einem vorbereitenden Schriftsatz Grund und Höhe des gegen ihn erhobenen Anspruchs bestritten. Im Termin bleibt er aus. Kläger beantragt Versäumniszwischenurteil, welches den Anspruch dem Grunde nach für bestehend erklärt. Ist solches Urteil zulässig? — Wäre anders zu entscheiden, wenn Beklagter erschienen und den Anspruch nach Grund und Höhe bestritten hätte, wenn sodann die Verhandlung auf den Grund beschränkt worden, und wenn in dem hierzu angesetzten Termin Beklagter säumig geblieben wäre?

770. Der Ehemann der durch das Automobil des Beklagten überfahrenen und schwer verletzten Frau hat unter genauer Darlegung des ihm hierdurch erwachsenen Schadens Klage auf Zahlung einer angemessenen Entschädigung erhoben. Das Gericht hat durch Zwischenurteil die Entschädigungspflicht des Beklagten festgestellt. Kann dieser hiergegen Berufung ergreifen?

771. Mit welcher Formulierung ist die Klage in folgenden Fällen abzuweisen?

a) Die Feststellungsklage ermangelt des rechtlichen Interesses?

b) Die eingeklagte Leistung ist noch nicht fällig?

c) Gemäß § 259 ZPO. ist auf künftige Leistung geklagt, obgleich die Besorgnis späterer Nichterfüllung des Schuldners nicht dargetan ist?

d) Das Gericht ist unzuständig?

e) Der Klagantrag ist nicht bestimmt?

f) Die Klageschrift enthält keinen Klagegrund?

g) Die Klagezustellung ist nicht korrekt?

h) Die Anfechtungsklage gegen einen Entmündigungsbeschluß ist nicht innerhalb der gesetzlichen Frist erhoben?

i) Die Klage eines Nachlaßgläubigers ist bei noch ungeteilter Erbschaft gegen einen einzelnen Miterben erhoben?

k) Der Grund, auf den die Wiederaufnahme des Verfahrens gestützt wurde, ist nach dem Gesetze weder ein Nichtigkeits- noch ein Restitutionsgrund?

l) Vor Einklagung des Fiskus ist die Denkschrift nicht eingereicht worden, die das Landesrecht vorschreibt?

m) Die Nichtigkeitsklage gegen einen Generalversammlungsbeschluß ist nicht rechtzeitig erhoben?

n) Die vorgeschriebene vorgängige Entscheidung der Verwaltungsbehörde über den eingeklagten Anspruch ist noch nicht eingeholt?

o) Die Hauptinterventionsklage ist zu einem Zeitpunkt erhoben, als der erste Prozeß nicht mehr anhängig war?

p) Statt der Einwendung gegen die Art der Zwangsvollstreckung (ZPO. § 766) ist eine förmliche Klage (ZPO. § 767) erhoben worden?

II. Die Rechtskraft des Urteils.

772. Eine Schuld ist mit Einwilligung des Gläubigers von einem Dritten übernommen. Als Gläubiger diesen verklagt, macht derselbe Ungültigkeit der Schuldübernahme geltend und erwirkt dadurch Abweisung der Klage. Wenn nun Gläubiger den ursprünglichen Schuldner verklagt, muß das Gericht die Übernahme als unwirksam behandeln? Angenommen, es sieht sie als gültig an und weist darum die Klage ab: ist dem Gläubiger zu helfen?

773. Verkäufer hat den Restkaufpreis eingeklagt, ist aber wegen Nichtigkeit des Geschäftes abgewiesen worden. Er klagt nun auf Rückgabe der Kaufsache, wird aber wiederum abgewiesen, weil das zweite Gericht Gültigkeit des Kaufvertrages annimmt. Kann er nun durch eine dritte Klage den Restkaufpreis wieder einfordern?

774. Jemand hat einen Schadensersatzanspruch dem Grunde nach durch rechtskräftiges Zwischenurteil feststellen lassen, wird aber im Verfahren über die Höhe abgewiesen, weil ein Schade nicht entstanden sei. Er ergreift Berufung, weil das zweite Urteil der Rechtskraft des ersten widerspreche. Richtig?

775. B. hat gegenüber der Klage des A. wegen einer angeblichen Forderung von 100 M. Widerklage erhoben, die jedoch wegen mangelnden Zusammenhangs mit dem Klaganspruch abgewiesen wurde. Steht der selbständigen Einklagung der Gegenforderung die Rechtskraft entgegen?

776. Steht einer neuen Einklagung die Einrede der Rechtskraft entgegen, wenn die Klage auf Entschädigung wegen eines Straßenbahnunfalls abgewiesen wird:

a) Weil Kläger kein genügendes tatsächliches Material erbracht hat, um seine Erwerbsbeschränkung und sein Mehrbedürfnis darzutun?

b) Weil der Klagantrag nicht auf eine feste Summe gelautet hat?

c) Weil das Landgericht örtlich unzuständig ist?

d) Weil der Anspruch schon anderwärts anhängig ist?

e) Weil die Klage den Vertreter der beklagten Gesellschaft nicht richtig angibt?

f) Weil Kläger den Unfall selbst verschuldet hat?

g) Weil Kläger einen zur Zeit wahrnehmbaren Schaden nicht erlitten hat (nachträglich stellt sich ein solcher heraus)?

h) Weil Kläger ein entmündigter Verschwender ist?

i) Weil er von einer Versicherungsgesellschaft abgefunden worden ist, die damit Gläubigerin wurde?

k) Weil der mündliche Vortrag vor Gericht gegenüber der Klageschrift eine Änderung darstellt?

l) Weil Beklagte eine Gegenforderung aufgerechnet hat (diese stellt sich nachträglich als unbegründet heraus)?

m) Weil Kläger auf seinen Anspruch verzichtet hat?

n) Weil beklagte Gesellschaft bei Klagerhebung schon fallit gewesen ist?

777. Eine Klage war auf Lieferung der Kaufsache, eventuell Zahlung von 1200 M. Schadensersatz gerichtet. Das Urteil lautet: „Die Klage auf Lieferung wird kostenfällig abgewiesen." Über den Eventualantrag ist nichts gesagt. Kann der Schadensersatzanspruch selbständig eingeklagt werden, wenn aus den Entscheidungsgründen hervorgeht, daß das Gericht den Kauf als nichtig angesehen hatte?

778. Der zu Marseille verklagte Deutsche ist dort im Versäumnisverfahren verurteilt worden. Ist dieses Urteil in Deutschland anzuerkennen, wenn nach deutschem Rechte das Gericht in Straßburg zuständig gewesen wäre? Oder das Gericht in Paris?

779. Ein Deutscher, der im Ausland eine lebenslängliche unkündbare Stellung als Fabrikdirektor übernommen hatte, wird, als er dieselbe nach acht Jahren kündigt, vom ausländischen Gericht verurteilt, die Dienste wieder zu übernehmen oder eine sehr hohe Konventionalstrafe zu zahlen. Ist dieses Urteil, wenn aus gleichem Anlaß gegen den nach Deutschland zurückgekehrten Beklagten ein neuer Prozeß erwächst, hierselbst anzuerkennen?

780. Der in Verzug geratene Verkäufer wird verurteilt, gegen Empfang des Preises Zug um Zug die Ware zu liefern. Nachdem dies geschehen, klagt Käufer gegen ihn auf Wandelung und Rückzahlung des Preises wegen eines Mangels der Ware. Verkäufer wendet ein, die Zahlungspflicht des Käufers sei im früheren Urteil rechtskräftig festgestellt und die Einrede der Wandelung nach § 767 ZPO. verspätet. Entscheidung?

781. Auf Klage der Kirchengemeinde ist festgestellt, daß der verklagte Gutsbesitzer infolge seiner Kirchenbaulast verpflichtet sei, „die Kosten der Reparatur und eines etwaigen Neubaus der Kirche zu tragen". Aus den Entscheidungsgründen geht hervor, daß der Streit und der Antrag des Klägers nur die zur Zeit erforderliche Reparatur betraf, daß aber nach Ansicht des Gerichtes der Gutsbesitzer auf Grund einer Observanz eintretenden Falles zur Neuerrichtung verpflichtet sein sollte. Ist damit für den Fall des Abbrennens der Kirche seine Pflicht zum Neubau rechtskräftig entschieden?

782. X. hatte als Testamentserbe des M. gegen Y. eine Nachlaßforderung geltend gemacht. Der Beklagte war verurteilt worden, weil das Gericht seinen Einwand, das Testament sei gefälscht, für unbegründet hielt. Ist damit die Echtheit des Testamentes rechtskräftig entschieden?

783. Huber hat dem Lehmann eine Sache verkauft und den halben Preis erhalten. Als er den Rest einklagt, wird er abgewiesen, weil der Kaufvertrag über das durchaus wertlose Objekt durch Betrug herbeigeführt und vom Beklagten im Prozeß angefochten worden sei. Nun klagt Käufer gegen den Verkäufer auf Rückgabe des schon erhaltenen halben Kaufpreises. Ist durch das erste Urteil der Betrug rechtskräftig festgestellt?

784. Die Klage des ausgezogenen Mieters auf Freigabe

seines Mobiliars ist zugesprochen, weil nach Ansicht des Gerichtes das Mietsverhältnis durch rechtzeitige Kündigung des Klägers beendigt sei. Wenn jetzt der Eigentümer unter der entgegengesetzten Behauptung einen weiteren Quartalszins einklagt, steht ihm die Rechtskraft des ersten Urteils im Wege?

785. Der Gutseigentümer hat wegen Mißwirtschaft des Pächters vorzeitig gekündigt und hat geklagt: 1. auf Feststellung, daß hierdurch das Verhältnis beendigt sei, 2. auf Verurteilung des Pächters zur Herausgabe des Gutes, 3. auf Entschädigung von 1200 M. wegen Entwertung desselben. Auf Grund getrennter Verhandlung über den ersten Antrag wird diesem entsprochen. Kann nach Rechtskraft dieses Urteils der Beklagte bei der Verhandlung über die beiden anderen Anträge Zeugen dafür benennen, daß er ordnungsmäßig gewirtschaftet habe?

786. Die Klage des Eigentümers auf Herausgabe der Sache ist zugesprochen. In den Entscheidungsgründen ist ausgeführt, daß Kläger dem verklagten Besitzer die Aufwendungen, wegen deren dieser die Zurückbehaltungseinrede erhoben hatte, nicht zu ersetzen brauche. Kann der späteren Klage des Besitzers auf Ersatz der Verwendungen die Rechtskraft entgegengehalten werden?

787. Auf dem Bodenstreifen m hat Hinz eine Wässerungsanlage errichtet. Kunz erhebt als angeblicher Eigentümer von m gegen ihn Klage auf Feststellung, daß dem Beklagten das Recht nicht zustehe, dort eine derartige Anlage zu errichten, wird aber damit rechtskräftig abgewiesen, weil Hinz Eigentumer von m sei. Später wird Kunz wegen Schädigung des Bodenstreifens m von Hinz auf Ersatz verklagt. Darf der Richter das Eigentum des Hinz noch einmal prüfen?

788. Eine Witwe hat den Jäger, der ihren Mann durch Unvorsichtigkeit erschossen hat, vor 1900 auf eine Unterhaltsrente verklagt, ist aber abgewiesen worden, weil nach damaligem Recht ein solcher Anspruch nicht begründet sei. Kann sie die Klage unter der Herrschaft des BGB. wiederholen? Macht es einen Unterschied, ob das erste Urteil vor oder nach dem 1. Januar 1900 rechtskräftig geworden ist?

789. Durch eine vor 1900 ergangene Entscheidung ist ein Bruder verurteilt worden, seiner bedürftigen Schwester Unterhalt zu leisten. Kann der Verpflichtete nach Einführung des BGB. Beseitigung dieses Urteils erwirken? Bejahenden Falles: auf welchem Wege?

790. Der Ehemann, der eine eingebrachte Forderung seiner Frau einklagte, wird rechtskräftig abgewiesen. Er läßt sich nun die Forderung von der Frau zedieren und klagt sie wieder ein. Einrede der Rechtskraft?

791. Der Schuldner hat gegen den angeblichen Zessionar der Forderung auf Feststellung geklagt, daß dieser keine Forderung gegen ihn habe, weil die Zession ungültig sei, ist aber damit abgewiesen worden. Kann er nun die Feststellungsklage mit der Begründung wiederholen, die Forderung bestehe überhaupt nicht?

792. Der angebliche uneheliche Vater ist zur Zahlung einer ersten Unterhaltsrente von 90 M. an das Kind verurteilt worden. Eine zweite Rate verweigert er, weil er inzwischen erfahren habe, daß die Mutter während der Empfängniszeit mit anderen zu tun gehabt. Der Vormund des Kindes beruft sich auf das erste Urteil. Mit Recht? Wie, wenn dasselbe lautete auf eine „vierteljährliche Unterhaltsrente bis zum sechzehnten Lebensjahre des Kindes"?

793. Eine Klage ist gerichtet auf 600 M. als 4 % Zinsen einer Schuld von 15000 M. Beklagter wird aber nur zu 400 M. verurteilt, weil nach Ansicht des Gerichtes die Hauptschuld nur 10000 M. beträgt. Ist letzteres rechtskräftig festgestellt?

794. Der Eigentümer eines Hauses ist mit seiner Klage gegen den eingetragenen Hypothekengläubiger auf Einwilligung in die Löschung der Darlehnshypothek abgewiesen worden, weil er, wie durch Eid des Gläubigers festgestellt sei, demselben noch 2000 M. aus dem Darlehn schulde. Kann sich der Gläubiger, wenn er nun auf Zahlung dieser Summe klagt, in dem zweiten Prozeß auf die Rechtskraft des ersten Urteils berufen? Hat jenes Urteil für den gegenwärtigen Prozeß keine Wirkung?

795. Die Entschädigungsklage des im Betrieb des Beklagten verurteilten Arbeiters gründet sich auf ordnungswidrige Beschaffenheit der Schutzvorrichtungen. Sie wird abgewiesen. Steht die Rechtskraft einer zweiten Klage entgegen, die sich darauf gründet, der Beklagte und sein Vertreter hätten schuldhafterweise unterlassen, den noch jugendlichen Kläger auf die Gefährlichkeit gewisser Arbeiten aufmerksam zu machen?

796. Der Ehemann hat gewisse von seiner Frau hinterlegte Wertpapiere gegen den Verwahrer eingeklagt und seinen Anspruch in erster Linie auf sein Eigentum, in zweiter Linie auf sein ehemännliches Recht der Verwaltung und der Nutznießung gestützt. Die Klage wird zugesprochen. Die Entscheidungsgründe führen aus: Das Eigentum des Mannes brauche nicht untersucht zu werden, da er jedenfalls als Ehemann ein Recht auf den Besitz habe. Ist damit über das Eigentum des Mannes rechtskräftig entschieden?

797. Der in Mannheim entmündigte Müller hat beim dortigen Landgericht Anfechtungsklage gegen den Staatsanwalt erhoben. Während diese noch schwebt, erwirkt er beim Amtsgericht Wiederaufhebung der Entmündigung. Darf nun das Landgericht noch über die Anfechtungsklage entscheiden? Macht es einen Unterschied, ob der Aufhebungsbeschluß von Müller geltend gemacht oder sonst dem Gerichte bekannt wird?

798. Der Eigentümer ist rechtskräftig verurteilt worden, dem Kläger wegen einer Darlehnsschuld die versprochene Hypothek zu bestellen. Nunmehr wird er auf Rückzahlung des Darlehns verklagt und bestreitet dasselbe. Rechtskraft?

799. Käufer eines Hauses hat unter Anfechtung des Vertrages den Verkäufer auf Rückzahlung des Preises belangt, weil er sich über den jährlichen Ertrag geirrt habe. Er wird abgewiesen, weil er nach Ausweis der Entscheidungsgründe den wirklichen Ertrag gekannt hat. Kann er eine zweite Klage auf arglistige Täuschung über den Ertrag gründen?

800. Der Ehemann hat eine eingebrachte Forderung seiner Frau an den X. zediert. Die Frau hat gegen diesen auf Rückzahlung des eingezogenen Forderungsbetrages geklagt, weil die Zession ohne ihre Einwilligung geschehen sei. Sie wird abgewiesen, weil das Gericht die Einwilligung als gegeben ansieht. Nun klagt sie auf Feststellung, daß die Zession ungültig sei, weil ihre Zustimmung durch Betrug des Ehemanns und des X. erschlichen sei. Rechtskraft?

801. Die Räumungsklage des Eigentümers gegen den „aus wichtigem Grund" ohne Kündigung entlassenen Pförtner ist rechtskräftig zugesprochen. Dieser klagt nun auf Entschädigung wegen ungerechtfertigter Kündigung. Rechtskraft?

802. Ein Ingenieur wird zur Unterlassnng einer gewissen Fabrikation rechtskräftig verurteilt, weil dieselbe das Patentrecht des Klägers verletze. Nunmehr auf Entschädigung wegen der begangenen Verletzung verklagt, bestreitet er, daß die betreffende Fabrikation eine Patentverletzung darstelle. Ist dies beachtlich?

803. Die erste (abgewiesene) Klage stützt sich auf persönlichen Geschäftsabschluß des Beklagten, die zweite auf Abschluß durch seinen bevollmächtigten Vertreter. Rechtskraft?

804. Die Klage auf den Dienstlohn wird rechtskräftig abgewiesen, weil das Dienstverhältnis am 1. Januar 1909 durch Kündigung erloschen sei. Nunmehr wird wegen ungerechtfertigter Kündigung auf Schadensersatz in gleicher Höhe geklagt. Rechtskraft?

805. Der Anspruch des angeblichen Beauftragten auf Ersatz von Verwendungen wird abgewiesen, weil ein Auftrag nicht dargetan sei. Kann er unter dem Gesichtspunkte der auftragslosen Geschäftsführung neu eingeklagt werden?

806. Der zur Zahlung des Preises rechtskräftig verurteilte Käufer hat im Wege einer neuen Klage das Rechtsgeschäft wegen arglistiger Täuschung angefochten. Zulässig?

807. Gläubiger hatte eine Schenkung seines Schuldners an einen Verwandten klageweise angefochten, war aber abwiesen worden, weil er noch keinen Vollstreckungstitel gegen den Schuldner hatte. Kann er nach Erwirkung eines solchen die Anfechtungsklage wiederholen?

808. Die erste Wandelungsklage, die auf positive Mängel gestützt war, ist als unbegründet abgewiesen worden. Kann eine zweite auf das Fehlen der zugesicherten Eigenschaften gegründet werden?

809. Eine erste — zugesprochene — Klage war auf Minderung des Kaufpreises um 25 Prozent wegen eines Mangels gerichtet. Eine zweite verlangt wiederum Minderung in gleicher Höhe wegen eines anderen Mangels. Einrede der Rechtskraft? — Wie, wenn die zweite Klage sich auf den gleichen Mangel stützte, aber geltend machte, derselbe habe, wie inzwischen festgestellt, eine viel größere Entwertung verursacht, als ursprünglich angenommen?

810. Ein entlassener Handlungsgehilfe, dem seine Kaution nicht rechtzeitig zurückgegeben wurde, hat den früheren Prinzipal auf Ersatz entgangener Zinsen verurteilen lassen. Kann er später noch auf Entschädigung klagen, weil er durch Vorenthaltung der Papiere an der Erlangung einer günstigen anderen Stelle verhindert worden sei?

811. Die Parteien stehen in laufender Rechnung. Die Klage des einen auf einen Saldo von 13600 M. wird abgewiesen, weil er zurzeit nicht imstande sei, die vom Gegner begehrte spezifizierte Rechnung zu stellen. Kann er unter Angabe der einzelnen Lieferungs- und Darlehnsgeschäfte nunmehr auf 15000 M. klagen?

812. Der Ehemann, der eine eingebrachte Forderung seiner Ehefrau eingeklagt hatte, ist abgewiesen worden. Nunmehr klagt mit seiner Genehmigung die Ehefrau selbst wegen der gleichen Schuld. Einrede der Rechtskraft?

813. Kann sich der Bürge, wenn die gegen den Hauptschuldner gerichtete Leistungsklage abgewiesen ist, auf die Rechtskraft dieser Entscheidung berufen? Macht es einen Unterschied, ob die Abweisung aus prozessualen oder materiellen Gründen abgewiesen wurde? Ob wegen verfrühter Klaganstellung oder Nichtbestehens der Hauptschuld?

814. Neu hat eine Schuld des Alt übernommen. Äußert das Urteil, welches vor oder nach dieser Übernahme die Klage des Gläubigers gegen den Alt zuspricht oder abweist, Rechtskraft auch gegenüber dem Neu?

815. Jung hat dem Hund eine bewegliche Sache verkauft und übergeben, sich jedoch das Eigentum daran bis zur völligen Zahlung des Kaufpreises vorbehalten. Zwischen Übergabe und Preiszahlung klagt Cohn gegen Jung auf Feststellung, daß ihm an der Sache ein Nießbrauch zustehe. Hat das gegenüber Jung ergehende Urteil gegenüber Hund Rechtskraft?

816. Müller hat auf Feststellung seiner Mitgliedschaft gegen einen nicht rechtsfähigen Verein geklagt und ein obsiegendes Urteil erstritten. Von einem Gläubiger des Vereins belangt, bestreitet er nun seine Mitgliedschaft. In welchem Sinne kann sich Gläubiger auf das frühere Urteil berufen?

817. Ein Mitglied hat gegen den rechtsfähigen Verein auf Feststellung geklagt, daß ein Beschluß der Mitgliederversammlung ungültig sei. Steht die Abweisung dieser Klage ihrer Wiederholung durch ein anderes Mitglied entgegen, sei es aus einem anderen oder aus demselben Grunde? Würde umgekehrt ein zusprechendes Urteil gegenüber anderen Vereinsmitgliedern Rechtskraft äußern? Oder gegenüber dem Dritten, mit dem der Vereinsvorstand auf Grund des angegriffenen Beschlusses einen Vertrag geschlossen hat?

818. Wie wären die Fragen des vorigen Falles zu beantworten, wenn es sich um den Generalversammlungsbeschluß einer Aktiengesellschaft handelte?

819. Von drei Gesamtschuldnern hat der zweite gegen den Gläubiger eine erfolgreiche Feststellungsklage dahin erhoben, daß dieser keine Forderung mehr gegen ihn habe, weil ein vom Gläubiger mit dem ersten Schuldner geschlossener Erlaßvertrag gesamtbefreiende Wirkung haben sollte. Kann sich der dritte Gesamtschuldner auf die Rechtskraft dieses Urteils berufen? Wäre anders zu entscheiden, wenn die Klage sich auf Zahlung des ersten Gesamtschuldners oder Aufrechnung desselben gestützt hätte?

820. Jemand hat eine von ihm eingeklagte Forderung in eine bürgerliche Gesellschaft eingeworfen, die er mit A. und B. gründete. Nach rechtskräftiger Abweisung klagt A. als geschäftsführender Gesellschafter die Forderung von neuem ein. Steht die Rechtskraft entgegen? Kommt es darauf an, ob die erste Klage wegen Nichtentstehung oder wegen nachträglicher Tilgung der Forderung abgewiesen wurde? Ob A. oder B. oder beide bei Einwerfung der Forderung die Rechtshängigkeit derselben kannten oder nicht?

821. Verkäufer ist rechtskräftig verurteilt, dem Kläger das diesem verkaufte und bereits übergebene Haus aufzulassen. Angenommen, er hat während des Prozesses dasselbe Haus einem Dritten verkauft und aufgelassen. Kann sich der erste Käufer gegen diesen eine vollstreckbare Ausfertigung des Urteils geben lassen?

822. Jemand hat ein Stück eines Besitztums, „Berner Hof" genannt, gekauft und ist als Eigentümer eingetragen. Später wird gegen den Verkäufer auf Klage eines Dritten hin festgestellt, daß dieser am Berner Hof ein Erzförderungsrecht habe. Hat dieses Urteil Rechtskraft für den Käufer? Wäre ebenso zu entscheiden, wenn dieser erst während des Prozesses oder nach demselben das Stück erworben hätte?

823. In einem Testament ist Peter zum Erben, Rudolf zum Testamentsvollstrecker und Johanne als Vermächtnisnehmerin eingesetzt. Stücke des Nachlasses befinden sich bei jeder der drei genannten Personen. Ein Bruder des Erblassers hat gegenüber Peter die Unechtheit des Testamentes feststellen lassen. Nun klagt er gegen die drei auf Ausantwortung des Nachlasses. Rechtskraft?

824. Die Klage des Remittenten R. gegen den Akzeptanten A. des Wechsels ist abgewiesen, weil dieser bei Wechselzeichnung nicht geschäftsfähig gewesen sei. Wirkt dieses Urteil gegenüber J., dem R. den Wechsel während des Prozesses indossiert hat? Wie, wenn der Wechsel im Moment des Indossamentes bereits protestiert gewesen wäre?

825. Der mit der Durchführung einer Patentnichtigkeitsklage betraute Rechtsanwalt läßt durch Unachtsamkeit die Berufungsfrist unbenutzt verstreichen. Um sich vor Regreß zu sichern, erhebt er eigenen Namens eine auf denselben Grund gestützte Nichtigkeitsklage. Wird ihm dies helfen?

826. In einem zwischen dem Verkäufer und dem Käufer von Wertpapieren geführten Prozeß ist festgestellt, daß das

Geschäft nicht (wie Beklagter behauptete) simuliert, sondern gültig sei. Werden dadurch die Gläubiger eines Teiles gehindert, in einem zweiten Prozeß ihrerseits das Geschäft für ein simuliertes zu erklären? Macht es einen Unterschied, ob der erste Prozeß gerade auf eine Täuschung der Gläubiger berechnet war oder nicht?

827. Auf Grund einer gegen die Kommanditgesellschaft gerichteten Verurteilung wird ein persönlich haftender Gesellschafter auf Zahlung eines Teiles belangt. Kann er einwenden, daß die Gesellschaftsschuld nicht besteht? Oder daß sie nach Rechtskraft des Urteils gezahlt worden sei? Kann er eine ihm gegen den Kläger zustehende Forderung aufrechnen? Wirkt umgekehrt das gegen den persönlich haftenden Gesellschafter ergangene Urteil gegen die Kommanditgesellschaft?

828. Eine aus A. und B. bestehende offene Handelsgesellschaft ist mit einer Klage abgewiesen. Nachdem C. und und D. eingetreten, A. gestorben und B. ausgeschieden war, wird die Klage wiederholt. Einrede der Rechtskraft?

829. Kläger teilt dem Beklagten mit, daß die in Abwesenheit des letzteren vernommenen Zeugen völlig zugunsten des Klägers ausgesagt hätten. Hierdurch wird der Beklagte veranlaßt, behufs Kostenersparnis gegen sich Versäumnisurteil ergehen und rechtskräftig werden zu lassen. Steht ihm die Rechtskraft entgegen, wenn die Zeugen, wie er nachträglich erfährt, durchaus zu seinen Gunsten bekundet haben? Macht es einen Unterschied, ob die unrichtige Mitteilung des Klägers gutgläubig oder arglistig war?

830. Halsschneider hat dem Windig ein größeres Darlehn zu 3 Prozent Monatszins gegeben. Für den ersten Quartalszins erwirkt er Versäumnisurteil. Als er den zweiten Quartalszins einklagt, kündigt Beklagter die Einrede des Wuchers an, worauf ihm Kläger mitteilt, das Urteil solle nur als Beweismittel dienen; wenn er sich dagegen widersetze, werde das erste Urteil sogleich vollstreckt werden. Hierdurch eingeschüchtert, läßt Beklagter ein zweites Versäumnisurteil ergehen. Ist er an die Rechtskraft dieses Urteils gebunden?

831. Blutegel hat an den Einjährigen Leichtfuß in Straßburg eine wucherische Forderung von 10000 M. Der Schuldner desertiert, wird Fremdenlegionär, flüchtet nach zwei Jahren unter falschem Namen nach Deutschland zurück. Blutegel, der dies erfährt, benutzt die Notlage des Schuldners, um ihn auf Grund einer öffentlich zugestellten Klage durch Versäumnisurteil verurteilen zu lassen, welches in gleicher Weise zugestellt wird. Später läßt der nach Amerika ausgewanderte Leichtfuß gegen Blutegel Klage auf Feststellung erheben, daß diesem eine Forderung aus dem Urteil nicht zustehe. Rechtskraft?

832. Handlungsgehilfe Mayer hat seinem Dienstherrn Unger 1200 M. unterschlagen. Dieser sieht von einer Strafanzeige ab. Um aber eine Sicherheit zu haben, klagt er gegen Mayer ein angebliches Darlehn in der genannten Höhe ein und erwirkt dafür verabredetermaßen ein Anerkenntnisurteil. Als er nach langen Jahren gegen den inzwischen reich gewordenen Mayer vollstrecken will, behauptet dieser, das Anerkenntnisurteil sei unwirksam, sowohl weil es erpreßt sei, als auch weil es auf einem Scheinprozeß beruhe. Richtig?

833. Kläger hat auf Grund eines Meineids Verurteilung des Beklagten erwirkt. Dieser hat nach Rechtskraft des Urteils, um die Zwangsvollstreckung zu vermeiden, freiwillig gezahlt. Nach Ablauf der Frist für die Restitutionsklage erhebt der frühere Beklagte Klage auf Rückzahlung der zu Unrecht gezahlten Summe, indem er seinen Anspruch in erster Linie auf ungerechtfertigte Bereicherung, in zweiter auf unerlaubte Handlung stützt. Welche Gesichtspunkte werden die beiden Parteien geltend machen? Wie ist zu entscheiden?

III. Änderung, Berichtigung, Ergänzung des Urteils.

834. Welche Rechtsbehelfe stehen dem Kläger in folgenden Fällen zu:

a) Die Formel des Urteils spricht ihm die Zinsen seit 24. Mai 1908 zu; aus den Entscheidungsgründen geht aber hervor, daß er die Zinsen von der Klagezustellung ab zu bekommen hat, und diese ist am 24. März erfolgt? Kommt es darauf an, ob das Gericht irrtümlich angenommen hat, die Klage sei erst am 24. Mai 1908 zugestellt worden, oder ob es sich des richtigen Zustellungstages bewußt gewesen ist und nur aus Versehen das falsche Datum niederschrieb und verkündete?

b) Im Tatbestand des Urteils ist nicht erwähnt, daß Kläger seinen Antrag auch auf die Zinsen gerichtet hat?

c) Eine Entscheidung über die Zinsen ist nicht erfolgt. Ist es hierfür gleich, ob auch die Entscheidungsgründe den Zinsanspruch übergehen oder verneinen oder bejahen?

835. Kläger hat gegen eine Firma Martin Beer ein Versäumnisurteil erwirkt, nachträglich beantragt er Berichtigung des Urteils dahin, daß als verurteilt die Firma „Martin Beer Sohn" bezeichnet werde. Ist dies zulässig? Macht es einen Unterschied, ob die ungenaue Bezeichnung schon in der Klageschrift selbst stand oder nicht? Ob an dem gleichen Orte noch eine Firma mit einem dieser Namen besteht?

836. Die Urteilsformel lautet dahin: „Beklagter hat zu schwören . . . es ist wahr, daß ich das . . . Darlehn empfangen habe. Schwört er, so wird die Klage . . . abgewiesen, wenn nicht, wird er verurteilt werden . . ." Kann die eine oder andere Partei das Urteil berichtigen lassen?

837. Kläger hat seinen Anspruch in der mündlichen Verhandlung von 210 M. auf 224 M. erhöht. Da dies weder in den Entscheidungsgründen noch in der Formel berücksichtigt wurde, will er den Tatbestand berichtigen lassen. a) Kann er dies bereits vor Zustellung des Urteils? b) Kann die beantragte Berichtigung auch stattfinden, wenn im Termin keine Partei erscheint? c) Kann der Antrag ohne Prüfung abgelehnt werden, wenn im Termin der Beklagte erscheint, der Kläger ausbleibt? d) Darf, wenn beide Parteien anwesend sind, über den erhöhten Anspruch selbst entschieden werden?

838. Derselbe Fall: nur ist nach Zustellung des unvollständigen Urteils zugleich Berichtigung und Ergänzung beantragt. Wie ist zu entscheiden, wenn in der mündlichen Verhandlung der Kläger oder der Beklagte oder beide Parteien ausbleiben?

839. Der von einem Automobil überfahrene Arbeiter hat geklagt: erstens auf Ersatz der Kurkosten, zweitens auf Ersatz des entgangenen Arbeitslohnes, drittens auf Schmerzensgeld, viertens auf eine jährliche Unterhaltsrente von 200 M. wegen verminderter Erwerbsfähigkeit. Durch rechtskräftiges Urteil sind die drei ersten Ansprüche zugebilligt, der vierte abgewiesen worden, weil eine Verminderung der Erwerbsfähigkeit nicht nachgewiesen sei. Wenn sich nun nach einem Jahr beim Arbeiter ein Knieübel entwickelt, welches erweislich eine Nachwirkung des Unfalles ist und seine Erwerbsfähigkeit herabsetzt: kann er jetzt auf Gewährung einer Rente klagen?

840. Das Gericht hat den Eisenbahnfiskus in der Annahme, daß der im Betrieb verunglückte Reisende dauernd erwerbsunfähig sein werde, im beiderseitigen Einverständnis statt zu einer Rente, zu einer einmaligen Abfindungssumme verurteilt und dieselbe auf 100000 M. festgesetzt. Wenn sich nachher wider Erwarten die Erwerbsfähigkeit des Reisenden wieder hebt: kann der Fiskus das Urteil verändern lassen? Macht es einen Unterschied, ob die Summe in zwölf jährlichen Raten zu zahlen war, von denen noch einige nicht fällig sind?

841. Ein im Alter von 36 Jahren auf der Eisenbahn verunglückter Amtsrichter hat auf eine Unterhaltsrente geklagt. Darf bei Bemessung derselben der Umstand berücksichtigt werden, daß er im Laufe der Jahre ein höheres, bis zu 7200 M. steigendes Gehalt bekommen hätte? Darf sein voraussichtliches Einrücken in eine höhere Stelle in Anschlag gebracht werden? Angenommen, dies ist geschehen; nach vier Jahren wird aber der Kläger (ohne Zusammenhang mit dem Unfall) geisteskrank: kann der Eisenbahnfiskus die Rente herabsetzen lassen?

842. Ein Sohn ist rechtskräftig verurteilt, seiner mittellosen Mutter eine monatliche Unterhaltsrente von 60 M. zu zahlen. Welche Mittel zur Herabsetzung dieser Rente stehen ihm zu, wenn seine drei (früher unerwachsenen) Brüder inzwischen erwerbsfähig geworden sind? Wo ist zu klagen? Darf er im neuen Prozeß geltend machen, daß sein Einkommen früher zu hoch berechnet worden sei? Welcher Art ist das ergehende Urteil? Kann die Mutter in dem Rechtsstreit Widerklage auf Unterhalt gegen die drei jüngeren Brüder erheben? Kann sie gegenüber dem klagenden Sohn, ohne eine besondere Widerklage zu erheben, geltend machen, ihre Bedürftigkeit habe inzwischen zugenommen?

843. Der geschiedene Ehemann ist verurteilt worden, der Frau eine Vierteljahrsrente von 500 M. zu zahlen. Kann eine Änderung des Urteils herbeigeführt werden, wenn nachträglich der Mann oder die Frau eine halbe Million erbt? Oder wenn sich nachträglich der im früheren Prozeß nicht bekannte Umstand herausstellt, daß schon damals der eine oder andere Teil eine solche Erbschaft gemacht hatte?

844. Die Klage der Tochter auf Aussteuer ist wegen Leistungsunfähigkeit des Vaters abgewiesen worden. Hat die Wiederholung der Klage Aussicht auf Erfolg, wenn kurz darauf der Vater eine große Erbschaft macht?

Neuntes Kapitel.

Die Anfechtung der Urteile.

I. Allgemeines.

845. Die Klage ist, abgesehen von einer unerlaubten Handlung des Beklagten, auch auf Schuldanerkenntnis desselben gestützt. Er bestreitet beides. Das Landgericht entscheidet: „Die Klage wird, soweit sie sich auf unerlaubte Handlung stützt, als unbegründet abgewiesen." Ist diese Fassung korrekt? Wäre hiergegen Berufung des Klägers zulässig? Kommt es darauf an, ob das Landgericht ein Teilurteil oder Zwischenurteil hat erlassen *wollen*? Angenommen, das Urteil ginge dahin: „Beklagter ist auf Grund der (näher bezeichneten) unerlaubten Handlung zum Schadensersatz verpflichtet": wäre hiergegen Berufung des Beklagten zulässig?

846. Der Beklagte hat außer anderen Einwendungen geltend gemacht, seine Schuld sei durch gültigen Schiedsspruch auf die Hälfte herabgesetzt. Das Gericht hält dies für nicht erwiesen und erläßt Urteil dahin: „Die vom Beklagten erhobene prozeßhindernde Einrede des Schiedsvertrags wird als unbegründet verworfen.“ Ist diese Entscheidung korrekt? Ist sie mit der Berufung anfechtbar?

847. Der vom Zessionar einer Forderung verklagte Schuldner hat sowohl die Wirksamkeit der Zession als auch die Existenz der Forderung bestritten. Das Gericht hat durch Urteil die Gültigkeit der Zession ausgesprochen. Ist hiergegen ein Rechtsmittel möglich? Macht es einen Unterschied, ob eine Partei einen förmlichen Antrag auf Entscheidung bezüglich der Zession gestellt hat?

848. Der wegen Mangels einer zugesicherten Eigenschaft der Ware auf Schadensersatz verklagte Verkäufer hat sowohl die Zusage als auch die Höhe des Schadens bestritten. Das Landgericht erläßt folgendes Urteil: „Beklagter hat zu schwören: Es ist nicht wahr, daß ich die (näher bezeichneten) Eigenschaften zugesichert habe. Schwört er diesen Eid, so wird die Klage kostenfällig abgewiesen werden. Schwört er ihn nicht, so wird über die Höhe des dem Kläger erwachsenen Schadens Beweis erhoben werden.“ Ist solches Urteil zulässig? Unterliegt es einem Rechtsmittel?

849. Wie sind die Fragen des vorigen Falles zu beantworten, wenn die zweite Alternative dahin gefaßt ist: „... so wird festgestellt werden, daß Beklagter verpflichtet ist, den dem Kläger erwachsenen Schaden (vorbehaltlich näherer Ermittelung der Höhe) zu ersetzen“? Macht es einen Unterschied, ob das Gericht zur Abnahme des Eides sogleich einen Termin bestimmt hat?

850. Vorausgesetzt, Beklagter hätte im Falle 848 außerdem geltend gemacht, Kläger habe die Ware trotz Kenntnis mangelnder Eigenschaft vorbehaltlos angenommen. Könnte die zweite Alternative dahin gefaßt werden: „so wird ... unter Vorbehalt der Einrede stillschweigender Billigung ... die Schadensersatzpflicht des Beklagten als bestehend festgestellt werden“? Wäre gegen dieses Urteil Berufung zulässig?

851. Jemand wird auf Zahlung einer Schuld verklagt. Ein Dritter hat unter der Behauptung, die Forderung stehe ihm zu, gemäß § 75 ZPO. beizutreten erklärt. Kläger widerspricht. Beklagter beantragt seine Entlassung aus dem Rechtsstreit. Das Gericht entscheidet durch Zwischenurteil, daß „der Beitritt des Dritten mangels Streitverkündung gemäß § 75 nicht zulässig sei". Ist diese Entscheidung sachlich begründet? Ist die richtige Entscheidungsform gewählt? Welchem Rechtsmittel unterliegt die tatsächlich gewählte Urteilsart?

852. Der wegen Körperverletzung auf Schadensersatz Verklagte hat behauptet, in Notwehr gehandelt zu haben, außerdem die Höhe des Schadens bestritten. Das Gericht hat Zwischenurteil dahin erlassen: „Es wird festgestellt, daß sich der Beklagte bei Mißhandlung des Klägers nicht in Notwehr befunden hat." Zulässig? Rechtsmittel? Kommt es darauf an, ob nach Ausweis der Entscheidungsgründe das Gericht ein Zwischenurteil über den „Grund des Anspruchs" erlassen wollte?

853. Jemand hat den Prozeß des Beklagten als dessen Vertreter ohne Vollmacht geführt. Da er nicht rechtzeitig die Genehmigung des Beklagten beibringt, so ergeht Urteil, welches den letzteren in der Hauptsache, den Vertreter aber dazu verurteilt, die aus seiner Zulassung dem Kläger erwachsenen Kosten diesem zu ersetzen. Steht ihm hiergegen der Einspruch zu? Oder die Beschwerde? Oder die Berufung?

854. Das Landgericht hat unter Ausspruch seiner sachlichen Unzuständigkeit die Sache an das in seinem Bezirk gelegene Amtsgericht verwiesen, und zwar durch Beschluß. Korrekt? Welchem Rechtsmittel unterliegt der Beschluß?

855. Das Amtsgericht hat, nachdem vom Beklagten eine seine sachliche Zuständigkeit übersteigende Widerklage erhoben worden ist, unter Ausspruch seiner Inkompetenz den Prozeß an das vorgesetzte Landgericht verwiesen, und zwar durch Urteil. Welches Rechtsmittel ist gegen diese Entscheidung gegeben?

856. Der Beklagte ist verurteilt worden, bei einer Strafe von 100 M. für jede Zuwiderhandlung ein bestimmtes Warenzeichen nicht zu führen. Als er es angeblich doch tut, wird er auf klägerischen Antrag durch Urteil zu der Strafe von 100 M. verurteilt. Ist hiergegen Beschwerde oder Berufung einzulegen?

857. Das Oberlandesgericht hat nach mündlicher Verhandlung der Partei unter Hinweis auf eine angebliche Erledigung der Sache durch gerichtlichen Vergleich den Beschluß verkündet: „Eine weitere Verhandlung in der Sache findet nicht statt." Durfte solche Entscheidung ergehen? Durfte sie in Beschlußform erlassen werden? Welches Rechtsmittel steht einer Partei hiergegen zu?

858. Die Klage war auf 200 M. gerichtet. Im Termin beantragt Kläger Verurteilung des ausgebliebenen Beklagten zu 250 M. Das Amtsgericht erläßt „Versäumnisurteil", in welchem es den Beklagten zu 200 M. verurteilt, bezüglich der weiteren 50 M. dagegen das Urteil ablehnt, weil der Antrag insoweit dem Beklagten nicht vorher mitgeteilt worden war. Ist diese Behandlung materiell und formell ordnungsmäßig? Hat Kläger, wenn er diese Entscheidung anfechten will, Beschwerde, Berufung oder Einspruch zu ergreifen?

859. Verkäufer eines Hauses ist auf dessen Auflassung und auf Schadensersatz wegen verspäteter Erfüllung verklagt. Er macht geltend, er sei zur Erfüllung erst nach Empfang des vollen Preises verpflichtet, von dem er bisher nur ein Viertel erhalten hat. Das Gericht hat ihn unter Verwerfung dieser Einrede zur Auflassung verurteilt durch ein „Zwischenurteil", in dessen Entscheidungsgründen auf § 304 ZPO. verwiesen wird. Ist dieser Hinweis richtig? Ist das Zwischenurteil anfechtbar?

860. Die vom verunglückten Fahrgast auf Schadensersatz verklagte Straßenbahngesellschaft hatte eigenes Verschulden des Klägers behauptet und die Höhe seines Anspruchs bestritten. Es ergeht Zwischenurteil, welches den Anspruch dem Grunde nach bejaht. Hierauf wird über die Höhe verhandelt und die Gesellschaft zu 5000 M. verurteilt. Gegen dieses Endurteil legt sie Berufung ein. Ist das Obergericht zur Nachprüfung befugt, ob eine Schadensersatzpflicht überhaupt besteht? Macht es einen Unterschied, ob das Zwischenurteil erster Instanz noch gar nicht zugestellt ist? Kann die Gesellschaft dasselbe jetzt noch zustellen lassen und mit der Berufung angreifen?

861. Der im Betrieb des Beklagten verunglückte Arbeiter hat geklagt auf Feststellung, daß dieser verpflichtet sei, ihm den aus dem Unfall schon erwachsenen und noch künftig erwachsenden Schaden zu ersetzen, und auf Zahlung einer Entschädigung von 640 M. für die Kurkosten und den bisherigen Lohnausfall. Beklagter hat seine Ersatzpflicht und die Schadenshöhe bestritten. Das Gericht hat durch „Zwischenurteil" dem ersten Antrag stattgegeben. Durfte solches Zwischenurteil ergehen? Ist es selbständig anfechtbar? Kommt es darauf an, ob das Gericht auf § 303 oder § 304 ZPO. verwiesen hat?

862. Wäre der vorige Fall anders zu entscheiden, wenn der Antrag gelautet hätte auf Feststellung, daß der Beklagte zum Schadensersatz verpflichtet sei, und demgemäß auf Verurteilung desselben zu einer Kapitalabfindung von 20000 M. bzw. zu einer Jahresrente von 800 M.?

863. Beklagter hat das gegen ihn ergangene vorläufig vollstreckbare Urteil mit der Berufung angefochten. Auf seinen Antrag wird die Zwangsvollstreckung gegen Sicherheitsleistung eingestellt, und zwar durch einstweilige Verfügung. War diese Entscheidungsform die richtige? Welcher Rechtsbehelf steht dem Kläger gegen sie zu?

II. Die Berufung.

864. Die Entschädigungsklage des Mißhandelten ist in erster Instanz zugesprochen. Kann Kläger Berufung einlegen, um wegen inzwischen eingetretener weiterer Schädigungen den Beklagten zu einem höheren Betrag verurteilen zu lassen? Oder muß und darf er wegen des neu hervorgetretenen Schadens eine neue Klage erheben? Angenommen, der Beklagte hat seinerseits Berufung ergriffen, der Kläger nicht. Darf der letztere in der zweiten Instanz seinen Anspruch erhöhen?

865. Käufer ist mit seiner Klage auf Feststellung, daß der Kaufvertrag nichtig sei, durchgedrungen. Kann er nun

Berufung ergreifen, um außerdem den Beklagten zur Rückgewähr des schon erhaltenen Kaufpreises verurteilen zu lassen? Für den Fall der Verneinung: ist die trotzdem eingelegte Berufung als unbegründet oder als unzulässig abzuweisen?

866. Kläger ergreift Berufung gegen das Urteil, welches seine Klage als verfrüht abweist. In der Verhandlung zweiter Instanz beantragt der Beklagte lediglich Abweisung der Berufung; kann das Berufungsgericht, welches den Anspruch für unbegründet hält, die Klage endgültig abweisen?

867. Der Beklagte ist auf Grund seines Anerkenntnisses verurteilt worden. Steht ihm gegen das Urteil Berufung zu, wenn er das Anerkenntnis anfechten zu können glaubt?

868. Jemand ist mit seiner Klage auf Einwilligung des Gegners in die Auflösung des Vertrages abgewiesen worden. Er legt Berufung ein. Zwischen deren Zustellung und dem Termin erlischt das Vertragsverhältnis infolge Ablaufs der festgesetzten Zeitdauer. Was geschieht mit der Berufung?

869. Der Anwalt des Beklagten hat mit einer Gegenforderung desselben aufgerechnet und dadurch Klagabweisung erzielt. Kann nun der Beklagte Berufung einlegen lassen, um die Klage (statt auf Grund der Kompensation) wegen früherer Zahlung der eingeklagten Forderung abweisen zu lassen?

870. Die Klage des ausgebliebenen Klägers wird durch Versäumnisurteil für zurückgenommen erklärt. Kann der Beklagte Berufung einlegen, um sie als unbegründet abweisen zu lassen?

871. Der vom Erben des angeblichen Gläubigers auf Zahlung verklagte Schuldner bestreitet sowohl die Existenz der Schuld als auch die Erbeseigenschaft des Klägers. Die Klage wird abgewiesen, weil Kläger zwar Erbe sei, aber die Entstehung der Forderung nicht bewiesen habe. Kann nun Beklagter Berufung einlegen, um entscheiden zu lassen, daß Kläger nicht Erbe sei? Macht es einen Unterschied, ob über diese Frage in erster Instanz ein Zwischenfeststellungsurteil ergangen ist?

872. Angenommen, beim vorigen Falle wäre Kläger in erster Instanz, ohne daß über seine Erbenqualität etwas gesagt wäre, wegen Nichtexistenz der Forderung abgewiesen worden: könnte er, wenn er Berufung einlegt, in zweiter Instanz noch Feststellung seiner bestrittenen Eigenschaft als Erbe beantragen?

873. Das Urteil der ersten Instanz spricht die Klage zu und verweist die wegen einer Gegenforderung erhobene Widerklage zu gesondeter Verhandlung. Ist die Entscheidung korrekt? Welches Rechtsmittel ist gegen sie zulässig?

874. Der Schadensersatzanspruch des Klägers ist durch rechtskräftiges Zwischenurteil dem Grunde nach für bestehend erklärt. Auf Grund der nachfolgenden Verhandlung über die Höhe wird der Beklagte zu 3100 M. verurteilt. Er legt Berufung ein und macht geltend: 1. der Unfall sei durch eigenes Verschulden des Klägers entstanden; 2. der Schade betrage nur 1800 M. Darf das Berufungsgericht beide Fragen prüfen? Wäre anders zu entscheiden, wenn das Zwischenurteil erster Instanz gar nicht zugestellt worden wäre?

875. Der auf 1200 M. Verklagte rechnet eine Gegenforderung von 800 M. auf. Das Gericht erläßt bezüglich der überschießenden 400 M. sogleich Verurteilung. Bezüglich der Restsumme wird weiter verhandelt mit dem Erfolge, daß der Beklagte auch zu ihrer Bezahlung verurteilt wird. Er legt Berufung ein mit dem Antrage, die Klage insgesamt abzuweisen, und benennt Zeugen dafür, daß die ganze Summe schon vor der Klagerhebung gezahlt worden sei. Kann, wenn dies bewiesen wird, der Klaganspruch insgesamt abgewiesen werden? Macht es einen Unterschied, ob das erste Urteil der früheren Instanz zugestellt worden ist oder nicht?

876. Der Beklagte hat die Einreden der Verjährung und der Zahlung erhoben. Die erste wird durch Zwischenurteil als unbegründet verworfen. Auf Grund der anderen wird im Endurteil die Klage abgewiesen. Kann, nachdem Kläger Berufung eingelegt hat, der Beklagte in der zweiten Instanz auf die Einrede der Verjährung zurückkommen?

877. Sofort nach Verkündung des die Klage abweisenden landgerichtlichen Urteils tritt der Anwalt des Klägers vor und erklärt, es werde keine Berufung eingelegt werden.

Was geschieht, wenn sie trotzdem ergriffen wird? Macht es einen Unterschied, ob bei jener Erklärung der Anwalt des Gegners oder dieser selbst anwesend ist? Wie, wenn jene Erklärung durch einen beim Landgericht oder Oberlandesgericht eingereichten Schriftsatz abgegeben worden ist?

878. Kann der in erster Instanz abgewiesene Kläger noch Berufung einlegen, wenn er dem Beklagten die Kosten der ersten Instanz ersetzt hat? Kann es der in erster Instanz verurteilte Beklagte, wenn er dem Kläger die Urteilssumme nebst Kosten gezahlt hat? Macht es einen Unterschied, ob das Urteil für vorläufig vollstreckbar erklärt wurde oder nicht?

879. Zwei aus Anlaß eines Geschäftes in Meinungsdifferenzen geratene Firmen machen aus, daß die Entscheidung des Landgerichtes eingeholt, aber keine Berufung eingelegt werden soll. a) In welchem Moment wird das Urteil des Landgerichtes rechtskräftig? b) Welche Entscheidung ist zu erlassen, wenn der Vereinbarung zuwider der unterlegene Teil das Rechtsmittel ergreift? c) Darf das Berufungsgericht jene Vereinbarung berücksichtigen, wenn der Beklagte sie nicht geltend macht? d) Kann er sich noch auf sie stützen, nachdem er die Berufung aus sachlichen Gründen bekämpft hatte?

880. Welche Entscheidung ergeht in zweiter Instanz: a) wenn Kläger auf den Anspruch verzichtet? b) die Berufung zurücknimmt? c) die Klage zurücknimmt?

881. Das Berufungsgericht hat die Berufung wegen unrichtiger Zustellung des angefochtenen Urteils als verfrüht verworfen und gleichzeitig ausgeführt, sie sei übrigens unbegründet. Der Berufungskläger läßt nun das Urteil erster Instanz wieder zustellen, und zwar diesmal in korrekter Weise, und legt wiederum Berufung ein: darf über die sachliche Begründetheit derselben noch entschieden werden?

882. Nachdem in zweiter Instanz die Parteien längere Zeit darüber verhandelt haben, ob die Berufung rechtzeitig eingelegt ist, erklärt der Anwalt des Berufungsklägers, sie zurücknehmen zu wollen. Kann sich der gegnerische Anwalt dem widersetzen?

883. In der Berufungsverhandlung erscheint allein der Anwalt des Berufungsbeklagten. Er legt einen Brief des gegnerischen Anwaltes vor, nach welchem dieser die Berufung zurücknimmt, und beantragt demgemäß, im Wege des Versäumnisurteils den Gegner des Rechtsmittels für verlustig zu erklären und ihm die Kosten der Berufung aufzuerlegen. Darf das Gericht so entscheiden?

884. Der Berufungsbeklagte macht geltend, das angefochtene Urteil sei nicht ordnungsmäßig zugestellt worden. Welche Entscheidung ergeht, wenn dies zutrifft? Angenommen, Berufungskläger hat auf die Rüge hin die Berufung zurückgenommen, das angefochtene Urteil zustellen lassen und von neuem Berufung eingelegt. Ist dies zulässig? Kommt es darauf an, ob die Zurücknahme mit oder ohne Einwilligung des Gegners stattfand, und ob der Berufungskläger durch Urteil des Rechtsmittels für verlustig erklärt worden ist?

885. Kläger hat auf Grund eines wucherischen Geschäftes seinen Schuldner verurteilen lassen. Bevor die Entscheidung zugestellt ist, brennt er durch. Sein Aufenthaltsort ist unbekannt. Welche Schritte hat der Verurteilte zu ergreifen, um die Rechtskraft des Urteils zu verhindern?

886. Beklagter hat dem Kläger einen Schriftsatz zustellen lassen, wonach er gegen das Versäumnisurteil des Amtsgerichtes Mainz vom 9. Oktober 1908 Berufung einlege mit dem Antrag, unter Aufhebung dieses Urteils die Klage abzuweisen, und den Kläger zur mündlichen Verhandlung vor das genannte Gericht lade. Im Termin rügt der Anwalt des Klägers die Unzulässigkeit der Berufung. Wie entscheidet das Gericht über diese Rüge?

887. Der eingeklagte Anspruch ist zur Hälfte zugesprochen, zur Hälfte abgewiesen. Kläger hat Berufung eingelegt, Beklagter nicht. In zweiter Instanz wird durch Zeugen bekundet, daß die ganze Klagesumme gezahlt worden ist. Kann nun unter Aufhebung des ersten Urteils die Klage kostenfällig abgewiesen werden, wenn Beklagter nur Abweisung der Berufung beantragt?

888. Kläger, der mit 460 M. durchgedrungen, mit 80 M.

abgewiesen ist, erklärt, sich beim Urteil beruhigen zu wollen. Kann er nun doch Berufung ergreifen, wenn der Beklagte dies seinerseits tut? Kann er wenigstens in der Berufungsinstanz Verurteilung des Beklagten zu 540 M. beantragen? Was geschieht mit diesem Antrag, wenn Beklagter die Berufung zurücknimmt, bevor Kläger zu derselben verhandelt hat? Oder wenn die Berufung des Beklagten als verspätet verworfen wird?

889. Die Klage auf eine Unterhaltsrate ist zugesprochen, die Widerklage auf Feststellung, daß eine Unterhaltspflicht nicht bestehe, abgewiesen worden. Beklagter legt Berufung ein, Kläger nicht. Kann der letztere in der zweiten Instanz nun auch eine weitere, inzwischen fällig gewordene Unterhaltsrate verlangen?

890. Der Eigentümer ist mit seiner Klage auf Rückgabe des Pachtgutes abgewiesen und auf Widerklage des Pächters verurteilt, diesem Verwendungen in Höhe von 2680 M. zu ersetzen. Mit einem darüber hinausgehenden Betrag von 1220 M. ist der Beklagte (Widerkläger) abgewiesen worden. Dieser hat keine Berufung ergriffen, wohl aber Kläger mit dem Antrag auf Herausgabe des Pachtguts. Kann nun Beklagter in zweiter Instanz die ihm abgesprochenen 1220 M. verlangen? Kann hier Kläger seinerseits gänzliche Abweisung der Widerklage verlangen?

891. Die Klage ist zu einem Teil zugesprochen, im übrigen abgewiesen. Beklagter hat Berufung eingelegt. In der mündlichen Verhandlung beantragt Kläger, die Berufung als verspätet zu verwerfen, für den Fall ihrer Zulässigkeit aber als unbegründet abzuweisen und außerdem den Beklagten zu der vollen in erster Instanz begehrten Summe zu verurteilen. Für die Existenz seines höheren Anspruchs benennt er Zeugen. Wie ist zu entscheiden, wenn die Berufung verspätet, wenn sie rechtzeitig war?

892. Kläger, der bloß mit einem Teil seines Anspruchs durchgedrungen war, hat mit dem Urteil gleichzeitig die Berufungsschrift zugestellt. Wenige Tage später stellt ihm der Beklagte einen vorbereitenden Schriftsatz zu, in welchem er ankündigt, er werde nicht nur Abweisung der Berufung, sondern auch völlige Abweisung der Klage beantragen. Wenn nun in der Berufungsverhandlung Kläger das Rechtsmittel zurücknimmt, bevor sich der Beklagte eingelassen hat: kann dieser Abänderung des ersten Urteils dahin beantragen, daß die ganze Klage abgewiesen werde? Wäre anders zu entscheiden, wenn der vorbereitende Schriftsatz erst sechs Wochen nach Einlegung der Berufung zugestellt worden wäre?

893. Der auf Zahlung von 4000 M. Verklagte ist zur Zahlung von 3000 M. verurteilt, im übrigen die Klage abgewiesen worden. Beklagter legt Berufung ein. Kläger hat in einem vorbereitenden Schriftsatz sich der Berufung anzuschließen erklärt. In der mündlichen Verhandlung ist er ausgeblieben. Wie hat das Berufungsurteil zu lauten? Wie, wenn umgekehrt der Kläger erschienen, der Beklagte ausgeblieben wäre: könnte der erstere außer der Abweisung der Berufung auch noch Verurteilung des Beklagten zu 1000 M. beantragen?

894. Die Klage des Prinzipals gegen den ausgeschiedenen Handlungsgehilfen auf Zahlung einer Vertragsstrafe ist in erster Instanz vom Landgerichte zugesprochen worden. a) Kann der Handlungsgehilfe in der Berufungsinstanz noch geltend machen, für die Klage sei das Kaufmannsgericht ausschließlich zuständig gewesen? b) Kann das Gericht diesen Umstand noch von Amts wegen berücksichtigen? c) Wäre anders zu entscheiden, wenn die Einrede schon in erster Instanz vorgebracht, aber für unbegründet erklärt worden wäre? d) Macht es einen Unterschied, ob letzteres im Endurteil oder in einem rechtskräftig gewordenen Zwischenurteil geschehen ist?

895. Der aus Darlehn Verklagte ist in erster Instanz verurteilt worden, weil er den über die Hingabe des Darlehns zugeschobenen Eid verweigert hatte. Er legt Berufung ein. Kann er sich hier zur Leistung des Eides erbieten? Kann er Zeugen dafür benennen, daß er das Darlehn nicht empfangen habe? Oder dafür, daß er es zurückgezahlt habe?

896. Angenommen, im vorigen Falle wäre der Beklagte in erster Instanz verurteilt worden, weil er die Hingabe des Darlehns nicht bestritten oder ausdrücklich eingeräumt hat.

Kann er sie jetzt bestreiten? Kann er eine in erster Instanz nicht erhobene Aufrechnungseinrede nachholen? Auch wenn seine Gegenforderung bereits während der ersten Instanz als aufrechenbar bestand?

897. Der Beklagte, der in erster Instanz mit der Einrede der Zahlung keinen Erfolg hatte, erhebt in zweiter die Einrede der Verjährung. Kann er das? Wenn ihm der Beweis gelingt: wie lautet die Entscheidung in der Hauptsache? Wie in der Kostenfrage?

898. Ein über die Hingabe des Darlehns vom Kläger zugeschobener, vom Beklagten angenommener Eid ist diesem durch bedingtes Endurteil auferlegt worden. Hiergegen Berufung des Beklagten. Wie ist zu entscheiden, wenn dieser jetzt den Empfang eingesteht, den Eid verweigert, Rückzahlung des Darlehns behauptet und hierfür Zeugen benennt?

899. Der auf den Kaufpreis Verklagte hat die Bestellung der Ware geleugnet und hierüber dem Kläger einen Eid zugeschoben, den dieser angenommen und nach rechtskräftiger Auferlegung durch Endurteil auch geschworen hat. Kann der Beklagte, wenn er gegen das ihn verurteilende Erkenntnis Berufung einlegt, die Bestellung noch wirksam bestreiten? Wenn ja, kann Kläger für die Bestellung andere Beweismittel beibringen? Muß er dies tun? Könnte er dem Beklagten den Eid über die Nichtbestellung zuschieben?

900. Der auf Räumung klagende Hauseigentümer hat für die Tatsache der rechtzeitigen Kündigung Zeugen benannt und dem Beklagten den Eid zugeschoben, den dieser, ohne sich über dessen Norm und Erheblichkeit zu äußern, angenommen hat. Der Amtsrichter hat nach Vernehmung der Zeugen, die nach seiner Ansicht die Kündigung nicht zu beweisen vermochten, durch Beweisbeschluß den Eid auferlegt und trotz Widerspruchs des Klägers gegen die Form der Auferlegung dem Beklagten abgenommen. Der abgewiesene Kläger legt Berufung ein, macht geltend, der Eid hätte durch bedingtes Endurteil auferlegt werden müssen, beruft sich ferner für die Kündigung auf die schon vernommenen und auf neue Zeugen. Es wird gefragt:

a) Durfte der Eid durch Beschluß auferlegt werden?

b) Wenn nicht, ist er für das Berufungsgericht bindend?

c) Ist die Benennung neuer Zeugen durch den Kläger zulässig?

d) Kann nach deren Vernehmung der Beklagte die in erster Instanz erfolgte Annahme des Eides widerrufen?

e) Angenommen, die neuen Zeugen bestätigen die Kündigung: ist der Eid noch einmal aufzuerlegen und abzunehmen?

f) Sind die neuen Zeugen zu vernehmen, wenn das Berufungsgericht die Kündigung schon durch die in erster Instanz vernommenen Zeugen für bewiesen erachtet?

g) Ist es in diesem Falle durch den schon geleisteten Eid an der Zusprechung der Klage verhindert?

h) Angenommen, das Landgericht hielte die Kündigung weder durch die alten noch durch die neuen Zeugen für erwiesen: müßte es den Eid über die Kündigung noch einmal auferlegen und dem Beklagten abnehmen?

i) Wären die vorigen Fragen anders zu entscheiden, wenn der Eid durch rechtskräftig gewordenes bedingtes Endurteil auferlegt worden, oder wenn die Parteien über Norm und Erheblichkeit des durch Beweisbeschluß auferlegten Eides einig gewesen wären?

901. Die Klage eines Studenten ist vom Amtsrichter als unbegründet abgewiesen. Kann auf die vom Kläger eingelegte Berufung trotz Säumigkeit des Beklagten die Klage ohne Entscheidung in der Sache selbst wegen Minderjährigkeit des Klägers abgewiesen werden?

902. Jemand wird auf Rückzahlung eines Darlehns verklagt. Er bestreitet dessen Empfang, beruft sich außerdem auf ein Anerkenntnis des Klägers des Inhaltes, daß dieser nichts mehr zu fordern habe. Nach Vernehmung der beiderseits benannten Zeugen ergeht bedingtes Endurteil mit folgendem Inhalt: Kläger soll über die Hingabe des Darlehns einen richterlichen Eid schwören, widrigenfalls er abgewiesen werden soll. Schwört er ihn, so soll er außerdem bei Gefahr der Abweisung den ihm vom Beklagten zugeschobenen Eid darüber leisten, daß er niemals anerkannt habe, an Beklagten keine Forderung zu haben. Schwört er auch diesen Eid, so soll Beklagter verurteilt werden. Hiergegen legt Kläger Berufung ein und beantragt auf Grund der Beweisaufnahme erster Instanz unbedingte Verurteilung des Beklagten; dieser beantragt Abweisung der Berufung. Das Berufungsgericht ist der Meinung, die Hingabe des Darlehns sei durch die Zeugen erster Instanz bewiesen, dagegen habe der Beklagte für das negative Anerkenntnis des Klägers gewisse Anhaltspunkte beigebracht. Demgemäß erläßt es ein Urteil, nach welchem Kläger die Hingabe des Darlehns nicht zu beschwören braucht, der Beklagte aber über jenes negative Anerkenntnis einen richterlichen Eid leisten soll. Ist dies zulässig? Könnte das Berufungsgericht auch bezüglich der Hingabe des Darlehns, wenn es dieselbe für unwahrscheinlich hielte, dem Beklagten den richterlichen Eid auferlegen?

903. Der auf Räumung des Pachtgutes verklagte Pächter hat wegen angeblicher Verwendungen Widerklage erhoben. Das Landgericht hat durch Teilurteil dem Klagantrag entsprochen. Kann auf die hiergegen eingelegte Berufung des Beklagten das Oberlandesgericht auch über dessen Verwendungsanspruch entscheiden?

904. Die beim Landgericht X. erhobene Klage wird wegen Unzuständigkeit abgewiesen. Wie entscheidet das mit der Berufung angegangene Oberlandesgericht, wenn es das Gericht für zuständig hält? Kann sein Urteil mit der Revision angefochten werden? Angenommen, es hat die Sache an die erste Instanz zurückverwiesen: darf dieses an seiner ursprünglichen Weigerung festhalten?

905. Ein Privater hatte gegen die Verwaltungsbehörde auf Unterlassung eines Eingriffs in sein Eigentum geklagt. Das Landgericht hat über die Frage, ob ein solcher Eingriff wirklich vorliegt, Augenscheineinnahme und Zeugenvernehmung veranstaltet, deren Ergebnis dem Kläger ungünstig ist. Das abweisende Urteil des Landgerichtes ist damit begründet, daß der Rechtsweg unzulässig, übrigens die Klage auch unbegründet erscheine, da ein Eingriff nicht dargetan sei. Hiergegen Berufung des Klägers. Darf das Oberlandesgericht, wenn es seinerseits den Rechtsweg für zulässig hält, die Klage auf Grund der in erster Instanz festgestellten Tatsachen als unbegründet abweisen? Kommt es darauf an, ob sich der Beklagte in erster Instanz auf die Unzulässigkeit des Rechtsweges berufen hatte oder nicht?

906. Der auf Schadensersatz Verklagte hat den Anspruch des Klägers nach Grund und Höhe bestritten. Die Klage ist mit der Begründung abgewiesen, es brauche nicht untersucht zu werden, ob der Anspruch dem Grunde nach bestehe, da Kläger einen Schaden nicht dargetan habe. Hiergegen Berufung des Klägers. Darf das Berufungsgericht, wenn es einen Schaden als gegeben ansieht, selbst über den Anspruch nach Grund und Höhe entscheiden? — Wie, wenn umgekehrt das Landgericht den Anspruch als dem Grunde nach ungerechtfertigt abgewiesen hätte, und wenn das Oberlandesgericht anderer Ansicht wäre? Könnte dieses über die Höhe wenigstens dann entscheiden, wenn beide Parteien damit einverstanden wären?

907. Jemand hat auf Ersatz von Verwendungen in Höhe von 30 M. geklagt, weil er — allerdings ohne Auftrag — während zweier Monate den Hund eines verreisten Nachbarn gefüttert habe. Der Amtsrichter hat die Klage abgewiesen, weil nicht erwiesen sei, daß überhaupt Kläger den Hund gefüttert habe. Kann das Landgericht, wenn es diesen Beweis für erbracht hält, selbst den Beklagten zu 15 M. verurteilen mit der Begründung, ein Hund lasse sich für 25 Pf. täglich füttern?

908. Das Landgericht hat die Klage wegen eines angeblichen Mangels der Klagerhebung abgewiesen. Kann das Oberlandesgericht, wenn es diesen Mangel nicht für gegeben hält, in der Sache selbst urteilen?

909. Während der Verhandlung über eine auf Mißhandlung gegründete Ehescheidungsklage hat das Landgericht von Amts wegen die Öffentlichkeit ausgeschlossen. Kann das mit der Berufung angegangene Oberlandesgericht, wenn es diesen Beschluß für unzulässig hält, die Sache zur erneuten Verhandlung zurückverweisen? Muß es ein solches Urteil erlassen?

910. Das Gericht erster Instanz hat zwar über die Kapitalforderung, aber nicht über die vom Kläger verlangten Zinsen entschieden. Darf das Oberlandesgericht behufs Verhandlung und Entscheidung über die letzteren die Sache in die erste Instanz zurückverweisen?

911. Das Landgericht hat die Klage halb zugesprochen, halb abgewiesen. Kläger hat Berufung ergriffen, und da Beklagter für die zweite Instanz keinen Anwalt bestellt hatte, ein den Beklagten in vollem Umfang verurteilendes Erkenntnis erwirkt. Wem ist dasselbe zuzustellen?

III. Die Revision.

912. Wem ist die Revisionsschrift zuzustellen: a) wenn der Gegner in zweiter Instanz einen Anwalt hatte? b) wenn er einen solchen nicht in der zweiten, sondern bloß in der ersten Instanz hatte? c) wenn er bereits einen Rechtsanwalt beim Reichsgericht bestellt hat?

913. Ein Arrestgesuch ist vom Landgericht abgelehnt. Auf Beschwerde des Gesuchstellers wird vom Oberlandesgericht in Urteilsform der Arrestbefehl erlassen. Ist hiergegen Revision zulässig? Wäre anders zu entscheiden, wenn der Arrest von vornherein beim Oberlandesgericht als Gericht der Hauptsache nachgesucht worden wäre?

914. Jemand hat auf Feststellung geklagt, daß er nicht Erbe sei. Ist Revision statthaft, wenn der schuldenlose Nachlaß 2000 M. wert ist? Oder, wenn die Aktiva 8000 M., die Passiva 10000 M. betragen?

915. Geklagt war beim Landgericht auf Feststellung, daß der Beklagte nicht berechtigt sei, den gleichen Namen wie Kläger zu führen, und auf Zahlung von 400 M. für den dem Kläger erwachsenen Schaden. Die Klage ist in beiden Instanzen zugesprochen. Ist Revision zulässig, sei es bezüglich beider Anträge, sei es bezüglich der Schadensersatzforderung allein?

916. Die Klage eines Bürgers gegen den Fiskus, auf Ersatz eines ihm durch Akt der Verwaltungsbehörde zugefügten

Schadens von 1000 M. ist in zweiter Instanz abgewiesen. Revision zulässig? Wäre anders zu entscheiden, wenn die Forderung auf einem zwischen den Parteien geschlossenen Vertrage beruhte? Oder auf einem Unfall, den Kläger im Betrieb einer staatlichen Eisenbahn erlitten hat?

917. Drei Personen, die zusammen ein Darlehn von 3000 M. schulden, sind auf Rückzahlung verklagt und in zwei Instanzen verurteilt. Einer von ihnen legt Revision ein. Ist diese zulässig? Macht es einen Unterschied, ob sie als Erben des Darlehnsnehmers (vor oder nach Teilung der Erbschaft) oder als Gesellschafter für die Rückzahlung haften, oder ob sie das Darlehn (ohne in einem Gesellschaftsverhältnis zu stehen) gemeinschaftlich aufgenommen haben? Wäre anders zu entscheiden, wenn jeder nur auf einen Kopfteil haftete?

917a. Das Berufungsgericht hat die auf 8000 M. lautende Klage zu drei Vierteln zugesprochen, im übrigen abgewiesen. Kann der Beklagte Revision einlegen? Kann es der Kläger?

918. Der mit einem Schadensersatzanspruch von 2000 M. abgewiesene Kläger hat Revision eingelegt mit der Erklärung, er verlange nunmehr 2600 M. Zulässig? Wie, wenn er diese Erhöhung bereits in der Berufungsinstanz vorgenommen hätte und mit dem ganzen Anspruch abgewiesen worden wäre? Macht es einen Unterschied, ob er für die Erhöhung sachliche Gründe angegeben oder ob er sie erweislich zu dem Zwecke vorgenommen hat, die Revisionssumme zu erreichen?

919. Der Beklagte ist vom Oberlandesgericht zu 3500 M. verurteilt, obgleich er nur 2500 M. zu schulden behauptet. Er zahlt nun den letzteren Betrag und legt Revision ein mit dem Antrag, die Klage im übrigen abzuweisen. Zulässig?

920. Die Klage, die einen Anspruch von mehr als 2500 M. betraf, wurde für zurückgenommen erklärt, weil Kläger die ihm auferlegte Kostensicherheit von 900 M. nicht hinterlegt hatte. Die Berufung ist vom Oberlandesgericht als unbegründet verworfen. Kann Kläger, wenn er seine Pflicht zur Kostensicherheit bestreitet, Revision einlegen?

921. Vom Oberlandesgericht ist sowohl die Klage (Streitwert 1800 M.) wie auch die Widerklage (Streitwert 1200 M.) abgewiesen worden. Ist die Revision des Klägers oder des Beklagten zulässig? Wie, wenn die Klage zugesprochen, die Widerklage abgewiesen wäre? Oder umgekehrt? Käme es in diesen beiden Fällen darauf an, ob die Revision bezüglich beider Klagen oder nur bezüglich der einen einlegt wäre?

922. Landgericht und Oberlandesgericht haben einen Streit zwischen Prinzipal und Handlungsgehilfen entschieden (Streitwert 600 M.). Kann Revision mit der Begründung eingelegt werden, das Kaufmannsgericht sei zuständig gewesen? Ist die Revision zulässig? Ist sie begründet? Kommt es darauf an, ob die Unzuständigkeit schon früher erfolglos geltend gemacht worden ist?

923. Die Berufung ist infolge Versäumnis des Berufungsbeklagten durchgedrungen. Ist hiergegen (bei einem Streitwert von 3000 M.) Revision zulässig? Angenommen, es wäre umgekehrt die Berufung infolge Säumigkeit des Berufungsklägers zurückgewiesen worden: wäre hiergegen Revision zulässig? Kommt es in diesem Falle auf den Streitwert an? — Wie, wenn im zweiten Falle der abgewiesene Berufungskläger Einspruch eingelegt hätte, der als unzulässig verworfen worden wäre: könnte bei einem Streitwert von 1000 M. Revision eingelegt werden, um über die Zulässigkeit des Einspruchs entscheiden zu lassen?

924. Kläger hatte seine Schadensersatzforderung in Höhe von 2000 M. erstens auf unerlaubte Handlung, zweitens auf Anerkenntnis des Beklagten gestützt. Das Landgericht hat durch Zwischenurteil entschieden, daß der Beklagte auf Grund der unerlaubten Handlung schadensersatzpflichtig sei. Auf Berufung des Beklagten hat das Oberlandesgericht die entgegengesetzte Feststellung getroffen. Kann Kläger hiergegen Revision einlegen und aus welchem Grunde?

925. Die auf den Kaufpreis von 1600 M. gerichtete Klage ist abgewiesen worden. Die Berufung des Klägers, der in zweiter Instanz säumig bleibt, wird als unbegründet verworfen. Kann nun Kläger Revision mit der Begründung einlegen, seine Berufung hätte, weil das Urteil erster Instanz nicht ordnungsmäßig zugestellt war, als verfrüht verworfen werden sollen?

926. Das Oberlandesgericht hat den Beklagten wegen Verletzung des klägerischen Patentes zum Schadensersatz verurteilt. Zwischen Einlegung der Revision und Verhandlung hierüber ist das Patent rechtskräftig für nichtig erklärt worden. Darf das Reichsgericht diesen Umstand berücksichtigen?

927. Kann in einem Zivilprozeß die Revision auf die Verletzung der Grundsätze über Ebenbürtigkeit gegründet werden?

928. Das Berufungsgericht hat seine Entscheidung auf einen angeblichen Handelsgebrauch gestützt. Muß das Reichsgericht von demselben ausgehen, auch wenn es seine Geltung nicht annimmt?

929. Das Berufungsgericht hat die von einem Dritten nach billigem Ermessen zu treffende Bestimmung der Leistung im gegebenen Falle als „offenbar unbillig" erklärt und entsprechend richtiggestellt. Ist diese Feststellung für das Reichsgericht bindend?

930. Einer Aktiengesellschaft ist in Gesetzesform die Konzession zum Betrieb einer Eisenbahn erteilt. Anläßlich eines besonderen Falles entsteht zwischen ihr und dem Fiskus Streit über die Auslegung eines Artikels der Konzession. Kann auf die Verletzung desselben die Revision gestützt werden? Macht es einen Unterschied, ob es sich um den Fiskus des Reiches oder eines kleinen Bundesstaates handelt?

931. Das Reichsgericht ist der Meinung, das Oberlandesgericht habe die Aussage eines Zeugen ganz falsch verstanden. a) Darf es das auf dieser Aussage beruhende Berufungsurteil aufheben? b) Wäre anders zu entscheiden, wenn der Zeuge unzulässigerweise vereidigt oder unvereidigt vernommen wurde? c) Wie wäre es, wenn das Berufungsgericht Erklärungen der Partei selbst unrichtig aufgefaßt hätte? d) Darf das Revisionsgericht nachprüfen, ob eine Erklärung des Beklagten, die das Untergericht als Geständnis auffaßte, in Wirklichkeit ein solches ist?

932. Das Berufungsgericht hat eine Reihe von Beleidigungen und Mißhandlungen der Scheidungsklägerin durch ihren Mann festgestellt und auf Grund derselben die Ehe geschieden. a) Kann das Reichsgericht (Ordnungsmäßigkeit des Berufungsverfahrens vorausgesetzt) einzelne dieser Mißhandlungen als nicht erfolgt behandeln? b) Darf es davon ausgehen, daß die gefallenen Äußerungen nicht, wie das Berufungsgericht annahm, Beleidigungen seien? c) Kann es entscheiden, daß die vom Untergericht festgestellten Tatsachen die Scheidung nicht rechtfertigen?

933. Das Oberlandesgericht hat, indem es einen bestimmten Hergang des dem Prozesse zugrunde liegenden Vertragsabschlusses feststellte, die Klage mit der Begründung abgewiesen, das Geschäft verstoße gegen Treu und Glauben. Kann das Reichsgericht, wenn es entgegengesetzter Ansicht ist, die Entscheidung aufheben? Kann es einen andern tatsächlichen Hergang beim Vertragsschluß seiner Würdigung zugrunde legen?

934. Das Berufungsgericht hat den Beklagten zum Schadensersatz verurteilt. Kann das Reichsgericht auf Grund des vom Unterricht festgestellten Tatbestandes annehmen, es liege mitwirkendes Verschulden des Klägers vor? Kann es aus diesem Gesichtspunkte selbst die Klage abweisen oder den dem Kläger zugesprochenen Betrag herabsetzen?

935. Der Erblasser hat seiner Witwe den Nießbrauch an seinem Vermögen (zu welchem Äcker, Häuser, Fabriken gehören) hinterlassen, ohne zu bestimmen, ob dasselbe im gegenwärtigen Zustand verbleiben oder vorerst zu Gelde gemacht werden soll. Wenn nun hierüber zwischen der Witwe und dem Testamentsvollstrecker Streit besteht: darf das Reichsgericht dem Testament eine andere Bedeutung geben, als das Oberlandesgericht?

936. Jemand hat einem Bekannten ein Darlehn gegeben mit der Abmachung, daß dieser es nach Fälligkeit einem Freunde des ersteren zurückzahlen soll. Als dieser Freund auf Rückzahlung klagt, erhebt sich die Streitfrage, ob er gegen den Darlehnsnehmer unmittelbar eine klagbare Forderung erwerben sollte oder nicht. Dies wird vom Gericht zweiter Instanz auf Grund einer bestimmten Auslegung des Vertrages bejaht. Kann das Reichsgericht den Vertrag im entgegengesetzten Sinne auslegen?

937. Das Berufungsgericht hat „aus den Umständen des Falles“ den Erfüllungsort für die eingeklagte Schuld in X. angenommen. Kann das Reichsgericht aus denselben Umständen eine andere Schlußfolgerung ziehen? Könnte es auch davon ausgehen, daß die Umstände anders gelegen haben, als das Berufungsgericht annahm?

938. Das Oberlandesgericht hat die von ihm festgestellten frechen Bemerkungen eines Angestellten als wichtigen Grund zur sofortigen Kündigung aufgefaßt. Ist das Reichsgericht an diese Auffassung gebunden?

939. Das Berufungsgericht hat für erwiesen angenommen, daß der Kaufpreis für ein Haus nicht, wie im Vertrag zum Zweck der Steuerersparnis angegeben, 50000 M., sondern das Doppelte betragen sollte. Kann das Reichsgericht unter Berufung auf den Notariatsakt diese Feststellung außer acht lassen? Könnte umgekehrt, wenn das Berufungsgericht einen höheren Preis festgestellt hätte, das Reichsgericht auf Grund der Aussagen der in erster Instanz vernommenen Zeugen einen niedrigeren Kaufpreis annehmen?

940. Das Berufungsgericht hat die Anfechtung eines Testamentes zugelassen, weil es annahm, der Erblasser hätte seine Haushälterin nicht bedacht, wenn er gewußt hätte, daß ihn dieselbe nicht unerheblich bestahl, was das Gericht für erwiesen ansieht. Sind die Diebstähle für das Reichsgericht bindend festgestellt? Darf es einen vermutlichen anderen Willen des Erblassers annehmen?

941. Das Oberlandesgericht hat als festgestellt erachtet, daß die Ware acht Tage nach Bestellung zugesandt wurde. Streitig ist, ob dies dem Vertrag entsprach, der „sofortige Lieferung“ verlangt. Diese Frage wird vom Berufungsgericht bejaht. a) Darf das Reichsgericht unterstellen, die Ware sei früher zugesandt worden? b) Darf es dem Worte „sofortig“ eine andere Auslegung geben? c) Kommt es hierfür darauf an, ob das Oberlandesgericht seine Deutung auf die Umstände gestützt hat, unter denen der besondere Vertrag zustande gekommen ist, oder auf die allgemeine Bedeutung des Ausdrucks im Verkehr der betreffenden Kreise bei Geschäften der betreffenden Art?

942. Ein in Deutschland schwebender Prozeß ist nach französischem Rechte zu entscheiden. Kann auf die Verletzung eines Artikels des code civil die Revision gegründet werden? Wäre anders zu entscheiden, wenn der code civil nicht als französisches, sondern als das bis 1900 geltende rheinische Recht in Betracht käme?

943. Das elsaß-lothringische Ausführungsgesetz zum BGB. bestimmt, daß für die in Elsaß-Lothringen bestehenden Ehen, die vor 1900 ohne Ehevertrag geschlossen wurden, von diesem Tage ab die Vorschriften des BGB. über Fahrnisgemeinschaft gelten sollen. Kann auf eine Verletzung dieser Vorschriften die Revision gegründet werden, wenn im Prozeß der Güterstand einer solchen Übergangsehe bedeutsam wird?

944. Das Reichsgericht ist der Meinung, daß die Untergerichte zwar nicht zuständig waren, daß aber die von ihnen gefundene Entscheidung sachlich richtig ist. Hat es die Revision als unbegründet abzuweisen? Oder das angefochtene Urteil aufzuheben? Hat es im letzteren Falle selbst über die Klage zu entscheiden? — Wie, wenn umgekehrt Landgericht und Oberlandesgericht die Klage wegen Unzuständigkeit abgewiesen hätten, während das Reichsgericht ihre Zuständigkeit annimmt? An welches Gericht hat es hier zurückzuverweisen?

945. Ein vor dem 1. Januar 1900 ergangenes noch nicht rechtskräftiges Berufungsurteil hat auf Grund eines Partikularrechtes einen Bruder zur Unterhaltung seiner Schwester verurteilt. Könnte der Bruder im Wege der Revision geltend machen, daß nach dem BGB. eine solche Verpflichtung nicht mehr besteht?

946. Ein Verwandter ist durch das Berufungsgericht zur Zahlung von Unterhaltsbeiträgen an einen anderen verurteilt worden. Kann er, wenn er gleich darauf sein Vermögen verliert, unter Berufung auf diesen Umstand Revision einlegen? Oder wie ist zu helfen?

947. Kann der Beklagte in der Revisionsinstanz eine bisher nicht geltend gemachte Aufrechnungseinrede erheben? Kann er es wenigstens dann, wenn die Gegenforderung erst jetzt entstanden ist?

948. Kann Kläger in der Revisionsinstanz den geltend gemachten Entschädigungsanspruch nicht erhöhen? Auch dann nicht, wenn der Schade sich erst nach der Berufungsverhandlung erhöht hat? Kann er seine Forderung auf ein bisher nicht geltend gemachtes außergerichtliches Anerkenntnis des Beklagten stützen? Kann er zur Begründung des Anspruchs einen bisher nicht benutzten rechtlichen Gesichtspunkt vorbringen?

949. Das Berufungsgericht hat den Beklagten zu 7600 M. Schadensersatz verurteilt. Auf Revision des Beklagten ist das Urteil aufgehoben, weil nach Ansicht des Reichsgerichtes ein mitwirkendes Verschulden des Klägers nicht berücksichtigt worden ist. Darf nun in der erneuten Verhandlung der Kläger seinen Anspruch erhöhen? Oder der Beklagte neue Zeugen dafür benennen, daß er nicht schuldhaft gehandelt habe? Oder Behauptungen des Klägers, über die er sich früher nicht geäußert hatte, bestreiten?

950. Das Berufungsgericht hat die Eideszuschiebung über eine Tatsache unbeachtet gelassen, weil es dieselbe für unerheblich hielt. Das Reichsgericht ist der Meinung, daß gerade von dieser Tatsache die Entscheidung des Rechtsstreites abhänge. Kann es selbst den Eid durch bedingtes Endurteil auferlegen?

951. Wie das Reichsgericht feststellt, hat das Oberlandesgericht übersehen, daß der Beklagte eine für die Entscheidung wesentliche Tatsache zugestanden hat. Kann nun das Reichsgericht auf Grund des so ergänzten Tatbestandes selbst die Entscheidung erlassen? Wäre ebenso zu entscheiden, wenn das Berufungsgericht die Tatsache zwar als festgestellt angesehen, aber aus rechtlichen Gründen für unerheblich erklärt hätte, während das Reichsgericht sie für erheblich hält?

952. Der vom Berufungsgericht verurteilte Beklagte hat Revision eingelegt mit dem Antrag, das Berufungsurteil insoweit aufzuheben, als es ihn zu mehr als 4000 M. verurteilt.

Das Reichsgericht hebt dem Antrag gemäß das Urteil auf und weist die Sache an das Berufungsgericht zurück. Darf dieses auf Grund neuer vom Beklagten vorgebrachter Tatsachen dem Kläger einen geringeren Betrag als 4000 M. zusprechen? Kann es auf Grund einer anderen Auffassung, als derjenigen des Reichsgerichtes, den Beklagten wiederum in der alten Höhe verurteilen? Kann es dies auf Grund neuer Tatsachen, die der Kläger erst in der gegenwärtigen Verhandlung vorgebracht hat?

IV. Die Beschwerde.

953. Das Gericht hat die Widerklage zu getrennter Verhandlung abgesondert. Ist hiergegen Beschwerde zulässig? Wäre anders zu entscheiden, wenn der auf solche Absonderung gerichtete Antrag einer Partei abgelehnt worden wäre?

954. Eine Partei hat beantragt, gewisse Kosten einem Gerichtsvollzieher, als durch dessen grobes Verschulden verursacht, aufzuerlegen. Kann sie bei Ablehnung ihres Antrages Beschwerde einlegen?

955. Das Gericht hat die beantragte Vereidigung eines Zeugen abgelehnt. Beschwerde? Angenommen: es hält die Weigerung der Aussage durch einen Zeugen für unbegründet. Welche Art von Entscheidung erläßt es? Welches Rechtsmittel steht ihm gegen dieselbe zu? In welcher Form wird über das Rechtsmittel entschieden? Auf Grund mündlicher Verhandlung oder nicht?

956. Das Landgericht hat den nachgesuchten Arrest verweigert, weil Fluchtverdacht beim Gegner nicht glaubhaft gemacht sei. Welches Rechtsmittel steht hingegen dem Gesuchsteller zu? Kann er zur Begründung desselben nunmehr Vermögensverschleuderung des Gegners geltend machen?

957. Angenommen, im vorigen Falle erläßt das Oberlandesgericht selbst auf Grund des neuen Vorbringens Arrestbefehl in Beschlußform. Ist hiergegen Beschwerde zulässig? Wie, wenn es die Beschwerde zurückweist? Kann hiergegen der Gesuchsteller weitere Beschwerde ergreifen? Kommt es darauf an, ob die Zurückweisung erfolgt, weil das Oberlandesgericht die Beschwerde als unzulässig ansieht? Oder weil es die Entscheidung des Landgerichtes sachlich billigt? Oder weil es dieselben überhaupt nicht würdigt?

958. Der Erlaß des vom Kläger beantragten Versäumnisurteils ist vom Landgericht abgelehnt, vom Oberlandesgericht auf Beschwerde hin angeordnet. Kann hiergegen der Beklagte weitere Beschwerde einlegen?

959. Das Amtsgericht hat ein Gesuch um einstweilige Verfügung wegen Unzuständigkeit abgelehnt. Auf Beschwerde hin wird es vom Landgericht angewiesen, die einstweilige Verfügung zu erlassen. Zulässig? Hiergegen legt der andere Teil seinerseits weitere Beschwerde ein. Zulässig? Angenommen, das Oberlandesgericht erläßt Beschluß, wonach unter Aufhebung des landgerichtlichen Beschlusses die Beschwerde gegen denjenigen des Amtsgerichtes für unzulässig erklärt wird: ist diese Entscheidung begründet? Ist gegen sie Beschwerde zulässig?

960. Der auf 250 M. Verklagte rechnet 150 M. auf. Kläger beantragt, bezüglich der überschüssigen 100 M. Teilurteil zu erlassen. Gegen den diesen Antrag abweisenden Beschluß legt er Beschwerde ein. Dieselbe wird vom Landgericht als unzulässig verworfen. Hiergegen ergreift er die weitere Beschwerde. Ist diese zulässig? Ist sie begründet?

961. Die Beteiligung des Nebenintervenienten ist wegen wesentlichen Mangels in der Form des Beitritts für unzulässig erklärt. In welcher Form geschieht das? Welches Rechtsmittel steht dem Abgewiesenen zu? Angenommen, das angerufene Oberlandesgericht hält den Beitritt für formell ordnungsmäßig, die Nebenintervention aber wegen mangelnden rechtlichen Interesses des Dritten für unstatthaft: darf es aus diesem Grunde das Rechtsmittel als unbegründet abweisen? Schlechthin oder nur in dem Falle, daß Gegner den Mangel des rechtlichen Interesses geltend macht? Ist gegen eine solche Entscheidung ein weiteres Rechtsmittel des Dritten zulässig?

962. Ein Gesuch um Rechtshilfe ist wegen angeblicher örtlicher Unzuständigkeit des angegangenen Richters abgelehnt worden. Die hiergegen beim Landgericht eingelegte Beschwerde ist als unzulässig verworfen worden. Ist hiergegen weitere Beschwerde zulässig? Ist sie begründet? Angenommen, das Landgericht hätte umgekehrt unter Billigung der angefochtenen Entscheidung die Beschwerde verworfen: ist hiergegen weitere Beschwerde möglich?

963. Das Arrestgesuch ist vom Landgericht abgewiesen, vom Oberlandesgericht auf Beschwerde zugebilligt, aber von einer Sicherheitsleistung abhängig gemacht. Kann hiergegen eine weitere Beschwerde vom Gesuchsteller eingelegt werden? Oder vom Gegner?

964. Das Gesuch um Armenrecht ist vom Landgericht abgelehnt worden. Kann die Beschwerde hiergegen beim Oberlandesgericht eingereicht werden? Kann dieses die Beschwerde als unzulässig verwerfen, weil es den Fall nicht für dringlich hält?

965. Ein ausgebliebener Zeuge ist vom Landgericht mit einer Geldstrafe belegt. Kann er hiergegen Beschwerde einreichen? Wo? Persönlich oder durch Rechtsanwalt? Auch telegraphisch?

966. Das Landgericht hat durch Beschluß die Ablehnung eines angeblich befangenen Sachverständigen seitens des Beklagten für unbegründet erklärt. Dieser ergreift Beschwerde. Zulässig? Wie entscheidet hierüber das Oberlandesgericht, wenn inzwischen das Landgericht Urteil in der Sache selbst erlassen hat?

967. Der Amtsrichter hat die auf Befangenheit gegründete Ablehnung eines Sachverständigen zurückgewiesen. Die hiergegen eingelegte Beschwerde ist vom Landgericht als unzulässig verworfen worden. Kann das Oberlandesgericht auf weitere Beschwerde hin das Landgericht zur Prüfung anweisen, ob der Sachverständige mit Recht abgelehnt worden ist? Könnte es selbst diese Prüfung vornehmen?

968. Der vom Landgericht X. um Vernehmung eines Zeugen ersuchte Amtsrichter zu Y. hat eine vom Kläger angeregte Frage an den Zeugen für unzulässig erklärt. Kann hiergegen der Kläger Beschwerde an das Landgericht Y. ergreifen? Oder an das Landgericht X.? Kann er, nachdem das Landgericht, dessen Entscheidung er eingeholt hatte, den Standpunkt des Amtsrichters gebilligt hat, nunmehr beim vorgesetzten Oberlandesgericht „weitere Beschwerde“ einlegen?

969. Eine Partei hat beim Amtsgericht Aussetzung des Verfahrens beantragt. Wo ist die Beschwerde einzulegen, wenn dieser Antrag abgelehnt wird? Wo, wenn ihm entsprochen wird?

970. Dem Kläger sind von seiner Kostenrechnung einige Posten gestrichen worden. Der Festsetzungsbeschluß ist ihm aber noch nicht zugestellt. Kann er trotzdem Beschwerde ergreifen? Macht es einen Unterschied, ob über die Kostenfestsetzung mündlich verhandelt worden ist oder nicht?

971. Die landgerichtliche Kammer hat die Ablehnung eines ihrer Mitglieder wegen Befangenheit zurückgewiesen. Hiergegen ist sofortige Beschwerde eingelegt. Kann nun dieselbe Kammer ihren Beschluß aufheben und der Ablehnung stattgeben? Könnte sie dies schon vor Einlegung der Beschwerde? Wäre anders zu entscheiden, wenn es sich um einen Kostenfestsetzungsbeschluß handelte?

IV. Die Wiederaufnahme des Verfahrens.

972. Ein Erbe ist verurteilt worden, von einem vermeintlich ererbten Grundstück eine die Aussicht des Nachbarn störende Anlage zu entfernen. Nachher stellt sich heraus, daß dieses Grundstück einem Dritten gehört. Was ist von der Gültigkeit des Urteils zu halten?

973. Parteien haben einen gerichtlichen Vergleich geschlossen. Kann eine derselben auf Grund später aufgefundener Urkunden eine Restitutionsklage erheben? Oder hat sie ein anderes Mittel, den Vergleich zu beseitigen?

974. Die Klage ist vom Amtsgericht abgewiesen, vom Landgericht auf Berufung hin zugesprochen worden, allerdings unter Vorbehalt einer vom Beklagten geltend gemachten Aufrechnungseinrede. Das Vorbehaltsurteil ist rechtskräftig geworden. Kann Beklagter gegen dasselbe auf Grund nachträglich vorgefundener Urkunden die Restitutionsklage erheben? Macht es einen Unterschied, ob das Nachverfahren über die Aufrechnung noch schwebt oder bereits rechtskräftig erledigt ist?

975. Ein zwanzigjähriger Arbeiter, der bei seiner unehelichen Mutter wohnt, wird auf Schadensersatz verklagt. Die Klageschrift wird in seiner Abwesenheit der Mutter zugestellt. Gegen den im Termin ausgebliebenen Beklagten ergeht Versäumnisurteil, das in der gleichen Weise zugestellt und binnen zwei Monaten nicht angefochten wird. Ist das Urteil rechtskräftig geworden? Kann gegen dasselbe die Nichtigkeitsklage erhoben werden?

976. Wären die Fragen des vorigen Falles anders zu entscheiden, wenn das Urteil dem Vormund des Beklagten zugestellt worden wäre? Oder wenn im Termin die Mutter erschienen, und wenn auf Grund ihrer Verhandlung ein kontradiktorisches Urteil ergangen wäre? Oder wenn ein solches auf Grund der Verhandlung des (nicht geladenen) Vormunds ergangen wäre?

977. Angenommen, im früheren Falle hätte das der Mutter zugestellte Urteil die Klage abgewiesen. Könnte der Kläger Berufung einlegen? Könnte er, nachdem die Berufungsfrist verstrichen ist, Nichtigkeitsklage erheben? Welches einfache Mittel hat der großjährig gewordene Beklagte bzw. vorher sein Vormund, den Erfolg dieser Nichtigkeitsklage zu vereiteln?

978. Jemand ist wegen Sachbeschädigung vom Schöffengericht zu einer Strafe, hierauf im Zivilprozeß durch ein Versäumnisurteil zum Schadensersatze verurteilt worden. Kann er, wenn das Strafurteil im Wiederaufnahmeverfahren aufgehoben wurde, nunmehr die Restitutionsklage gegen das Zivilurteil erheben? Wäre anders zu entscheiden, wenn das letztere ein kontradiktorisches gewesen wäre? Kommt es für diesen Fall darauf an, ob im Urteil auf das Strafverfahren Bezug genommen ist oder nicht?

979. Jemand ist auf Rückzahlung eines seinem Erblasser gegebenen Darlehns verurteilt worden. Kann er die Restitutionsklage erheben, wenn ihm die schriftliche Bescheinigung eines Zeugen zugänglich wird, daß dieser seinerzeit bei der

Rückzahlung des Darlehns durch den Erblasser anwesend gewesen sei? Oder wenn er in den Papieren des Erblassers eine Quittung des Klägers vorfindet?

980. Die Klage des unehelichen Kindes auf Alimente und diejenige der Mutter auf Ersatz der Wochenbettkosten ist abgewiesen worden, nachdem zwei vom Beklagten als Zeugen benannte Burschen (allerdings uneidlich) ausgesagt haben, sie hätten in der Empfängniszeit der Mutter beigewohnt. Das Urteil ist rechtskräftig geworden. Kann Restitutionsklage erhoben werden, wenn nachträglich einer der Burschen, der inzwischen ausgewandert ist, von Gewissensbissen gequält, der Mutter schreibt, er habe im Prozeß auf Veranlassung des Beklagten die Unwahrheit gesagt?

981. Wäre im vorigen Fall anders zu entscheiden, wenn die Zeugen vereidigt worden wären?

982. Beklagter ist wegen Verletzung eines klägerischen Patentes rechtskräftig verurteilt worden. Kann er die Restitutionsklage erheben, wenn er nachträglich aus den Publikationen des Patentamtes feststellt, daß eine Erfindung wie die klägerische bereits früher für einen andern patentiert worden ist? Oder wenn er in einer vor Patentierung der klägerischen Erfindung erschienenen Druckschrift dieselbe Erfindung bereits geschildert findet? Wäre anders zu entscheiden, wenn es sich um eine „wieder aufgefundene" Gebrauchsmusteranmeldung handelte?

983. Die Klage der unehelichen Mutter auf den Sechswochenbeitrag ist abgewiesen, weil sie einen Verkehr mit dem Beklagten nicht bewiesen hat. Kann sie Restitutionsklage erheben, wenn sie nachträglich einen Brief vorlegen kann, in welchem Beklagter diesen Verkehr einräumt? Kommt es darauf an, ob dieser Brief nach Rechtskraft des Urteils geschrieben ist oder vorher? Im letzteren Falle, ob sie ihn nicht vorgebracht hat, weil er ihr nicht bekannt (sondern etwa an einen Dritten geschrieben war) oder weil sie ihn — schuldlos oder nicht — verlegt hatte? Oder weil sie sich seiner Verlesung schämte?

984. Der von einem Reisenden auf Lohnzahlung verklagte Prinzipal hat Widerklage erhoben mit dem Antrag, den

Kläger zu verurteilen: 1. über die für den Beklagten eingezogenen Gelder Rechnung zu legen; 2. einen Offenbarungseid zu leisten; 3. den für den Beklagten danach sich ergebenden Überschuß zu zahlen. Kläger hat Rechnung vorgelegt und den Offenbarungseid geleistet, wonach dem Widerkläger nichts gebührt. Dieser wird hierauf der Klage gemäß verurteilt und mit seiner Widerklage abgewiesen. Nach Rechtskraft dieses Urteils wird der Reisende zu Zuchthaus verurteilt, weil der Offenbarungseid falsch war. Kann nun der Prinzipal die Restitution betreiben?

985. Der rechtskräftig verurteilte Beklagte hat wegen angeblichen Mangels ordnungsmäßiger Vertretung in dem früheren Verfahren die Nichtigkeitsklage erhoben. Kann er nach Einlassung des Gegners die Klage ohne dessen Einwilligung zurücknehmen? Kann er sie nachträglich wieder erheben?

986. Die Klageschrift ist, statt an den wahren Beklagten, an einen Namensvetter desselben zugestellt, der sie in den Papierkorb wirft. Gegen den natürlich ausgebliebenen Beklagten ergeht Versäumnisurteil, das ebenfalls an die unrichtige Adresse zugestellt wird. Ist das Urteil für den Beklagten wirksam? Muß dieser, wenn er von seinem Erlaß erfährt, einen Rechtsbehelf ergreifen? Kann er einen solchen schon vor der Zustellung des Urteils an ihn ergreifen? Welchen?

987. Angenommen, im vorigen Falle wäre das ergangene Versäumnisurteil dem Beklagten durch Übergabe an sein Dienstmädchen zugestellt worden, wovon er aber keine Kenntnis erlangt hätte. Würde das Urteil für ihn wirksam? Hätte er nach Ablauf der Einspruchsfrist gegen dasselbe keinen Rechtsbehelf mehr?

988. Ein Rechtsanwalt hat für die Partei einen Prozeß durchgeführt, obgleich ihm dieselbe bereits vor Klagerhebung das Mandat gekündigt hatte. Ist das Urteil, solange es bloß dem Rechtsanwalte zugestellt wurde, für die Partei wirksam? Kann diese, wenn es ihr zwei Monate später zugestellt wird, Berufung einlegen? Kann sie Nichtigkeitsklage erheben? Von welchem Zeitpunkt an und bis zu welchem?

989. Die Nichtigkeitsklage ist darauf gestützt, daß im Vorprozeß ein Zeuge einen Meineid geleistet hat und deshalb bestraft worden ist. In der mündlichen Verhandlung beruft sich Kläger außerdem darauf, daß der Prozeßgegner den Zeugen hierzu angestiftet habe. Warum ist dieser neue Restitutionsgrund nicht beachtlich?

Zehntes Kapitel.

Prozeßverbindungen und Prozeßbeteiligungen.

I. Streitgenossenschaft und Hauptintervention.

990. Eine Versicherungsgesellschaft hat nach einem bestimmten Formular mit zahlreichen an den verschiedensten Orten wohnhaften Personen Verträge geschlossen. Können nun die Versicherten, wenn eine Bestimmung streitig wird, die Feststellungsklage gegen die Gesellschaft gemeinsam erheben? Können sie umgekehrt zusammen bei demselben Gericht verklagt werden? Bejahendenfalls: was geschieht, wenn einer der mehreren Versicherten säumig ist, der andere erscheint und verhandelt?

991. Zwei Mitglieder eines Syndikats, das seinen Sitz in Leipzig hat, haben dem Vertrag zuwider eine Ware unter dem festgesetzten Mindestpreis verkauft, das eine in Chemnitz, das andere in Glogau. Können sie gemeinschaftlich auf Zahlung der verwirkten Vertragsstrafe von je 200 M. belangt werden? Beim Amts- oder Landgericht? In Chemnitz oder Glogau? Könnte auf Antrag des Klägers das Reichsgericht ein gemeinschaftliches Gericht für zuständig erklären?

992. Ein Arbeiter, der aus dem Gebiet der Krankenkasse A. in dasjenige der Kasse B. verzogen war, ist mit seinem Antrage auf Krankengeld von beiden Kassen abgewiesen worden, weil jede behauptet, die Krankheit sei ausgebrochen, als er sich im Gebiet der anderen befunden habe. Er beantragt nun bei dem den beiden Bezirken gemeinschaftlichen Oberlandesgericht Bestimmung eines zuständigen Gerichtes mit der Begründung, er wolle beide Kassen gemeinschaftlich mit dem Antrag verklagen, das Gericht möge feststellen, welche von ihnen zahlungspflichtig sei. Entscheidung?

993. Von mehreren gemeinschaftlich klagenden oder verklagten Parteien ist die eine säumig, während die andere erschienen ist. Ergeht gegenüber der ersten Versäumnisurteil in folgenden Fällen:

a) Der Darlehnsgläubiger klagt auf Zahlung gegen mehrere Personen, die angeblich zusammen bei ihm das Darlehn aufgenommen haben? Oder gegen Hauptschuldner und Bürgen? Oder gegen mehrere Mitbürgen?

b) Mehrere Käufer einer Sache werden auf Zahlung des Kaufpreises belangt oder klagen auf Lieferung der Sache?

c) Ein Hauseigentümer klagt gegen verschiedene Mieter, welche das gleiche Mietsformular unterschrieben haben, auf Feststellung der Gültigkeit einer bestrittenen Klausel?

d) Mehrere Miteigentümer eines Hauses klagen gegenüber einem dritten Prätendenten auf Feststellung ihres Eigentums? Oder auf Beseitigung einer ihr Eigentum störenden Anlage?

e) Mehrere Testamentserben klagen gegen den gesetzlichen Erben auf Feststellung der Echtheit des Testamentes? Oder gegen einen angeblichen Gläubiger auf Feststellung, daß er keine Forderung an den Nachlaß habe?

f) Zwei im gesetzlichen Güterstand lebende Ehegatten werden auf Zahlung des Mietzinses verklagt? Wie, wenn unter ihnen allgemeine Gütergemeinschaft besteht?

g) Eine Ehefrau, die einen Spezereiladen betreibt, wird auf Zahlung einer Geschäftsschuld verklagt, zugleich ihr Ehemann auf Duldung der Vollstreckung ins eingebrachte Gut?

h) Zwei Kinder klagen gegen ihren verwitweten Vater auf Aufhebung der fortgesetzten Gütergemeinschaft?

i) Zwei Käufer klagen wegen angeblichen Betrugs auf Anfechtung des Vertrages? Oder wegen Mangels auf Minderung oder Wandelung? Oder wegen Nichtigkeit des Geschäfts auf Rückzahlung des vorgeleisteten Kaufpreises? Oder sie werden auf Feststellung eines bestrittenen Vorkaufsrechtes verklagt?

k) Der uneheliche Vater wird zugleich vom Kind auf Alimente und von der Mutter auf Ersatz der Wochenbettkosten verklagt?

l) Mehrere Kinder werden von ihrer unterstützungsbedürftigen Mutter auf Unterhalt verklagt?

m) Mehrere Mitglieder einer adeligen Familie verklagen jemand, der ihren Namen führt, auf Unterlassung? Oder auf Feststellung, daß er nicht zur Familie gehöre?

n) Zwei Miteigentümer desselben Hauses verklagen den Mieter auf Zahlung des Mietzinses?

o) Zwei Gemeinschafter verklagen den dritten auf Einwilligung in eine bestimmte Art der Teilung des gemeinschaftlichen Gegenstandes?

p) Zwei Miteigentümer eines Ackers verklagen den Nachbarn auf Grenzregulierung (BGB. § 919)?

q) Mehrere Kinder des Erblassers klagen gegen den eingesetzten Erben auf Feststellung ihres Pflichtteilsrechtes? Oder auf Zahlung ihres Pflichtteils? Oder auf Erklärung des Beklagten für erbunwürdig?

r) Zwei Verkäufer eines Hauses werden auf Auflassung verklagt? Zwei Inhaber derselben Hypothek auf Löschungsbewilligung?

s) Witwe und Kinder des Verstorbenen, der zu ihren Gunsten eine Lebensversicherung genommen hatte, klagen gegen die Gesellschaft auf Zahlung?

t) Zwei Gläubiger desselben Schuldners, denen im Verteilungsverfahren die dritte und vierte Stelle eingeräumt wurden, klagen gegen den Erstangewiesenen auf Berichtigung des Verteilungsplanes (ZPO. § 878)?

u) A. hat gegen X. eine Forderung, B. an dieser Forderung einen Nießbrauch; A. und B. verklagen gemeinschaftlich den X. auf Zahlung? Macht es einen Unterschied, ob die Forderung verzinslich ist oder nicht?

v) Mehrere Mitglieder einer Aktiengesellschaft oder eines rechtsfähigen Vereins klagen auf Nichtigkeit eines Beschlusses?

w) Der Miteigentümer eines Hauses klagt gegen die beiden andern auf Ersatz von Verwendungen?

x) Eigentümer und Nießbraucher an einem abgebrannten Hause klagen gemeinschaftlich gegen den Brandstifter auf Schadensersatz?

993 a. In welchen der unter voriger Nummer angegebenen Fälle muß die Klage durch oder gegen die mehreren Beteiligten gemeinschaftlich erhoben werden?

994. Zwei Personen, die zusammen ein Haus gekauft haben, verklagen den Verkäufer auf Wandelung. a) Was geschieht, wenn der Richter mit einem der Kläger im Sinne des § 41 ZPO. verwandt ist? b) Kann ein naher Verwandter des einen Klägers auch gegenüber dem andern das Zeugnis verweigern? c) Wie, wenn im Laufe des Prozesses ein Kläger stirbt oder in Konkurs verfällt? d) Angenommen, ein Kläger hat in Anwesenheit des andern eine Einredebehauptung des Beklagten zugestanden: kann im nächsten Termin der jetzt erscheinende andere Kläger diese Behauptung bestreiten? e) Wie, wenn beide (in erster Instanz abgewiesene) Kläger die Berufungsfrist versäumen, aber nur einer von ihnen die Wiedereinsetzung in den vorigen Stand verlangen kann?

995. Zwei Testamentserben sind auf Feststellung der Unechtheit des Testamentes verklagt. Das Landgericht spricht die Klage zu. Das Urteil wird beiden Beklagten zugestellt. Einer von ihnen legt rechtzeitig Berufung ein und erlangt beim Oberlandesgericht Aufhebung des ersten Urteils. Kommt das dem andern Erbe zugute? Wie wäre zu entscheiden, wenn dieser ausdrücklich auf die Berufung verzichtet hätte? Angenommen, das Urteil ist dem einen Erben am 14. Mai, dem andern am 2. Juni zugestellt; am 18. Juni legt der letztere Berufung ein, während der erste sich untätig verhält: wirkt die Berufung für beide? Wenn beide Berufung eingelegt hätten, könnte der eine sie ohne Zustimmung des andern zurücknehmen?

996. Der Verkäufer hat die beiden Käufer auf Feststellung seines bestrittenen Wiederkaufsrechts und auf Rückgewähr des Kaufgegenstandes verklagt. a) Wie, wenn der eine Beklagte den Klaganspruch anerkennt oder die Klagebehauptungen zugesteht, der andere sie bestreitet? b) Wie, wenn einer von ihnen eine Tatsache zugesteht, der andere sich zu derselben überhaupt nicht äußert? c) Kann der Kläger dem einen gegenüber auf den Klaganspruch verzichten, dem andern gegenüber den Prozeß weiter betreiben? d) Kann er die eine Klage zurücknehmen, während er die andere durchführt? e) Wie, wenn im Verhandlungstermin nur ein Beklagter erscheint und entweder die Klagebehauptungen unter Beweisanerbieten bestreitet oder ein Anerkenntnis abgibt oder einen Vergleich abschließt?

997. Die beiden Söhne und alleinigen Erben des Schuldners sind bei noch ungeteiltem Nachlaß gemeinschaftlich auf Rückzahlung eines ihrem Erblasser gegebenen Darlehns verklagt. Wie ist zu entscheiden, wenn sich im Termin herausstellt, daß einer von ihnen noch minderjährig ist?

998. Derselbe Fall, nur sind beide Erben großjährig. a) Darf der Eid über die bestrittene Hingabe einem von ihnen allein zugeschoben werden? b) Was ist die Folge, wenn der beiden zugeschobene Eid von dem einen angenommen, von dem andern verweigert oder zurückgeschoben wird? c) Wie, wenn beide den Eid angenommen haben, im Schwurtermin aber einer von ihnen ausbleibt? d) Wären diese Fragen anders zu entscheiden, wenn der Nachlaß bereits geteilt wäre?

999. Die Miterben A., B. und C. klagen, vertreten durch Dr. N., bei noch ungeteilter Erbschaft gegen den Mieter eines zum Nachlaß gehörigen Hauses auf Zahlung des Mietzinses. Im Laufe der ersten Instanz kündigt Dr. N. infolge von Streitigkeiten mit C. diesem die Vertretung und teilt dem Gegner mit, er werde von jetzt ab nur noch für A. und B. auftreten. Das Urteil, welches die Klage wegen Nichtfälligkeit der Zinsforderung abweist, wird laut Zustellungsurkunde an Dr. N. als Vertreter von A., B. und C. zugestellt. Die Berufung wird durch Justizrat Dr. R. als Vertreter von A.

und B. eingelegt. Im Termin zweiter Instanz ist C. nicht vertreten, auch nicht zum Termin geladen. Ist die Berufung zulässig?

1000. Der als Eigentümer eingetragene Käufer eines Hauses erfährt, daß der Verkäufer den gegenwärtig laufenden Mietzins eingeklagt hat.

a) Kann er in den Rechtsstreit als Hauptintervenient eintreten? Wenn er dies getan hat: was geschieht, wenn Verkäufer anerkennt, daß ihm die Mietsforderung nicht mehr zusteht, der Mieter aber Forderungen aus Verwendungen auf die Mietsache aufrechnet? Oder wenn Mieter die Schuld anerkennt, Verkäufer aber behauptet, er dürfe nach Verabredung mit dem Käufer den Zins noch zwei Jahre lang ziehen? Wie, wenn im Verhandlungstermin der Verkäufer oder der Mieter oder beide säumig sind? Welchen Einfluß hat es auf die Sache, wenn während des Prozesses der Schuldner an den Verkäufer zahlt? Oder an den Käufer?

b) Könnte der Erwerber des Hauses als Nebenintervenient des beklagten Mieters beitreten?

c) Oder gleichzeitig als Haupt- und Nebenintervenient?

II. Widerklage und Inzidentfeststellungsklage.

1001. Der Stettiner Heinrich hat gegen einen Berliner Bekannten, mit dem er sich entzweit hat, in Berlin das ihm gegebene Darlehn eingeklagt. Dieser erhebt Widerklage auf Rückgabe einiger dem Kläger geliehener Sachen. Ist diese Widerklage zulässig?

1002. Ein Maschinenfabrikant in Mannheim klagt hierselbst gegen einen Frankfurter Kaufmann auf Zahlung gelieferter Maschinen. In der ersten mündlichen Verhandlung erhebt der Beklagte ohne Rüge der Unzuständigkeit verschiedene Einreden gegen die Klageforderung. Außerdem macht er geltend, er habe vom Kläger noch andere, bereits gezahlte Maschinen bezogen, die sich nachträglich als mangelhaft erwiesen hätten. Wegen dieser Maschinen erhebe er hiermit Widerklage auf Wandelung und Rückzahlung des gezahlten Preises. Kläger bestreitet die Zulässigkeit dieser Widerklage. Mit Recht? Kommt es darauf an, ob das Gericht eine gemeinschaftliche Verhandlung der Klage und Widerklage für angemessen hält?

1003. Der Beklagte hat mangelhafte Klagerhebung gerügt, den Klaganspruch bestritten und Widerklage erhoben. Was geschieht mit der letzteren, wenn das Gericht die Hauptklage wegen Formmangels zurückweist? Wäre anders zu entscheiden, wenn die Hauptklage wegen Unzuständigkeit abgewiesen würde?

1004. Der in erster Instanz verurteilte Beklagte hat dem Kläger Berufungsschrift zustellen lassen und hierbei die Erhebung einer Widerklage angekündigt. Darf das Berufungsgericht über die Widerklage entscheiden, wenn in der ersten Verhandlung der Berufungsbeklagte (Kläger) säumig ist? Wäre anders zu entscheiden, wenn er erschienen wäre und die Widerklage, ohne sich ihrer Zulässigkeit zu widersetzen, als unbegründet bekämpft hatte?

1005. Der aus einem Vertrag Belangte erhebt Widerklage auf Feststellung, daß ihm Kläger aus dem gleichen Geschäfte gewisse Gegenleistungen schulde. Ist diese Widerklage zulässig? Macht es einen Unterschied, ob die behauptete Gegenforderung des Beklagten fällig sein soll oder nicht?

1006. Ein Gläubiger hat sich bei einer Strafe von 5000 M. verpflichtet, gewisse Ansprüche gegen den Schuldner, der an ihrer diskreten Behandlung interessiert ist, gerichtlich nicht geltend zu machen. Als dies dennoch geschieht, erhebt Schuldner Widerklage auf die Vertragsstrafe. Zulässig?

1007. Lunitz hat gegen Beyer zwei auf verschiedenen Gründen beruhende Forderungen, eine von 600 M. und eine von 1000 M. Als er die erste einklagt, erhebt Beyer in der Verhandlung wegen einer Gegenforderung von 700 M. Widerklage. Hierauf erklärt Lunitz, er rechne seine zweite Forderung bis zum Betrage von 700 M. mit dieser Gegenforderung auf und verlange nun im ganzen 900 M. Beklagter meint, eine Gegenwiderklage sei nicht zulässig, ebenso auch nicht eine Klagerweiterung, da die nachverlangten 300 M.

aus einem anderen Grunde beansprucht würden. Wie ist zu entscheiden, wenn die verschiedenen Forderungen nicht bestritten werden?

1008. In einer Großstadt wird ein gewerblicher Arbeiter von seinem Dienstherrn auf Rückzahlung eines Darlehns beim Landgericht verklagt. Kann er hier eine Widerklage auf Zahlung seines Dienstlohnes erheben?

1009. Der beim Amtsgericht auf 200 M. Verklagte behauptet eine doppelt so hohe Gegenforderung, wovon er die eine Hälfte aufrechnet, die andere im Wege der Widerklage geltend macht. Bleibt das Amtsgericht zuständig? Auch wenn wegen der ganzen Gegenforderung Widerklage erhoben wäre? Was geschieht mit der letzteren, wenn Verweisung ans Landgericht nicht beantragt wird? Könnte umgekehrt beim Landgericht wegen einer Gegenforderung von 200 M. Widerklage erhoben werden?

1010. Beklagter bestreitet seine Schuld, behauptet überdies eine vom Kläger nicht bestrittene Gegenforderung, welche er für den Fall, daß die Klageforderung bestehe, aufrechnen, für den entgegengesetzten Fall im Wege der Widerklage hiermit geltend gemacht haben wolle. Wie entscheidet das Gericht, wenn es zur Ansicht kommt, die Klageforderung sei entstanden? Wie im umgekehrten Falle?

1011. Ein preußischer Prinz verklagt seinen Vertragsgegner beim Landgericht Berlin auf Erfüllung. Kann der Belangte hier aus dem gleichen Vertrag eine Widerklage erheben?

1012. Ein achtzehnjähriges Dienstmädchen klagt seinen Dienstlohn ein. Ist die Widerklage der Herrschaft auf Rückzahlung eines Darlehns zulässig? Oder die Widerklage auf Schadensersatz wegen grobfahrlässiger Zerbrechung einer kostbaren Vase durch die Klägerin?

1013. In der Theatergarderobe haben zwei Herrn ihre Mäntel angeblich vertauscht. Der eine klagt gegen den anderen auf Rückgabe des Mantels. Kann dieser, wenn er die Vertauschung leugnet, widerklagend Feststellung beantragen, daß der begehrte Mantel sein Eigentum sei? Oder, wenn er die

Vertauschung zugibt, Widerklage auf den anderen Mantel erheben? Wäre die letztere Frage anders zu entscheiden, wenn bezüglich der Mäntel ein regelrechter Tauschvertrag geschlossen wäre und ein Teil den anderen auf Erfüllung verklagt hätte?

1014. Beim Stiftungsfest des Vereins Konkordia ist eine solenne Keilerei entstanden. Die Mitglieder Meyer und Huber haben daran schwunghaften Anteil genommen und sich gegenseitig kräftig verhauen. Nun wird Meyer von Huber auf Entschädigung verklagt. Kann er seinerseits auf Ersatz des ihm selbst zugefügten Schadens Widerklage erheben?

1015. Der auf Zahlung eines Restkaufpreises verklagte Käufer erhebt Widerklage auf Rückzahlung des bereits gezahlten Teiles, weil der Vertrag durch Betrug zustande gekommen sei. Kläger hält die Widerklage für unstatthaft, weil sie nicht, wie die Klage, auf den Vertrag gegründet sei. Richtig?

1016. Der vom Gläubiger auf „Duldung der Zwangsvollstreckung" verklagte Eigentümer erhebt unter der Behauptung, die Hypothek sei erloschen, Widerklage auf Einwilligung des Klägers in die Umschreibung der Hypothek auf den Namen des Widerklägers. Ist diese Widerklage zulässig?

1017. Der Gläubiger der Frau hat dieselbe auf Erfüllung, den Mann auf Duldung der Vollstreckung ins Eingebrachte verklagt. Kann die Frau wegen einer zu ihrem Einbringen gehörigen Gegenforderung Widerklage erheben? Kann es der Mann?

1018. Der vom Erben des Gläubigers auf Zahlung verklagte Schuldner erhebt Widerklage auf Feststellung, daß eine zweite angeblich ererbte Forderung, deren sich Kläger außerhalb dieses Rechtsstreites berühmt hat, nicht bestehe. Zulässig?

1019. Der angebliche Gläubiger, der auf Feststellung des Nichtbestehens seiner Forderung verklagt ist, erhebt Widerklage auf Befriedigung derselben. Zulässig?

1020. Kann der Kläger, nachdem er die Widerklage zunächst aus materiellen Gründen bekämpft hat, noch geltend machen, der Gegenanspruch des Beklagten sei bereits bei einem anderen Gericht anhängig?

1021. Kann der auf Zahlung des Preises verklagte Käufer Widerklage auf Wandelung erheben?

1022. Jemand wird auf Rückgabe der ihm geliehenen Sache verklagt. Er behauptet, sie sei ihm nicht bloß geliehen, sondern geschenkt. Kann er auf Feststellung seines Eigentums Widerklage erheben?

1023. Beklagter hat eine die Klageforderung übersteigende Gegenforderung aufgerechnet und für den ihm noch gebührenden Überschuß Widerklage erhoben. Ist diese zulässig, wenn die Gegenforderung zu denjenigen gehört, die gar nicht aufgerechnet werden können?

1024. Eine Aufrechnungseinrede ist vom Gericht als verspätet zurückgewiesen worden. Kann nun der Beklagte ihretwegen in der Instanz noch Widerklage erheben? Wie, wenn er wegen der Gegenforderung, ohne dieselbe aufzurechnen, sogleich Widerklage erhoben hätte, könnte dieselbe als verspätet zurückgewiesen werden?

1025. Kläger ist ausgeblieben. Beklagter hat aus diesem Grunde Abweisung der Klage beantragt, außerdem einen schriftlich angekündigten Widerklagantrag gestellt, hierauf, ohne denselben zu begründen, um Vertagung der Sache gebeten. Kann ihm, wenn er nunmehr seine Gegenforderung selbständig einklagt, die Einrede der Rechtshängigkeit entgegengehalten werden?

1026. Der vom Testamentserben des Gläubigers verklagte Schuldner erhebt Wiederklage auf Feststellung, das Testament sei gefälscht. Zulässig?

1027. Der vom angeblichen Zessionar einer Forderung auf die fälligen Zinsen verklagte Schuldner erhebt Widerklage auf Feststellung, daß die Zession unwirksam sei. Ist dies statthaft?

1028. Der Erbe klagt gegen den Besitzer eines Nachlaßgegenstandes auf Rückgabe. Dieser erhebt Widerklage auf Feststellung, daß ihm an dem Nachlaß ein vom Kläger bestrittenes Nacherbrecht zustehe. Ist diese Widerklage zulässig? Wie, wenn sie gerichtet wäre auf Einräumung eines dem Beklagten angeblich vermachten Nießbrauchs an dem Klagegegenstande?

1029. Der Gläubiger hat von einer ihm angeblich zustehenden höheren Forderung einen Teil eingeklagt. Kann der Belangte Widerklage auf Feststellung erheben, daß die ganze Forderung nicht bestehe, oder daß dem Kläger eine höhere als die eingeklagte Forderung nicht zustehe?

1030. Der angebliche uneheliche Vater ist auf Alimente verklagt. Als er in der Klagebeantwortung die uneheliche Vaterschaft bestreitet, kündigt Kläger in einem weiteren Schriftsatze an, er werde außerdem Feststellung dieser Vaterschaft beantragen. Ist diesem wirklich gestellten Antrag zu entsprechen, wenn Beklagter im Termin ausbleibt?

1031. Ein Straßburger Kaufmann wird von einem Freiburger Konkurrenten beim Landgericht Straßburg auf Schadensersatz wegen unbefugter Führung eines Warenzeichens verklagt. Kann er bei diesem Gericht Widerklage auf Feststellung erheben, daß er zur Führung des Warenzeichens befugt sei? Oder auf Verurteilung des Beklagten, seinerseits das Warenzeichen nicht zu gebrauchen?

1032. Ein im Bezirke des Landgerichtes X. wohnender Fabrikant wird bei diesem Gericht auf Entschädigung verklagt, weil er Wasser seiner Fabrik über das im Bezirk Y. gelegene Grundstück des Klägers hat ablaufen lassen. Kann er Widerklage auf Feststellung erheben, daß ihm das Recht zur Ableitung des Wassers zusteht? Macht es einen Unterschied, ob er ein dingliches oder obligatorisches Recht dieser Art behauptet?

1033. Ein 1866 depossedierter deutscher Fürst ist später Souverän eines nichtdeutschen Staates geworden. Als er in Ermangelung männlicher Nachkommen ein Familienstatut errichtet, wonach in die Krone und das in Deutschland gelegene Hausgut die älteste Tochter nachfolgen soll, erhebt ein männlicher Verwandter gegen ihn am Sitz des Fideikommisses Klage auf Feststellung seines besseren Nachfolgerechtes in dasselbe. Kann das deutsche Gericht hierüber entscheiden? Könnte es eine Klage auf Zugehörigkeit des Klägers zum fürstlichen Hause des Beklagten aburteilen? Könnte ein solcher Feststellungsantrag im Prozeß um das Familiengut inzidenter gestellt werden?

III. Nebenintervention und Streitverkündung.

1034. Kann sich als Nebenintervenient beteiligen:

a) Der im gesetzlichen Güterstand lebende Ehemann, wenn die Frau wegen einer vorehelichen Schuld verklagt wird?

b) Der Miteigentümer eines gemeinschaftlichen Hauses, wenn der andere gegen den Nachbarn auf Feststellung einer Lichtgerechtigkeit klagt?

c) Ein Gesamtschuldner im Prozesse des anderen?

d) Der Erbe in dem vom Testamentsvollstrecker behufs Beitreibung einer Nachlaßforderung geführten Rechtsstreit?

e) Der Nachlaßgläubiger in dem Prozeß zwischen gesetzlichem und testamentarischem Erben um die Erbberechtigung?

f) Der einzelne Konkursgläubiger in dem vom Konkursverwalter eingeleiteten Anfechtungsprozeß? Oder ein Mitglied des Gläubigerausschusses, der nicht zugleich Konkursgläubiger ist?

g) Einer von zwei bestreitenden Konkursgläubigern, wenn ein dritter gegen den andern auf Feststellung der Konkursteilnahmeberechtigung geklagt hat?

h) Ein Aktionär bei Nichtigkeitsklage eines anderen gegen einen Generalversammlungsbeschluß? Wie, wenn in entsprechender Weise der Mitgliederversammlungsbeschluß eines rechtsfähigen Vereines „angefochten" wird?

i) Der eingetragene Hypothekargläubiger, wenn gegen den eingetragenen Eigentümer durch den angeblichen wahren Eigentümer die Berichtigungsklage erhoben wird?

k) Der Eigentümer der Pfandsache, wenn zwei Pfandgläubiger um den Rang ihrer Rechte prozessieren? Wie, wenn es sich um Hypothekargläubiger handelt?

l) Der Schuldner in dem zwischen Zedenten und Zessionar geführten Streit um die Forderung?

m) Der Zessionar in dem Prozeß des Zedenten gegen den Schuldner?

n) Ein Dritter, welchem Kläger für den Fall des Obsieges eine Summe schenkungsweise versprochen hat?

o) Der Mieter, wenn sein Vermieter von einem Dritten auf Herausgabe der Sache verklagt wird?

p) Die uneheliche Mutter im Alimentenprozeß des unehelichen Kindes gegen den Vater?

q) Das Kind im Ehenichtigkeitsprozeß der Eltern?

r) Die Ehefrau, wenn der Mann von einem Dritten auf Unterlassung der Namensführung verklagt wird?

s) Der entferntere Erbanwärter, wenn der nächstberufene gegen den eingesetzten Erben die Erbunwürdigkeitsklage erhebt?

1035. In welchem der unter voriger Nummer behandelten Fälle liegt gewöhnliche, in welchen besondere Nebenintervention (§ 69 ZPO.) vor?

1036. Das angebliche Testament eines verstorbenen Junggesellen setzt zur Alleinerbin die Haushälterin ein unter der Auflage, der Vaterstadt des Erblassers eine Summe zu zahlen. Ein Verwandter des Erblassers klagt gegen die Haushälterin auf Feststellung der Unechtheit des Testamentes. a) Kann sich die Stadt am Rechtsstreit beteiligen? b) Könnte sie Beweise für die Echtheit beibringen, wenn die Haushälterin die Fälschung einräumte? c) Oder wenn sie ausbliebe? d) Könnte die Stadt, wenn in erster Instanz die Klage zugesprochen würde, ohne die Haushälterin Berufung einlegen? e) Wer trüge alsdann die Kosten der erfolglosen Berufung und Revision? Wer die der erfolgreichen? Kann die Haushälterin das Rechtsmittel verhindern?

1037. Regierungsassessor von Leichtfuß lebt mit seiner Frau in allgemeiner Gütergemeinschaft. Aus Angst vor der Gattin wagt er es nicht, eine aus seiner Junggesellenzeit herrührende Schuld von 5000 M. ohne weiteres zu zahlen, sondern er verabredet mit dem Gläubiger, dieser solle ihn verklagen, worauf er Versäumnisurteil werde ergehen lassen. Im Termin aber erscheint ein Rechtsanwalt mit Vollmacht der Frau und erklärt unter Berufung auf einen tags vorher an die Parteien zugestellten Schriftsatz, für sie Nebenintervention einzulegen. Zur Sache führt er aus, Kläger habe von dem Darlehn von 5000 M. von vornherein die Hälfte als „Zins" zurückbehalten; den Rest habe Beklagter am gleichen Tage, wofür Beweis angetreten wird, im Bakkarat verloren. Kläger widersetzt sich dem Beitritt der Frau. Sei dieselbe als Partei anzusehen, so könne sie nicht über das Gesamtgut prozessieren. Zur Intervention aber fehle ihr das rechtliche Interesse. Überdies dürfe sie nicht für den säumigen Mann handeln, zumal derselbe absichtlich ausgeblieben sei, und, wie durch Rechtsgeschäft, so auch durch den Prozeß über das Gesamtgut verfügen dürfe. Entscheidung?

1038. Ein Bürge tritt dem vom Gläubiger auf Zahlung verklagten Hauptschuldner als Nebenintervenient bei. a) Kann er für die abwesende Hauptpartei ein Geständnis ablegen? b) Kann er eine Gegenforderung der Hauptpartei mit der Klageforderung aufrechnen? c) Kann er mit dem Gläubiger einen Vergleich schließen mit Wirkung für die Hauptpartei? Oder mit Wirkung für sich? d) Angenommen, der Bürge führt bei Untätigkeit der Hauptpartei den Prozeß allein durch: wem wird das ergehende Urteil zugestellt? Wird die Berufungsfrist durch Zustellung an den Bürgen in Lauf gesetzt? Oder durch Zustellung seitens des Bürgen? Wie, wenn im letzteren Falle die Partei die Zustellung nicht erfährt und erst einen Monat später selbst Urteil und Berufung zustellt?

1039. Der dem verklagten Hauptschuldner als Nebenintervenient beigetretene Bürge hat eine Gegenforderung gegen den Gläubiger. Kann er sie im Rechtsstreit aufrechnen? Kann er ihretwegen Widerklage gegen den Gläubiger erheben?

1040. X., der ein Pferd von A. kaufte, hat es an Y. weiter veräußert. Als er von diesem wegen Mangels auf Wandelung verklagt wird, verkündet er den Streit an A., der als Nebenintervenient beitritt. a) Kann sich nun X. vollkommen untätig verhalten, ohne seine Ansprüche gegen A. einzubüßen? b) Wäre es für sein Verhältnis zu A. von Einfluß, wenn er früher nachlässig prozessiert hätte? c) Kann A., wenn in einem Termin weder X. noch Y. erscheint, Versäumnisurteil gegen den letzteren erwirken? d) Kann der Kläger Y., wenn er zum Termin den Beklagten X., aber nicht den beigetretenen A. geladen hat, Versäumnisurteil gegen X. nehmen, falls weder dieser noch A. erschienen ist? e) Könnte Kläger, wenn er sowohl X. als A. geladen hat, gegen den letzteren ein Versäumnisurteil erwirken?

1041. Max und Moritz streiten um das Eigentum an einer Kuh, welche angeblich dem ersteren gestohlen worden ist. Heinz, dem Moritz die Kuh verpfändet hatte, ist als Nebenintervenient beigetreten. a) Ist dieser Beitritt bei Widerspruch einer Partei zuzulassen? b) In welcher Form ist über die Frage zu verhandeln und zu entscheiden? c) Welche Entscheidung ergeht, wenn Heinz in der Verhandlung über seinen Beitritt säumig bleibt? d) Kann zur Aufklärung der Hauptsache sein persönliches Erscheinen angeordnet werden? e) Kann ihm das Gericht zu dem gleichen Zweck die Vorlegung von Urkunden aufgeben? f) Kann ihm ein Eid zugeschoben werden?

1042. Ein Dritter, der dem Kläger als Nebenintervenient beigetreten und trotz Widerspruchs des Gegners einstweilen zugelassen ist, hat Zeugen benannt, die vernommen wurden. Darf das Gericht diese Beweismittel benützen, wenn später der Beitritt rechtskräftig für unzulässig erklärt worden ist?

1043. Ein Dritter hat nach Verurteilung des Beklagten, der sich vollkommen untätig verhielt, durch einen Schriftsatz seinen Beitritt als Nebenintervenient erklärt und Berufung eingelegt. Wie entscheidet das Berufungsgericht, wenn es den Beitritt, welchem Kläger widerspricht, für unzulässig hält? Ist der Widerspruch des Klägers noch zu beachten, wenn er sich auf die Berufung eingelassen hat?

1044. Der Käufer einer Sache wird von einem Dritten, dem sie angeblich gestohlen ist, auf Herausgabe verklagt. Er verkündet dem Verkäufer den Streit. Dieser verhält sich untätig. Kann der Käufer, wenn er die Sache dem Dritten ohne weiteres herausgibt, Schadensersatz vom Verkäufer verlangen? Wäre ebenso zu entscheiden, wenn der Beklagte die Sache nicht gekauft, sondern nur entliehen hätte?

1045. Ein Amerikaner hat für die Zeit seines Aufenthalts in Baden-Baden bei einem Händler ein Automobil gemietet. Eine Frankfurter Niederlage, die angeblich dem Händler den Wagen unter Vorbehalt des Eigentums und Rücktrittsrechtes verkauft hatte, verklagt den Amerikaner auf Herausgabe. Wie wird er sich verhalten?

1046. Jemand, der ein Buch von einem Freunde entliehen hat, wird von einem Dritten, dem es angeblich gehört, auf Herausgabe verklagt. Kann er sich dem Prozeß dadurch entziehen, daß er das Buch seinem Freunde herausgibt? Kann er dem Freunde den Streit verkünden? Macht es für die Folgen der Streitverkündung einen Unterschied, ob er bei Vornahme derselben bereits über das Eigentum des Klägers verhandelt hatte?

1047. Der Mieter eines Hauses benutzt zuweilen einen hinter demselben liegenden Hof als Durchgang, weil ihm Vermieter versichert hat, er sei hierzu befugt. Wenn er nun vom Nachbarn, dem der Hof gehört, auf Unterlassung des Durchgangs verklagt wird, wie wird er sich verhalten? In welcher Weise kann sich Vermieter am Prozesse beteiligen?

1048. Schriftsteller Günther, der vom Rentner Lehmann eine Summe geborgt hatte, wird vom Sohn und Erben auf Rückzahlung verklagt. Was wird er tun, wenn die Summe gleichzeitig vom Kaufmann Hitzig beansprucht wird, dem angeblich der Verstorbene die Forderung zediert hat? Wie kann sich Hitzig am Prozesse beteiligen?

1049. Der Hinterleger eines Geldbetrages hat den Verwahrer auf Herausgabe verklagt. Ein Dritter, der behauptet, die Forderung auf das Geld sei ihm durch den Kläger schon vor Erhebung der Klage abgetreten worden, ist auf Streitverkündung des Beklagten beigetreten. Kann nun der letztere seine Entlassung aus dem Rechtsstreit herbeiführen?

1050. Streitig ist, ob eine Forderung, die erst in einigen Jahren fällig werden soll, dem A. oder B. zusteht. Wenn nun A. den Schuldner auf Feststellung verklagt, daß die Forderung besteht: kann Beklagter dem B. den Streit verkünden? In welcher Eigenschaft kann sich B. beteiligen? Wie ist sein Beitritt im Zweifel aufzufassen? Kann sich der Schuldner durch Hinterlegung des Betrags dem Streit entziehen?

1051. Der Darlehnsnehmer ist auf Rückzahlung verklagt. Ein Dritter tritt, ohne daß ihm der Streit verkündet wäre, als angeblicher Zessionar bei. Hat Schuldner eine Möglichkeit, sich dem Rechtsstreit zu entziehen? Angenommen, das Gericht hat ihn aus dem Prozeß entlassen: kann Kläger hiergegen Berufung einlegen?

1052. Der vom Gläubiger verklagte Schuldner hat einem Anderen, der die Forderung für sich beansprucht, den Streit verkündet und ist nach Beitritt des Dritten sowie Hinterlegung des Schuldbetrages aus dem Prozeß entlassen. a) Darf das Gericht, wenn es im weiteren Verfahren zur Überzeugung gelangt, daß die Forderung überhaupt nicht bestand oder einem Vierten zustand, feststellen, daß weder der Kläger noch der Beigetretene ein Recht auf den hinterlegten Betrag hat? b) Wie ist zu entscheiden, wenn zweifelhaft ist, wer von beiden der Berechtigte ist? c) Wie wird das Urteil vollstreckt?

IV. Streitveräußerung und Prozeßnachfolge.

1053. Nachdem der Gläubiger den Hauptschuldner verklagt hat, wird er vom Bürgen befriedigt. Welchen Einfluß hat dies auf die Entscheidung des gegenwärtigen Prozesses? Kann der Bürge statt des Gläubigers den Rechtsstreit übernehmen? Kommt es hierfür auf das Verhalten des beklagten Schuldners an?

1054. Jemand veräußert den Acker, bezüglich dessen er mit dem Nachbarn einen Grenzprozeß führt. Der Käufer ist noch nicht eingetragen, wohl aber im Grundbuch vorgemerkt. Kann sich derselbe am Rechtsstreit beteiligen? In welcher Eigenschaft? Kann er den Rechtsstreit statt des Verkäufers übernehmen? Kommt es auf den Widerspruch des Prozeßgegners an?

1055. Der Eigentümer eines Hauses veräußert dasselbe, nachdem er gegen den eingetragenen Hypothekargläubiger auf Löschung der ausgezahlten Hypothek geklagt hat. a) Hat dieser Verkauf einen Einfluß auf den Rechtsstreit? b) Kann dem Kläger Mangel der Sachlegitimation entgegengehalten werden? c) Auf wessen Namen lautet das Urteil? d) Auf wessen Betreiben wird es vollstreckt? e) Könnte sich der Käufer am Rechtsstreit beteiligen? In welcher Form?

1056. Der Darlehnsgeber tritt die eingeklagte Darlehnsforderung einem Dritten während des Prozesses ab. a) Kann ihm die Einrede der mangelnden Sachlegitimation entgegengehalten werden? b) Angenommen, er erklärt auf die Forderung zu verzichten: wie entscheidet das Gericht, wenn ihm die Abtretung aus der Verhandlung bekannt wird? c) Wie, wenn der Beklagte durch Urkunde beweist, daß der Zessionar ihm die Schuld erlassen hat? d) Kann der Beklagte eine Forderung, die ihm selbst gegen den Zessionar zusteht, mit der Klageforderung aufnehmen?

1057. Jemand, der von einem Eisenbahnunfall betroffen worden ist, hat seinen Entschädigungsanspruch gegen den Eisenbahnfiskus eingeklagt, dann aber während des Prozesses an eine Unfallversicherungsgesellschaft, die ihn abgefunden hat, abgetreten. a) Kann Kläger den Rechtsstreit weiterführen? b) Kann er beantragen, daß der Fiskus zur Zahlung an die Versicherungsgesellschaft verurteilt werde? c) Kann er zur Stellung eines solchen Antrages gezwungen werden? d) Wie, wenn er Verurteilung zur Zahlung an sich beantragt: darf diesem Antrag entsprochen werden?

1058. Möbelhändler Bär hat gegen Rentnerin Wolf 1200 M. eingeklagt als Preis einer ihr verkauften und übergebenen Zimmereinrichtung. Beklagte erhebt die Minderungseinrede und benennt für die Minderwertigkeit der Möbel Zeugen und Sachverständige, zu deren Vernehmung Termin angesetzt wird. Vor demselben wird die eingeklagte Forderung zugunsten eines Gläubigers des Klägers, des Möbelfabrikanten Fuchs, gepfändet. Dieser läßt durch einen Anwalt Hauptinterventionsklage erheben. Nach Vernehmung der Zeugen und Sachverständigen, welche die Mängel bestätigen und eine Wertminderung um ein Drittel bekunden, erklärt der Anwalt des Klägers, der Anspruch werde auf 800 M. ermäßigt, und beantragt Verurteilung der Beklagten zur Zahlung dieser Summe an Kläger. Der Anwalt der Beklagten erklärt, sich diesem Antrag nicht zu widersetzen. Dagegen widerspricht der Anwalt des Fuchs und beantragt unter näherer Begründung Feststellung, daß er nunmehr der Gläubiger sei und Verurteilung der Beklagten zur Zahlung von 1200 M. an Fuchs. a) Wie ist der Fall zu entscheiden? b) Wie wird das ergehende Urteil vollstreckt? c) Könnte Beklagte während des Prozesses den Betrag von 800 M. zugunsten der streitenden Gläubiger hinterlegen, sei es gemäß § 372 BGB., sei es gemäß § 75 ZPO.? Welcher Unterschied bestünde zwischen beiden Fällen?

1059. Wie wäre der vorige Fall zu entscheiden, wenn die Forderung des Bär schon vor ihrer Einklagung dem Fuchs überwiesen worden wäre?

1060. Einer von zwei Erben hat den andern verklagt auf Feststellung, daß gewisse im Besitz des letzteren befindliche Möbelstücke dem Kläger gehören, und auf Verurteilung zu ihrer Herausgabe. Während des Prozesses verpfändet und übergibt der Beklagte diese Möbel einem Dritten unter Mitteilung der Sachlage. a) Ist dieses Geschäft gültig? b) Kann der Beklagte noch zur Herausgabe verurteilt werden? c) Wie wird das ihm gegenüber ergehende Urteil vollstreckt? d) Würde es einen Unterschied machen, wenn der Dritte bezüglich des Eigentums des Beklagten gutgläubig gewesen wäre? e) Könnte Kläger auch gegen den Dritten auf Herausgabe klagen? f) Welchen Einfluß hätte es auf den schwebenden Rechtsstreit, wenn der Dritte dem Kläger die Möbel freiwillig herausgeben würde?

1061. Hat es einen Einfluß auf den Rechtsstreit, wenn der Hauseigentümer, der den fälligen und künftigen Mietzins eingeklagt hat (§ 258 ZPO.), das Haus während des Prozesses veräußert und auf den Käufer umschreiben läßt?

1062. Der Nießbraucher eines Hauses hat gegen den Nachbarn auf Unterlassung von Abgrabungen geklagt, welche die Fundamente des Hauses gefährden. Welchen Einfluß hat es auf den Prozeß, wenn während desselben der Nießbrauch erlischt?

1063. Die Bauern Hinz und Kunz prozessieren um die Grenze. Angenommen, Kunz veräußert sein Grundstück. a) Ist

Käufer berechtigt, den Prozeß als Hauptpartei zu übernehmen? b) Ist er auf Antrag des Gegners dazu verpflichtet? c) Kann er sich am gegenwärtigen Rechtsstreit beteiligen, sei es als Nebenintervenient oder als Hauptintervenient? d) Wäre anders zu entscheiden, wenn nicht um die Grenze, sondern um ein Wegerecht am veräußerten Grundstück prozessiert würde? e) Hat das gegenüber Kunz ergehende Urteil Wirksamkeit gegenüber dem Käufer?

1064. Der mittellose Schuldner wird vom Gläubiger auf Zahlung verklagt. Während des Prozesses wird mit Einverständnis des Gläubigers seine Schuld von einem zahlungsfähigen Verwandten übernommen. a) Welchen Einfluß hat dies auf den schwebenden Rechtsstreit? b) Wirkt das ergehende Urteil gegenüber dem neuen Schuldner? c) Kann dieser, wenn er gegen den Gläubiger gewisse Einreden hat, zum Zweck ihrer Geltendmachung den schwebenden Prozeß als Beklagter übernehmen? d) Kommt es darauf an, ob der Gläubiger dem Eintritt des Dritten in den Rechtsstreit zustimmt oder nicht? e) Kann sich der Übernehmer in irgend einer Weise am Rechtsstreit beteiligen?

1065. Der Gläubiger, der eine Forderung eingeklagt hat, verstirbt während des Prozesses. Was geschieht mit dem letzteren, wenn er X. zum Erben eingesetzt und die streitige Forderung dem Y. vermacht hat? Wie, wenn ein Testamentsvollstrecker ernannt ist?

Elftes Kapitel.

Besondere Verfahrensarten.

I. Das Versäumnisverfahren.

1066. Der Anwalt des ausländischen Klägers erklärt im Termin, er sei zur Verhandlung bereit, wenn auch der seiner

Partei auferlegte Vorschuß für die Gerichtskosten bisher nicht eingegangen sei und voraussichtlich auch nicht eingehen werde. Darf nun auf Antrag des Beklagten Versäumnisurteil gegen den Kläger ergehen?

1067. Jemand hat einen angeblichen Darlehnsschuldner auf Rückzahlung von 800 M. verklagt. Im Termin bittet der Anwalt des Beklagten mangels Instruktion um Vertagung. Nachdem längere Zeit über den Vertagungsantrag verhandelt ist, wird er abgelehnt. Hierauf verliest und begründet der klägerische Anwalt seinen Antrag. Der Anwalt des Beklagten verliest folgenden Antrag: „Namens meiner Partei stelle ich, da ich den Nichtempfang und subsidiär die Rückzahlung des Darlehns behaupten muß, Antrag auf kostenfällige Abweisung der Klage"; und erklärt, nicht weiter verhandeln zu wollen. Nunmehr wird auf Antrag des klägerischen Anwaltes der Beklagte verurteilt. In den Entscheidungsgründen heißt es, die Hingabe des Darlehns müsse, weil nicht bestritten, als zugegeben angesehen werden. Gegen dieses Urteil legt Beklagter Berufung ein mit dem Antrage, das angefochtene Urteil aufzuheben und die Sache an die erste Instanz zurückzuverweisen. Begründung: es hätte in erster Instanz Versäumnisurteil ergehen müssen. Entscheidung?

1068. Der auf neun Uhr geladene Beklagte erfährt, als er zur angegebenen Stunde erscheint, daß vor fünf Minuten Versäumnisurteil gegen ihn ergangen ist. Auf seinen Vorhalt wird ermittelt, daß die Gerichtsuhr um eine Viertelstunde vorgeht. Wie kann das Versäumnisurteil aus der Welt geschafft werden? Macht es einen Unterschied, ob es ein erstes Versäumnisurteil ist oder den Einspruch des Beklagten gegen ein früheres Versäumsnisurteil verwirft? Darf das Gericht nach Ermittelung des Tatbestandes das Urteil von Amts wegen oder auf Antrag des Beklagten oder beider Parteien sogleich aufheben und von neuem in die Verhandlung eintreten?

1069. Dem Beklagten ist wegen Unfähigkeit zum geordneten Vortrag das persönliche Auftreten untersagt. Trotzdem erscheint er in dem nächsten Termin und erklärt nach dem Vortrage des Klägers, die eingeklagte Schuld zu bestreiten. Das Gericht verweist ihn zur Ruhe und erläßt auf Antrag des Klägers gegen ihn das Versäumnisurteil. Richtig?

1070. Beklagter hat auf Grund eines Vergleichs dem Kläger versprochen, sich im schwebenden Prozeß kontumazieren zu lassen. Kann, wenn er dennoch erscheint und verhandelt, gegen ihn Versäumnisurteil ergehen?

1071. Die Klage des Ausländers ist wegen Nichtleistung der Prozeßkaution für zurückgenommen erklärt. Welcher Rechtsbehelf ist dagegen möglich?

1072. Von zwei gemeinschaftlich verklagten Gesamtschuldnern ist nur einer erschienen. Nachdem dieser verhandelt hat, werden die beiden Beklagten durch dieselbe Entscheidung verurteilt. Welchen Rechtsbehelf hat hiergegen der säumig gebliebene Streitgenosse? Kann der fleißige Genosse Berufung aus dem Grunde einlegen, weil gegen den Ausgebliebenen kein Versäumnisurteil ergangen ist?

1073. Die Klage ist trotz Säumigkeit des Beklagten wegen Unzulässigkeit des Rechtsweges abgewiesen. Ist hiergegen Einspruch zulässig? Angenommen, es ist Berufung eingelegt und das höhere Gericht hält den Rechtsweg für zulässig: wie hat es zu entscheiden?

1074. Die Revision ist trotz Säumigkeit des Revisionsbeklagten durch Urteil zurückgewiesen, weil die Revisionssumme nicht erreicht sei. Gibt es hiergegen einen Rechtsbehelf?

1075. Die Ehenichtigkeitsklage ist wegen Säumigkeit des Klägers für zurückgenommen erklärt. Wie kann er diese Entscheidung anfechten?

1076. Kläger hat nach Verhandlung des Beklagten zur Sache die Klage zurückgenommen und nicht mehr verhandelt. Beklagter widersetzt sich und auf seinen Antrag wird die Klage abgewiesen. Drei Wochen nach Zustellung des Urteils erhebt Kläger wegen desselben Anspruchs eine neue Klage. Was geschieht mit dieser?

1077. Kläger ist säumig. Der erschienene Beklagte erklärt in Übereinstimmung mit einem dem Kläger zugestellten Schriftsatz, die geltend gemachte Schuld von 800 M. aufzurechnen, aber eine Gegenforderung in gleicher Höhe aufzurechnen, und beantragt aus dem letzteren Grunde Abweisung der Klage. Wie hat sich das Gericht zu verhalten?

1078. Ein Gläubiger, der eine Vertragsstrafe eingeklagt hat, ist säumig. Kann Beklagter unter der Behauptung, sie sei unverhältnismäßig hoch, Herabsetzung der Strafe verlangen?

1079. Kläger ist säumig. Beklagter anerkennt einen Teil der eingeklagten Schuld und beantragt Abweisung des Klägers mit dem Rest. Was geschieht?

1080. Eine ältere Dame verklagt den Radfahrer, der ihren Mops überfahren hat, auf 300 M. Schadensersatz, hiervon 10 M. als Wert des Heimgegangenen, 290 M. als Schmerzensgeld. Als sie auf Grund dieser Tatsachen gegen den ausgebliebenen Beklagten Versäumnisurteil beantragt, wird ein solches für den Betrag von 10 M. erlassen, im übrigen die Klage abgewiesen. Welcher Rechtsbehelf steht ihr, welcher dem Beklagten gegen dieses Urteil zu?

1081. Hat das Gericht ein beantragtes Versäumnisurteil gegen den ausgebliebenen Beklagten zu erlassen, wenn aus dem Vorbringen des Klägers folgende Sachlage hervorgeht:

a) Der Anspruch ist noch nicht fällig, etwa weil dem Beklagten Stundung bewilligt oder weil die Frist zur Kündigung des Darlehns noch nicht verflossen ist?

b) Kläger hat die Ware, deren Preis er einklagt, noch nicht geliefert? Macht es einen Unterschied, ob er oder der Gegner oder keiner von beiden zur Vorleistung verpflichtet ist?

c) Kläger ist außerstande, die Ware zu liefern, für welche er den Preis eingeklagt hat? Macht es einen Unterschied, ob er die Unmöglichkeit verschuldet hat oder nicht?

d) Die Arbeiten, deren Lohn eingeklagt wird, liegen mehr als vier Jahre zurück?

e) Kläger hat die Forderung, wegen denen er den Bürgen belangt, gegen den Hauptschuldner noch nicht geltend gemacht?

f) Der Beklagte hat den dem Kläger entlaufenen, jetzt eingeklagten Hund einen Monat lang gefüttert?

g) Der Beklagte hatte nur mündlich erklärt, für eine Schuld „gut" zu sein?

h) Der Beklagte ist bei Abschluß des ungenehmigten Geschäftes minderjährig gewesen?

i) Beklagter hat eine den Klaganspruch mindestens erreichende Gegenforderung an den Kläger? Wie, wenn aus einem vom Kläger vorgelesenen Brief des Beklagten hervorgeht, daß dieser die Gegenforderung bereits vor der Klagerhebung aufgerechnet hatte?

k) Beklagter hat die Sache des Klägers, wegen deren die Besitzklage erhoben ist, schon seit anderthalb Jahren in Besitz?

l) Kläger hat dem Beklagten einen Teil der Schuld erlassen?

m) Ein Teil der begehrten Summe ist bereits gezahlt?

n) Kläger ist nicht ohne Verschulden an dem der Klage zugrunde liegenden Unfall?

o) Der eingeklagte Makellohn ist unverhältnismäßig hoch?

p) Der Vertrag, auf den sich Kläger stützt, ist wucherisch gewesen?

q) Die Bedingung, unter welcher die eingeklagte Summe dem Kläger versprochen wurde, kann noch gar nicht eingetreten sein?

r) Dem Beklagten ist es nach den Umständen des Falles mit seinem Versprechen nicht ernst gewesen?

s) Die eingeklagte Forderung war schon vor der Klagerhebung durch einen Gläubiger des Klägers gepfändet?

t) Kläger ist für den Schaden, dessen Ersatz er einklagt, bereits durch eine Versicherungsgesellschaft abgefunden?

u) Der Beklagte, gegen den eine Nachlaßschuld eingeklagt wird, ist nicht nicht der alleinige Erbe?

v) Der jetzt verfolgte Anspruch, welcher schon einmal eingeklagt wurde, ist rechtskräftig abgewiesen worden?

w) Der Beklagte hat zugunsten des Klägers die Klagsumme öffentlich hinterlegt?

x) Der auf Zahlung einer Nachlaßverbindlichkeit Verklagte hat die Erbschaft noch nicht angenommen? Oder er hat sie erst vor einer Woche angenommen?

y) Der klagende Erbe ist durch Einsetzung einer Testamentsvollstreckung beschränkt?

z) Der auf Erfüllung einer Auflage klagende Schenker hat seinerseits die Schenkung noch nicht vollzogen?

1082. Jemand hat als Alleinerbe eine Nachlaßforderung eingeklagt. Hat das Gericht das begehrte Versäumnisurteil gegen den Beklagten zu erlassen, wenn es als Nachlaßgericht amtliche Kenntnis von dem Vorhandensein anderer Erben hat?

1083. Die Klage ist gerichtet auf Herabsetzung eines übermäßig hohen Makellohnes „nach Ermessen des Gerichtes". Wie hat sich dieses zu verhalten, wenn Beklagter säumig ist und Kläger für das Maß der Herabsetzung keine genügenden Anhaltspunkte beigebracht hat?

1084. Der Beklagte, der gegen den ausgebliebenen Kläger Erlaß des Versäumnisurteils beantragt, vermag zwar eine Abschrift der Klage, aber nicht auch eine solche der Klagezustellungsurkunde vorzulegen. Entscheidung?

1085. Der Beklagte hat den ausländischen Kläger, der die Kostensicherheit nicht geleistet hat, zum Termin geladen und den Antrag angekündigt, das Gericht wolle die Klage für zurückgenommen erklären. Im Termin beantragt er gegen den säumigen Kläger Abweisung der Klage. Entscheidung?

1086. Der Unterhaltsberechtigte hat eine Rate eingeklagt. In der Verhandlung, zu welcher der Beklagte nicht erschienen ist, beantragt er, da inzwischen eine weitere Rate fällig geworden ist, Verurteilung des Beklagten zu zwei Raten. Entscheidung?

1087. Kläger hat wegen Ausbleibens des Beklagten nicht Versäumnisurteil, sondern Vertagung beantragt. Kann in dem neuen Termin, zu welchem Beklagter nicht geladen und erschienen ist, auf Antrag des Klägers Versäumnisurteil ergehen?

1088. Kläger hat gegen einen ausgebliebenen Streitgenossen ein Versäumnisurteil beantragt, welches indessen wegen Annahme einer besonderen Streitgenossenschaft abgelehnt wurde. Kann er diese Ablehnung anfechten?

1089. Kläger verlangt Versäumnisurteil, vermag aber die Zustellung der Klage nicht darzutun, weil er die Zustellungsurkunde vergessen hat. Welche Entscheidung erläßt das Gericht? Wie kann diese Entscheidung angefochten werden?

1090. Das Amtsgericht hat den Antrag auf Versäumnisurteil gegen den nicht erschienenen Beklagten abgelehnt, weil der Vertreter des Klägers seine Vollmacht nicht dargetan habe. Muß auf Antrag des Vertreters die mündliche Verhandlung vertagt werden? Kann er in dem nächsten Termin, wenn er jetzt die Vollmacht nachbringt, gegen den nicht geladenen und ausgebliebenen Beklagten Versäumnisurteil beantragen?

1091. Der Antrag der Klageschrift begehrt nur die Hauptsumme, der Antrag auf Versäumnisurteil gegen den ausgebliebenen Beklagten außerdem die Zinsen seit Klagerhebung. Entscheidung?

1092. Beklagter hat in seinem Einspruch gegen das Versäumnisurteil die Ladung vergessen. Folge? Ist der Mangel heilbar? Angenommen, Beklagter hat „zur Verhandlung über den Einspruch" geladen: darf er dann gegen den im Termin ausgebliebenen Kläger seinerseits Versäumnisurteil in der Sache selbst beantragen?

1093. Kläger, der nach Klagerhebung Zahlung der Schuldsumme erhalten hat, erwirkt gegen den ausgebliebenen Beklagten Versäumnisurteil für die Kosten. Ist hiergegen sofortige Beschwerde oder ein sonstiger Rechtsbehelf möglich?

1094. Es ist Versäumnisurteil gegen den nicht geladenen Beklagten ergangen. Wie kann er dieses Urteil angreifen?

1095. Am 20. Mai 1908 ist ein Versäumnisurteil gegen den Beklagten verkündet worden. Dieser hat am 24. Einspruch eingelegt. In der mündlichen Verhandlung beantragt Kläger Verwerfung des Einspruchs als unzulässig, weil das Versäumnisurteil noch gar nicht zugestellt sei. a) Mit Recht? b) Angenommen, Beklagter zieht hierauf den Einspruch zurück und legt ihn nach Zustellung des Versäumnisurteils wieder ein: ist dies zulässig? c) Wie, wenn schon auf den ersten Einspruch hin eine kontradiktorische Entscheidung in der Sache selbst ergangen und rechtskräftig geworden wäre? Könnte auch jetzt noch der Beklagte das Versäumnisurteil zustellen und Einspruch gegen dasselbe einlegen?

1096. Nach ordnungsmäßiger Klagerhebung ist gegen den in Bern wohnhaften Beklagten, der in Deutschland keinen Zustellungsbevollmächtigten bestellt hatte, Versäumnisurteil ergangen. Zugleich hat das Gericht die Einspruchsfrist auf drei Monate festgesetzt. a) Durfte das geschehen? b) Kann Kläger, wenn er sich durch die Länge der bestimmten Frist beschwert fühlt, Beschwerde einlegen? c) Welchen Einfluß hat es auf den Lauf der richterlich bestimmten Einspruchsfrist, wenn vor Abfluß derselben der Beklagte seinen Wohnsitz wieder nach Deutschland verlegt?

1097. Kläger hat gegen das ihn abweisende Versäumnisurteil Einspruch eingelegt. Auf dem Weg zum Gericht bricht er ein Bein, so daß er den Termin nicht wahrnehmen kann. a) Hat er gegen das seinen Einspruch verwerfende Versäumnisurteil noch einen Rechtsbehelf? b) Wie, wenn ihm dieser Unfall schon zugestoßen wäre, als er am letzten Tage der Einspruchsfrist zur Gerichtsschreiberei ging, um dort den Einspruch zu erklären, den er nun versäumt? c) Angenommen, Beklagter hat, nachdem schon über seinen Einspruch verhandelt worden war, den Unfall erst erlitten, als er sich in einen der folgenden Termine zur Fortsetzung der Sache begeben wollte: hat er gegen das zweite Versäumnisurteil einen Rechtsbehelf?

1098. Nach Verkündung des Versäumnisurteils gegen den Beklagten haben die Parteien miteinander einen Vergleich geschlossen, in welchem sich Kläger zur Klagezurücknahme, Beklagter zum Verzicht auf den Einspruch verpflichtet. Kann nun der Beklagte, wenn Kläger trotz des Vergleichs das Versäumnisurteil zustellt, gegen dasselbe den Einspruch einlegen?

1099. Es ist Versäumnisurteil gegen den Beklagten ergangen. Dieser erhebt Einspruch, versäumt aber, weil er den Zug verfehlt, auch den neuen Termin, so daß sein Einspruch verworfen wird. Gegen dieses zweite Versäumnisurteil legt er Berufung ein, weil nicht der Versäumnisfall, sondern ein unabwendbarer Zufall vorgelegen habe. Das Berufungsgericht hat das Rechtsmittel als unzulässig verworfen. Mit Recht?

1100. Kann nach Einlegung des Einspruchs der Beklagte die Rüge mangelhafter Klagerhebung oder die Einrede der Unzuständigkeit erheben oder vom ausländischen Kläger Sicherheit für die Kosten verlangen? Kann er den Richter wegen Befangenheit ablehnen? Kann Kläger in diesem Stadium die Klage noch zurücknehmen?

1101. Der im Urkundenprozeß verurteilte Beklagte hat gegen das Versäumnisurteil Einspruch eingelegt, in der mündlichen Verhandlung Zahlung behauptet und einen Zeugen benannt. Wie entscheidet das Gericht?

1102. Kläger hat für die bestrittene Darlehnshingabe einen Zeugen benannt. In dem zur Vernehmung desselben anberaumten Termin erscheint, abgesehen vom Zeugen, nur der Kläger, welcher Versäumnisurteil beantragt. Ist dem sogleich stattzugeben? Läge die Sache anders, wenn der Zeuge ausgeblieben wäre?

1103. Auf Klage der Ehefrau hat das Landgericht die Ehescheidung ausgesprochen. Der Mann legt Berufung ein und benennt in Abwesenheit der säumigen Klägerin Zeugen dafür, daß er sich nur durch schwere Beleidigungen seitens der Frau zu einer (übrigens nicht erheblichen) Mißhandlung derselben habe hinreißen lassen. Das Gericht erachtet aber auch ohne weitere Beweisaufnahme die Mißhandlung zur Ehescheidung nicht schwer genug und weist unter Aufhebung des erstinstanzlichen Urteils die Klage ab. Welcher Rechtsbehelf ist gegen dieses Urteil gegeben?

1104. Durch Zwischenurteil ist der Schadensersatzanspruch des Kläges dem Grunde nach für bestehend erklärt. Was geschieht, wenn im Termin zur Verhandlung über die Höhe der Kläger ausbleibt?

1105. Der Ehemann hat wegen angeblichen Ehebruchs der Frau Klage, diese wegen schwerer Mißhandlung durch den Mann Widerklage auf Scheidung der Ehe erhoben. Sind, wenn der Kläger im Termin ausbleibt, die von der Ehefrau für die Mißhandlung benannten Zeugen zu vernehmen? Wäre anders zu entscheiden, wenn die Ehefrau keine förmliche Widerklage erhoben, sondern bloß beantragt hätte, auch den Ehemann für schuldig zu erklären?

1106. Der Beklagte ist in erster Instanz verurteilt worden, und zwar nach den Entscheidungsgründen deshalb, weil die Hingabe des eingeklagten Darlehns durch Eid des Klägers festgestellt und weil die angebliche Gegenforderung des Beklagten durch den hierfür benannten Zeugen X. nicht erwiesen sei. In dem auf Berufung des Beklagten angesetzten Termin ist Kläger säumig. Beklagter hat einen Zeugen Y. dafür benannt, daß er kein Darlehn empfangen, einen Zeugen Z. für seine Gegenforderung. Sind diese Zeugen zu vernehmen?

II. Der Eheprozeß.

1107. Ein Arbeiter aus Straßburg hat seine Frau seit Jahren verlassen. Er hat sich nachweisbar zunächst zwei Jahre in Paris aufgehalten, ist von dort nach Amerika ausgewandert und hat seit Jahren nichts mehr von sich hören lassen. Die verlassene Frau, die sich seither als Wäscherin in Straßburg ernährt, möchte sich scheiden lassen. Welche Schritte hat sie zu ergreifen?

1108. Die Ehefrau hat ihren Mann verlassen. Auf Herstellung des ehelichen Lebens verklagt, erhebt sie ihrerseits Widerklage auf Scheidung und Zahlung einer Unterhaltsrente. Sind diese Widerklagen statthaft? Welchen Weg hat die Frau einzuschlagen, um während des Rechtsstreits Unterhalt zu erwirken?

1109. Wie verschafft sich die Ehefrau, die gegen den Mann eine Scheidungsklage erheben will, von diesem den zur Hinterlegung eines Kostenvorschusses erforderlichen Betrag?

1110. Kann der Anwalt einer auf Scheidung verklagten Frau für diese Scheidungswiderklage erheben, wenn er in der Vollmacht hierzu nicht ausdrücklich ermächtigt worden ist?

1111. Der von seiner Frau verlassene Ehemann hat gegen diese eine Klage auf Herstellung des ehelichen Lebens erhoben. Kann er, wenn er während des Prozesses erfährt, daß sie gegenwärtig mit einem Dritten in Konkubinat lebt, den Antrag nunmehr auf Scheidung richten? Kann er Berufung einlegen, um in der zweiten Instanz den Antrag auf Ehescheidung zu stellen? Macht es einen Unterschied, ob er diesen Umstand schon in der ersten Instanz erfahren hatte oder erst, nachdem die Frau auf Herstellung des ehelichen Lebens verurteilt war?

1112. Die Ehefrau hat Scheidungsurteil erwirkt und dem Manne zustellen lassen. Ist dieses rechtskräftig geworden, wenn der Mann binnen einem Monat keine Berufung einlegt? Wäre ebenso zu entscheiden, wenn die Scheidungsklage abgewiesen worden wäre?

1113. Das von der Frau zuungunsten des Mannes erwirkte Scheidungsurteil ist diesem von Amts wegen zugestellt. Nun versöhnen sich die Gatten. Welches Mittel haben sie, den Eintritt der Scheidung zu verhindern? Könnte die Ehefrau noch in diesem Stadium gegen den Willen des Mannes die Scheidung vereiteln?

1114. Die auf Herstellung des ehelichen Lebens verklagte Frau erhebt ihrerseits gegen den Mann eine Klage auf Ehescheidung, und zwar selbständig, d. h. nicht im Rahmen des ersten Prozesses. Zulässig? Wäre der Fall ebenso zu entscheiden, wenn die Klage des Mannes nicht auf Rückkehr, sondern ebenfalls auf Scheidung gerichtet wäre? Wie muß hier die Frau ihren Scheidungsanspruch geltend machen?

1115. Der Ehemann ist auf Scheidung verklagt. Kann der Staatsanwalt einen Dienstboten als Zeugen für einen Ehebruch benennen? Oder für die Verzeihung desselben durch die Ehefrau? Kann das Gericht für die eine oder andere Tatsache einen Zeugen von Amts wegen vernehmen? Zur Aussage zwingen? Auch ohne Antrag der Partei in Zeugniszwangshaft nehmen?

1116. Der auf Scheidung verklagte Ehemann hat durch seinen Anwalt zugeben lassen, seine Frau schwer mißhandelt zu haben, aber behauptet, sie habe ihm verziehen. Über die letztere Tatsache gibt der Anwalt der Klägerin keine Erklärung ab. Hat das Gericht die für die Mißhandlung benannten Zeugen zu vernehmen?

1117. Derselbe Fall, nur behauptet der Mann, zu den Mißhandlungen durch die entdeckte Untreue der Frau gereizt worden zu sein. Kann er über den Ehebruch der Frau einen Eid zuschieben, wenn er nicht Widerklage erhebt, sondern lediglich Abweisung der Klage begehrt? Oder dem Gericht anheimstellt, die Ehe wegen beiderseitigen Verschuldens zu scheiden?

1118. Die von ihrem Ehemann getrennt lebende, auf Herstellung des ehelichen Lebens verklagte Frau macht geltend, der Aufenthalt im Hause ihres Mannes sei ihr nicht zuzumuten, weil derselbe ein kaum verstecktes Verhältnis mit der „Stütze der Hausfrau" unterhalte. Demgemäß beantragt sie Abweisung der Klage und Scheidung der Ehe wegen Verschuldens des Mannes. Kann sie über die Tatsache des Ehebruchs dem Kläger einen Eid zuschieben?

1119. Der auf Scheidung verklagte Ehemann ist trotz ordnungsmäßiger Ladung im ersten Termin nicht erschienen. a) Sind die von der Ehefrau mitgebrachten Zeugen, welche schwere Mißhandlungen der Klägerin durch den Beklagten bekunden sollen, vom Gerichte zu vernehmen? b) Müssen sie in einem zweiten Termin vernommen werden, auf welchen die Sache vertagt wird? c) Kann der Mann gegen das in seiner Abwesenheit gefundene Urteil Berufung einlegen?

1120. Wie hat im vorigen Falle das Berufungsgericht zu entscheiden, wenn der Ehemann wiederum den ersten Termin versäumt? Welcher Rechtsbehelf steht ihm gegen das Urteil des Berufungsgerichtes zu? Welche Folgen treten ein, wenn die Frau in der Berufungsinstanz unvertreten ist und der erschienene Anwalt des Ehemannes Zeugen benennt dafür, daß er die Ehefrau nicht mißhandelt habe? Oder dafür, daß ihn die Frau durch schwere Beleidigungen zu den vorgekommenen Mißhandlungen gereizt habe? Oder dafür, daß die Frau die Mißhandlungen verziehen habe?

1121. Angenommen, im früheren Falle hätte das Landgericht die Scheidungsklage der Frau trotz Säumigkeit des beklagten Ehemannes abgewiesen, weil die Zeugen über die behaupteten Mißhandlungen nichts bekundet haben, die Ehefrau hätte alsdann Berufung eingelegt und weitere Zeugen benannt: sind diese zu vernehmen, wenn der Ehemann ausgeblieben ist? Welcher Rechtsbehelf steht diesem zu, wenn das Berufungsgericht unter Aufhebung des ersten Urteils die Ehe wegen Verschuldens des Ehemannes scheidet?

1122. Die Ehefrau hat einige Monate nach der Heirat die Eheanfechtungsklage erhoben und damit begründet, daß ihr Ehemann, bei welchem sich übrigens in der letzten Zeit wieder Anzeichen von Geistesstörung bemerkbar machten, früher schon längere Zeit in einer Irrenanstalt zugebracht habe, was ihr verschwiegen worden sei. Welche Wirkung hat es, wenn der Beklagte das Anfechtungsrecht der Klägerin anerkennt? Wenn umgekehrt die Klägerin auf den „geltend gemachten Anspruch" gemäß § 306 ZPO. verzichtet?

1123. Die Scheidungsklage des Mannes ist auf Geisteskrankheit seiner in der Anstalt X. internierten Ehefrau gestützt. Darf sie ohne weiteres zugesprochen werden, wenn die Voraussetzungen der Scheidung vom Anwalt des Beklagten zugestanden und durch ein schriftliches Gutachten des Direktors der Anstalt X. bestätigt sind? Oder wenn das Gericht selbst bei Gelegenheit der Entscheidung über einen angefochtenen Entmündigungsbeschluß vor mehr als drei Jahren die völlige und unheilbare Erkrankung der Frau festgestellt hatte?

1124. Das Landgericht X. hat die Ehe der Parteien wegen Ehebruchs des Mannes mit dem Dienstmädchen Lina Moppel geschieden. Letztere läßt durch einen Anwalt beiden Gatten einen Schriftsatz zustellen, laut welchem sie als Nebenintervenientin beitritt und außerdem einen Berufungsschriftsatz, in welchem sie unter Beweisantretung den Antrag ankündigt, Oberlandesgericht wolle das angefochtene Urteil dahin abändern, daß Intervenientin nicht im Urteil als Mitschuldige des Ehemannes zu benennen sei. Entscheidung?

1125. Ehemann hat auf Scheidung geklagt, weil Ehefrau die Ehe mit X. gebrochen habe. Zeugen bekunden, sie habe mit X. vor ihrer Verheiratung verkehrt, ob auch nach Eheabschluß, wissen sie nicht zu sagen. Der hierauf abgewiesene Kläger legt Berufung ein und beantragt nun aus dem Gesichtspunkt der Anfechtbarkeit wegen Täuschung über das Vorleben der Frau, die Ehe für ungültig zu erklären. Klagänderung?

1126. Die auf Scheidung verklagte Ehefrau widersetzt sich nach ihrer Einlassung der einseitigen Klagezurücknahme durch den Ehemann. Dieser hält sie für zulässig, weil er im Hinblick auf § 614 ZPO. ein Interesse daran habe, die sachliche Abweisung zu verhindern. Ist dies richtig?

1127. Wäre die Frage des vorigen Falles anders zu entscheiden, wenn eine Ehenichtigkeitsklage erhoben wäre? Kann eine solche im Hinblick auf die hier geltende Offizialmaxime überhaupt zurückgenommen werden? Wer trägt alsdann die Kosten?

1128. Der von der Ehefrau auf Unterhalt verklagte Ehemann erhebt Widerklage auf Erklärung der Nichtigkeit der Ehe. Zulässig?

III. Der Urkundenprozeß.

1129. Jemand hat gegen Empfang eines Depotscheins bei einem Freunde 10000 M. hinterlegt. Kann er im Urkundenprozeß auf Rückgabe klagen? Wäre anders zu entscheiden, wenn er die Summe bei einem Bankhaus deponiert hätte? Oder wenn er seinem Freunde die genannte Summe gegen Schuldschein als Darlehn gegeben hätte? Macht es einen Unterschied, ob dasselbe bestimmte Zeit im voraus gekündigt werden muß?

1130. Eine Ehefrau hat unter Zustimmung ihres Mannes ein Darlehn gegen Schuldschein aufgenommen. Der Darlehnsgeber klagt gegen die Frau auf Rückzahlung und gegen den Mann auf Duldung der Vollstreckung ins Einbringen, und zwar im Urkundenprozeß. Ist dies zulässig? Könnte Gläubiger die Ehegatten als Streitgenossen in der Weise belangen, daß er gegen die Frau im Urkundenprozeß, gegen den Mann im ordentlichen Prozeß zu klagen erklärte?

1131. Auf Grund eines schriftlichen Kaufvertrages klagt Verkäufer im Urkundenprozeß auf Zahlung des Preises. Ist dies zulässig, wenn die Ware noch nicht geliefert ist? Angenommen, nach dem Vertrage hätte Verkäufer vorzuleisten: ist der Urkundenprozeß zulässig, wenn Kläger nicht durch Urkunden beweisen kann, daß er bereits erfüllt habe?

1132. Eine Ware ist auf Abzahlung schriftlich mit der Maßgabe verkauft, der ganze Restkaufpreis solle fällig werden, wenn Käufer mit zwei Raten in Rückstand komme. Kann, wenn dieser Fall eintritt, Verkäufer den ganzen Rest im Urkundenprozeß einklagen? Würde es einen Unterschied machen, wenn er einen Brief des Beklagten besäße, worin dieser um Ausstand bittet, weil er ohne seine Schuld mit den zwei letzten Raten in Rückstand gekommen sei?

1133. Der im Urkundenprozeß auf Rückzahlung des gegen Schuldschein aufgenommenen Darlehns Verklagte wendet Zahlung ein und beruft sich hierfür auf einen im Termin mitgebrachten Zeugen. Außerdem schiebt er dem Kläger einen Eid zu. Der Anwalt des Klägers erklärt, über die Annahme des Eides seinen im Ausland wohnenden Klienten erst befragen zu müssen, und bittet um Vertagung. Kann das Gericht behufs abgekürzter Erledigung der Sache den Zeugen vernehmen?

1134. Die Urkundenklage ist beim Amtsgericht X. erhoben, bei welchem nach Behauptung des Klägers ein Gerichtsstand vereinbart worden ist. a) Kann nun, wenn Beklagter letzteres bestreitet, Kläger für die Vereinbarung einen Zeugen benennen oder einen Eid zuschieben? b) Wie wird der Eid auferlegt? c) Welches Urteil ergeht, wenn der Beklagte die Vereinbarung abschwört? d) Hindert dieses Urteil die Erhebung der Urkundenklage bei dem zuständigen Gericht? e) Oder der ordentlichen Klage beim Gericht X.?

1135. Kann sich der Beklagte im Urkundenprozeß für die erhobene Einrede des Schiedsvertrags auf einen Zeugen berufen?

1136. Jemand hat im Urkundenprozeß auf Zahlung des Preises für eine gelieferte Ware geklagt. In der Verhandlung erklärt Beklagter, der vorgelegte schriftliche Kaufvertrag beziehe sich gar nicht auf den der Klage zugrunde liegenden Kauf, sondern auf einen früheren, der bereits beiderseits erfüllt sei. Die Waren, deren Preis jetzt eingeklagt werde, habe er allerdings bestellt und erhalten, dieselben seien aber, wie der anwesende Zeuge X. bekunden werde, mit erheblichen Mängeln behaftet gewesen, wegen deren Minderung des Preises in halber Höhe einzutreten habe. Bezüglich des Restes erkenne Beklagter den Klaganspruch an. Kläger bestreitet die Mängel, behauptet, ohne hierfür Beweis anzutreten, die Kaufurkunde beziehe sich auf den hier fraglichen Vertrag, beantragt für die halbe Klagesumme Anerkenntnisurteil, für den Rest Vorbehaltsurteil. Wie entscheidet das Gericht?

1137. Der aus einem Wechsel Verklagte bleibt im Termin aus. a) Wie entscheidet das Gericht, wenn es feststellt, daß der zugestellten Klage eine Abschrift des im Termin vorgelegten Wechsels nicht beigefügt war? b) Hat auf Antrag des Klägers Versäumnisurteil zu ergehen? c) Ist auf seine Bitte die Sache zu vertagen, damit er die Zustellung des Wechsels nachholen könne? d) Wie kann Kläger die Abweisung verhindern? e) Welcher Rechtsbehelf ist gegen letztere zulässig?

1138. Die im Urkundenprozeß erhobene Klage, welcher der Beklagte eine durch Urkunden nicht beweisbare Einrede entgegengestellt hatte, wird vom Gericht als in der gewählten Prozeßart unstatthaft abgewiesen. Kläger legt Berufung ein. Welche Entscheidung erläßt das Obergericht, wenn es den Urkundenprozeß für zulässig hält? Vor welchem Gerichte findet hier das Nachverfahren statt?

1139. Die im Urkundenprozeß erhobene Klage ist, trotzdem der Beklagte in mündlicher Verhandlung den Anspruch anerkannte, als unstatthaft abgewiesen worden, weil sie nicht auf eine bestimmte Menge vertretbarer Sachen gerichtet sei. Kann auf Berufung des Klägers das höhere Gericht Anerkenntnisurteil erlassen?

1140. Der Kläger im Wechselprozeß ist ausgeblieben und durch Versäumnisurteil abgewiesen. Kann er, wenn dasselbe rechtskräftig geworden ist, die Klage aus dem Wechsel im ordentlichen Prozeß erheben? Kann er dies, wenn seine Wechselklage auf Grund kontradiktorischer Verhandlung abgewiesen worden ist, weil der Beklagte die Unterzeichnung des Wechsels abgeschworen hat?

1141. Der Erbe klagt eine Nachlaßforderung im Urkundenprozeß ein. Kann er, wenn ihm Beklagter die Eigenschaft als Erbe abspricht, auf Feststellung derselben Zwischenklage erheben? Gleichgültig, ob er kraft Gesetzes oder kraft Testamentes berufen ist? Kann umgekehrt der Beklagte unter Berufung auf ein zweites Testament Widerklage auf Feststellung erheben, daß Kläger nicht Erbe sei?

1142. Der Beklagte hat sich im Urkundenprozeß zum Beweise der Zahlung auf eine Quittung und einen Zeugen berufen. Das Gericht hat ihn unter Vorbehalt seiner Rechte verurteilt, weil nicht erwiesen sei, daß sich die Quittung auf die eingeklagte Schuld beziehe. Kann im Nachverfahren der Beklagte Zeugen dafür benennen: a) daß die Quittung in Wahrheit die eingeklagte Forderung betreffe? b) daß er die Schuld bezahlt habe? c) daß sie ihm erlassen sei?

1143. Der im Urkundenprozeß Verklagte hat die Forderung bestritten und wegen einer Gegenforderung Widerklage erhoben. Da er die Einrede der Zahlung nicht durch Urkunden beweisen kann, wird er unter Vorbehalt der Rechte verurteilt, während seine Widerklage als unstatthaft abgewiesen wird. Nach Rechtskraft dieses Urteils benennt er im Nachverfahren für die Zahlung des klägerischen Anspruchs mehrere Zeugen und erklärt, seine Widerklage aufrecht zu erhalten. Ist letzteres statthaft?

1144. Jemand, der im Urkundenprozeß aus einem mit dem Namen seines Erblassers unterzeichneten Schuldschein verklagt wurde, hat die Echtheit des Papiers zugestanden, aber Zahlung durch den Erblasser eingewendet. Da er hierfür keine Beweismittel vorbringt, wird er unter Vorbehalt seiner Rechte verurteilt. Im Nachverfahren bestreitet er die Echtheit des Schuldscheins und benennt für die Zahlung Zeugen, die jedoch nichts zu bekunden wissen. Kläger tritt keinen Beweis an. Entscheidung?

1145. Der aus einem Schuldschein Verklagte ist im Urkundenprozeß unter Vorbehalt verurteilt worden. Im Nachverfahren benennt er für die Zahlung Zeugen. Kann hier das Gericht ohne Vernehmung derselben die Klage abweisen, wenn es zur Überzeugung gelangt, das schriftliche Schuldversprechen sei in Schenkungsabsicht abgegeben und daher wegen Formmangels nichtig?

1146. Der verklagte Wechselschuldner besitzt einen vom Kläger unterschriebenen Schuldschein über eine der Klageforderung gleichkommende Gegenforderung. Kann er diese zur Aufrechnung bringen? Kann er ihretwegen Widerklage erheben?

IV. Das Mahnverfahren.

1147. Darf der begehrte Zahlbefehl auf 125 M. „Kaufpreis" erlassen werden, wenn im Gesuch nicht ausdrücklich behauptet wird, die Ware sei schon geliefert?

1148. Der Amtsrichter hat den für eine Wechselforderung nachgesuchten Zahlbefehl abgelehnt, weil Gläubiger nur gegen Herausgabe des Wechsels Zahlung verlangen könne, die Forderung mithin keine einseitige sei. Richtig?

1149. Darf das Gericht ohne weiteres einen Zahlungsbefehl erlassen, den ein Speisewirt gegen den Studierenden X. für rückständiges Kostgeld beantragt?

1150. Ein Photograph hat gegen eine nicht eingetragene Studentenverbindung einen Zahlbefehl erwirkt und an den stud. jur. Rechtmann als angeblichen Vorstand zustellen lassen. Dieser, der in Wahrheit nicht mehr Vorstand ist, versäumt es, dem wirklichen Vorstand stud. med. Leichenschneider Mitteilung zu machen. Da in der gesetzlichen Frist Widerspruch nicht eingelegt wird, so ergeht Vollstreckungsbefehl, der in der gleichen Weise zugestellt wird. Hiervon erfährt Leichenschneider, der den Gerichtsvollzieher Türwächter beauftragt, für den Verein Einspruch einzulegen. Dieser kommt dem Auftrag nach, vergißt aber, dem Verein den Verhandlungstermin mitzuteilen. Infolgedessen ergeht gegen den nicht vertretenen Verein ein den Einspruch verwerfendes Versäumnisurteil, welches dem Leichenschneider zugestellt wird. Hat der

Verein, wenn er in Wahrheit nichts schuldet, irgend ein Mittel zur Beseitigung dieses Urteils?

1151. Ein Ehemann erhält einen Zahlbefehl für vorjährige Milchlieferungen an seinen Haushalt. Da er dieselben durch seine Frau längst bezahlt glaubt, erhebt er Widerspruch. Vor der mündlichen Verhandlung erfährt er indessen, daß die Schuld noch besteht, und zieht behufs Kostenersparnis seinen Widerspruch zurück. Hat nun der Gläubiger, wenn er pfänden lassen will, einen Vollstreckungsbefehl zu erwirken? Oder wie hat er sonst zu verfahren?

1152. Ein Buchhändler hat gegen einen großjährigen Studenten der Universität Leipzig beim Amtsgericht dieser Stadt Ende des Sommersemesters 1908 einen Zahlbefehl erwirkt. Derselbe wird dem Studenten, der inzwischen Leipzig dauernd verlassen hat und nach Berlin zu seinen Eltern in die Ferien gereist ist, hierselbst zugestellt. Darf das Amtsgericht Leipzig, wenn Widerspruch nicht erhoben wird, den begehrten Vollstreckungsbefehl erlassen?

1153. Jemand, der jahrelang seine Fleischerrechnung pünktlich quartalsweise gezahlt hat, erhält, als er sich mit dem Metzger verfeindet, mitten im Quartal wegen der in demselben bezogenen Lieferungen einen Zahlbefehl. Wie hat er sich zu verhalten, um die nach seiner Ansicht ihm nicht obliegenden Kosten des Mahnverfahrens zu vermeiden?

1154. Jemand hat gegen seinen Schuldner, als er dessen ungünstge Vermögenslage erfährt, einen Zahlbefehl erwirkt. Vor Zustellung desselben bricht beim Schuldner Konkurs aus. Wie hat sich Gläubiger zu verhalten? Wie wäre es, wenn der Konkurs erst nach Zustellung des Zahlbefehls eröffnet würde?

1155. Gegen einen eingetragenen Verein ist Zahlbefehl und Vollstreckungsbefehl ergangen. In der Annahme, die Schuld sei begründet, hat der Vorstand weder Widerspruch noch Einspruch erhoben. Ein gewissenhafterer neuer Vorstand stellt aus den Büchern fest, daß die Schuld bereits gezahlt war. Wie kann er den Vollstreckungsbefehl aus der Welt schaffen?

1156. Kann der Vermieter gegen Mann und Frau, die beide den Mietvertrag unterzeichnet haben, für den Mietzins einen gemeinsamen Zahlbefehl erwirken? Wie gestaltet sich das Verfahren, wenn nur eine dieser Personen Widerspruch erhebt? Wie, wenn die Schuld nur für die Frau persönlich besteht, aber ihrem eingebrachten Gut gegenüber wirksam ist: kann hier ein Zahlbefehl ergehen, der die Frau zur Zahlung, den Mann zur Duldung der Vollstreckung ins Einbringen anweist?

1157. Gegen den beim Amtsgericht X. erwirkten Zahlbefehl hat Schuldner Widerspruch eingelegt. Gläubiger erhebt nun wegen des gleichen Anspruchs Klage beim Amtsgericht Y. Muß sich der Beklagte hier einlassen? Wäre anders zu entscheiden, wenn die Klage in Y. erst sechs Monate später erhoben würde?

1158. Der Schuldner, gegen den im Oktober wegen eines Monatsmietzinses Zahlbefehl erwirkt wurde, erhebt Widerspruch. In dem am 20. November stattfindenden Termin legt er Quittung über die Zahlung der Septembermiete vor. Als Kläger erwidert, der Zahlbefehl könne sich ebensogut auf die inzwischen ja fällig gewordene Oktobermiete beziehen, rügt der Schuldner Klagänderung. Mit Recht?

V. Arrest und einstweilige Verfügung.

1159. Kann Arrest oder einstweilige Verfügung nachgesucht werden, wenn der gefährdete Anspruch gerichtet ist auf:

a) Zahlung des Kaufpreises? Oder Lieferung einer Sache, insbesondere Übereignung eines Grundstücks?

b) Überlassung oder Räumung einer Wohnung?

c) Abtretung einer Forderung?

d) Befreiung von einer Bürgschaftsschuld?

e) Duldung einer bestimmten Benutzung eines Grundstücks?

f) Leistung von Diensten?

g) Absolvierung einer einmaligen Gastrolle?

h) Ablegung einer Rechnung?

i) Vorlegung einer Urkunde?

k) Unterlassung der Führung einer Firma, der Aufführung eines Bühnenwerkes, des Nachdrucks eines Buches?

l) Unterlassung oder Niederreißung eines die Aussicht des Klägers störenden Baues?

m) Bewilligung oder Löschung einer Hypothek?

n) Unterhaltung eines unehelichen Kindes?

o) Unterlassung der Ausbeutung einer angeblich dem Gesuchsteller gehörenden Sandgrube?

p) Erteilung eines Zeugnisses?

q) Herausgabe der eingebrachten vom Vermieter zurückbehaltenen Möbel?

r) Herausgabe eines Kindes?

s) Herausgabe einer hinterlegten Geldsumme?

t) Rückgabe eines Darlehns?

u) Sicherstellung der eingebrachten Papiere der Frau durch den Ehemann?

v) Einwerfung der versprochenen Einlage in eine Gesellschaft?

w) Instandsetzung der vermieteten Wohnung durch den Eigentümer?

x) Leistung eines Offenbarungseides?

1160. Für diejenigen Fälle der vorigen Nummer, in denen einstweilige Verfügung zulässig ist, wird gefragt, welche Maßregeln das Gericht erlassen kann.

1161. Ein hochbegabter, aber leichtsinniger und total verschuldeter Sänger will nicht mehr auftreten, weil ihm das Honorar ohnehin gleich abgepfändet wird. Kann er durch einstweilige Verfügung zum Auftreten gezwungen werden?

1162. Ein russischer Schuldner ohne deutschen Wohnsitz hat zum Zwecke der Reparatur ein Gebiß an einen Berliner Zahnarzt geschickt. Kann der Gläubiger auf das Gebiß Arrest legen lassen, um sich den Gerichtsstand des Vermögens zu schaffen?

1163. Der Bauunternehmer hat das Amtsgericht ersucht, ihm zur Sicherung seiner Forderung gegen den Bauherrn eine Arresthypothek am Bau zuzusprechen. Das Gesuch wird abgelehnt, weil Gesuchsteller gemäß § 648 ZPO. eine Sicherungshypothek erwirken könne, sei es durch Klage, sei es durch Gesuch um einstweilige Verfügung. Richtig?

1164. Kann der Ehemann, der auf Herstellung des ehelichen Lebens gegen seine durchgebrannte Frau klagen will, gegen diese einen persönlichen Arrest erwirken, wenn sie zur Auswanderung Anstalten trifft?

1165. Ist es eine genügende Begründung des Arrestgesuches, wenn dargelegt wird, der Schuldner sei in schlechte Vermögensverhältnisse geraten und stehe vor dem Konkurs?

1166. Der Gläubiger einer Handelsfrau hat zur Begründung seines Arrestgesuchs ausgeführt, der Ehemann der Schuldnerin habe, wie aus seiner glaubhaften Aussage hervorgehe, die Absicht, deren Warenlager zu veräußern und den Erlös in der Familie zu verbrauchen, gegebenenfalls aber so lange zu prozessieren, bis alles durch die Kosten aufgezehrt sei. Ist dies erheblich?

1167. Der Gläubiger eines gegenwärtig in Deutschland sich aufhaltenden Ausländers hat gegen ihn den persönlichen Arrest beantragt. Gründe: Der Schuldner habe Vermögen im Ausland, auch Forderungen gegen mehrere deutsche, dem Kläger freilich unbekannte Personen; er werde unter dem Druck des Arrestes diese Vermögenswerte zur Befriedigung des Gläubigers flüssig machen. a) Greift dies durch? b) Wie, wenn die Besorgnis bestünde, der Schuldner könnte, wenn er in Freiheit bliebe, seine in Deutschland befindlichen, dem Gläubiger unbekannten Vermögenswerte nach dem Ausland verschleppen? c) Oder er könnte durch Auswanderung seine Ladung zum Offenbarungseide vereiteln?

1168. Eine Darlehnsschuld ist, statt beim zuständigen Landgericht X., beim unzuständigen Landgericht Y. eingeklagt. Wegen derselben will Gläubiger das im Bezirke Z. gelegene Warenlager des Schuldners mit Arrest belegen lassen. a) Wo kann das Gesuch angebracht werden? b) Macht es einen Unterschied, ob die in Y. erhobene Klage bereits wegen Unzuständigkeit abgewiesen ist oder nicht, und im ersten Falle, ob das Urteil bereits Rechtskraft erlangt hat? c) Welchen Einfluß hat es, wenn nach Anbringung des Arrestgesuchs das

Warenlager nach M. verbracht wird? Muß trotzdem in Z. das Arrestgesuch ergehen? Kann es in M. vollstreckt werden? d) Welches Rechtsmittel steht den Beteiligten zu, wenn das Arrestgericht seine Zuständigkeit zu Unrecht angenommen oder verneint hat?

1169. Der Gläubiger hat zur Sicherung einer bestrittenen Darlehnsforderung einen Arrestbefehl erwirkt, gegen welchen der Schuldner Widerspruch aus dem Grunde erhebt, weil die Forderung nicht hinreichend glaubhaft gemacht sei. Bevor dieses Verfahren erledigt ist, klagt Gläubiger die Darlehnsforderung ein. Kann ihm die Einrede der Rechtshängigkeit entgegengehalten werden?

1170. Es ist Arrestgesuch eingereicht zur Sicherung einer Forderung, die das angegangene Gericht seinerzeit selbst als unbegründet abgewiesen hatte. Kann das Gesuch ohne weiteres abgelehnt werden, weil es offenkundigerweise an einer Arrestforderung fehlt?

1171. Das Arrestgesuch ist nach mündlicher Verhandlung durch Urteil rechtskräftig zurückgewiesen, weil der Beklagte durch Vorlegung einer Quittung die Zahlung der Arrestforderung nachgewiesen hat. a) Steht die Rechtskraft dieses Urteils einem neuen Arrestgesuch entgegen? Auch wenn Gesuchsteller glaubhaft machen könnte, daß die Quittung gefälscht ist? b) Hindert die Rechtskraft des abweisenden Urteils die Einklagung der Forderung selbst?

1172. Auf Widerspruch des Schuldners wird über die Zulässigkeit des Arrestbefehls beim Landgerichte verhandelt. Kläger hat über den Arrestgrund Zeugen benannt, die nicht zur Stelle sind. a) Ein Richter hält ihre Vernehmung in dieser summarischen Verfahrensart für unzulässig. Ein anderer meint, man könne die Sache, die schon vier Monate dauere, ruhig noch auf eine Woche vertagen, um die Zeugen zu laden. Wer hat Recht? Wie, wenn beide Parteien mit der Vertagung und Zeugenladung einverstanden wären? b) Könnte Arrestkläger, statt Zeugen zu benennen, dem Beklagten den Eid zuschieben, ob er nicht (bestimmt bezeichnete) Anstalten getroffen habe, sein Vermögen ins Ausland zu schaffen?

c) Könnte Arrestkläger sich selbst zum Eid erbieten? d) Kann der Schuldner, wenn er Zahlung der Arrestforderung behauptet, sich auf eine Quittung stützen, die er erst noch von dritter Seite beschaffen muß?

1173. Kann das angegangene Amtsgericht ein Arrestgesuch zurückweisen: a) weil dasselbe keinen Vermögensgegenstand angebe, in welchen der Arrest vollzogen werden solle? b) weil aus dem Gesuch nicht ersichtlich sei, daß sich im Amtsgerichtsbezirk ein Vermögensstück des Schuldners vorfinde?

1174. Das angerufene Gericht ist geneigt, den Arrest von einer Sicherheit des Gläubigers abhängig zu machen. Darf es den Arrestbefehl erst erlassen, nachdem dieselbe geleistet worden ist? Oder darf es ihn schon jetzt erlassen mit der Maßgabe, daß er erst nach Leistung der Kaution vollzogen werden darf?

1175. Der Arrestsucher hat ein Schriftstück, in welchem er den Gegner zur mündlichen Verhandlung über den zu erlassenden Arrest lädt, dem Vorsitzenden behufs Terminsbestimmung eingereicht. Was hat zu geschehen?

1176. Welchen Rechtsbehelf hat der Arrestschuldner gegen den Arrestbefehl, wenn er behauptet: a) er habe die Arrestforderung schon vor seinem Erlasse bezahlt? b) er habe sie nach dessen Erlaß beglichen? Macht es in dem einen oder anderen Fall einen Unterschied, ob der Arrest in Beschluß- oder Urteilsform erlassen ist? c) Der Arrest sei ihm in den zwei ersten Wochen nach Verkündung nicht zugestellt worden? d) Der Arrest sei auf Grund gefälschter Urkunden erwirkt? Wo sind diese Rechtsbehelfe anzubringen?

1177. Der Arrest ist vom Amtsrichter abgelehnt, auf Beschwerde hin vom Landgericht beschlossen worden. Wo hat der Schuldner den Widerspruch einzulegen?

1178. Gegen den Arrestbefehl ist Widerspruch erhoben. In der mündlichen Verhandlung ist Gläubiger säumig. Ist der Arrest auf Antrag des Widersprechenden auch dann aufzuheben, wenn dieser gegen die Glaubhaftmachung der Arrestforderung und des Arrestgrundes nichts vorbringt? — Angenommen, der Widersprechende bleibt aus: wird auf Antrag des erschienenen Gläubigers der Arrest ohne weiteres bestätigt?

1179. Dem Arrestgläubiger ist auferlegt, binnen drei Monaten wegen der Hauptforderung Klage zu erheben. Kann der Arrest auf Antrag des Gegners aufgehoben werden, wenn Arrestgläubiger in der angegebenen Frist der Vereinbarung gemäß ein Schiedsgericht anruft? Oder einen Zahlbefehl erwirkt? Oder Feststellungsklage erhebt? Wie, wenn die Klage zwar erhoben, aber wegen Unzuständigkeit abgewiesen wurde?

1180. Der Arrestschuldner hat unter der Behauptung, der Gläubiger habe inzwischen einen Vollstreckungstitel für die Arrestforderung erwirkt, Antrag auf Aufhebung des Arrestes gestellt. Ist diesem Antrag ohne weiteres stattzugeben, wenn in der mündlichen Verhandlung der Arrestgläubiger ausbleibt?

1181. Jemand hat einen dinglichen Arrest erwirkt. An welches öffentliche Organ wendet er sich, wenn er: 1. Bargeld des Schuldners; 2. dessen Mobiliar; 3. dessen Forderung gegen einen Dritten; 4. dessen Urheberrecht beschlagnehmen; 5. an ein Grundstück sich halten will? Worin bestehen in diesen verschiedenen Fällen die Arrestmaßregeln? — Angenommen, der Gläubiger erwirkt nachträglich für seine Forderung einen vollstreckbaren Titel: was geschieht mit den beschlagnahmten Objekten? Werden sie durch dasselbe Organ verwertet, welches sie beschlagnahmt hat?

1182. Eine Arresthypothek ist eingetragen. Der Schuldner stellt fest, daß der Arrestbefehl nicht binnen vierzehn Tagen nach Erlaß vollzogen wurde. (Von wann ab werden die zwei Wochen zurückdatiert?) Welchen Rechtsbehelf wird er gegenüber der eingetragenen Hypothek ergreifen? — Ist der Fall gleich zu behandeln, wenn der Arrestbefehl nicht binnen einer Woche nach Vollziehung zugestellt wird?

1183. Kann wegen einer Forderung von 200 M. eine Arresthypothek eingetragen werden?

1184. Ein Gläubiger hat gegen seinen Schuldner einen Arrest erwirkt. Kann er, wenn der Gerichtsvollzieher keine zur Vollziehung geeigneten Objekte beim Schuldner vorfindet, diesen zur Leistung des Offenbarungseides laden?

1185. Ein ausländischer Student der Universität Straßburg beabsichtigt, nach seiner Heimat zurückzukehren. Er hat sein Gepäck schon abgeschickt, sein Geld auf der Bank abgehoben, und will abreisen, sobald er von der Universität die Exmatrikel und von der Polizei den Paß ausgefertigt erhält. Kann auf Antrag seines Gläubigers das Amtsgericht der Universitätsbehörde und der Polizei die Aushändigung dieser Papiere untersagen? Könnte der Gläubiger direkt die akademische Behörde um Beschlagnahme der Papiere ersuchen?

1186. Der für eine einmalige Gastrolle an einem Provinztheater gewonnene berühmte Opernsänger erklärt einige Stunden vor der angesetzten Vorstellung aus Ärger über den geringen Billettverkauf, nicht auftreten zu wollen. Der verzweifelte Theaterdirektor läuft zu mehreren Anwälten. Der eine rät, den persönlichen Arrest zu erwirken, der andere, eine einstweilige Verfügung des Amtsgerichtes, die dem Sänger das Auftreten bei Geldstrafe aufgibt. Ein dritter meint, man solle zur Sicherung des Schadensersatzanspruchs die acht Koffer des Heldentenors beschlagnahmen. Wer hat recht?

1187. Ein Mitglied der aufgelösten offenen Handelsgesellschaft beantragt aus wichtigem Grunde Ernennung eines Liquidators im Wege der einstweiligen Verfügung. Zulässig?

1188. Trotz ordnungsmäßiger Kündigung zieht der Mieter am 1. April nicht aus. Darf der Vermieter seine Möbel ohne weiteres vor die Türe setzen? Darf es in seinem Auftrag ohne weiteres der Gerichtsvollzieher? Oder sind gerichtliche Maßregeln zu erwirken, und welche?

1189. Der Nießbraucher eines Waldes schickt sich an, denselben in unwirtschaftlicher Weise niederzulegen. a) Welche gerichtlichen Schritte hat der Eigentümer zu ergreifen? b) Kann er gleichzeitig auf Schadensersatz für die Entwertung des Grundstücks sowie Unterlassung weiterer Verwüstungen klagen und eine einstweilige Verfügung erwirken? c) Ist bei dieser Sachlage ein Arrest denkbar?

1190. Ein völlig mittelloser greiser Vater verklagt seinen Sohn auf Unterhalt. a) Wie verschafft er sich die Unterhaltsbeiträge bis zum Urteil? b) Ist einstweilige Verfügung statthaft? Bejahenden Falles: c) Welche Natur hat sie und wie wird sie durchgeführt? d) Bedarf sie einer Vollstreckungsklausel? e) Muß sie binnen zwei Wochen vollstreckt werden? f) Darf sie vor Zustellung vollzogen werden? g) Welches Gericht wäre zur Pfändung von Forderungen des Schuldners zuständig?

1191. Ein Haus ist verkauft, aber noch nicht auf den Erwerber aufgelassen und eingetragen. Kann derselbe, wenn Verkäufer sich anschickt, es noch mit einer Hypothek zu belasten, einen Arrest erwirken? Oder eine einstweilige Verfügung? Und worauf? Ist letztere noch statthaft, wenn inzwischen die Hypothek wirklich begründet worden ist?

1192. Die Haushälterin des Erblassers schickt sich an, das ihr angeblich geschenkte Mobiliar desselben zu versteigern. Welche Maßregel wird der widersprechende Erbe ergreifen, wenn Eile not tut?

1193. Der Mieter ist vierzehn Tage vor dem Ziel ohne Zahlung der Miete mit seinem gesamten Hausrat ausgerückt. Kann bei dieser Sachlage der Vermieter eine einstweilige Verfügung erwirken und welche? Kann er Arrest anbringen?

1194. Ein Ehemann hat der Frau, die ihn auf Scheidung verklagt hat, die ihr früher erteilte Genehmigung zum selbständigen Betrieb eines Handelsgeschäftes entzogen und den Widerruf ins Güterrechtsregister eintragen lassen. Unter Behauptung und Glaubhaftmachung, dies sei aus reiner Schikane geschehen und könne den Untergang des Geschäftes bewirken, hat die Frau einstweilige Verfügung nachgesucht, durch welche der Widerruf aus dem Register gelöscht und der selbständige Geschäftsbetrieb bis zur Erledigung des Scheidungsprozesses gestattet sein soll. Das Reichsgericht hat unterm früheren Recht einem entsprechenden Gesuch stattgegeben (Entscheidungen Bd. 35, S. 371). Wäre nach BGB. ebenso zu entscheiden? — Wie, wenn der Mann seiner Frau die Verdingung als Kassiererin untersagt hätte?

1195. Der Eigentümer eines mit Hypotheken belasteten Hauses läßt dasselbe verfallen. Welche gerichtlichen Schritte werden die bedrohten Gläubiger unternehmen?

1196. Jemand ist durch Betrug zur Bestellung einer Hypothek an seinem Hause veranlaßt worden und hat die Eintragsbewilligung angefochten. Er sucht um Eintrag einer Vormerkung im Wege der einstweiligen Verfügung nach. An welches Gericht kann er sich wenden? Muß er eine Gefährdung seines Rechtes dartun? Darf die begehrte Maßregel ergehen? Kann der Amtsrichter statt ihrer die Eintragung eines Widerspruchs anordnen?

1197. Kann die Ehefrau, die infolge eines unheilbaren Zerwürfnisses getrennt von ihrem Ehemann lebt, erwirken, daß ihr durch einstweilige Verfügung Besitz, Verwaltung und Nutzgenuß an einem Teil ihres eingebrachten Guts übertragen werde, damit ihr Unterhalt bis zur beabsichtigten Durchführung der Gütertrennung gesichert sei? Könnte auf diesem Wege auch eine einstweilige Aufhebung der Fahrnisgemeinschaft erwirkt werden?

1198. Der Lieferant schickt sich an, die verkaufte, aber nicht abgenommene Ware im Selbsthilfeverkauf zu versteigern. Kann ihm Käufer, der seinen Annahmeverzug bestreitet, dies durch einstweilige Verfügung verbieten lassen?

1199. Der Betroffene hat glaubhaft gemacht, daß die gegen ihn ergangene einstweilige Verfügung infolge nachträglich eingetretener Veränderung der Umstände nicht mehr gerechtfertigt war. Kann er die Aufhebung derselben durch einstweilige Verfügung beantragen?

VI. Das Schiedsverfahren.

1200. Im Pachtvertrag über ein Landgut ist bestimmt, daß nach Auflösung des Verhältnisses der dem Pächter zu ersetzende Mehrwert des Inventars unter Ausschluß des Rechtswegs durch zwei benachbarte Gutsinspektoren „als Schiedsrichter" festgestellt werden soll. Kann der vom Pächter auf Zahlung des Mehrwertes verklagte Eigentümer die Einlassung verweigern?

1201. Angenommen, im vorigen Falle hätte die vorgesehene außergerichtliche Feststellung stattgefunden. Könnte der auf einen höheren Betrag verklagte Eigentümer sich auf sie berufen? Könnte er, auf Zahlung der festgesetzten Summe verklagt, einwenden, die „Schiedsrichter" seien durch gefälschte Rechnungen und sonstige Unredlichkeiten des Pächters bei ihrer Schätzung irregeführt worden?

1202. Nach dem Statut eines nicht rechtsfähigen Kohlensyndikats dürfen Mitglieder Kohlen nicht unter einem bestimmten Preis verkaufen bei Gefahr einer Strafe, die jeweils von der Mitgliederversammlung und „unter Ausschluß des Rechtswegs" festgesetzt werden soll. Ein danach zu 1000 M. „verurteiltes" Mitglied klagt auf Feststellung der Ungültigkeit des Beschlusses, weil der Verein nicht in eigener Sache Richter sein könne. Der Verein läßt vortragen: er sei natürlich nicht Richter; es handele sich auch nicht einmal um einen Schiedsspruch, da die Zuständigkeit der Mitgliederversammlung auf Statut beruhe; ihre Entscheidung sei lediglich Bedingung für den satzungsmäßigen Anspruch gegen ein Mitglied; dem Verein könne nicht verwehrt werden, die Vereinsgewalt über die Mitglieder auszuüben; zudem sei der Verein nicht identisch mit der Mitgliederversammlung. a) Wie ist zu entscheiden? b) Wie, wenn die Festsetzung der Strafe dem Vereinsvorstand überlassen wäre? c) Oder einem sonstigen, sei es individuell bezeichneten, sei es durch die Mitgliederversammlung zu wählenden Mitglied?

1203. Wären die Fragen des vorigen Falles anders zu beantworten, wenn es sich um einen rechtsfähigen Verein handelte?

1204. Jemand hat durch Entgegennahme einer Versicherungspolice einen Feuerversicherungsvertrag geschlossen und die Prämien regelmäßig gezahlt. Nach einigen Jahren „brennt er ab" und klagt auf Entschädigung. Die Gesellschaft verweigert die Einlassung, weil nach § 38 der auf der Rückseite der Police abgedruckten Versicherungsbedingungen schiedsrichterliche Entscheidung vorgesehen sei. Kläger erwidert, diese allgemeinen Bedingungen seien ihm erst mit der Police eingehändigt worden. Er habe erst jetzt von jener Bestimmung Kenntnis bekommen, mit der er niemals einverstanden gewesen wäre?

1205. Nach § 8 eines Lieferungsvertrages soll die Entscheidung von Streitigkeiten „über Erfüllung, Aufhebung, Schadensersatz wegen Nichterfüllung oder nicht gehöriger Erfüllung" durch Schiedsgericht erfolgen. Eine Partei verklagt die andere auf Nichtigkeitserklärung des durch Betrug des Beklagten zustande gekommenen Geschäftes und auf Ersatz des negativen Vertragsinteresses. Beklagter erhebt die Einrede des Schiedsvertrages, die Kläger mit der behaupteten Ungültigkeit des Vertrages zurückschlagen will. Wer hat recht? Wäre anders zu entscheiden, wenn der § 8 auch die Streitigkeiten „über die Gültigkeit des Vertrages" erwähnte?

1206. Der eine Vertragsteil ist wegen angeblicher Vertragsverletzung des anderen zurückgetreten und hat auf Rückgewähr seiner Leistung geklagt. Darüber, ob eine Vertragsverletzung vorliegt, soll nach der Abmachung ein Schiedsgericht entscheiden. Kann der Klage die Einrede des Schiedsvertrages entgegengehalten werden?

1207. Ein Bauer besucht die Straßburger Warenbörse und macht ein Geschäft in Hopfen. Die ihm ausgehändigte Tageskarte trägt den Vermerk, daß sich die Besucher der Börse für Streitigkeiten aus den dort geschlossenen Geschäften dem Börsenschiedsgericht unterwerfen. Als er später auf Grund des Geschäftes seinen Vertragsgegner verklagt, erhebt dieser die Einrede des Schiedsvertrages. Mit Recht? Wäre anders zu entscheiden, wenn es sich um einen Großkaufmann handelte, der regelmäßig die Börse besucht?

1208. Die Satzung eines Vereins bestimmt, daß Streitigkeiten desselben mit den Mitgliedern über ihre Rechte und Pflichten aus der Mitgliedschaft sowie über ihren Ausschluß im Schiedsverfahren erledigt werden soll. Gültig? — Könnte auch bestimmt werden, daß etwaige Rechtsstreitigkeiten der Mitglieder unter sich auf diesem Wege zu entscheiden sind?

1209. Ein Kaufmann hat bei einer Bank ein offenes Konto. Kann ausgemacht werden, daß Streitigkeiten gelegentlich der jeweiligen halbjährlichen Abrechnung durch Schiedsgericht entschieden werden sollen?

1210. Zwei große Firmen, die in dauernder Geschäftsverbindung stehen, haben vereinbart, daß alle ihre Streitigkeiten aus Anlaß von Lieferungen durch Schiedsgericht erledigt werden sollen. Gültig? Wie, wenn die Vereinbarung auf die im Lauf des nächsten Jahres zu schließenden Geschäfte beschränkt wäre? Oder auf Geschäfte über bestimmte Arten von Waren? Oder auf die an einem bestimmten Orte zu schließenden Geschäfte?

1211. Die Arbeiter einer Berliner Fabrik müssen beim Dienstantritt einen Vertrag unterzeichnen, nach welchem Lohnstreitigkeiten mit dem Prinzipal im Schiedsverfahren zu erledigen sind. Über die Besetzung des Schiedsgerichts ist nichts gesagt. Gültig?

1212. Was geschieht mit dem Schiedsvertrag, wenn der darin als Schiedsrichter ernannte Professor M. die Übernahme des Schiedsamtes verweigert? Wäre es anders, wenn er nicht schon im Schiedsvertrage benannt, sondern erst nach Entstehung des Streitfalls von einer Partei oder von beiden als Schiedsrichter bezeichnet worden wäre? Wie, wenn Professor M. nicht selbst Schiedsrichter sein, sondern einen solchen bezeichnen sollte, und sich nun dessen weigert?

1213. Zwei Kaufleute, die aus Anlaß eines bedeutenden Lieferungsvertrages in Differenzen geraten, schließen einen Vertrag, nach welchem ihr Rechtsstreit durch die Straßburger Handelskammer entschieden werden soll. Ist diese Vereinbarung gültig? Bejahendenfalls: Wer trifft die Entscheidung? Wie, wenn der Schiedsspruch eines Vereines vorgesehen wäre? Oder eines Landgerichtes? Hat das letztere die für den Zivilprozeß gegebenen Verfahrensvorschriften zu beobachten?

1214. Ein Erfinder und ein Fabrikant haben vereinbart, daß Streitigkeiten aus dem zwischen ihnen behufs Ausbeutung eines Patentes geschlossenen Lizenzvertrag durch ein aus zwei Technikern, zwei Juristen und einem von ihnen gewählten fünften Mitgliede zusammengesetztes Schiedsgericht entschieden werden sollen, vorbehaltlich einer gegen den Schiedsspruch zu ergreifenden Berufung beim Landgericht X. Gültig?

1215. Wäre wirksam ein Schiedsvertrag, nach welchem der Spruch für die Partei bindend sein soll, wenn dieselbe nicht binnen einer Woche nach seiner Verkündung Klage beim ordentlichen Gericht erhebe?

1216. Kann der ergangene Schiedsspruch wegen offenbarer Unbilligkeit im Klageweg angegriffen werden? Kann aus diesem Grunde auf Feststellung seiner Ungültigkeit geklagt werden?

1217. Das Schiedsgericht hat Gläubiger und Schuldner geladen und, als ersterer ausbleibt, ihn auf Antrag des anderen ohne weitere Prüfung mit seinem Anspruch abgewiesen. Steht ihm gegen den Schiedsspruch ein Rechtsbehelf zu? — Wie, wenn Gläubiger der Anordnung, seine Geschäftsbücher vorzulegen, nicht nachgekommen wäre, und wenn das Schiedsgericht ihn nach Ausweis der Entscheidungsgründe deshalb abgewiesen hätte, weil es der Überzeugung war, er könne seinen Anspruch aus den Büchern nicht dartun?

1218. Vor dem Schiedsrichter einigen sich die Parteien dahin, daß Kläger seinen Anspruch fallen lassen werde, wenn Beklagter gewisse Tatsachen beschwöre. Ist solche Abmachung gültig? Kann der Schiedsrichter den Eid abnehmen? Oder wie muß verfahren werden?

1219. Die von einer Partei benannten Zeugen sind trotz Ladung des Schiedsrichters nicht erschienen. Können sie dazu gezwungen werden? Auf welchem Wege?

1220. Das Schiedsgericht hat mit zwei Stimmen gegen eine seinen Spruch gefällt. Der in der Minderheit gebliebene Schiedsrichter weigert sich, den Schiedsspruch zu unterzeichnen, welcher trotzdem, mit den Unterschriften der beiden anderen versehen, auf der Gerichtsschreiberei niedergelegt und zugestellt wird. Ist er gültig? Wie mußte korrekterweise verfahren werden? Kann der widersprechende Schiedsrichter zur Unterzeichnung gezwungen werden? Auf welche Art?

1221. Was ist die Folge, wenn ein Schiedsrichter nach Unterzeichnung des Schiedsspruchs vom Vertrage zurücktritt, und wenn der Spruch trotzdem zugestellt und niedergelegt wird?

1222. Das Schiedsgericht hat über den streitigen Hauptanspruch, nicht aber über die Zinsen entschieden. Wie kann eine Ergänzung herbeigeführt werden, wenn beide Parteien sie wünschen? Wie, wenn nur eine im Widerspruch zur anderen sie erstrebt? Könnte der Zinsanspruch bei den ordentlichen Gerichten eingeklagt werden?

1223. Im Laufe eines Prozesses wird dem Gericht bekannt, daß über die streitige Forderung ein Schiedsspruch ergangen ist: darf oder muß es denselben berücksichtigen, wenn sich keine Partei auf ihn beruft?

1224. Kann die Aufhebung eines Schiedsspruches verlangt werden:

a) Wenn er auf Aussagen von Zeugen beruht, die unzulässigerweise vom Schiedsgericht vereidigt worden sind?

b) Wenn der Schiedsvertrag ungültig war? (Ist hier eine Aufhebungsklage nötig?)

c) Wenn die im Schiedsspruch bejahte Forderung auf einem nichtigen Rechtsgeschäft beruht?

d) Wenn ein Rechtsstreit von der Art des erledigten gar nicht unter den Schiedsvertrag fiel? (Macht es einen Unterschied, ob sich Kläger in Kenntnis dieses Umstandes auf das Verfahren eingelassen hat?)

e) Wenn der Schiedsspruch auf unrichtiger Anwendung eines Rechtssatzes beruht?

f) Wenn eine Partei nicht ordnungsmäßig geladen wurde?

g) Wenn der Schiedsspruch von einem Richter nicht unterzeichnet wurde?

h) Wenn er eine Partei zum Antritt eines Dienstverhältnisses verurteilt?

i) Wenn er einen Anspruch betrifft, der schon vorher durch ein staatliches Gericht rechtskräftig entschieden war?

k) Wenn der zur Zahlung Verurteilte nachträglich Zeugen für eine frühere Zahlung ausfindig macht? Oder eine Quittung vorfindet?

l) Wenn das Schiedsgericht eine Frage entschieden hat, die ihm gar nicht vorgelegt worden war?

m) Wenn das Schiedsgericht nicht auf Grund einer Verhandlung, sondern auf Grund schriftlichen Materials entschieden hat? Macht es einen Unterschied, ob im Schiedsvertrag mündliche Verhandlung vorgesehen war oder nicht?

n) Wenn der Schiedsrichter nicht, wie im Vertrage vorgesehen, ein Fabrikant, sondern ein besserer Werkmeister gewesen ist?

1225. Ein Rechtsstreit zweier deutscher Getreidehändler soll durch die Antwerpener Schiedskammer entschieden werden. Kann solcher Schiedsspruch ohne weiteres in Deutschland vollstreckt werden? Ist es gleich, ob er im Ausland bereits vollstreckbar ist? Besitzt er für Deutschland Rechtskraft? Kann wenigstens auf Grund desselben die Leistungsklage erhoben werden? Wie, wenn er den Vorschriften des deutschen Rechtes nicht genügt? Würde es einen Unterschied machen, wenn er wenigstens den deutschen Bestimmungen entspräche?

1226. Der Sieger eines Pferderennens wird auf Rückzahlung des erhaltenen Preises verklagt, weil durch Schiedsgericht festgestellt sei, daß er „wegen Unregelmäßigkeiten beim Start distanziert und daß daher das zweite Pferd als Sieger anzuerkennen sei". Er behauptet, dies sei kein Schiedsspruch. Mit Recht?

1227. Nach dem Kaufvertrag soll über die Frage, ob der Kaufpreis empfangbar sei, ein Sachverständiger entscheiden. Kann einer Klage auf Wandelung die Einrede des Schiedsvertrages entgegengehalten werden?

1228. Ein Konkursgläubiger hat bezüglich einer angemeldeten, vom Gemeinschuldner bestrittenen Forderung gemäß dem zugrunde liegenden Vertrag das Schiedsverfahren betrieben. Zulässig? Würde durch den Konkursausbruch ein begonnenes Schiedsverfahren unterbrechen?

1229. Ein Schiedsspruch ist als unwirksam aufgehoben worden. Kann der Schiedsrichter trotzdem auf die ihm zugesagte Vergütung klagen?

1229a. Die Klage auf Feststellung der Nichtigkeit eines Schiedsspruchs ist darauf gegründet, daß nach dem Schiedsvertrag jeder Rechtsbehelf gegen die Entscheidung ausgeschlossen sein soll, was gegen die guten Sitten verstoße. Richtig?

1230. Jemand wird durch einen Schiedsspruch zur Herstellung gewisser Arbeiten verurteilt. Auf Vollstreckungsurteil verklagt, macht er geltend, er habe die ihm auferlegten Arbeiten ausgeführt. Darf das Gericht über diese Frage entscheiden?

1231. Es ist Klage auf Aufhebung eines Schiedsspruchs erhoben. Kann nun, wenn der aus dem Schiedsspruch Berechtigte seinerseits auf Erlaß des Vollstreckungsurteils klagt, die Einrede der Rechtshängigkeit erhoben werden?

1232. Der Schuldner, gegen welchen der Gläubiger auf Erklärung des ergangenen Schiedsspruchs für vollstreckbar geklagt hat, wendet ein, der Schiedsspruch sei noch gar nicht zugestellt und auf der Gerichtsschreiberei niedergelegt. Kann der Gläubiger diesen Einwand dadurch beseitigen, daß er noch jetzt diese Formalitäten nachholt? Bis zu welchem Moment muß dies geschehen?

Zwölftes Kapitel.

Die Zwangsvollstreckung.

I. Vollstreckungstitel und Vollstreckungsmasse.

1233. Der Mieter, der eigenmächtig das vermietete Haus umgestaltet hatte, ist verurteilt worden, „das Haus in den ursprünglichen Zustand zurückzuversetzen". Er behauptet, dem Urteil nachgekommen zu sein, was Vermieter bestreitet. Welche Schritte wird nun dieser ergreifen, wenn aus dem Urteil nicht zu ermitteln ist, wie der ursprüngliche Zustand des Hauses beschaffen war?

1234. Käufer ist verurteilt „zur Zahlung des Kaufpreises gegen Empfang von 200 Zentner erstklassiger belgischer Nußkohlen". Der Gerichtsvollzieher läßt das genannte Quantum Kohlen dem Käufer zuführen und erscheint bei ihm zur Pfändung. Wie ist zu verfahren, wenn Schuldner wegen angeblicher Vertragswidrigkeit der Ware die Annahme verweigert und sich der Pfändung widersetzt?

1235. Drei Söhne sind gemeinschaftlich zur Zahlung einer monatlichen Unterhaltsrente von 60 M. an ihre Mutter verurteilt. Wie ist zu verfahren, wenn einer von ihnen, bei welchem der Gerichtsvollzieher für den ganzen Betrag pfänden will, unter Zahlung von 20 M. jede weitere Haftung ablehnt, und wenn auch dem Urteil nicht ersichtlich ist, ob das Gericht Gesamt- oder Teilhaftung angenommen hat. Ist eine neue Klage zu erheben? Von wem? Worauf?

1236. Ein Kaufmannsgericht hat die bei ihm erhobene Klage auf 200 M. kostenfällig abgewiesen. Kann Beklagter sogleich nach Verkündung des Urteils Kostenfestsetzung beantragen?

1237. Das Urteil ist gegen eine vom Kläger zu leistende Sicherheit für vorläufig vollstreckbar erklärt. Kann Kläger schon vor Leistung der auferlegten Sicherheit Festsetzung der Prozeßkosten verlangen?

1238. Beklagter hat nach Zahlung der Urteilssumme ein zweites Urteil erwirkt, welches die Vollstreckung für unzulässig erklärt. Dürfen die bereits erfolgten Vollstreckungsmaßregeln aufgehoben werden, bevor das zweite Urteil dem Gläubiger zugestellt wurde? Angenommen, es bezeichnet sich nicht als vorläufig vollstreckbar: muß dann seine Rechtskraft abgewartet werden? Muß eine Vollstreckungsklausel erwirkt werden?

1239. Die landgerichtliche Klage, welche auf Feststellung des klägerischen Eigentums an gewissen Mobilien gerichtet war, wird auf Grund eines Anerkenntnisses des Beklagten zugesprochen. Ist das Urteil für vorläufig vollstreckbar zu erklären?

1240. Beklagter hat den ihm durch bedingtes Endurteil auferlegten Eid geleistet. Ist das die Klage abweisende Läuterungsurteil für vorläufig vollstreckbar zu erklären?

1241. Die Berufung des Beklagten gegen ein amtsgerichtliches Urteil ist vom Landgericht, vor welchem er ausgeblieben war, durch Versäumnisurteil verworfen worden. Ist dasselbe von Amts wegen für vorläufig vollstreckbar zu erklären? Oder auf Antrag, wenn die Urteilssumme 300 M. nicht übersteigt? Wie, wenn die Berufung nach kontradiktorischer Verhandlung abgewiesen worden wäre?

1242. Die Klage auf Feststellung des klägerischen Eigentums an einem Hunde (Wert 150 M.) ist durch das Amtsgericht zugesprochen. Ist dieses Urteil auf Antrag für vorläufig vollstreckbar zu erklären?

1243. Das Landgericht hat in erster Instanz die Klage zugesprochen. Beklagter hat Berufung eingelegt. In zweiter Instanz beantragt Kläger Abweisung der Berufung und Erklärung des erstinstanzlichen Urteils für vorläufig vollstreckbar. Ist auf sein Begehren über den zweiten Antrag vorab zu entscheiden? Wäre die Antwort eine andere, wenn das angefochtene Urteil schon vom Landgericht für vorläufig vollstreckbar erklärt worden wäre?

1244. Kläger hat auf Grund eines landgerichtlichen, vorläufig vollstreckbaren Urteils gegen den Beklagten Sachen desselben pfänden und versteigern lassen. Auf Berufung des Verurteilten hebt das Oberlandesgericht das Urteil wegen eines Verfahrensmangels auf und weist die Sache in die erste Instanz zurück. Kann nun Beklagter Ersatz des Schadens verlangen, der ihm durch die Vollstreckung zugefügt ist? Auch dann, wenn das Landgericht auf Grund erneuter — diesmal fehlerfreier — Verhandlung zu dem gleichen Ergebnis, wie früher, gelangt?

1245. Beklagter hat das vorläufig vollstreckbare Urteil mit der Berufung angefochten und dessen Aufhebung dadurch erwirkt, daß er eine eigene erst nach der ersten Instanz erworbene Gegenforderung gegen diejenige des Klägers aufrechnet. Kann er, wenn inzwischen das Urteil vollstreckt war, vom Kläger Ersatz des ihm dadurch zugefügten Schadens verlangen? Macht es einen Unterschied, ob Kläger in Kenntnis der Gegenforderung vollstreckt hatte oder nicht? Wären diese Fragen anders zn beantworten, wenn Beklagter die Aufrechnung bereits in erster Instanz hätte vorbringen können, dies aber unterlassen hat?

1246. Ein für vorläufig vollstreckbar erklärtes Urteil des Landgerichtes wird, nachdem es bereits vollstreckt ist, durch das Oberlandesgericht aufgehoben. Kann der Schuldner Ersatz des ihm durch die Vollstreckung zugefügten Schadens auch dann verlangen, wenn Kläger bezüglich seines Anspruchs im besten Glauben war? Welchen Einfluß hat es auf den Schadensersatzanspruch, wenn auf eingelegte Revision hin das Reichsgericht die landgerichtliche Entscheidung wiederherstellt?

1247. Das Oberlandesgericht will vor Verhandlung über die Berufung selbst die vorläufige Vollstreckbarkeit des landgerichtlichen Urteils aufheben. a) In welcher Form entscheidet es hierüber? b) Angenommen, es hat die vorläufige Vollstreckbarkeit aufgehoben und der Beklagte (Berufungskläger) hat beantragt, den Kläger zu verurteilen, ihm den aus der Vollstreckung des erstinstanzlichen Urteils erwachsenen Schaden zu ersetzen: kann über diesen Antrag gesondert verhandelt und entschieden werden? Welche Entscheidungsform ist zu wählen und welchem Rechsmittel unterliegt sie? c) Wie, wenn der Beklagte seinen Schadensersatzanspruch selbständig einklagt: hindert ihn das, denselben im gegenwärtigen Verfahren geltend zu machen? Oder steht umgekehrt die Geltendmachung im schwebenden Prozeß der anderweitigen selbständigen Einklagung entgegen?

1248. Ein in Frankfurt wohnender Kaufmann ist durch Urteil des Wiener Gerichtes zur Zahlung einer Geldsumme an einen dortigen Lieferanten verurteilt. Kann das Urteil ohne weiteres in Frankfurt vollstreckt werden? Oder muß erst noch in Deutschland ein Urteil erwirkt werden? Bei welchem Gericht? Worauf gerichtet? Kann der Beklagte in diesem zweiten Prozeß Zeugen dafür benennen, daß er das Geld nicht schuldig geworden sei? Kann er eine Gegenforderung gegen den Kläger, die er erst nach dem ersten Prozeß erworben hat, jetzt noch aufrechnen?

1249. Kläger hat sich von dem seine Klage zusprechenden Urteil eine vollstreckbare Ausfertigung geben lassen. Muß er sie dem Beklagten herausgeben, wenn auf dessen Klage hin wegen nachträglicher Befriedigung des Gläubigers die Unzulässigkeit der Vollstreckung ausgesprochen wird (ZPO. § 767)?

1250. Käufer wird verurteilt, gegen Empfang der Ware Zug um Zug deren Preis zu zahlen. Verkäufer sucht beim Gerichtsschreiber vollstreckbare Ausfertigung des Urteils nach.

Dieselbe wird ihm verweigert, weil er erst beweisen müsse, daß er dem Käufer die Ware angeboten habe. Ist diese Weigerung gerechtfertigt? Kann Käufer sie mit der Beschwerde anfechten? Angenommen, die Entscheidung des Gerichtsschreibers ist durch den Amtsrichter bestätigt worden: kann Käufer hiergegen Beschwerde einlegen? Bei welchem Gericht? In welcher Frist? Wäre die Weigerung des Gerichtsschreibers gerechtfertigt, wenn das Urteil auf Zahlung „nach Empfang der Ware" lautete?

1251. Käufer eines Hauses ist verurteilt, Zug um Zug gegen Übereignung des Hauses den Kaufpreis zu zahlen. Was muß Verkäufer nachweisen, um eine vollstreckbare Ausfertigung des Urteils zu erlangen? Wer entscheidet über ihre Erteilung? Welche Wirkung hat dieselbe?

1252. In einem über den Darlehnsvertrag zu X. errichteten notariellen Akte hat sich der in Y. wohnhafte Schuldner verpflichtet, das Darlehn einen Monat nach Kündigung zurückzuzahlen, und sich der sofortigen Zwangsvollstreckung unterworfen. a) Wenn nun Gläubiger vollstrecken will, wo hat er die vollstreckbare Ausfertigung nachzusuchen? b) Was muß er hierzu dartun? c) Genügt es, daß er mittels eingeschriebenen Briefs gekündigt hat? d) Angenommen, die Ausfertigung ist ihm erteilt: kann der Schuldner eine Einwendung erheben und wo? e) Wenn der Notar die Ausfertigung verweigert, muß Gläubiger, um vollstrecken zu können, eine besondere Klage erheben? Welche? Bei welchem Gericht? f) Wäre eine Klage auch nötig, wenn er die Urkunde eines Gerichtsvollziehers vorlegen könnte, wonach dieser im Auftrag des Gläubigers dem Schuldner gekündigt hätte?

1253. In einem notariellen Vertrag hat sich der Schuldner verpflichtet, jedes Vierteljahr auf seine Schuld 200 M. zu zahlen. Bei Nichteinhaltung eines Termins soll die ganze Schuld fällig werden. Schuldner hat sich der sofortigen Zwangsvollstreckung unterworfen. Muß Gläubiger, wenn er eine vollstreckbare Ausfertigung nachsucht, beweisen, daß Schuldner mit einer Rate im Rückstande geblieben ist? Angenommen, die Ausfertigung wird ihm ohne diesen Nachweis erteilt: wie hat der Schuldner zu verfahren, wenn er nicht im Rückstande zu sein behauptet?

1254. Beklagter ist zur Zahlung eines Wechsels verurteilt. Welche Urkunden hat Kläger dem Gerichtsvollzieher behufs Vollstreckung auszuhändigen?

1255. Beklagter, der gemäß vorläufig vollstreckbarem Urteil dem Kläger ein Pferd herausgeben soll, hat dasselbe während des Prozesses einem Dritten vermietet und übergeben. Kann das Urteil gegen den Dritten ohne weiteres vollstreckt werden. Oder muß sich Gläubiger gegen diesen eine vollstreckbare Ausfertigung geben lassen? An wen hat er sich zu wenden? Und was hat er zu beweisen?

1256. Opernsänger Meyer, der den Künstlernamen Palmarez führt, ist unter dem letzteren Namen zur Zahlung einer Schuld verurteilt worden. Durfte solches Urteil ergehen? Kann Gläubiger, um es zu vollstrecken, eine auf den Namen Meyer lautende vollstreckbare Ausfertigung erwirken?

1257. Der Gläubiger hat, nachdem sein Schuldner zur Zahlung verurteilt worden ist, die Forderung abgetreten. Kann der Zessionar sich auf die Rechtskraft des Urteils berufen? Kann er dasselbe ohne weiteres vollstrecken lassen? Oder muß er gegen den Schuldner eine neue Klage erheben?

1258. Der Gläubiger, der Zahlungs- und Vollstreckungsbefehl erwirkt hatte, verliert die Urkunde. Kann er sich, wenn er vollstrecken will, eine neue Ausfertigung geben lassen? Wäre anders zu entscheiden, wenn es sich um ein Urteil handelte, dessen vollstreckbare Ausfertigung er verloren hätte?

1259. Eine im gesetzlichen Güterstande lebende Frau hat mit Genehmigung des Mannes ein Darlehn aufgenommen. Kann sie allein auf Rückzahlung verklagt und verurteilt werden? Könnten auf Grund des gegen sie ergangenen Urteils die eingebrachten Möbel gepfändet werden? Kann ein ihr gehöriges Haus zur Zwangsversteigerung gebracht werden? Kann eine Honorarforderung gepfändet werden, die ihr für einen von ihr verfaßten Roman zusteht? Oder ihr Geschmeide? Ihr Fahrrad?

1260. Eine ohne Ehevertrag verheiratete Frau betreibt mit Genehmigung ihres Mannes einen Gemüseladen. Wegen einer Geschäftsschuld sollen in der ehelichen Wohnung Möbel gepfändet werden, welche sie eingebracht hat. Ist hierzu Einverständnis des Mannes nötig? Ist ein Urteil gehen ihn erforderlich? Welcher Rechtsbehelf stünde diesem zu, wenn er durch eine ins Güterrechtsregister eingetragene Erklärung dem Geschäftsbetrieb widersprochen hätte? Oder wenn der Gerichtsvollzieher auch ein Möbelstück gepfändet hätte, das ihm persönlich gehört?

1261. Die im gesetzlichen Güterstand lebende Ehefrau ist Eigentümerin eines Hauses. Sie wird nach Verheiratung auf Rückzahlung eines früher erhaltenen Darlehns verurteilt. Kann Gläubiger nun auf das Haus Zwangshypothek nehmen? Oder muß ein Urteil gegen den Mann ergehen? Könnte auf Grund des Urteils der Gläubiger der Frau die Zinsforderung gegen den Mieter des Hauses pfänden lassen? Besteht hierbei ein Unterschied zwischen den vor und nach Eheabschluß fällig gewordenen Zinsraten? Wären die Fragen anders zu beantworten, wenn das Urteil gegen die Frau bereits vor Eheabschluß ergangen wäre?

1262. Auf Grund eines Urteils gegen die offene Handelsgesellschaft hat in deren Geschäftsräumen eine Pfändung stattgefunden, bei welcher Möbelstücke beschlagnahmt worden sind, die zum persönlichen Vermögen eines Gesellschafters gehören. Dieser erhebt Widerspruchsklage. Zulässig? Kann Gläubiger ihm entgegenhalten, daß er für die Gesellschaftsschuld auch mit seinem persönlichen Vermögen hafte. Angenommen, Gläubiger möchte auch in dieses Vermögen vollstrecken: kann er sich gegen den Gesellschafter eine vollstreckbare Ausfertigung geben lassen? Oder muß er anders verfahren?

1263. Ein nicht eingetragener Gesangverein ist zur Zahlung der Miete für das Vereinslokal verurteilt. Kann Vermieter dessen Forderungen auf rückständige Vereinsbeiträge pfänden lassen? Kann er die im Vereinslokal vorgefundenen Musikinstrumente pfänden lassen, die den einzelnen Mitgliedern gehören? Kann er Notenhefte, die dem Verein gehören, aber von einzelnen Mitgliedern entliehen sind, in deren Wohnung pfänden? Wie wären diese Fragen zu beantworten, wenn es sich um eine Gesellschaft mehrerer Freunde handelte?

1264. Die Frau ist zur Zahlung einer Schuld, der Mann zur Duldung der Zwangsvollstreckung ins Einbringen verurteilt. Der Gerichtsvollzieher pfändet Möbel in der gemeinschaftlichen Wohnung. a) Muß er untersuchen, ob sie Eigentum des Mannes oder der Frau sind? b) Wenn sie dem Mann gehören: kann die Frau gegen die Art und Weise der Vollstreckung Einwendungen erheben? c) Kann es der Mann? d) Es soll angenommen werden, der Mann wäre zur Duldung der Vollstreckung nicht verurteilt, hätte aber gegen die Pfändung der eingebrachten Möbel keinen Widerspruch erhoben: kann es nun die Frau?

1265. Eine Opernsängerin lebt mit ihrem Mann in allgemeiner Gütergemeinschaft. a) Kann wegen Zechschulden des Mannes auf Grund eines gegen ihn ergangenen Urteils die Gehaltsforderung der Frau gepfändet werden? Oder die Hauseinrichtung? Die Schmucksachen der Frau? Ihr Klavier? Ihre Toiletten? b) Wie wären diese Fragen zu beantworten, wenn das Urteil gegen die Frau ergangen und auf Rückzahlung eines von ihr ohne Zustimmung des Mannes aufgenommenen Darlehns gerichtet wäre? Hätte hier der Mann oder die Frau gegen die Vollstreckung einen Rechtsbehelf? c) Wäre anders zu entscheiden, wenn das Darlehn mit Zustimmung des Mannes aufgenommen worden wäre?

1266. Ein in Fahrnisgemeinschaft lebender Ehemann hat ein Mädchen verführt und wird zur Zahlung von Alimenten verurteilt. Darf dieses Urteil in die von der Frau mitgebrachte Hauseinrichtung vollstreckt werden? Angenommen, die Ehe ist auf Klage der Frau geschieden: darf auf Grund des Alimentenurteils die noch ungeteilte Hauseinrichtung gepfändet werden? Wie hätte die uneheliche Mutter zu klagen, wenn sie jetzt erst gerichtlich vorgehen wollte?

1267. Ein sechzehnjähriges Mädchen ist wegen Sachbeschädigung zu Schadensersatz verurteilt worden. Kann ein auf seinen Namen lautendes Sparkassenbuch gepfändet werden?

Auch wenn der Vater, der das Buch verwahrt, widerspricht? Könnten entbehrliche Kleidungsstücke des Mädchens gepfändet werden? Oder Möbel des Vaters?

1268. Der Erblasser hat seine Witwe zur Alleinerbin eingesetzt. Die Hauseinrichtung und ein ihrem Pflichtteil entsprechender Geldbetrag unterliegt ihrer freien Verwaltung und Verfügung. Der übrige (aus Wertpapieren bestehende) Nachlaß steht in Besitz und Verwaltung eines zum Testamentsvollstrecker ernannten Freundes des Verstorbenen. Kann wegen einer Nachlaßschuld der Testamentsvollstrecker verklagt werden? Kann es die Frau? Kann auf Grund eines gegen die letztere ergangenen Urteils ein Stück der Haushaltung gepfändet werden? Oder ein im Besitze des Testamentsvollstreckers befindliches Wertpapier? Genügt zur Pfändung eines solchen ein Urteil gegen den Testamentsvollstrecker? Wären einzelne dieser Fragen anders zu beantworten, wenn der gesamte Nachlaß der Testamentsvollstreckung unterstände?

1269. Der Witwer Lehmann, der zusammen mit seinem einzigen, volljährigen, unverheirateten Sohn einen gemeinschaftlichen Haushalt führte, ist gestorben. Er hatte zu Lebzeiten bei Pumper ein jederzeit kündbares Darlehn von 10000 M. aufgenommen. Kann der Sohn auf Klage des Gläubigers ohne weiteres und vorbehaltlos verurteilt werden? Macht es einen Unterschied, ob seit dem Erbfall schon sechs Wochen verstrichen sind oder noch drei weitere Monate? Ob der Sohn ein Inventar errichtet hat? Ob er ein Aufgebot der Nachlaßgläubiger beantragt hat? Wenn er weder das eine noch das andere getan hat, wird er, falls seit der Annahme mehr als drei Monate verflossen sind, vorbehaltslos verurteilt? Oder kann er dies verhindern?

1270. Derselbe Fall, nur ist der Sohn schlechthin zur Rückzahlung des Darlehns verurteilt, und der Gläubiger hat Stücke seines persönlichen Vermögens pfänden lassen, kann er sich dem widersetzen, wenn inzwischen Nachlaßkonkurs eröffnet wird? Welche Schritte hätte der Erbe zu ergreifen, wenn Pumper erst nach Eröffnung des Nachlaßkonkurses ein Stück seines persönlichen Vermögens hätte pfänden lassen?

1271. Derselbe Fall, nur ist dem Verurteilten Lehmann Sohn die beschränkte Haftung im Urteil vorbehalten worden. Muß der Gerichtsvollzieher prüfen, ob die im Sterbehaus angetroffenen Vermögensstücke zum Nachlaß oder zum persönlichen Vermögen des Erben gehören? Wenn die gepfändeten Sachen nicht Bestandteil des Nachlasses sind, steht dann dem Erben ein Rechtsbehelf zu? Oder seinen persönlichen Gläubigern?

1272. Derselbe Fall, nur ist das Urteil bereits gegen Lehmann Vater verkündet, aber noch nicht rechtskräftig geworden. Wie hat der Gläubiger zu verfahren, um in den Nachlaß vollstrecken zu können?

1273. Derselbe Fall, nur ist das Urteil bereits gegen Lehmann Vater rechtskräftig geworden. Gläubiger erkundigt sich, wie zu verfahren sei, um in den Nachlaß zu vollstrecken. Ein Rechtskundiger meint, er solle den Erben neu verklagen. Ein anderer, er solle Vollstreckungsklausel gegen den Erben erwirken. Ein dritter, er solle einen Nachlaßpfleger ernennen lassen. Wer hat recht? Macht es einen Unterschied, ob die Erbschaft schon angenommen ist oder nicht? Ob ein Testamentsvollstrecker ernannt ist oder nicht?

1274. Derselbe Fall, nur hat die Vollstreckung bereits zu Lebzeiten des alten Lehmann begonnen. Können die damals gepfändeten Gegenstände ohne weiteres versteigert werden? Können weitere Objekte gepfändet werden? Auch dann, wenn die gegen Lehmann Vater erwirkte Pfändung noch zu dessen Lebzeiten vom Gläubiger wieder aufgehoben worden ist?

1275. Der auf Zahlung verklagte Erbe macht beschränkte Haftung geltend. Darf ihm das Urteil dieselbe vorbehalten, ohne daß geprüft würde, ob er die zur Beschränkung erforderlichen Maßregeln bereits eingeleitet hatte oder nicht? Ob er sie überhaupt noch einleiten darf?

1276. Jemand hat bei einem Bekannten einen Geldbetrag hinterlegt. Verwahrer hat sich für seine Rückgabepflicht der sofortigen Zwangsvollstreckung unterworfen. Kann eintretenden Falles der Hinterleger auf Grund dieser Urkunde die Vollstreckung betreiben? Wäre anders zu entscheiden, wenn das Geld nicht hinterlegt, sondern als Darlehn gegeben worden wäre?

1277. Ein Kaufmann hat mit einer Bank einen notariellen Kreditöffnungsvertrag geschlossen, in demselben eine Höchsthypothek von 100000 M. an seinem Hause bestellt und sich der sofortigen Zwangsvollstreckung unterworfen. Kann die Bank, wenn ihr Guthaben diese Summe ausmacht, auf Grund des notariellen Vertrags sogleich die Zwangsvollstreckung in das persönliche Vermögen des Kaufmanns betreiben? Oder in dessen Haus? Wäre anders zu entscheiden, wenn es sich um ein einmaliges festes Darlehn in der genannten Höhe handelte?

1278. Darlehnsnehmer hat sich in einem notariellen Vertrag der sofortigen Zwangsvollstreckung unterworfen. Hindert dies den Darlehnsgeber, ihn auf Zahlung zu verklagen? Oder gegen ihn eine Feststellungsklage zu erheben?

1279. Auf Ersuchen des Landgerichtes X. hat der Amtsrichter zu Y. unter den Parteien einen Sühneversuch angestellt und den zustande gekommenen Vergleich protokolliert. Wo hat Gläubiger, wenn er den Vergleich vollstrecken lassen will, die Vollstreckungsklausel nachzusuchen? Angenommen, Schuldner hat nachträglich die Vergleichssumme gezahlt: ist der Vergleich noch vollstreckbar? Oder muß der Schuldner noch eine besondere Klage erheben? Wo?

1280. Gläubiger, der seinem Schuldner einen Zahlbefehl hatte zustellen lassen, erhält gleich darauf Zahlung, vergißt aber, den Gerichtsvollzieher zur Einstellung des Verfahrens zu beauftragen. Infolgedessen ergeht auch noch Vollstreckungsbefehl gegen den Schuldner, der sich aber darum nicht weiter kümmert. Steht ihm nun ein Rechtsbehelf zu, wenn der Erbe des Gläubigers auf Grund des Vollstreckungsbefehls bei ihm pfänden lassen will?

1281. Der Kostenfestsetzungsbeschluß ist dem unterlegenen Beklagten am 15. Mai 1908 zugestellt worden. Darf am 16. bei ihm gepfändet werden? Wenn nicht, wie verhindert er die Pfändung?

II. Vollstreckungsverfahren im allgemeinen.

1282. Schuldner ist rechtskräftig zur Zahlung von 1000 M. verurteilt. Auf Antrag des Gläubigers pfändet das Amtsgericht eine Forderung des Beklagten gegen einen Dritten. Ist dieser Beschluß gültig, wenn erst zwischen Erlaß und Zustellung desselben an den Drittschuldner das Urteil selbst dem Schuldner zugestellt ist?

1283. Schuldner ist zur Rechnungslegung verurteilt. Behufs Erzwingung beantragt Gläubiger gegen ihn eine Strafe. Darf das Gericht diesem Antrag entsprechen, wenn das Urteil dem Beklagten noch nicht zugestellt ist? Wie, wenn die Strafe nicht schon ausgesprochen, sondern dem Verurteilten erst angedroht werden soll?

1284. Der Gerichtsvollzieher hat beim Schuldner bares Geld in Höhe der Urteilssumme weggenommen. Kann Schuldner jetzt noch, weil ihm Gläubiger nach dem Urteil Stundung bewilligt habe, die Zwangsvollstreckung für unzulässig erklären lassen? Wie, wenn das Geld dem Gläubiger bereits ausgehändigt wäre?

1285. Durch rechtskräftigen Beschluß des Amtsgerichts ist eine angebliche Forderung des Schuldners gepfändet und dem Gläubiger zur Deckung der ihm rechtskräftig zugesprochenen Geldsumme überwiesen worden. Kann ein Dritter noch jetzt unter der Behauptung, die überwiesene Forderung stehe in Wahrheit ihm selbst zu, gegen den Kläger auf Unzulässigkeit der Zwangsvollstreckung klagen? Macht es einen Unterschied, ob die Forderung zur Einziehung oder an Zahlungsstatt überwiesen war? Und im ersten Falle, ob sie der pfändende Gläubiger schon gegen den Drittschuldner geltend gemacht hat oder nicht?

1286. Auf Grund eines rechtskräftigen Urteils gegen den Schuldner B. hat das Amtsgericht eine Forderung desselben gegen einen Dritten, X., durch Beschuß gepfändet und dem Kläger A. an Zahlungs Statt überwiesen. Als dieser sie gegen den Drittschuldner einklagt, macht derselbe geltend, das gegen B. ergangene Urteil sei diesem noch gar nicht zugestellt, die

Pfändung also unwirksam. Ist dieser Einwand begründet? Kann ihn A. dadurch zurückschlagen, daß er jetzt das Urteil dem B. zustellen läßt?

1287. Zwei Gläubiger desselben Schuldners, M. und R., haben gegen ihn getrennt Urteil erwirkt. Dasjenige des M. ist am 1. Mai, das des R. am 15. Mai rechtskräftig geworden. Beide Gläubiger lassen eine und dieselbe Forderung des Schuldners pfänden und sich an Zahlungs Statt überweisen. M. läßt den Beschluß am 1. Juni, R. am 15. Juni dem Drittschuldner zustellen. Wenn sich nun herausstellt, daß beide Gläubiger ihr Urteil am 5. Juni haben zustellen lassen, welche Rechte haben sie bezüglich der überwiesenen Forderung?

1288. Ein Beamter ist zur Zahlung einer vierteljährlichen Unterhaltsrente verurteilt. Kann seine am 1. April 1908 fällig gewordene Forderung auf das Gehalt des zweiten Quartals für den am gleichen Tag fälligen Unterhaltsbeitrag gepfändet werden? Könnte das ausgezahlte Gehalt am 1. April bei ihm gepfändet werden?

1289. Dem verurteilten Schuldner ist das rechtskräftige Urteil zugestellt. Während er eines Abends im Bierhaus beim Skat sitzt, erscheint der Gerichtsvollzieher und pfändet ihm den Sommermantel. Ist dies bei Widerspruch des Schuldners zulässig?

1290. Der Gerichtsvollzieher hat bei einem verurteilten Gänsezüchter fünfzig Gänse gepfändet und anderwärts unterbringen lassen. Vor der Versteigerung zahlt der Schuldner die Urteilssumme nebst Kosten. Kann er nun, wenn sich herausstellt, daß die Gänse größtenteils aus Mangel an Ernährung und sachkundiger Pflege untergegangen sind, Schadensersatz vom Gerichtsvollzieher verlangen? Oder vom Gläubiger?

1291. Der Gerichtsvollzieher ist mit dem beim Schuldner weggenommenen Gelde durchgebrannt. Muß der Schuldner noch einmal an Gläubiger zahlen? Kann dieser Schadensersatz gegen den Fiskus einklagen? Wären diese Fragen anders zu entscheiden, wenn der Schuldner das Geld dem zur Zwangsvollstreckung erschienenen Gerichtsvollzieher „freiwillig" ausgehändigt hätte?

1292. Der mit der Vollstreckung beauftragte Gerichtsvollzieher hat dem Schuldner auf eigene Faust Zahlungsfristen bewilligt. Ist der Gläubiger daran gebunden?

1293. Der Gerichtsvollzieher hat, anstatt zu pfänden, in Höhe der Urteilssumme vom Schuldner einen auf den Namen des Gläubigers ausgestellten Wechsel in Zahlung genommen und Quittung erteilt. Wenn dies ohne Genehmigung des Gläubigers geschah, kann dieser nun weiter vollstrecken lassen?

1294. Der rechtskräftig verurteilte Schuldner wird wegen Verschwendung entmündigt. Hat das auf die Vollstreckung einen Einfluß, wenn das Urteil gerichtet ist: a) auf Zahlung einer Geldsumme? b) Auf Leistung des Offenbarungseides? c) Auf Unterlassung der Führung eines Warenzeichens? d) Auf Abtretung einer Forderung? — Wären diese Fragen anders zu entscheiden, wenn der Schuldner wegen plötzlich ausgebrochener Geisteskrankheit entmündigt würde?

1295. Gläubiger hat, nachdem er den Gerichtsvollzieher mit der Pfändung beauftragt hatte, Zahlung erhalten. Wenn nun der Gerichtsvollzieher in Unkenntnis dieses Umstandes pfändet, entsteht dennoch ein Pfandrecht für den Gläubiger? Haftet der letztere für den erwachsenen Schaden, auch wenn zur Benachrichtigung des Gerichtsvollziehers keine Zeit mehr bestand?

1296. Nachdem der Gläubiger einen Gerichtsvollzieher in X. mit der Vollstreckung beauftragt hatte, verzieht der Schuldner von X. nach dem Amtsgerichtsbezirk Y. Kann der Gerichtsvollzieher hier noch pfänden?

1297. Das Amtsgericht X., in dessen Bezirk der Verurteilte bei Klagerhebung wohnte, hat behufs Vollstreckung des Urteils eine Forderung desselben gepfändet und überwiesen. Ist dieser Beschluß gültig, wenn der Verurteilte nach dem Amtsgerichtsbezirke Y. verzogen ist? Kommt es darauf an, ob der Wohnungswechsel vor dem Antrag auf Pfändungs- und Überweisungsbeschluß erfolgt ist? Oder zwischen Antrag und Erlaß? Oder zwischen Erlaß und Zustellung an den Drittschuldner?

1298. Behufs Vollstreckung eines auf 200 M. lautenden

Urteils hat der Gerichtsvollzieher zwei beim Schuldner vorgefundene Banknoten von 100 M. in Besitz genommen. Wer ist Eigentümer derselben? Angenommen, Gerichtsvollzieher verfällt in Konkurs: kann der Gläubiger Aussonderung der Banknoten oder nur Konkursdividende verlangen? Wie, wenn die Banknoten mit anderem Gelde vermengt sind?

1299. Der Gläubiger, dem der Schuldner gemäß rechtskräftigem Urteil eine Geldsumme zahlen muß, hat diesem versprochen, das Urteil zwei Jahre lang nicht vollstrecken zu lassen. Ist eine solche Abmachung gültig? Welchen Rechtsbehelf hat Schuldner im Falle ihrer Verletzung? Macht es hierfür einen Unterschied, ob die Zusage vor Schluß der letzten mündlichen Verhandlung erfolgt ist oder später?

III. Einwendungen in der Zwangsvollstreckung.

1300. Welcher Rechtsbehelf steht dem Betroffenen (Schuldner, Gläubiger, Dritten) in folgenden Fällen zu:

a) Gerichtsvollzieher weigert sich, obgleich ihm Vorschuß geleistet wird, den Auftrag des Gläubigers zu übernehmen?

b) Der Gerichtsvollzieher verzögert die ihm aufgetragene Pfändung und Versteigerung?

c) Das Gericht hat eine unpfändbare Lohnforderung des Schuldners beschlagnahmt?

d) Der Gerichtsvollzieher hat mehr Sachen gepfändet, als zur Befriedigung des Gläubigers erfordert sind?

e) Es ist eine Sache des Schuldners bei einem Dritten, in dessen Gewahrsam sie sich befand, trotz Widerspruchs des Dritten gepfändet?

f) Es ist eine beim Schuldner befindliche, aber einem Dritten gehörige Sache gepfändet worden?

g) Der Gerichtsvollzieher pfändet bei jemand, der mit dem Verurteilten zwar gleichnamig, aber nicht identisch ist?

h) Es ist die stehende Ernte eines Grundstückes gepfändet worden, an welchem ein Dritter eine Hypothek hat?

i) Die Bedingung, an welche die Vollstreckung geknüpft war, ist noch nicht eingetreten?

k) Der Schuldner hat nach Schluß der letzten mündlichen Verhandlung beim Gläubiger Stundung erwirkt?

l) Das Urteil, welches vollstreckt wird, ist weder rechtskräftig noch vorläufig vollstreckbar?

m) Auf Grund eines gegen den Verein gerichteten Urteiles ist persönliches Eigentum eines Vereinsmitgliedes gepfändet worden?

n) Eine Nachlaßverbindlichkeit ist in das persönliche Vermögen des beschränkt haftenden Erben vollstreckt worden?

o) Zur Erzwingung der im Urteil aufgegebenen Handlung ist gegen den Schuldner nach vorausgegangener Drohung eine Strafe festgesetzt worden, obgleich er angeblich die Handlung vorgenommen hat?

p) Die zur Erzwingung des Urteils bestimmte Strafe ist von einem andern Gericht als dem Prozeßgericht ausgesprochen worden?

q) Wegen einer Schuld der Frau ist ins Gesamtgut vollstreckt, obwohl das erforderliche Duldungsurteil gegen den Mann nicht ergangen war?

r) Einer Näherin ist die Nähmaschine gepfändet worden?

s) Gläubiger hat wegen einer Forderung vollstrecken lassen, zu deren Sicherung er ein Pfandstück besitzt?

t) Der Gerichtsvollzieher hat zu hohe Kosten angesetzt?

u) Der vollstreckende Gläubiger hat nach Erlaß des Urteils die Forderung einem Dritten abgetreten?

v) Die beim Schuldner gepfändeten Möbel waren von diesem auf Abzahlung gekauft und noch nicht vollständig bezahlt?

w) Gläubiger hat die Sicherheit, von welcher die Vollstreckung abhängt, noch nicht geleistet?

x) Das zu vollstreckende Urteil ist inzwischen durch ein höheres Gericht aufgehoben worden?

y) Die Pfändung ist trotz Widerspruchs des Schuldners an einem Sonntag erfolgt?

z) Das zu vollstreckende Urteil ist dem Schuldner noch nicht zugestellt?

1301. Die in allgemeiner Gütergemeinschaft lebende Frau führt getrennten Haushalt. In ihrer Wohnung befindet sich ein Teil der Möbel. Haften diese auch für Schulden, zu deren Zahlung der Mann verurteilt ist? Kommt es auf den Ursprung der Verbindlichkeit an? Muß die Frau auf Duldung der Vollstreckung verurteilt sein? Können bei ihr die Möbel auch gegen ihren Widerspruch gepfändet werden? Oder hat sie gegen solche Pfändung einen Rechtsbehelf?

1302. Auf Grund eines Urteils gegen den flüchtigen Schuldner wird bei seiner verlassenen Frau Hausrat gepfändet. Hat sie hiergegen einen Rechtsbehelf, wenn die gepfändeten Stücke ihr gehören? Oder wenn sie zum Gesamtgut gehören? Oder wenn sie zur Fortführung des Haushaltes unentbehrlich sind?

1303. Dem Prinzen H. steht gegen das Haupt der fürstlichen Familie H. ein Anspruch auf 20000 M. jährlicher Revenuen zu. Ist derselbe pfändbar? Angenommen, er ist durch Beschluß des Amtsgerichtes X. gepfändet worden: welchen Rechtsbehelf hat der Prinz H., wenn er behauptet, die Forderung habe, weil auf Stiftung beruhend, nicht gepfändet werden dürfen? Hat der Fürst H. einen selbständigen Behelf? Kann er der Klage des pfändenden Gläubigers einen Einwand entgegenhalten?

1304. Einem Handlungsgehilfen mit einem Jahresgehalt von 1400 M. ist für eine Schuld von 600 M. sein Gehaltsanspruch gepfändet worden. Zulässig? Kann er gegen diesen Beschluß Beschwerde einlegen? Oder muß er zuvor eine Einwendung erheben? Oder hat er zwischen beiden Rechtsbehelfen die Wahl? Was hätte Gläubiger zu tun, wenn sein Antrag abgelehnt würde?

1305. Beklagter ist verurteilt, eine von ihm niedergerissene Mauer „in der ursprünglichen Höhe und Stärke wieder aufzubauen". Er hat auch eine Mauer aufrichten lassen. Gläubiger hat nun unter der Behauptung, dieselbe entspreche nicht dem Urteil, einen Beschluß erwirkt, der ihn ermächtigt, die nötigen Veränderungen auf Kosten des Schuldners vorzunehmen: welcher Rechtsbehelf steht dem Gegner zu?

1306. Wegen einer Schuld, zu deren Zahlung ein Landwirt verurteilt ist, wird eine Dreschmaschine, die ihm gehört, aber einem Dritten vermietet und übergeben ist, bei dem letzteren trotz dessen Widerspruchs gepfändet: kann der Dritte die Widerspruchsklage erheben? Kann er eine Einwendung gegen die Art der Vollstreckung erheben?

1307. Auf Grund eines Urteils gegen meinen Schuldner lasse ich dessen Darlehnsforderung gegen einen Freund pfänden. Wenn sich nun herausstellt, daß vor dem Pfändungsbeschluß diese Darlehnsforderung bereits einem Dritten abgetreten war: hat mein Schuldner einen Rechtsbehelf? Oder sein Zessionar? Oder sein Freund?

1308. Der verurteilte Schuldner will geltend machen, daß ihm die Schuld zur Hälfte erlassen sei. Welchen Weg muß er einschlagen, wenn dieser Erlaß schon während oder vor der Verhandlung erster Instanz erfolgt ist? Wie, wenn er erst nach Erlaß des Urteils stattfand, sei es vor oder nach dessen Rechtskraft?

1309. Kann sich der rechtskräftig verurteilte Bürge noch auf die Einrede der Vorausklage stützen?

1310. Der verurteilte Schuldner hat gegen den Gläubiger auch seinerseits eine Forderung. Kann er dieselbe auch jetzt noch aufrechnen? Macht es einen Unterschied, ob er sie bereits vor Schluß der letzten mündlichen Verhandlung hatte oder erst nachträglich erwarb? Wenn er im letzteren Fall aufrechnet, darf der Gerichtsvollzieher noch vollstrecken? Oder muß der Schuldner erst noch eine gerichtliche Entscheidung erwirken? Und welche?

1311. Der rechtskräftig zur Zahlung verurteilte Käufer erhebt unter der Behauptung, die Ware habe sich als mangelhaft erwiesen, gegen den Verkäufer Klage mit dem Antrage, die Vollstreckung des Urteils für unzulässig zu erklären. Wird dieser Klage entsprochen? Macht es einen Unterschied, ob der (jetzige) Kläger den Mangel schon im vorigen Prozeß kannte oder kennen mußte oder auch nur kennen konnte? Wie, wenn er eine entsprechende Klage nicht auf Sachmängel, sondern auf arglistige Täuschung stützt? Kommt es darauf an, ob er die Täuschung schon während des Prozesses kannte oder erst nachträglich entdeckt hat?

1312. Der Schuldner hat nach rechtskräftiger Verurteilung die Summe gegen Quittung seines Gläubigers gezahlt. Er erhebt nun, ohne daß gegen ihn eine Vollstreckung betrieben oder auch nur angedroht worden wäre, Klage mit dem Antrag, die Vollstreckung für unzulässig zu erklären. Der (jetzige) Beklagte hält die Klage für unbegründet, weil die Vollstreckung noch gar nicht begonnen habe, im Fall ihrer Betreibung aber jederzeit dadurch verhindert werden könnte, daß der Gegner Quittung vorlege. Greifen diese Einwände durch? Wer trägt die Prozeßkosten? Ist es hierfür erheblich, ob der (jetzige) Beklagte ausdrücklich anerkennt, das Urteil dürfe nicht mehr vollstreckt werden?

1313. Darf der Schuldner die an seinen Möbeln klebenden Pfandmarken ohne weiteres entfernen, wenn er die Urteilssumme nebst Kosten dem Gläubiger gezahlt hat?

1314. Der Gläubiger, der für seine Forderung Versäumnisurteil erwirkt hat, gewährt nach Erlaß, aber vor Rechtskraft dieses Urteils dem Schuldner auf seine Bitte einen zweijährigen Ausstand. Als nach Rechtskraft des Versäumnisurteils trotzdem Vollstreckung betrieben wird, erhebt Schuldner unter Berufung auf die Stundung Vollstreckungsgegenklage. Ist diese zulässig? Kommt es darauf an, ob der Ausstand vor oder nach Zustellung des Urteils gewährt worden ist?

1315. Der verurteilte Schuldner hat Vollstreckungsgegenklage erhoben und sich zur Begründung derselben auf einen nach dem Urteil mit dem Gläubiger geschlossenen Erlaßvertrag berufen. a) Kann er, wenn die vernommenen Zeugen nur von einer Stundung etwas wissen, seine Klage nunmehr auf diese stützen? b) Kann er in dem gegenwärtigen Prozeß noch geltend machen, der Gläubiger habe seine rechtskräftig festgestellte Forderung einem Dritten abgetreten? Kommt es darauf an, ob diese Abtretung schon vor Erhebung der gegenwärtigen Klage stattgefunden hat und dem (jetzigen) Kläger bekannt geworden ist?

1316. Nachdem Kläger für die ihm rechtskräftig zugesprochene Summe beim Schuldner hat pfänden lassen und aus dem Erlöse befriedigt worden ist, erfährt Schuldner, daß

Gläubiger unmittelbar nach Urteilserlaß und noch vor der Vollstreckung die Forderung einem Dritten abgetreten hätte: steht ihm gegen den Dritten Vollstreckungsgegenklage zu? Kann er gegen den ursprünglichen Gläubiger eine solche Klage erheben? Oder eine andere? Und zwar bei welchem Gericht?

1317. Der durch das Landgericht X. rechtskräftig verurteilte, im Amtsgerichtsbezirk Y. wohnende Schuldner hat dem Gläubiger die Urteilssumme sogleich zugesandt. Wenn nun trotzdem der Gerichtsvollzieher bei ihm erscheint und sich zur Pfändung anschickt: welche Maßregeln hat er zu ergreifen, um die Pfändung möglichst rasch zu verhindern bzw. aufheben zu lassen? Ist es von Bedeutung, ob er eine Quittung des Gläubigers besitzt? Oder einen Postschein über die dem Gläubiger zugesandte Summe? Oder eine Quittung der Post über einen demselben zugesandten Wertbrief mit dieser Summe?

1318. Zwei Brüder sind Miteigentümer und Mitbesitzer einer ihnen gemeinschaftlich vermachten Gemäldegalerie. Wenn nun ein Gemälde derselben wegen der Schuld eines von ihnen gegen den Widerspruch des andern gepfändet ist: welche Rechtsbehelfe stehen dem letzteren zu? Wäre anders zu entscheiden, wenn der nicht verurteilte Bruder für die dem Urteil zugrunde liegende Schuld als Gesamtschuldner oder Bürge mithaftete?

1319. Kann der Vermieter, dem noch Mietzins geschuldet ist, auf Grund seines Pfandrechts an den eingebrachten Sachen seines Mieters sich der Pfändung und Versteigerung derselben durch einen andern Gläubiger des Mieters widersetzen? Oder hat er einen andern Weg, seine Interessen wahrzunehmen?

1320. Der zu 400 M. verurteilte Schuldner ist Eigentümer eines Klaviers im Werte von 1200 M., welches er für eine Schuld von 200 M. einem Bekannten verpfändet und übergeben hat. Kann der Gläubiger das Klavier beim Bekannten pfänden? Wenn ja, kann sich der Bekannte der Versteigerung widersetzen?

1321. Die verkaufte, aber noch nicht gelieferte Sache ist beim Verkäufer von dessen Gläubiger gepfändet worden. Hat der Käufer hiergegen einen Rechtsbehelf?

1322. Beklagter ist verurteilt, dem Kläger ein diesem verkauftes bestimmtes Pferd zu liefern. Kann ein Dritter unter der Behauptung, Eigentümer dieses Pferdes zu sein, die Widerspruchsklage erheben, wenn der Gerichtsvollzieher dasselbe dem Schuldner weggenommen, aber dem Gläubiger noch nicht zugeführt hat?

1323. Der Gerichtsvollzieher hat behufs Vollstreckung des auf Geld lautenden Urteils eine beim Schuldner vorgefundene Tausendmarkrolle in Besitz genommen, aber dem Gläubiger noch nicht ausgehändigt. Kann ein Dritter Widerspruchsklage erheben, wenn er dem Schuldner das Geld als Darlehn gegeben hatte? Oder wenn er es ihm zur Aufbewahrung übergeben hatte? Oder müßte er hier eine andere Klage erheben? Wie, wenn die Aushändigung an den Gläubiger erfolgt, nachdem die Klage des Dritten erhoben wurde?

1324. Der zur Zahlung einer Geldsumme verurteilte Schuldner hat sein Haus einem Dritten veräußert. Dieser ist zwar noch nicht als Eigentümer eingetragen, hat aber für seine Forderung auf das Haus eine Vormerkung buchen lassen. Angenommen, der Gläubiger des Verkäufers läßt nun auf das Haus eine Zwangshypothek eintragen: kann Käufer Widerspruchsklage erheben? Könnte er die Zwangsversteigerung des Hauses verhindern?

1325. Ein Dritter hat als angeblicher Eigentümer der beim Schuldner gepfändeten Sachen gegen den Gläubiger Widerspruchsklage erhoben, ist aber damit abgewiesen worden. Nachdem Gläubiger aus dem Erlöse der gepfändeten Sachen befriedigt worden ist, klagt der Dritte unter der gleichen Behauptung wiederum gegen ihn, diesmal auf Herausgabe der ungerechtfertigten Bereicherung. Ist das Nichteigentum des Klägers für diesen zweiten Prozeß rechtskräftig festgestellt?

1326. Gläubiger hat das Mobiliar des Schuldners pfänden lassen. Ein Dritter erhebt Widerspruchsklage und legt einen schriftlichen Vertrag vor, nach welchem er die Möbel vom Schuldner gekauft und diesem leihweise überlassen habe. Kann der Gläubiger entgegenhalten, der Vertrag sei wegen Täuschung und Übervorteilung des Schuldners anfechtbar? Oder er sei in der beiden Teilen bewußten Absicht geschlossen, die Gläubiger des Schuldners zu benachteiligen? Oder er sei zum Schein geschlossen?

1327. Ein Damenschneider will bei einer allein wohnenden Dame ein Stück der sehr eleganten Einrichtung pfänden lassen. Schuldnerin hat dem Gerichtsvollzieher erklärt, die Möbel gehörten nicht ihr, sondern dem Dragonerrittmeister X. Darf der Beamte dennoch pfänden? Selbst wenn der zufällig anwesende X. die Angaben der Schuldnerin bestätigt? Oder gar die auf seinen Namen lautenden Quittungen vorzeigt? Hat die Hartnäckigkeit des Gerichtsvollziehers Nachteile für den Damenschneider im Gefolge? Muß dieser auf bloße Aufforderung des Rittmeisters die Möbel freigeben? Auch wenn das Eigentum desselben nicht glaubhaft gemacht wird? Wer trägt, wenn die Möbel in das Pfandlokal verbracht wurden, die Kosten der Zurückbringung in die Wohnung?

1328. Beim Schuldner sind Sachen gepfändet worden. Ein Dritter, dem sie angeblich gehören, klagt gegen den Gläubiger auf Freigabe, gegen den Schuldner auf Herausgabe der Pfandsachen. a) Ist die erste Klage richtig formuliert? b) Dringt die zweite durch, auch wenn der Schulder das Eigentum des Dritten nicht bestreitet? Auch wenn sich die Sachen bereits im Pfandlokal befinden? c) Wie ist zu entscheiden, wenn der Pfandgläubiger säumig ist, der Schuldner dagegen erscheint und beweist, daß ihm die Sachen vom Kläger auf längere Zeit vermietet waren? d) Wie, wenn der Schuldner ausbleibt, aber der Pfandgläubiger erscheint und die Zustimmung des Dritten zur Pfändung der Sache nachweist? e) Wie, wenn die beiden Beklagten erscheinen und der Schuldner das Eigentum des Dritten anerkennt, der Gläubiger es bestreitet? f) Angenommen, der Antrag gegen den Schuldner wäre nicht auf Herausgabe, sondern auf Feststellung des klägerischen Eigentums gerichtet: was geschieht mit dieser Klage, wenn Schuldner das Eigentum niemals bestritten hatte?

IV. Zwangsvollstreckung wegen Geldforderungen in bewegliche Sachen.

1329. Der Gerichtsvollzieher hat beim Schuldner ein Klavier gepfändet, das diesem nicht gehört, sondern bloß bei einer Musikalienhandlung gemietet war. Darf der Schuldner es nach Ablauf der Mietzeit dieser Handlung zurückgeben? Darf dieselbe es sich unter Abreißung der Pfandmarken ohne weiteres wieder abholen?

1330. Der Gerichtsvollzieher hat beim Schuldner eine Sache gepfändet, die einem Dritten gehört. Ist an derselben ein Pfandrecht für den Gläubiger entstanden? Macht es einen Unterschied, ob er oder der Gerichtsvollzieher den Schuldner für den Eigentümer hielt und halten durfte? Darf die Sache versteigert werden? Wird dadurch der Gläubiger dem Eigentümer schadensersatzpflichtig?

1331. Eine Möbelhandlung hat den Käufer von Möbeln zur Zahlung derselben verurteilen lassen. Darf sie die Möbel selbst pfänden lassen, wenn sie sich bis zu ihrer völligen Abzahlung das Eigentum vorbehalten hatte? Könnte sie es wenigstens, wenn sie vorher zugunsten des Beklagten auf das Eigentum verzichtete? Was würde zu einem solchen Verzicht gehören?

1332. Der Gerichtsvollzieher hat gepfändete Sachen des Schuldners in das Pfandlokal gebracht. Wenn sie hier von einem Dritten unbefugt fortgenommen werden: hat der Gerichtsvollzieher gegen ihn eine Klage? Hat sie der Gläubiger? Worauf ist sie zu richten? Angenommen, die Sachen wären beim Schuldner verblieben und von diesem fortgeschafft worden: kann der Gerichtsvollzieher oder der Gläubiger den gegenwärtigen Besitzer der Sache verklagen? Worauf?

1333. Ein Klavier des Schuldners ist durch Ankleben von Marken gepfändet worden. Wenn nun das unmündige Kind des Schuldners spielenderweise die Marken wegreißt und tags darauf ein anderer Gläubiger das Klavier pfänden läßt: hat dieser das alleinige oder doch das bessere Pfandrecht? Wäre anders zu entscheiden, wenn der vom ersten

Gläubiger beauftragte Gerichtsvollzieher dem Schuldner mündlich erklärt hätte, das Klavier zu pfänden, aber die Anbringung von Pfandmarken vergessen hätte?

1334. Ein weichherziger Gerichtsvollzieher hat auf Bitten des Schuldners, um diesem die „Blamage" zu ersparen, die Pfandmarken auf die Rückseite des an der Wand stehenden Büfetts geklebt. Einige Tage später hat ein weniger milddenkender Kollege für einen andern Gläubiger eine Pfandmarke an eine recht auffallende Stelle desselben Möbelstücks geklebt. Hat der zweite Gläubiger mehr Rechte als der erste? Wäre anders zu entscheiden, wenn er, anstatt zu kleben, lediglich in sein dem Kollegen abschriftlich mitgeteiltes Protokoll die Erklärung eingetragen hätte, er pfände das Klavier auch für seinen Auftraggeber?

1335. Die Möbel eines Mieters, der schon ein Jahr lang den Mietzins schuldet, werden vom Fleischer für die beiden letzten Monatsrechnungen gepfändet. Wie hat Vermieter zu verfahren, um sein besseres Pfandrecht geltend zu machen? Muß er Klage auf Rückbringung der Möbel in seine Wohnung erheben? Oder Widerspruchsklage? Oder Klage auf vorzugsweise Befriedigung aus dem Erlöse? Muß er die letztere binnen einem Monat nach Entfernung der Möbel erheben?

1336. Der Student erklärt dem Gerichtsvollzieher, der bei ihm Bücher pfänden will, er habe dieselben bei einem Freund entliehen. Muß sich der Beamte daran kehren? Wäre anders zu entscheiden, wenn die Bücher mit dem Stempel der Universitätsbibliothek versehen wären?

1337. Ein Dienstmädchen ist zur Zahlung einer Summe verurteilt. Darf ihr Dienstherr dem Gerichtsvollzieher, der zum Zwecke der Pfändung in die Kammer des Dienstmädchens eintreten will, den Zugang verweigern?

1338. Ein im gesetzlichen Güterstand verheirateter vermögensloser Mann lebt mit seiner wohlhabenden Frau in einer von dieser gemieteten und gezahlten Wohnung. Darf der Gerichtsvollzieher im Auftrag eines Gläubigers des Mannes Sachen des letzteren in der Wohnung pfänden, wenn die Frau dem widerspricht?

1339. Der Darlehnsschuldner hat seinem Gläubiger ein Klavier in Pfand und Besitz gegeben. Muß dieser, um das Klavier versteigern zu lassen, den Schuldner rechtskräftig zur Rückzahlung verurteilen lassen? Angenommen, er hat ein solches Urteil erwirkt: kann er das Klavier pfänden lassen? Welche Bedeutung hätte eine derartige Pfändung? Kann der Gläubiger auf Grund des Urteils andere Sachen des Schuldners pfänden lassen?

1340. Ein Bauer ist zur Rückzahlung eines Darlehns verurteilt. Der Gläubiger läßt bei ihm zwei Zugochsen pfänden. Kann sich der Bauer dieser Pfändung widersetzen, wenn er sich derselben im voraus unterworfen hatte? Angenommen, er hat die Pfändung ruhig geschehen lassen: ist dieselbe gültig? Auch wenn er sich seines Widerspruchsrechtes nicht bewußt war? Ist dieser Umstand wenigstens für die Frage erheblich, ob der Bauer nachträglich eine Einwendung gegen den Pfändungsakt erheben kann?

1341. Der Gerichtsvollzieher hat beim Schuldner folgende Gegenstände behufs Vollstreckung weggenommen: ein Gemälde, drei Banknoten von 100 M., zwei preußische Konsols von je 500 M., zwei Dutzend silberne Löffel, einen akzeptierten Wechsel. Wie werden diese Gegenstände verwertet? Kann der Wechsel ohne weiteres diskontiert werden?

1342. Dürfen gepfändet werden:

a) Beim Universitätslehrer seine Privatbibliothek?

b) Beim Hotelier das Betriebsinventar?

c) Beim Schankwirt das Wirtschaftsinventar?

d) Bei der Zimmervermieterin das Mobiliar?

e) Beim Maschinenschreiber die Schreibmaschine?

f) Beim Kasperltheaterbesitzer die Marionetten?

g) Beim kleinen Schneider Nähmaschine und Bügeleisen?

h) Beim Zahntechniker die Instrumente? Oder fertige Gebisse?

i) Beim Friseur Rasiermesser oder vorrätige Parfümflaschen?

k) Beim Schullehrer das Harmonium?

l) Beim Arzt dessen Mikroskop? Oder chirurgisches Besteck? Möbel des Warte- oder Sprechzimmers?

m) Beim Studenten der Rechte die Gesetzesausgaben? Juristische Werke? Bierzipfel? Couleurmütze? Kolleghefte? Schläger? Stiefelknecht? Tintenfaß? Studierlampe? Winterüberzieher im Sommer? Taschenuhr? Verlobungsring?

V. Zwangsvollstreckung wegen Geldforderungen in Rechte.

1343. Der Gläubiger hat im Wege der Zwangsvollstreckung eine angebliche Forderung seines Schuldners pfänden lassen. Hat er an derselben ein Pfandrecht erworben: a) Wenn die Forderung in Wahrheit gar nicht dem Schuldner, sondern einem Dritten zusteht? b) Oder wenn sie zwar dem Schuldner zusteht, aber von einem unzuständigen Gericht gepfändet worden ist? c) Oder wenn dieses zwar zuständig ist, wenn aber die Forderung des Vollstreckungsgläubigers inzwischen durch Zahlung des Schuldners getilgt worden ist?

1344. Gläubiger hat für eine Urteilssumme von 200 M. eine Forderung seines Schuldners von 250 M. gegen X. pfänden und sich überweisen lassen. Kann er nun noch eine Forderung des Schuldners gegen Y. pfänden lassen, wenn er dartut, daß X. vor dem Konkurs steht?

1345. Kann der siegreiche Kläger behufs Vollstreckung des Urteils eine Forderung pfänden lassen, die der Schuldner gegen ihn selbst hat? Wann wird er diesen Weg einschlagen? Wie wird hierbei verfahren?

1346. Eine Bank hat einem Kaufmann einen Kredit eröffnet. Kann ein Gläubiger derselben die Forderungen pfänden, die ihr aus diesem Kreditverhältnis erwachsen sind und noch erwachsen können?

1347. Ergreift die Pfändung der Mietzinsforderung auch die künftigen Zinse? Wie muß der Pfändungsgläubiger verfahren, wenn er bei Eintritt eines neuen Mieters sein Pfandrecht auf dessen Schuld erstrecken will?

1348. Kann der Gläubiger einer Gemeinde deren Steuerforderung pfänden lassen?

1349. Ein Haus ist aufgelassen, aber noch nicht auf den Erwerber eingetragen. Kann ein Gläubiger des letzteren, der auf das Haus eine Zwangshypothek eintragen lassen möchte, den Eintragungsanspruch des Erwerbers gegen das Grundbuchamt pfänden lassen?

1350. Ein Vater hat durch Postanweisung eine Geldsumme an seinen Sohn geschickt. Kann vor Ablieferung derselben ein Gläubiger des Sohnes seinen Anspruch gegen die Post auf Aushändigung pfänden lassen? Kann ein Gläubiger des Vaters dessen Anspruch gegen die Post auf Rückgabe des noch nicht gelieferten Geldes beschlagnahmen lassen?

1351. Ein verurteilter Schuldner hat ein offenes Konto bei der Rheinischen Kreditbank. Kann der Gerichtsvollzieher im Auftrag des Gläubigers zur Bank gehen und sich hier einen der Urteilssumme entsprechenden Betrag auszahlen lassen? Oder wie muß verfahren werden? Muß der Bank das zu vollstreckende Urteil zugestellt werden?

1352. Nach Erlaß eines Strafurteils ist der Angeklagte flüchtig gegangen. Der Staatsanwalt hat das bei ihm vorgefundene Bargeld am 1. August beschlagnahmt und am 2. der Staatsdepositenkasse übergeben. Zwei Gläubiger des Flüchtigen, A. und B., haben dessen Forderung auf das beschlagnahmte Geld pfänden lassen: der Pfändungsbeschluß für A. ist am 3. August der Staatsanwaltschaft, derjenige für B. am gleichen Tag der Depositenkasse zugestellt. Wer hat das bessere Pfandrecht?

1353. Der Gläubiger beantragt, eine Forderung seines Schuldners zu pfänden. Hat das Amtsgericht den Beschluß zu erlassen, wenn es selbst am Tag vorher in einem Prozeß zwischen Schuldner und Drittschuldner entschieden hat, daß diese Forderung nicht besteht?

1354. Der verurteilte Schuldner X. hat eine Darlehnsforderung gegen einen Freund, der flüchtig gegangen und dessen Aufenthaltsort nicht zu ermitteln ist. Der Gläubiger des X. hat diese Forderung pfänden lassen und beantragt die öffentliche Zustellung des Pfändungsbeschlusses an den Drittschuldner. Entscheidung?

1355. Der Beschluß, der auf Betreiben des Gläubigers M. die Mietzinsforderung des Schuldners P. pfändet und überweist, ist in Abwesenheit des Mieters R. durch Übergabe an seine Frau zugestellt. In Unkenntnis dieses Umstandes weist einen Tag später der auf Reisen befindliche Mieter R. seine Bank schriftlich an, den Mietzins an den Hauseigentümer zu zahlen, was geschieht. Muß er noch einmal an M. zahlen?

1356. Der Beschluß, der eine Gehaltsforderung des verurteilten Beamten pfändet, ist diesem regelrecht, dagegen der Staatskasse nicht richtig zugestellt worden. Darf die Kasse dem Beamten das Gehalt auszahlen? Kann dieser seine Gehaltsforderung einem Dritten abtreten?

1357. Der siegreiche Kläger hat eine Darlehnsforderung seines Schuldners X. pfänden lassen, die ihm aber noch nicht überwiesen ist. a) Darf er dieselbe kündigen? b) Darf er gegen den Drittschuldner auf Leistung klagen? c) Oder auf Feststellung? d) Darf er die Forderung im Konkurse des Drittschuldners anmelden? e) Darf er zur Sicherung derselben gegen den Drittschuldner Arrest erwirken? f) Darf der Schuldner X. diese Maßregeln ergreifen? g) Darf er die Forderung einziehen? h) Darf er sie abtreten? i) Darf er sie durch Aufrechnung mit einer eigenen Gegenforderung tilgen? k) Darf er Stundung bewilligen? l) Angenommen, seine Feststellungsklage gegen den Dritten ist abgewiesen worden: steht diese Entscheidung dem Pfändungsgläubiger entgegen, wenn derselbe seinerseits Feststellungsklage gegen den Dritten erhebt?

1358. Eine Verlobte hat eine Aussteuer gekauft, aber, da die Verlobung auseinandergeht, nicht gezahlt. Auf Grund des gegen sie ergangenen Urteils wird ihr angeblich anerkannter Deflorationsanspruch gegen den Bräutigam gepfändet und überwiesen, worauf die Firma gegen diesen auf Leistung klagt. a) Kann der Bräutigam einwenden, das Urteil der Firma gegen seine frühere Braut sei dieser noch nicht zugestellt? b) Oder sie habe inzwischen die Aussteuer gezahlt? c) Oder er habe ihr gegenüber überhaupt keine Verpflichtung gehabt? d) Oder er habe eine solche jedenfalls nicht anerkannt?

1359. Jemand hat im Februar 1909 käuflich ein Haus erworben, welches vermietet ist zu jährlich 2400 M., jeweils zahlbar am 1. Januar. Im Januar 1909 hat ein Gläubiger des Verkäufers die Mietzinsforderung pfänden lassen. Inwieweit ist diese Pfändung dem Erweber gegenüber wirksam, wenn er von ihr nichts wußte?

1360. Der verurteite Schuldner hat eine Buchhypothek. a) Wie ist zu verfahren, wenn dieselbe gepfändet werden soll? b) In welchem Moment erwirbt der Gläubiger ein Pfandrecht an Forderung und Hypothek? c) In welchem Forderung und Hypothek selbst? d) Wie wären diese Fragen zu beantworten, wenn es sich um eine Briefhypothek handelte? Macht es einen Unterschied, ob Schuldner den Brief freiwillig herausgibt oder nicht? Ob sich der Brief beim Grundbuchamte befindet?

1361. Die Mietzinsforderung für ein Haus ist gepfändet. Bezieht sich, wenn nichts gesagt ist, die Pfändung nur auf den laufenden, oder auch auf den künftigen Mietzins? Macht es in dieser oder in anderer Beziehung einen Unterschied, ob die Pfändung von einem Gläubiger ausgeht, der am Hause eine Hypothek hat, oder von einem andern Gläubiger?

1362. Der Gläubiger eines Geschäftsreisenden hat im Mai 1908 dessen Lohnforderung (soweit sie überhaupt pfändbar ist) pfänden lassen. Erstreckt sich die Pfändung auch auf die Lohnforderung des folgenden Quartals? Auch auf die Weihnachtsremuneration? Auch auf die Provisionen? Auch auf die weitere Lohnforderung des Schuldners, wenn dieser inzwischen Prokurist im Geschäft geworden ist?

1363. Die Forderung eines verurteilten Arztes gegen seinen Patienten ist gepfändet worden. Erstreckt sich die Pfändung auch auf Forderungen des Arztes gegen denselben Patienten aus späterer Behandlung? Macht es einen Unterschied, ob er Hausarzt ist oder nicht? Und im ersteren Falle, ob er ein Fixum bezieht?

1364. Ein Staatsbeamter, dessen Gehaltsforderung gepfändet ist, tritt in den Gemeindedienst. Erstreckt sich die Pfändung auch auf die neue Gehaltsforderung?

1365. Ein Gläubiger hat beantragt, eine Darlehnsforderung seines verurteilten Schuldners zu pfänden und ihm zu überweisen. Ist sie ihm zur Einziehung oder an Zahlungsstatt zu überweisen? Was wäre die Folge, wenn der Gerichtsbeschluß die Überweisung schlechthin ausspräche?

1366. Der Gläubiger eines kaufmännischen Angestellten hat dessen Lohnforderung pfänden und sich überweisen lassen. Hat er nun gegen den Prinzipal eine Klage? Beim ordentlichen Gericht oder beim Kaufmannsgericht? Macht es hierfür einen Unterschied, ob ihm die Forderung zur Einziehung oder an Zahlungsstatt überwiesen wurde? Wie steht es, wenn man einen gewerblichen Arbeitnehmer unterstellt, mit der Zuständigkeit des Gewerbegerichtes?

1367. Ein Gläubiger hat den Anspruch eines nicht eingetragenen Gesangvereins auf rückständige Mitgliederbeiträge pfänden und sich zur Einziehung überweisen lassen. Kann er diese Beiträge gegen die säumigen Mitglieder einklagen?

1368. Für eine Urteilsforderung von 800 M. ist eine Darlehnsforderung in Höhe von 1000 M. gepfändet und zur Einziehung überwiesen worden. Darf der Gläubiger gegen den Drittschuldner das Darlehn in voller Höhe einklagen?

1369. Ein Gläubiger hat die Forderung seines Schuldners aus dem Verkauf eines Pferdes pfänden und sich überweisen lassen. Nunmehr verklagt er den Käufer auf Zahlung an sich. a) Kann dieser ihm entgegenhalten, das Pferd sei ihm noch nicht übergeben? b) Wie ist in solchem Falle zu entscheiden? c) Kann der verklagte Käufer dem Gläubiger gegenüber wegen eines Mangels des Pferdes die Wandelung erklären oder die Wandelungseinrede erheben? d) Kann er ihm entgegenhalten, der Verkäufer habe ihm Ausstand gewährt? e) Käme es darauf an, ob dies vor oder nach der Pfändung geschehen ist? f) Kann der verklagte Käufer gegenüber dem jetzigen Kläger wegen arglistiger Täuschung den Pferdekauf anfechten? g) Oder aus der Anfechtbarkeit eine Einrede entnehmen? b) Kann der Gläubiger auch einen Bürgen verklagen, der sich für die Kaufpreisschuld verbürgt hatte?

1370. Jemand hat den X. zu seinem Erben eingesetzt und dem Y. eine Jahresrente von 2000 M. vermacht. Ein Gläubiger des Y. will dessen Vermächtnisforderung pfänden und sich an Zahlungs Statt überweisen lassen. Ergreift sein Recht auch die später fälligen Jahresraten? Kann er die Vollstreckung auf das Recht aus dem Vermächtnis als ein Ganzes richten? Wie geschieht das?

1371. Ein siegreicher Kläger hat eine angebliche Forderung seines Schuldners gegen einen Dritten pfänden und sich zur Einziehung überweisen lassen. Er hat hierauf den Dritten verklagt und das gegen ihn ergangene Urteil zu vollstrecken gesucht, jedoch mangels geeigneter Vollstreckungsobjekte ohne Erfolg. a) Kann er sich nun für den Ausfall an den Schuldner halten? b) Kann er gegen den letzteren schon vorher Rückgriff nehmen? Unter welcher Voraussetzung? c) Wäre ebenso zu entscheiden, wenn ihm die Forderung an Zahlungsstatt überwiesen wäre? d) Wie wäre es im letzteren Falle, wenn sich herausstellen würde, daß dem Schuldner eine Forderung gegen den Dritten überhaupt nicht zustand?

1372. Mieter hat auf Grund eines ihm zugestellten Pfändungs- und Überweisungsbeschlusses den Zins statt an den Hauseigentümer, an dessen Gläubiger gezahlt. a) Muß er noch einmal an den Eigentümer zahlen, wenn sich später herausstellt, daß der Überweisungsbeschluß von einem unzuständigen Gericht erlassen worden ist? b) Oder nicht ordnungsmäßig zugestellt war? c) Oder gefälscht ist? d) Oder daß die Mietzinsforderung, bevor sie für den Gläubiger gepfändet wurde, vom Hauseigentümer einem Dritten abgetreten worden war?

1373. Gläubiger hat das Sparkassenguthaben seines Schuldners pfänden lassen. Wie verschafft er sich vom Schuldner das Sparkassenbuch? Etwa durch Klage? Wie, wenn Schuldner dasselbe bei einem Verwandten hinterlegt hat?

1374. Kann der Gläubiger, der eine Forderung seines Schuldners gegen einen Dritten gepfändet hatte, den letzteren zwingen, ihm über die Anerkennung der Schuld und die Zahlungsbereitschaft eine Erklärung abzugeben?

1375. Der Gläubiger möchte eine Forderung seines Schuldners gegen einen Dritten mit Beschlag belegen und inzwischen jede Verfügung des Schuldners wie auch bessere Pfändungen anderer Gläubiger verhindern. Wie kommt er am schnellsten zum Ziel?

1376. Der Gläubiger eines Hauseigentümers hat etwa 14 Tage vor Quartalschluß dem Mieter unter Anzeige der bevorstehenden Pfändung die Aufforderung zustellen lassen, den Mietzins nicht an den Eigentümer zu zahlen. Wenn nun der Mieter einen Monat lang keine weitere Zustellung erhält, darf oder muß er jetzt an den Eigentümer zahlen? Auch noch, wenn ihm vier Wochen nach der ersten Zustellung ein Pfändungs- und Überweisungsbeschluß zugestellt wird? Angenommen, die angekündigte Pfändung soll eine Arrestpfändung sein: wie lange ist in Ermangelung nachfolgender weiterer Zustellungen das Zahlungsverbot für den Mieter wirksam?

1377. Der verurteilte Schuldner hat Wertpapiere auf einer Bank liegen. Auf Antrag des Gläubigers X. wird der Herausgabeanspruch gepfändet. Der am 18. Juni der Bank zugestellte Beschluß enthält nicht die Aufforderung an die Bank, die Wertpapiere einem Gerichtsvollzieher herauszugeben; vielmehr wird diese Aufforderung erst durch einen nachträglich im August zugestellten Beschluß nachgeholt. Wenn nun im Juli ein anderer Gläubiger desselben Schuldners, Y., dessen Anspruch auf die Wertpapiere in korrekter Form pfänden läßt, geht dessen Pfandrecht dem des X. vor?

1378. Der verurteilte Schuldner ist Eigentümer eines Klaviers, das er einem Freunde geliehen hat. Der Gläubiger M. hat den Rückgabeanspruch des Schuldners durch einen dem Freunde am 10. Mai zugestellten Beschluß pfänden lassen. Am 15. Mai hat ein anderer Gläubiger, P., unter Zustimmung des Freundes bei diesem das Klavier selbst gepfändet. Ist diese Pfändung wirksam? Darf das Klavier an den von M. beauftragten Gerichtsvollzieher herausgegeben werden? Angenommen, dies geschieht am 20. Mai: hat M. oder P. das bessere Pfandrecht?

1379. Ein Opernsänger bezieht eine Monatsgage von 1500 M., aber nur während der achtmonatigen Wintersaison. Wieviel darf von der Forderung auf ein Monatsgehalt gepfändet werden? Macht es einen Unterschied, ob er daneben für die 50 Abende, an denen er aufzutreten hat, jedesmal ein Spielgeld von 20 M. bezieht? Oder ob er im Sommer als Gast an Varietébühnen noch 4000 M. verdient?

1380. Ein Prokurist mit einem Monatsgehalt von 500 M. ist zur Zahlung einer Geldschuld verurteilt. Kann durch einen dem Prinzipal am 1. Juli zugestellten Beschluß die Gehaltsforderung für Juni zu einem Betrag von 375 M. gepfändet werden? Wie, wenn der Beschluß am 2. Juni zugestellt wird und das Gehalt an diesem Tage noch nicht gezahlt ist? Kommt es darauf an, ob der Prokurist den Prinzipal zur Zahlung gemahnt hatte oder das Geld freiwillig stehen ließ?

1381. Angenommen, im vorigen Falle wäre der Prokurist am 1. bezahlt worden und hätte sogleich 200 M. auf die Sparkasse getragen. Kann an demselben Tag seine Forderung gegen die Sparkasse gepfändet werden? Könnte ein Barbetrag von 100 M., den er behalten hat, bei ihm am 1. gepfändet werden?

1382. Ein Reisender hat ein Fixum von 100 M., außerdem während der sechsmonatigen Reisezeit tägliche Spesen von 30 M., von denen er nach Meinung Kundiger 10 M. erspart. Wieviel darf von seiner monatlichen Gehaltsforderung gepfändet werden? Ist hierbei zu berücksichtigen, daß er sich sechs Monate lang nicht aus eigener Tasche zu beköstigen braucht? Macht es einen Unterschied, ob die Pfändung während der Reisezeit stattfindet oder nicht?

1383. Der Privatsekretär, dem zu spät gekündigt wurde, hat noch Anspruch auf ein Quartalsgehalt von 600 M. Darf dieser Anspruch in vollem Umfang gepfändet werden? Wie, wenn ein Handlungsgehilfe in Frage stünde?

1384. Einem Studenten ist für eine Preisarbeit von der Universität ein Preis von 300 M. zuerkannt. Kann sein

Gläubiger die Forderung gegen die Universitätskasse pfänden lassen? Wie, wenn es sich um ein Stipendium handelte? Kann der Gerichtsvollzieher wenigstens das einkassierte Geld beim Studenten pfänden?

1385. Bei demselben Studenten erscheinen eines Morgens gleichzeitig — mit verschiedener Empfindung begrüßt — der Geldbriefträger mit dem Monatswechsel und der Gerichtsvollzieher. Als der erstere dem Studenten zehn 20 M.-Stücke reicht, ergreift sie der Gerichtsvollzieher mit der Erklärung, sie zu pfänden. Ist dies zulässig? Darf der Briefträger das Geld freiwillig dem Gerichtsvollzieher aushändigen? Wie hätte sich der letztere zu verhalten, wenn der Student in seiner Verzweiflung die Annahme verweigert?

1386. Darf der Anspruch einer unehelichen Mutter auf sechswöchigen Unterhalt und auf Ersatz der Entbindungskosten von einem ihrer Gläubiger gepfändet werden?

1387. Ein Industrieller hat die Fabrik auf seinen Sohn übertragen, der dafür die Zahlung einer jährlichen Unterhaltsrente von 20000 M. an den Vater übernimmt, vierteljährlich zahlbar. Wieviel darf von einer Quartalsforderung gepfändet werden?

1388. Für einen Privatdozenten sind bei der Universitätskasse 2000 M. an Kolleggeldern für ein Semester eingegangen. In welchem Umfang darf seine Forderung gegen die Universitätskasse gepfändet werden? Macht es einen Unterschied, ob der voraussichtliche Eingang für das folgende Semester 1000 M. oder 3000 M. beträgt? Wäre anders zu entscheiden, wenn es sich um einen Professor mit einem Gehalt von 8000 M. handelte? Wieviel wäre von der Gehaltsforderung pfändbar?

1389. Ein Privatbeamter, der monatlich 100 M. verdient, ist zur Zahlung einer Geldsumme verurteilt. Kann der Gläubiger etwas von seiner Lohnforderung pfänden, wenn er nachweist, daß er aus Wertpapieren monatlich 100 M. Zinsen zieht? Oder daß er durch Nebenbeschäftigung noch 50 M. verdient? Oder daß seine Ehefrau als Kassiererin monatlich 100 M. verdient, die sie für den Hausstand verwendet?

1390. Ein Handlungsgehilfe mit einem Monatsgehalt

von 120 M. hat die Scheidung seiner Ehe verschuldet. Seine Frau ist von ihrer Mutter aufgenommen und während der letzten Monate unterhalten worden. Kann die Mutter auf Grund eines Urteils gegen den Mann dessen Gehaltsforderung pfänden lassen? Wie, wenn es sich nicht um die Mutter, sondern um eine Freundin der Frau handelte?

1391. Kann der Darlehnsgläubiger eines Kaufmanns sich im Wege der Zwangsvollstreckung an dessen Geschäft im ganzen halten? Oder doch an den Reingewinn? Oder an die Firma? Oder an ein einzelnes Warenzeichen?

1392. Der verurteilte Schuldner ist Miteigentümer eines Hauses zu einem Drittel. Kann sich der Kläger an seinen Anteil halten? Wie geschieht die Beschlagnahme und die Verwertung? Wie wäre es, wenn das Haus zu einem Nachlaß gehörte, an welchem Schuldner zu einem Drittel anteilsberechtigt ist?

1393. Der verurteilte Schuldner hat an einem fremden Grundstück eine Grundschuld. Wie ist dieselbe für den Gläubiger zu pfänden und zu verwerten, wenn sie eine Briefgrundschuld ist? Wie, wenn eine Buchgrundschuld?

1394. Brunner hat eine an seinem Haus bestehende Briefhypothek von 10000 M. ausgezahlt, die aber noch auf den Namen des Gläubigers Heiß eingetragen steht. Ein Gläubiger des Brunner, Hommel, hat ihn zur Zahlung einer Geldschuld von 5000 M. verurteilen lassen. Er möchte hierfür die Eigentümerhypothek des Brunner pfänden lassen. a) Muß er einen Pfändungsbeschluß erwirken? An wen ist dieser zuzustellen? Muß auch der Hypothekenbrief gepfändet werden? Wie geschieht das? Wie, wenn die Hypothek nur zur Hälfte ausgezahlt wäre? b) Angenommen, es handelte sich um eine Briefhypothek: wie wäre zu vollstrecken, wenn Brunner das Grundbuch bereits hätte berichtigen lassen? Wie, wenn dies noch nicht geschah?

1395. Der verurteilte Schuldner ist Inhaber eines eingetragenen Patentrechtes. Kann sich der Gläubiger an dasselbe halten? Auch gegen den Willen des Schuldners? Wie ist hierbei zu verfahren?

1396. Kann sich der Gläubiger eines Verlegers an dessen Verlagsrechte halten? Wie werden dieselben gepfändet? Wie verwertet?

1397. Der verurteilte Schuldner hat den Nießbrauch an einem Landgut. Darf die Ernte gepfändet werden, wenn er das Gut selbst bewirtschaftet? Wenn er es in Pacht gegeben hat? Kann hier die Pachtzinsforderung gepfändet werden? Auch das Nießbrauchsrecht selbst? In welchem Umfang und mit welchem Erfolge?

1398. Der verurteilte Schuldner ist Besitzer einiger noch nicht vollständig gezahlter Möbel, die ihm ein Möbelleihgeschäft unter Vorbehalt des Eigentums verkauft hat. a) Kann Gläubiger diese Möbel pfänden lassen? b) Kann er, wenn die Möbelhandlung mit der Widerspruchsklage droht, diese auszahlen? c) Auch wenn der Schuldner widerspricht? d) Kann Gläubiger diesen Widerspruch wirkungslos machen? e) Wenn er nicht weiß, wieviel noch auf den Kaufpreis geschuldet ist, wie kann er dies erfahren? f) Erwirbt er mit Befriedigung der Möbelhandlung ein Pfandrecht an den Möbeln? g) Auch wenn er dieselben nicht vorher gepfändet hatte? h) Kann er, wenn er nunmehr die Möbel versteigern läßt, aus deren Erlös auch den dem Möbelgeschäft gezahlten Kaufpreisrest decken?

1399. Der verurteilte Schuldner ist Mitglied einer Gesellschaft. a) Kann sein Anteil an einer zum Gesellschaftsvermögen gehörigen Forderung gepfändet werden? b) Oder an dem Gesellschaftsvermögen an einem Ganzen? c) Wie geschieht das? Wem ist der Pfändungsbeschluß zuzustellen? d) Welche Rechte erwachsen dem Pfändungsgläubiger? e) Wie sind diese Fragen im Falle einer offenen Handelsgesellschaft zu beantworten?

1400. Ein Minderjähriger hat von seiner Mutter ein vermietetes Haus geerbt. Kann sein Gläubiger die Mietzinsforderung pfänden lassen? Kann es ein Gläubiger des Vaters? Auch wenn der Mietzins nötig ist, um den Sohn studieren zu lassen? Welche Rechtsbehelfe sind im letzteren Falle gegen die Pfändung zulässig?

VI. Zwangsvollstreckung wegen Geldforderungen in Grundstücke.

1401. Der zur Zahlung einer Geldsumme verurteilte Schuldner ist Eigentümer eines Hauses, welches jedoch im Grundbuch auf den Namen eines Dritten eingetragen ist. Wie muß der Gläubiger verfahren, wenn er wegen der Urteilssumme eine Zwangshypothek eintragen lassen will? Kann er unmittelbar Berichtigung des Grundbuches betreiben? Kann er den Berichtigungsanspruch des Schuldners gegen den Dritten pfänden lassen? Kann er den Schuldner zwingen, sich als Eigentümer eintragen zu lassen?

1402. Ein vermietetes Haus ist mit einer Hypothek des X. belastet. a) Hindert das einen Gläubiger Y. des Eigentümers, die jedes Jahr fällige Mietzinsforderung pfänden zu lassen? b) Kann er dies auch noch, nachdem auf Betreiben des Hypothekengläubigers das Amtsgericht die Zwangsversteigerung des Hauses beschlossen hat? c) Oder die Zwangsverwaltung? d) Angenommen, der Pfändungs- und Überweisungsbeschluß für Y. ist am 25. März 1908 den Mietern zugestellt: der Hypothekengläubiger X. aber hat am 20. Mai Zwangsversteigerungsbeschluß erwirkt: wer hat das bessere Recht für das zweite, dritte, vierte Quartal 1908, für das erste und zweite Quartal 1909?

1403. Auf einem Hotel ruht eine Hypothek. Ein Gläubiger des Hotelbesitzers hat eine Reihe der zum Inventar gehörigen Möbelstücke pfänden lassen. a) Ist diese Pfändung gültig? b) Wenn nicht, hat der Hotelbesitzer gegen sie einen Rechtsbehelf und welchen? c) Hat der Hypothekargläubiger einen Rechtsbehelf, etwa die Widerspruchsklage? d) Ist der pfändende Gläubiger ohne weiteres zum Schadensersatz verpflichtet?

1404. Ein großes Weingut ist mit einer Hypothek des A. belastet. a) Kann ein Gläubiger B. des Eigentümers die auf dem Gut in den Keltern befindliche Rebenernte pfänden? b) Wird diese Pfändung dadurch unwirksam, daß A. nachträglich die Zwangsversteigerung des Weingutes beschließen läßt? c) Oder kann dieser im Wege der Widerspruchsklage die Pfändung des B. für unzulässig erklären lassen? d) Wer hat an dem Erlös der Ernte das bessere Recht? e) Wie macht A. sein Recht am Erlös geltend? f) Könnte er, statt Zwangsversteigerung des Weingutes zu betreiben, ebenfalls die Ernte pfänden lassen? g) Kann er ohne jede Beschlagnahme den Überschuß des Erlöses herausverlangen? Und auf welchem Wege? h) Wären diese verschiedenen Fragen anders zu entscheiden, wenn der Eigentümer die Reben bereits nach seinen in der Stadt gelegenen Kellereien transportiert hätte?

1405. Gegen einen reichen Gutsbesitzer ist Urteil auf Zahlung einer Geldsumme ergangen. Dürfen seine Reit- und Wagenpferde gepfändet werden? Auch die im Betrieb des Gutes verwendeten Pferde? Macht es für die letzteren keinen Unterschied, ob auf dem Gut eine Hypothek lastet oder nicht?

1406. Der Schuldner hat dem Gläubiger nach dem Urteil 280 M. Hauptsumme und nach dem Kostenfestsetzungsbeschluß 41,30 M. zu zahlen. Kann der Gläubiger für 321,30 M. Zwangshypothek am Hause des Schuldners eintragen lassen?

1407. Käufer ist zunächst zur Zahlung einer Kaufpreishälfte von 300 M. nebst Kosten, später dann noch zu dem Reste verurteilt worden. Kann Verkäufer auf Grund dieser beiden Urteile eine Hypothek von 710 M. (einschließlich der Kosten) auf das Grundstück des Käufers eintragen lassen? Wäre anders zu entscheiden, wenn der ganze Kaufpreis mit 600 M. eingeklagt worden wäre, und wenn zunächst durch Anerkenntnisurteil die eine Hälfte, später durch gewöhnliches kontradiktorisches Urteil die andere zugesprochen worden wäre?

1408. Für die Urteilssumme von 500 M. ist eine Zwangshypothek eingetragen. Kann nachträglich noch auf Grund des Kostenfestsetzungsbeschlusses wegen der Kosten von 68 M. eine Hypothek erwirkt werden?

1409. Ein ländlicher Taglöhner, dessen einziges Vermögen durch eine Hütte im Werte von etwa 800 M. gebildet wird, ist zur Zahlung von 100 M. rechtskräftig verurteilt. Kann der Gläubiger eine Zwangshypothek auf die Hütte legen? Oder muß er sie zur Zwangsversteigerung bringen?

1410. Der Gläubiger, der den Schuldner zu 600 M. nebst Kosten hat verurteilen lassen, möchte auf dessen Haus eine Zwangshypothek legen. Welche Urkunden hat er zu diesem Behufe dem Grundbuchamte vorzulegen?

1411. Nach Eintragung der Zwangshypothek für die Urteilssumme nebst Kosten hat der Schuldner den Gläubiger befriedigt. Erwirbt er dadurch ohne weiteres die Hypothek? Oder muß er erst klagen? Worauf? Mit welchem Moment geht alsdann die Hypothek auf ihn über?

1412. Der Bauunternehmer hat den Bauherrn verurteilen lassen, ihm für eine Restforderung von 250 M. eine Sicherungshypothek am Bau zu bewilligen. Kann auf Grund des Urteils eine solche Hypothek eingetragen werden?

VII. Vollstreckung von Individualansprüchen überhaupt.

1413. Wie wird das Urteil in folgenden Fällen vollstreckt:

a) Der Ehemann ist auf Klage der Frau verurteilt, deren eingebrachte Wertpapiere bei der Reichsbank zu hinterlegen?

b) Der in Verzug geratene Hauptschuldner ist auf Klage des Bürgen verurteilt, ihn von der in seinem Auftrag übernommenen Bürgschaft zu befreien?

c) Der Entleiher ist verurteilt, die Sache nicht an den Darleiher, sondern an einem Dritten herauszugeben? (Macht es einen Unterschied, ob der Leihgeber oder der Dritte geklagt hat?)

d) Der Herrenschneider ist verurteilt, aus dem gelieferten Stoff für den Kläger einen Frack herzustellen?

e) Der ausgerückte Mieter ist verurteilt, die mitgenommenen Möbel in die alte Wohnung zurückzuverschaffen?

f) Der Besitzer eines entlaufenen Hundes ist verurteilt, denselben dem Eigentümer herauszugeben? Oder ihn behufs Feststellung der Identität vorzuzeigen?

g) Das Elektrizitätswerk ist verurteilt, dem Kläger täglich eine bestimmte Menge elektrischer Kraft zuzuführen?

h) Käufer ist zur Abnahme der Ware verurteilt?

i) Der Geschäftsführer ist zur Ablegung einer Rechnung verurteilt?

k) Der Käufer ist dazu verurteilt, für die erhaltene Ware einen Wechsel zu unterzeichnen?

l) Der Eigentümer ist auf Klage des Mieters verurteilt, in der Mietwohnung bestimmte Anlagen zu errichten?

m) Verkäufer ist auf Klage des Käufers verurteilt, das veräußerte Grundstück von gewissen hypothekarischen Lasten zu befreien?

n) Der Kapitalist ist auf Gewährung des dem Kläger versprochenen Darlehns verurteilt?

o) Der in Mannheim wohnende Verkäufer einer in Freiburg lieferbaren bestimmten Sache wird zur Erfüllung des Vertrages verurteilt?

p) Der Bankier ist verurteilt, dem Kläger zwanzig Aktien der Deutschen Bank zu liefern? Macht es einen Unterschied, ob dieselben durch den Kläger bei der Bank hinterlegt waren, oder ob die Bank sie bereits für ihn angeschafft hatte oder sie sich erst anschaffen soll?

q) Vermieter ist verurteilt, in der Wohnung mittels Zentralheizung eine gewisse Temperatur zu unterhalten?

r) Die Stadtverwaltung ist verurteilt, die angenommene Oper des Klägers auf ihrem Theater aufführen zu lassen?

s) Ein Gesellschafter ist verurteilt, dem anderen über gewisse gemeinsame Angelegenheiten Auskunft zu erteilen?

t) Der Geschäftsführer, der Rechnung abgelegt hat, wird zur Leistung des Offenbarungseides verurteilt?

u) Der Mieter ist zur Räumung der Wohnung verurteilt? Oder umgekehrt zum Einzug in dieselbe?

v) Eigentümer ist verurteilt, eine neu errichtete Mauer, die dem Nachbarn das Licht wegnimmt, niederzulegen?

w) Der frühere Prinzipal ist verurteilt, dem ausgetretenen Handlungsgehilfen die in Wertpapieren bestehende Kaution herauszugeben?

x) Ein Kaufmann ist verurteilt, ein bestimmtes Warenzeichen nicht zu führen?

y) Ein Verleger ist verurteilt: 1. den Nachdruck eines bestimmten Werkes zu unterlassen; 2. für den schon entstandenen Schaden Ersatz zu leisten? 3. die bisher hergestellten Exemplare zu vernichten? 4. Wie, wenn Beklagter statt dessen verurteilt wäre, dem Kläger die Exemplare gegen Vergütung zu überlassen?

1414. Wie wird das Urteil vollstreckt, welches den Besitzer eines Hypothekenbriefs verurteilt, denselben behufs Eintragung einer Teilzahlung dem Grundbuchamte vorzulegen?

1415. Der Pächter ist verurteilt, das Pachtgut am 1. Oktober 1908 zu räumen, bei einer Geldstrafe von 6 M. für jeden weiteren Tag. Durfte ein solches Urteil ergehen? Dürfte, wenn das Urteil bloß auf Räumung gerichtet wäre, gegen den renitenten Pächter eine solche Strafe nachträglichdurch Beschluß ausgesprochen werden? Oder wie wird das Urteil vollstreckt?

1416. Verkäufer einer bestimmten Sache ist zur Übergabe derselben an den Käufer verurteilt. In welchem Moment wird dieser Eigentümer?

1417. Der Inhaber einer bestimmten Anzahl von Wertpapieren ist verurteilt, dem Kläger ein Pfandrecht an denselben zu bestellen. Wie wird das Urteil vollstreckt? In welchem Moment entsteht das Pfandrecht? Wie wäre die zweite Frage zu entscheiden, wenn Kläger bereits im Besitz der Papiere wäre?

1418. Der Entleiher eines Buches ist zu dessen Rückgabe verurteilt. a) Was geschieht, wenn der Gerichtsvollzieher das Buch beim Verurteilten nicht vorfindet? b) Was, wenn Verurteilter erklärt, das Buch verkauft zu haben: darf etwa der Gerichtsvollzieher ohne weiteres für dessen Wert andere Sachen pfänden? c) Oder wenn der Verurteilte erklärt, es einem Freunde weiter geliehen zu haben: kann dem Dritten auf Grund des Urteils ohne weiteres das Buch abgenommen werden? Macht es einen Unterschied, ob dieser zur Herausgabe bereit ist oder nicht?

1419. Die geschiedene Frau ist verurteilt, ein gemeinsames Kind dem Manne herauszugeben. Dieser begibt sich in die Wohnung der Frau, um das Kind abzuholen. a) Darf er dasselbe bei Widerstand der Frau mit Anwendung von Gewalt fortführen? b) Darf es der zugezogene Gerichtsvollzieher? c) Angenommen, das Kind wird nicht vorgefunden: kann die Frau zur Leistung eines Offenbarungseides angehalten werden? d) Wenn ermittelt wird, daß die Frau das Kind bei einer Bäuerin in Pflege gegeben hat: darf hier das Urteil ohne weiteres vollstreckt werden? Macht es einen Unterschied, ob die Bäuerin sich der Herausgabe widersetzt oder nicht? e) Kann der Anspruch der Mutter gegen die Bäuerin auf Herausgabe des Kindes gepfändet werden? f) Kann die Ehefrau durch Geldstrafe oder Haft zur Herbeischaffung des Kindes angehalten werden? g) Wären diese Fragen anders zu entscheiden, wenn das Urteil auf Zuführung des Kindes an den Vater lautete? h) Oder auf Duldung der Wegnahme?

1420. Ein Bankier ist verurteilt, zehn (nicht der Nummer nach bezeichnete) Aktien der Deutschen Bank dem Kläger zu liefern. Kann der letztere, wenn der Gerichtsvollzieher Papiere dieser Art beim Bankier nicht vorfindet, diesem den Offenbarungseid abverlangen? Kann er, wenn der Bankier seinerseits einen Anspruch auf Lieferung der Papiere gegen einen Dritten hat, den Anspruch gegen diesen pfänden lassen?

1421. Eine Möbelhandlung ist wegen Nichtzahlung der gelieferten Möbel vom Vertrage zurückgetreten und hat den Käufer zur Rückgabe verurteilen lassen. Darf der Gerichtsvollzieher die Möbel wegnehmen, wenn sie zur Fortführung des Haushaltes unentbehrlich sind?

1422. Der Landwirt hat Zugvieh, dessen er sich bisher zur Bewirtschaftung seines Gutes bediente, verkauft und ist auf Lieferung verurteilt worden. Darf der Gerichtsvollzieher das Vieh wegnehmen, wenn es Zubehör des Landgutes ist?

VIII. Zwangsvollstreckung von Ansprüchen auf eine Handlung, Duldung oder Unterlassung.

1423. Der Vormund ist verurteilt, dem Mündel Rechnung zu legen. Dieser beantragt, ihn durch Geldstrafe zur Erfüllung des Urteils anzuhalten. Wenn nun der Vormund unter Widerspruch des Mündels behauptet, dies schon getan zu haben: hat das Gericht zu prüfen, ob die Rechnung abgelegt ist? Wie, wenn der Mündel erklärt, die Rechnung sei zwar vorgelegt, aber in wesentlichen Beziehungen unvollständig, in einer Reihe von Punkten auch unrichtig? Wie, wenn der Vormund glaubhaft dartut, er habe bis jetzt zur Herstellung der Rechnung noch keine Zeit gefunden?

1424. Wie wird das Urteil vollstreckt, wenn ein Gesellschafter auf Klage des anderen hin verurteilt ist, mit diesem die Auseinandersetzung vorzunehmen?

1425. Eine Gemeinde ist auf Klage eines Gutsbesitzers hin verurteilt, einen bestimmten Weg in fahrbaren Zustand zu setzen und in solchem zu erhalten. Sie hat Verbesserungsarbeiten vornehmen lassen. Unter der Behauptung, der Weg sei wieder unfahrbar geworden, will sich Kläger vom Prozeßgericht ermächtigen lassen, ihn auf Kosten der Gemeinde instand zu setzen. Wenn nun diese die Unfahrbarkeit bestreitet, hat das Gericht sie zu untersuchen? Wer ist beweispflichtig?

1426. Kurz vor dem Einzug des Mieters ist der Eigentümer durch einstweilige Verfügung des Amtsrichters angehalten worden, die zur Bewohnbarkeit der Mietsräume nötigen Arbeiten vorzunehmen. Da dies nicht geschieht, will Mieter sich gerichtlich ermächtigen lassen, die Arbeiten auf Kosten des Eigentümers vorzunehmen. An welches Gericht hat er sich zu wenden, wenn der voraussichtliche Kostenbetrag 800 M. ausmacht? Wäre anders zu entscheiden, wenn der Amtsrichter nicht einstweilige Verfügung, sondern Urteil erlassen hätte?

1427. Auf Klage des richtigen Erben ist der vermeintliche Erbe verurteilt, den schon erhaltenen Erbschein an das Amtsgericht herauszugeben. Wie ist das Urteil zu vollstrecken? Darf dem Beklagten für den Fall der Nichtaushändigung eine Strafe schon im Urteil angedroht werden? Oder wie wird verfahren?

1428. Der Kläger hat nach voraufgegangenem Prozeß sich ermächtigen lassen, eine auf dem Nachbargrundstück stehende Mauer, die ihm die Aussicht versperrt, auf Kosten des Nachbarn beseitigen zu lassen. Wie ist zu verfahren, wenn der Nachbar ihm bzw. dem von ihm beauftragten Arbeiter den Zutritt zum betreffenden Grundstück verweigert? Haftet der Beklagte dem Maurer für dessen Lohnforderung? Kann er die Mauer auch jetzt noch niederreißen lassen? Angenommen, Kläger hätte in diesem Zeitpunkt bereits Anstalten zur Niederreißung getroffen und Auslagen gehabt: kann er sie vom Beklagten ersetzt verlangen?

1429. Der Schokoladenfabrikant ist verurteilt, einen Blechstreifen mit Reklame, den er am Hause des Klägers ohne dessen Einwilligung hatte anbringen lassen, zu beseitigen. Kläger läßt nun auf seine Kosten (1,60 M.) den Blechstreifen wegnehmen. Kann er jetzt Beschluß erwirken, der ihn ermächtigt, die Entfernung auf Kosten des Gegners vorzunehmen? Oder darf er auf Ersatz der Kosten eine Klage erheben? Oder kann er gleich ihretwegen beim Gegner pfänden lassen?

1430. Eine alte Dame hat gegen den Nachbarn, der ihre Lieblingskatze erschossen hat, Strafantrag gestellt, sich aber zur Rücknahme desselben unter der Bedingung verpflichtet, daß Täter der Armenkasse 50 M. zuweise. Da sie trotzdem den Strafantrag nicht zurückzieht, wird sie auf Klage des Katzenmörders hierzu verurteilt. (Zulässig?) Wie wird das Urteil vollstreckt?

1431. Der Vormund hat das Urteil, welches ihm die Rechnungslegung aufgab, nicht erfüllt. Als der Mündel beantragt, ihn hierzu durch Geldstrafen anzuhalten, macht er geltend, er habe keine Bücher geführt, besitze auch über die Einnahmen und Auslagen keine Belege. Ist dieser Einwand zu hören?

1432. Jemand hat seinen Hund zunächst an A. verkauft, dann aber, statt ihn diesem zu liefern, an B. verkauft und übergeben. Auf Klage des A. wird er nun verurteilt, diesem das Eigentum zu verschaffen. Ist solche Verurteilung möglich? Kann Beklagter durch Androhung von Geldstrafen angehalten werden, sich den Hund von B. zurückzuverschaffen? Macht es einen Unterschied, ob dieser zum Rückverkauf bereit ist oder nicht? Oder ob sich Verkäufer das Wiederkaufsrecht vorbehalten hatte?

1433. Von zwei früheren Mitgesellschaftern ist einer verurteilt, dem anderen Rechnung zu legen. Als er durch Zwangsmaßregeln zur Erfüllung angehalten werden soll, macht er geltend, die Bücher, auf Grund deren er allein Rechnung legen könne, befänden sich im Besitze des X., der die Firma erworben habe. Wird er damit gehört? Kommt es darauf an, ob der X. zur Herausgabe der Bücher verpflichtet und bereit ist? Oder bereit, aber nicht verpflichtet? Oder verpflichtet, aber nicht bereit? — Wäre anders zu entscheiden, wenn die Bücher sich im Besitze eines Buchhalters des Beklagten befänden?

1434. Kläger hat Urteil erwirkt, nach welchem Beklagter ihm Einsicht in gewisse Geschäftsbücher gewähren soll. Als Kläger Zwangsmaßregel beantragt, erklärt der Verurteilte, er habe ihm die Einsicht in Mannheim, woselbst sich die Bücher befänden, nie verweigert. Wenn nun Kläger erwidert, die Bücher seien ihm in Heidelberg vorzulegen: hat das Gericht diesen Streitpunkt zu untersuchen?

1435. Der Verurteilte soll zur Rechnungslegung gezwungen werden. Kläger hat, um die Kosten der Haft nicht tragen zu müssen, Geldstrafe beantragt. Kann das Gericht dennoch Haft verhängen? Angenommen, es ist Geldstrafe ausgesprochen: wie wird das Geld beigetrieben? Wem fällt es zu? Darf die Strafentscheidung noch vollstreckt werden, wenn Schuldner inzwischen dem Urteil nachgekommen ist? Genügt es zur Abwendung der Strafe, wenn er mit der Ausführung des Urteils jemand betraut hat, der ohne Verschulden des Verurteilten die Angelegenheit verzögert?

1436. Der Beauftragte ist verurteilt, dem Auftraggeber eine Auskunft zu erteilen. Auf Antrag des Klägers hat der Richter für den Fall der Nichterfüllung eine Strafe im Urteil festgesetzt. Durfte dies geschehen? Welches Rechtsmittel ergreift der Beklagte, wenn er sich zwar nicht durch die Verurteilung, wohl aber durch die Strafdrohung beschwert fühlt?

1437. Derselbe Fall, nur ist die Strafe nicht im Urteil, sondern auf Antrag des Klägers durch einen nachfolgenden Beschluß auferlegt. Beklagter legt Beschwerde ein: die Strafe hätte ihm vorher angedroht werden müssen, da er doch die ihn bei Nichterfüllung treffenden Nachteile im voraus kennen müsse. Entscheidung? Wäre eine getrennte Strafandrohung zulässig? Könnte dieselbe dem Beklagten eine Frist zur Erfüllung des Urteils setzen?

1438. Jemand hat sich verpflichtet, ein Pferd des Klägers für eine Mark täglich eine Stunde auszureiten. Wie wird vollstreckt, wenn er dazu verurteilt wird? Wäre anders zu entscheiden, wenn er diesen Dienst unentgeltlich versprochen hätte?

1439. Eine studentische Korporation ist verurteilt, dem ausgeschiedenen Verbindungsdiener ein Zeugnis auszustellen. Wie wird dieses Urteil vollstreckt? Kann Geld- oder Haftstrafe angedroht werden? Gegen wen?

1440. Ein Bankier, der das Vermögen des X. verwaltet hatte, sitzt jetzt entmündigt im Krankenhaus. Auf Klage des X. ist er zur Rechnungslegung verurteilt. Wie wird dieses Urteil vollstreckt? Darf Geld- oder Haftstrafe angedroht werden? Gegen wen? Ein Anwalt meint, gegen den Vormund, ein anderer, gegen den Prokuristen der Bank.

1441. Der Grundeigentümer ist verurteilt, zu dulden, daß der Nachbar auf seinem Acker eine Wasserleitungsröhre anlege. Kann nun der Nachbar, wenn er mit Arbeitern erscheint, um die Anlage zu errichten, den ihm entgegengestellten Widerstand des Schuldners gewaltsam beseitigen? Kann es ein zugezogener Gerichtsvollzieher? Kann das Urteil auch ohne Mitwirkung des letzteren vollstreckt werden? Und wie?

1442. Ein Fabrikdirektor, der seiner Verpflichtung zuwider nach Austritt aus der klägerischen Firma in ein anderes deutsches Unternehmen gleicher Art getreten ist, wird zum Verlassen dieses Dienstes verurteilt. Kann für den Fall der Zuwiderhandlung eine Strafe im Urteile angedroht werden?

1443. Kläger hat beantragt, Beklagten zur Unterlassung der Führung eines bestimmten Warenzeichens bei einer Strafe von 500 M. für jede Zuwiderhandlung zu verurteilen. Darf das Gericht die Strafe auf 800 M. festsetzen? Und muß es, wenn dies geschehen, dem Beklagten bei Zuwiderhandlung eine Strafe von 800 M. auferlegen? Oder kann es eine geringere Strafe aussprechen? Oder eine höhere? Muß die angedrohte Strafe im Urteil überhaupt bestimmt bezeichnet werden?

1444. Eine Theaterunternehmung ist verurteilt, die Aufführung eines bestimmten Lustspieles zu unterlassen. Nachträglich beantragt Kläger, das Gericht möge durch Beschluß für jeden Fall der Zuwiderhandlung eine Strafe androhen. Muß das Gericht prüfen, ob inzwischen eine Aufführung stattgefunden hat? Wie, wenn Kläger beantragt, auf Grund einer angeblichen Zuwiderhandlung die — früher angedrohte — Strafe zu verhängen? Wie wird verfahren, wenn die Theaterunternehmung geltend macht, die Vorstellung habe vor Erlaß des Urteils stattgefunden? Oder zwischen diesem und dem die Strafe androhenden Beschluß?

1445. Ein Fabrikant ist verurteilt, bei einer Geldstrafe von 300 M. für jede Zuwiderhandlung einen Füllfederhalter, der das klägerische Gebrauchsmusterrecht verletzt, weder herzustellen noch feilzuhalten. Er hat die Füllfeder verändert, für sie ein neues Gebrauchsmuster genommen und das Fabrikat in Verkehr gebracht. Der frühere Kläger beantragt, weil die Veränderungen nur ganz unerhebliche seien, den Ausspruch der angedrohten Geldstrafe. Hat das Gericht zu prüfen, ob das neue Fabrikat das Gebrauchsmusterrecht des Klägers verletzt? Angenommen, dies ist erwiesen: kann es den Fabrikanten auch verurteilen, wenn er guten Glaubens ist?

1446. Ein Bauer ist bei Strafe von 100 M. verurteilt, die Durchfahrt des Klägers über sein Grundstück zu dulden. Hat er die Strafe verwirkt, wenn ohne sein Wissen und Wollen einer seiner Knechte den Durchgang gewaltsam verhindert?

1447. Eine Aktiengesellschaft ist verurteilt, ein bestimmtes Warenzeichen bei einer Geldstrafe von 500 M. für jeden Übertretungsfall nicht zu führen. Wenn das nun doch geschieht, kann eine in das Vermögen der Aktiengesellschaft vollstreckbare Geldstrafe verhängt worden? Oder gegen wen ist die Zwangsmaßregel zu richten?

1448. Ein Kaufmann ist auf Grund eines Gesetzes über unlauteren Wettbewerb verurteilt, bei einer Strafe von 1000 M. für jede Zuwiderhandlung eine bestimmte Anpreisung zu unterlassen. Wenn er nun an einem Tag an dreißig verschiedene Adressaten hektographierte Zirkulare mit der verbotenen Anpreisung zusendet, hat er 30000 M. verwirkt? Wie, wenn er die Anpreisung als Annonce gebracht hätte? Macht es einen Unterschied, ob letztere an einem einzigen Tag oder an drei aufeinanderfolgenden Tagen oder Montagen geschehen ist?

1449. Einem Verleger ist durch Urteil der Nachdruck

eines bestimmten Werkes bei einer Geldstrafe von 100 M. für jede Zuwiderhandlung untersagt. Ist er, wenn er hundert Exemplare druckt, zu 10000 M. Geldstrafe zu verurteilen? Könnte die Strafe auf eine Mark für jedes nachgedruckte Exemplar fixiert werden?

1450. Eine Klavierlehrerin ist auf Klage eines Nachbarn verurteilt, bei einer Geldstrafe von 10 M. für jede Zuwiderhandlung nach 11 Uhr abends jedes ruhestörende Klavierspielen zu unterlassen. a) Wenn sie dem Urteil zuwider handelt, wer hat den Ausspruch der Strafe zu betreiben? b) Wer die Vollstreckung des Strafbeschlusses zu veranlassen? c) Wer bekommt das Geld? d) Welche Wirkung hat es, wenn der Antrag auf Strafbeschluß zurückgenommen war, bevor dieser ergangen ist? Oder zwischen Erlaß und Rechtskraft desselben? Oder nach seiner Rechtskraft?

1451. Der Beklagte ist vom Amtsgericht rechtskräftig verurteilt, eine verkaufte Kuh zu liefern. Als er dem Urteil nicht nachkommt, wird er auf 320 M. Schadensersatz wegen Nichterfüllung beim Landgericht verklagt. Ist das von diesem erlassene Urteil wegen Unzuständigkeit anfechtbar?

1452. Beklagter ist verurteilt, auf seinem Grundstück eine den Kläger störende Anlage zu beseitigen. Nach Rechtskraft des Urteils hat er das Grundstück veräußert und auf den Erwerber umschreiben lassen. Kann nun der Kläger sich vom Gericht ermächtigen lassen, die Anlage auf seine Kosten zu beseitigen? Wäre anders zu entscheiden, wenn das Grundstück nur verpachtet wäre und der Pächter sich der Beseitigung der Anlage widersetzen würde?

1453. Jemand ist bei einer Geldstrafe von 100 M. für jede Zuwiderhandlung verurteilt, den Durchgang des Nachbarn über sein Grundstück zu dulden. Er veräußert nun das Grundstück an einen andern, der sich dem Durchgang des Nachbarn widersetzt. Kann dieser die angedrohte Strafe gegen den Verurteilten aussprechen lassen? Kann er sie gegen den Erwerber verhängen lassen? Kann er diesem gegenüber unter Zuziehung eines Gerichtsvollziehers den Durchgang gewaltsam erzwingen? Macht es einen Unterschied, ob die ausgesprochene

Duldungspflicht eine rein obligatorische ist oder auf einer Grunddienstbarkeit des Nachbarn beruht?

1454. Der Inhaber einer Werkstatt ist verurteilt, die Maßregeln zu ergreifen, die erforderlich sind, „um die von seinem Betrieb ausgehenden Störungen des Nachbarn durch Wärme, Erschütterung und Lärm zu beseitigen und künftig zu vermeiden". Ist eine solche allgemeine Verurteilung zulässig? Wenn der Nachbar Androhung einer Strafe beantragt, genügt dann eine so allgemeine Formulierung? Oder muß der Antragsteller bestimmte Maßregeln angeben?

1455. Wie wird die Leistung des Offenbarungseides betrieben:

a) wenn derselbe vom Vormund nach Beendigung der Vormundschaft zu leisten ist? Welchen Unterschied macht es, ob der Vormund zur Leistung verurteilt ist oder nicht?

b) wenn beim Verurteilten eine herauszugebende bewegliche Sache nicht vorgefunden wird?

c) wenn genügende Vollstreckungsobjekte bei dem zur Zahlung einer Geldsumme Verurteilten nicht ermittelt werden?

1456. Der verurteilte Schuldner, bei welchem die herauszugebende Sache nicht vorgefunden wurde, ist zum Offenbarungseid geladen. Wenn er, statt zu erscheinen, ein Zeugnis eingeschickt hat, nach welchem er erkrankt sei, darf der Haftbefehl gegen ihn erlassen werden? Darf er gegen ihn vollstreckt werden?

1457. Der Haftbefehl zur Erzwingung des Offenbarungseides ist in Abwesenheit des verurteilten Schuldners von einem unzuständigen Amtsgerichte erlassen. Steht dem Schuldner eine Einwendung gegen die Art und Weise der Zwangsvollstreckung zu? Oder eine sofortige Beschwerde? Kann er, wenn nach einigen Wochen zur Ausführung des Haftbefehls geschritten wird, dessen Ungültigkeit einwenden?

1458. Gegen den zur Zahlung einer Geldsumme verurteilten Schuldner ist behufs Erzwingung des Offenbarungseides Haftbefehl ergangen. Kann er sich der Verhaftung gewaltsam widersetzen, wenn er inzwischen den Gläubiger bezahlt hatte?

1459. Ein Schuldner hat auf Betreiben eines seiner Gläubiger den Offenbarungseid der Vermögenslosigkeit geleistet. Ein Jahr später wird er auf Klage eines andern

Gläubigers verurteilt, der ihn nach fruchtlosem Pfändungsversuch zum Offenbarungseide laden läßt. Kann, wenn der Schuldner ausbleibt, das Gericht diesem Antrag ohne weiteres stattgeben, auch wenn es vom früheren Eide Kenntnis hat? Oder muß es in diesem Falle dem Gläubiger aufgeben, nachträglichen Vermögenserwerb des Schuldners glaubhaft zu machen? Kann der Schuldner einen Monat nach Erlaß des Haftbefehls sich noch auf den früher geleisteten Eid berufen?

1460. Schuldner weigert sich, den vom Gläubiger verlangten Eid der Vermögenslosigkeit zu leisten, weil er diesen schon vor einem Jahre einem andern Gläubiger geschworen und seitdem kein Vermögen erworben habe. Das Gericht erklärt diesen Einwand für unbegründet, da Schuldner ja doch seinen Lebensunterhalt inzwischen verdient habe. Richtig? Angenommen, Schuldner hätte sich inzwischen einige Möbel gekauft, die aber zum Haushalt unentbehrlich sind: muß er den Eid aufs neue leisten?

1461. Kann ein mit dem Armenrecht versehener Kläger nach fruchtlosem Versuch, das obsiegende Urteil zu vollstrecken, gegen den Schuldner behufs Erzwingung des Offenbarungseides Haftbefehl erwirken? Wer trägt hier die Kosten der Haft?

IX. Vollstreckung von Ansprüchen auf eine Willenserklärung.

1462. Ein Mieter, dem die Untervermietung untersagt ist, hat dennoch einen Studenten in Aftermiete genommen. Der Hauseigentümer läßt ihn verurteilen, dem Studierenden zu kündigen. a) Kann dieses Urteil durch Androhung von Geldstrafen vollstreckt werden? b) Ist damit gekündigt, daß das Urteil rechtskräftig wird? c) Oder daß der Hauseigentümer dem Studenten von demselben Mitteilung macht? d) Ist eine Zustellung des Urteils an den Mieter erforderlich? e) Könnte es für vorläufig vollstreckbar erklärt werden? Welche Bedeutung hätte solche Erklärung?

1463. Verkäufer eines Hauses ist zur Auflassung desselben verurteilt. Gilt mit der Rechtskraft dieses Urteils die

Auflassung als vollzogen? Steht dem die Formvorschrift des § 925 BGB. im Wege? Oder ein anderer Umstand? Angenommen, Käufer legt dem Grundbuchamt das Urteil nebst Zeugnis der Rechtskraft vor, außerdem seine eigene notariell beglaubigte Erklärung, die Auflassung anzunehmen: hat nun seinem Antrag gemäß die Umschreibung des Hauses auf ihn zu erfolgen?

1464. Jemand hat sich wirksam verpflichtet, einem andern eine Forderung abzutreten, für welche eine Briefhypothek bestellt ist. Der andere läßt ihn verurteilen zur Abtretungserklärung und zur Herausgabe des Hypothekenbriefs. In welchem Moment erwirbt er Forderung und Hypothek: a) Wenn der Gerichtsvollzieher nach Rechtskraft des Urteils den Brief wegnimmt? b) Vor Rechtskraft des (für vorläufig vollstreckbar erklärten) Urteils? — Angenommen, das Urteil lautet auf Herausgabe des Hypothekenbriefs und Bewilligung des Eintrags der Abtretung in das Grundbuch: wie ist die Vollstreckung zu betreiben? Und in welchem Moment geht die Hypothek auf den Kläger über?

1465. Von zwei Miteigentümern eines Hauses hat der eine den anderen verurteilen lassen zur Einwilligung in die öffentliche Versteigerung des gemeinschaftlichen Hauses behufs Auseinandersetzung. Wie wird dieses Urteil vollstreckt?

1466. Zwei Gesellschafter haben ausgemacht, daß die nach Befriedigung der Gläubiger verbleibenden Aktivbeträge, die bei einer Bank deponiert sind, nach Verhältnis der Einlagen unter sie geteilt werden sollen. Wenn nun einer von ihnen den andern verurteilen läßt, darin einzuwilligen, daß von der auf beider Namen hinterlegten Summe 12000 M. an den Kläger ausgezahlt werden: wie wird dies Urteil vollstreckt? Darf die Bank, wenn es rechtskräftig ist, ohne weiteres an Kläger zahlen, oder muß ihr eine vollstreckbare Ausfertigung vorgelegt werden? Wäre anders zu entscheiden, wenn das Geld bei einer staatlichen Depositenkasse hinterlegt wäre?

1467. Die im gesetzlichen Güterstand verheiratete Frau hat eine für ein Darlehn erhaltene Buchhypothek in die Ehe eingebracht. Das Darlehn ist mit Genehmigung des Mannes an sie zurückgezahlt, und sie ist hierauf verurteilt worden, in die Löschung der Hypothek einzuwilligen. Gilt mit Rechtskraft dieses Urteils die Genehmigung als erteilt?

1468. Durch Urteil des Wiener Gerichtes ist ein in Deutschland wohnender Deutscher verurteilt worden, dem Kläger eine Forderung abzutreten. Gilt mit Rechtskraft dieses Urteils die Forderung als abgetreten?

1469. Durch einen gerichtlich geschlossenen und protokollierten Vergleich hat sich Beklagter verpflichtet, die eingeklagte Schuld zu zahlen, der Kläger dagegen, seine Hypothek löschen zu lassen. Kann nun der Beklagte unter Vorlegung einer Ausfertigung des Protokolls beim Grundbuchamt die Löschung der Hypothek beantragen? Oder muß er erst den Kläger auf Löschung verklagen, wenn dieser sie nicht von selbst bewilligt?

1470. Der Verkäufer eines auf den Erwerber bereits umgeschriebenen Hauses hat unter der Behauptung, die Auflassung sei nichtig gewesen, den Käufer auf Bewilligung verklagt, daß Kläger als Eigentümer eingetragen werden soll. Das Urteil, welches der Klage stattgibt, ist mit der Berufung angefochten, aber für vorläufig vollstreckbar erklärt: welchen Grundbucheintrag kann Kläger erwirken? Wie, wenn die Klage nicht auf Ungültigkeit der Auflassung, sondern auf ein ausgeübtes Wiederverkaufsrecht gestützt wäre?

1471. Verkäufer eines Hauses ist verurteilt, dem Käufer dasselbe gegen Empfang des Preises Zug um Zug aufzulassen. Gilt mit der Rechtskraft dieses Urteils die Auflassung seitens des Verkäufers als erklärt? Bedarf der Käufer einer vollstreckbaren Ausfertigung des Urteils? Wer erteilt sie ihm? Was muß er dartun, um sie zu erlangen? Wie ist dieser Beweis zu führen?

1472. Beklagter ist verurteilt, dem Kläger an verschiedenen Sachen ein Pfandrecht zu bestellen. Entsteht dasselbe, wenn im Moment der Pfandbestellung weder der Gerichtsvollzieher noch der Gläubiger den Mangel des schuldnerischen Eigentums kennt? Wäre anders zu entscheiden, wenn nur einer von ihnen guten Glaubens wäre?